भारत में महिला श्रमिक

भारत में महिला श्रमिक

रवि प्रकाश यादव

रागिनी दीप

पूजा राय

ATLANTIC

PUBLISHERS & DISTRIBUTORS (P) LTD

प्रकाशक :

एटलांटिक पब्लिशर्स एण्ड डिस्ट्रीब्यूटर्स (प्रा.) लि.

7/22, अन्सारी रोड, दरियागंज, नई दिल्ली-110002

दूरभाष : +91-11-40775252, 23273880, 23275880, 23280451

फैक्स : +91-11-23285873

ई-मेल : orders@atlanticbooks.com

वेबसाइट : www.atlanticbooks.com

शाखा कार्यालय :

5, नालाथम्बी स्ट्रीट, वालाजाह रोड,

चेन्नई-600002

दूरभाष : +91-44-64611085, 32413319

ई-मेल : chennai@atlanticbooks.com

ISBN 978-81-269-1274-2

मुद्रक : चमन इन्टरप्राइसेज, 1603, पटौदी हाऊस, दरियागंज, नई दिल्ली-110002

BHARAT MEIN MAHILA SHRAMIK (*in Hindi*)

By Ravi Prakash Yadav, Ragini Deep and Puja Roy

सादर समर्पित

परम पूज्य
माताजी श्रीमती शोभा यादव,
पिताजी श्री राजेन्द्र प्रसाद यादव
एवं
मामाजी श्री ओमप्रकाश यादव

स्त्री

"मैं जब रही जहाँ भी रही
रही एक केवल एक मज़लूम औरत
जब मैं सिर्फ एक 'बेटी' थी
तो सारे कर्त्तव्य मेरे थे
पर पिता और भाई थे
सारे अधिकारों के अधिकारी
अपनी ही जिंदगी के फैसले तो दूर
मुझे तो छोटी-छोटी खुशियाँ
पाने तक का हक न दिया गया।

फिर मैं बनी एक गौरवमयी 'पत्नी'
तो भी रहा मेरा अस्तित्व संज्ञा शून्य
अब मेरे जीवन की डोर, थमा दी गयी, एक अनजाने
अनपहचाने जीव को, कहा गया जिसे मेरा पति
बना दिया गया मुझे उसकी अर्द्धांगिनी
चाहे वो माने न माने।

फिर मैं हुई एक 'पूर्ण नारी', पाया पुत्र रत्न मैंने,
जिसे जन्मा मैंने, सींचा मैंने, उसे नाम मिला उसके पिता का।
उस रत्न को पाकर भी, मैंने कुछ न पाया है,
अपने जन्म से लेकर, एक नवजात को जन्म देने तक
केवल खोया ही खोया है,
इसलिए तो कहती हूँ मैं थी, युगों पहले, हूँ आज भी वही
एक मज़लूम औरत।"

–*राखी राय* (2000)

आभार

जीवन में संघर्ष, चुनौतियाँ, प्रशंसा, आलोचना, व्यंग्य, सराहना, सृजन का अपना महत्व है। हमारे जीवन में बहुत सारी शक्तियाँ किसी 'सृजनात्मक कार्य' को उसके सार्थक अंजाम तक पहुँचाने में अपनी महत्वपूर्ण भूमिका निभाती हैं। कई लोग सक्रिय रूप से मदद करते हैं तो कुछ अप्रत्यक्ष रूप से सहायता करते हैं। इस पुस्तक के लेखन में हमें अनेक लोगों से प्रत्यक्ष या अप्रत्यक्ष रूप से अपार सहयोग और समर्थन मिला। हम उन सभी के प्रति अपना हार्दिक आभार व्यक्त करते हैं।

सर्वप्रथम हम देश के संगठित एवं असंगठित क्षेत्र में काम करने वाली उन 13 करोड़ महिला श्रमिकों के प्रति आभारी हैं, जिनके जीवन एवं कार्य स्थितियों ने हमें इस महत्वपूर्ण विषय पर पुस्तक लिखने के लिए प्रेरित किया। हम उन विद्यार्थियों एवं शोधार्थियों के प्रति भी आभारी हैं जिन्होंने इस विषय पर हिन्दी माध्यम में पुस्तक की कमी की ओर हमारा ध्यान आकर्षित किया एवं इस विषय पर हिन्दी माध्यम में पुस्तक लिखने का आग्रह किया।

हम अपने गुरुजन, परिवार, सहकर्मियों एवं मित्रजनों के प्रति हृदय से आभारी हैं। स्वास्थ्य सम्बन्धी समस्याओं ने पुस्तक लेखन के कार्य को बाधित किया। एक समय हमें यह लगने लगा की इस कार्य में काफी बिलम्ब हो जायेगा। लेकिन 'पटना के हनिमैन' के रूप में पूजे जाने वाले काली भक्त डॉ. बी.के. भट्टाचार्य ने अपने कुशल चिकित्सा से इस तत्कालीन बाधा को दूर किया। हम डॉ. बी. के. भट्टाचार्य एवं उनके सहयोगियों के प्रति हृदय से आभारी हैं।

हम स्वर्गीय न्यायमूर्ति आर. पी. मंडल, कौशल किशोर मंडल, न्यायमूर्ति, पटना उच्च न्यायालय, डॉ. रंजन यादव, पूर्व सांसद, डॉ. रमेन्द्र कुमार यादव, 'रवि', पूर्व सांसद एवं पूर्व कुलपति, डॉ. एम.एम. रहमान, राष्ट्रीय श्रम संस्थान, नोएडा, इंडियन सोसायटी ऑफ लेबर इकोनोमिक्स के डॉ. अलख नारायण शर्मा,

श्री नंदकिशोर यादव, मंत्री, बिहार सरकार, श्री रामदेव प्रसाद, अध्यक्ष, बिहार राज्य बाल श्रम आयोग, श्री राजा सिंह, तख्त श्री हरमंदिर जी, पटना साहिब, मनोज तिवारी, मुकेश राय और श्री फादर विल्सन, हेडमास्टर, माउंट एसीसी के महत्वपूर्ण योगदान के लिए विशेष रूप से आभारी हैं।

हम अपने गुरू एवं अभिप्रेरक डॉ. एस.एम. रजा, पूर्व कुलपति, वीर कुवंर सिंह विश्वविद्यालय, आरा (बिहार) एवं पूर्व विश्वविद्यालय प्रोफेसर एवं अध्यक्ष, विश्वविद्यालय श्रम एवं समाज कल्याण विभाग, पटना विश्वविद्यालय, पटना के प्रति विशेष आभार व्यक्त करते हैं, जिन्होंने अपनी व्यस्तता के बाबजूद इस पुस्तक का 'प्राक्कथन' लिखा।

हम अपने परम पूज्यनीय माँ श्रीमती शोभा यादव एवं पिताजी श्री राजेन्द्र यादव के प्रति हार्दिक आभार व्यक्त करते हैं। इस कार्य के सफल समापन पर हम उनके प्रति नतमस्तक हैं। वास्तव में, वर्तमान कृति उनके 'संस्कारों की सौग़ात' है।

अन्त में, हम इस पुस्तक के प्रकाशक, एटलांटिक पब्लिशर्स एण्ड डिस्ट्रीब्यूटर्स (प्रा.) लि. के डॉ. के.आर. गुप्ता, श्रुति गुप्ता एवं उनकी टीम के भी आभारी हैं, जिनके प्रयासों से यह पुस्तक सही समय पर सही ढंग से प्रकाशित हो सकी।

रवि प्रकाश यादव
रागिनी दीप
पूजा राय

प्राक्कथन

पिछले कुछ दशकों में महिलाओं की समस्याओं पर बहुत कुछ लिखा गया है तथा उनकी दशा को सुधारने के लिए कई ठोस उपाय भी किए गए हैं। परंतु 'महिला श्रमिकों' की विशेष समस्याओं को उजागर नहीं किया जा सका है। प्रस्तुत पुस्तक के माध्यम से इस कमी को दूर करने का प्रयास किया गया है। हिन्दी भाषा में लिखित यह पुस्तक इस दिशा में उठाया गया संभवतः प्रथम तथा अत्यंत सराहनीय कदम है। हम सभी जानते हैं कि 'कामकाजी महिलाओं' की समस्याएं अन्य महिलाओं की समस्याओं से बिल्कुल भिन्न होती हैं। इस श्रेणी की महिलाएं नियोजन के अतिरिक्त घरेलू कामों का बोझ भी वहन करती हैं। घरेलू जिम्मेवारियों को निभाते हुए श्रमिक की भूमिका निभाना तथा दोनों में संतुलन बनाए रखना काफी कठिन होता है। कामकाजी महिलाओं की मुख्य रूप से दोहरे काम की समस्या, निम्न मजदूरी, कार्य की कठिन दशाएं, छेड़-छाड़, तथा असामाजिक तत्वों से सुरक्षा के अतिरिक्त प्रसूति से उत्पन्न समस्यायें भी होती हैं। महिला श्रमिकों के भी अलग-अलग वर्ग होते हैं तथा प्रत्येक वर्ग की कुछ विशिष्ट समस्याएं होती हैं। इन विशिष्ट समस्याओं का गंभीरता से न तो अध्ययन किया जा सका है और न ही इस ओर किसी का ध्यान ही गया है। डॉ॰ रवि प्रकाश यादव तथा उनके सहयोगियों द्वारा इस पुस्तक में महिला श्रमिकों के प्रत्येक वर्ग की समस्याओं को उजागर करने की कोशिश की गई है तथा इन समस्याओं के सभी पहलुओं का अत्यंत गहराई से जायज़ा लेने का प्रयास किया गया है।

इस पुस्तक में सात अध्याय हैं। प्रथम अध्याय में अध्ययन के मुख्य विषय की अवधारणा संबंधी रूपरेखा प्रस्तुत की गई है। दूसरे अध्याय में संसार के कुछ प्रमुख देशों विशेषकर दक्षिण एशिया के कुछ देशों में महिला श्रमिकों की समस्याओं का अध्ययन किया गया है। तीसरे अध्याय में भारत के संगठित क्षेत्र में महिला श्रमिकों की स्थिति पर विस्तार से प्रकाश डाला गया है। इस अध्याय में भारतीय महिला श्रमिकों की विशेषताएं, सार्वजनिक एवं निजी क्षेत्रों में स्तरवार

रोज़गार, राज्यवार रोज़गार एवं बेरोज़गारी, महिला श्रम शक्ति की संरचना, मुख्य एवं सीमांत महिला श्रमिक, संगठित क्षेत्र में वर्षवार महिला श्रमिकों की संख्या, कारखानों, खदानों तथा बागानों में महिला श्रमिकों की दशाओं इत्यादि विषयों पर चर्चा की गई है तथा उनसे संबन्धित आँकड़े भी प्रस्तुत किए गए हैं। चौथे अध्याय में असंगठित क्षेत्र में महिला श्रमिकों की स्थिति पर विस्तृत रूप से प्रकाश डाला गया है। इसी अध्याय में सेक्स वर्कर तथा बालिका श्रमिकों की समस्याओं को भी उजागर किया गया है। पांचवें अध्याय में लैंगिक भेदभाव एवं यौन उत्पीड़न के विभिन्न पहलुओं का अध्ययन किया गया है। साथ ही, राष्ट्रीय महिला आयोग द्वारा किए गए सर्वेक्षण एवं न्यायपालिका द्वारा हस्तक्षेप की भी चर्चा की गई है। छठे अध्याय में राज्य की भूमिका पर प्रकाश डालते हुए महिला श्रमिकों से सम्बन्धित विभिन्न अधिनियमों में किए गए प्रावधानों की भी चर्चा की गई है। सातवें एवं अंतिम अध्याय में महिला श्रमिकों की दशा को सुधारने के लिए कुछ सुझाव दिए गए हैं।

मुझे पूरा विश्वास है कि इस पुस्तक का शिक्षा जगत में पूरी गरमजोशी के साथ स्वागत किया जाएगा तथा डॉ. रवि प्रकाश यादव एवं उनके सहयोगियों द्वारा किए गए प्रयास को सराहा जाएगा।

डॉ. एस.एम. रजा

अवकाश प्राप्त विश्वविद्यालय प्राचार्य एवं विभागाध्यक्ष,
विश्वविद्यालय श्रम एवं समाज कल्याण विभाग,
पटना विश्वविद्यालय, पटना (बिहार)
एवं
पूर्व कुलपति, वीर कुंवर सिंह विश्वविद्यालय,
आरा (बिहार)।

भूमिका

महिलाएं संसार के सभी देशों में संपन्नता एवं समृद्धि में अपनी महत्वपूर्ण भूमिका अदा कर रही हैं। भारतीय अर्थव्यवस्था मुख्यतः 'ग्रामीण एवं असंगठित क्षेत्र' प्रधान अर्थव्यवस्था है। इस संदर्भ में महिलाओं की अर्थव्यवस्था एवं श्रम बाजार में भागीदारी को प्रभावी बनाकर 'देश की समृद्धि एवं विकास प्रक्रिया' को और सुदृढ़ बनाया जा सकता है। परिवार, समाज, अर्थव्यवस्था एवं राष्ट्र निर्माण प्रक्रिया में महिलाओं की अहम् भूमिका को दृष्टि में रखते हुए पंडित नेहरू ने ठीक ही कहा था–"यदि जनता में जागृति पैदा करनी है तो पहले महिलाओं में जागृति पैदा करनी होगी। एक बार जब वे आगे बढ़ती हैं तो परिवार आगे बढ़ता है, गाँव एवं शहर आगे बढ़ते हैं, स्वयं सारा देश आगे बढ़ता है।" जिस प्रकार किसी पक्षी के लिए एक पंख से उड़ना संभव नहीं है उसी प्रकार श्रम बाजार में महिलाओं की अनदेखी कर 'उच्च आर्थिक संवृद्धि' के लक्ष्य को भी प्राप्त नहीं किया जा सकता है।

इस बहुमूल्य मानव संसाधन का समाज द्वारा न उचित ढंग से उपयोग किया जा रहा है और न ही उनके साथ सम्मानजनक व्यवहार किया जा रहा है। अंतर्राष्ट्रीय स्तर की प्रमुख एजेन्सियों की रिपोर्टों से पता चलता है कि समस्त विश्व में महिलाएँ पुरुषों की तुलना में ज्यादा घंटे तक कार्य करती हैं। महिलाएँ अविकसित देशों में पुरुषों से औसतन 13 प्रतिशत एवं विकसित देशों में 6 प्रतिशत ज्यादा समय काम करती हैं। संयुक्त राष्ट्र संघ के पूर्व महासचिव पैरेज द कुइयार ने कहा था कि "आज की महिलाओं का एक बहुत बड़ा वर्ग सत्ता, सम्पत्ति और अवसरों के मुकाबले में पुरुषों से बहुत पीछे है।" इतना ही नहीं, अपना 2/3 समय उत्पादन कार्यों में व्यतीत करने पर भी इन्हें संसार की आय एवं सम्पत्ति के एक छोटे से अंश की मिलिकयत प्राप्त है। रोजगार, कार्य के घंटे, मजदूरी सुविधाओं की प्राप्ति आदि मामलों में लैंगिक भेदभाव के मामले प्रायः प्रकाशित होते रहते हैं। रिपोर्टों से पता चलता है कि लैंगिक भेदभाव न केवल विकासशील बल्कि विकसित देशों में भी विद्यमान है।

इस पृष्ठभूमि को ध्यान में रखकर महिला श्रमिकों से जुड़े महत्वपूर्ण पहलुओं को संक्षेप में प्रस्तुत करने की कोशिश वर्तमान पुस्तक में की गई है। इस पुस्तक के माध्यम से अंतर्राष्ट्रीय एवं राष्ट्रीय श्रम बाजार में महिला श्रमिकों की स्थिति से जुड़े विभिन्न तथ्यों को बारीकी एवं रोचकपूर्ण ढंग से रखने का प्रयास किया गया है। यह पुस्तक सात अध्यायों में विभाजित है। प्रथम अध्याय में श्रम बाजार एवं श्रमिकों से संबंधित अवधारणाओं का अध्ययन किया गया है। अध्याय दो में अंतर्राष्ट्रीय श्रम बाजार में महिला श्रमिकों से जुड़े विभिन्न पक्षों की समीक्षा की गई है। अध्याय तीन तथा चार में भारतीय संदर्भ में संगठित, असंगठित क्षेत्र में लगी महिला श्रमिकों के कार्य की प्रकृति, मजदूरी, रोजगार एवं अन्य संबंधित पक्षों के विश्लेषण को केन्द्र-बिन्दु बनाया गया है। कार्य-स्थल पर 'लैंगिक भेदभाव' एवं 'यौन उत्पीड़न' की समीक्षा विस्तार से अध्याय पाँच में की गई है। महिला श्रमिकों के संरक्षण, कल्याण एवं विकास से संबंधित विषय पर संवैधानिक एवं वैधानिक प्रावधानों की समीक्षात्मक चर्चा अध्याय छः में की गई है और अंत में, महिला श्रमिकों के उत्थान हेतु सुझावों पर चर्चा अध्याय सात में हुई है।

हम आशा करते हैं कि प्रस्तुत पुस्तक 'महिला अध्ययन की शृंखला' में एक महत्वपूर्ण पुस्तक साबित होगी। यह महिला श्रमिकों की समस्याओं एवं उनके समाधान पर पैनी नजर रखने वाले विद्यार्थीगण, शोधार्थीगण, शिक्षाविद, श्रम संगठन, सामाजिक कार्यकर्तागण एवं गैर-सरकारी संगठनों के लिए उपयोगी साबित होगी। महिला श्रमिकों के उत्थान, कल्याण, विकास, लिंगभेद समाप्ति हेतु नीति-निर्माण एवं क्रियान्वयन करने वाली सरकारी संस्थाओं के लिए भी यह पुस्तक सार्थक सिद्ध होगी।

किसी पुस्तक को 'अशुद्धि-शुन्य' बनाना एक अति कठिन कार्य है। किन्तु इस दिशा में हमने प्रयास किया है कि अशुद्धियां ना के बराबर हों। बावजूद इसके यदि कहीं अशुद्धियां रह गई हों, हम लेखकगण पाठकों से इसके लिए क्षमाप्रार्थी हैं। पाठकों के सुझावों का हम खुले दिल से स्वागत करते हैं।

रवि प्रकाश यादव
रागिनी दीप
पूजा राय

विषय-सूची

तालिका-सूची

अध्याय 4

1

अवधारणा सम्बन्धी रूपरेखा
(Conceptual Framework)

"इस पिंजरे का दरवाजा खोल दो
मत रोको मुझे, न कैद करो, खुले आकाश में उड़ने दो,
मुझे ऊँची उड़ानें भरनी है
मैं भी स्वच्छन्द जीवन चाहती हूँ
मुझे अपनी पहचान बनानी है, स्वावलंब मेरा सपना है
महत्वाकांक्षा का धरातल है मेरे पास, आत्मविश्वास की सीढ़ी है,
जिस पर चढ़कर मुझे, सफलता का आकाश छूना है,
नहीं-नहीं मुझे नहीं रहना है, बनकर केवल एक **आश्रिता**।"

–राखी राय

सम्पूर्ण ब्रह्मांड में '**जीवन**' केवल सौरमंडल के अनोखे ग्रह पर ही है ऐसा वैज्ञानिकों का मानना है। यद्यपि अंतरिक्ष वैज्ञानिकों के द्वारा चन्द्रमा एवं मंगल पर जीवन की संभावनाओं को तलाशने का प्रयास जारी है और इस प्रयास का एक प्रमुख कारण पृथ्वी पर बढ़ती जनसंख्या का बोझ है। पृथ्वी के अनोखे पर्यावरण एवं परिस्थिति ने यहाँ पर अरबों वर्ष पूर्व '**प्रथम सृष्टि**' के कार्य को अंजाम दिया होगा इस बात की संभावना का अनुमान वैज्ञानिकों द्वारा लगाया जाता है। सौर मंडल के 9 ग्रहों में पृथ्वी ही एक ऐसा ग्रह है, जहाँ का पर्यावरण एवं तापमान पेड़-पौधों, जानवरों, मनुष्यों एवं अन्य जीवों के लिए अनुकूल है। इसी अनुकूलता ने सृष्टि के विभिन्न आयामों को वर्तमान समय तक बनाए रखा है। संपूर्ण ब्रह्मांड में सूर्य महत्वपूर्ण है, तारे महत्वपूर्ण हैं, पृथ्वी महत्वपूर्ण है, वायु महत्वपूर्ण है। किन्तु साथ ही साथ '**आखेट युग से आधुनिक युग**' तक अनेक क्रांति का सूत्रधारक, न्यूट्रान-प्रोटॉन-इलेक्ट्रान और न जाने कितने रहस्य को सुलझाने वाला '**मानव**' भी बहुत महत्वपूर्ण है।

मानव ने अपने विवेक एवं श्रम से न जाने कितने सभ्यताओं यथा सिंधु-घाटी, नील नदी, युगों यथा आखेट, कृषि, उद्योग का सृजन किया। **मानव श्रम**

(Human labour) के प्रयोग कई बार युद्ध के लिए तो कई बार शांति के लिए हुए, कई बार सृजन के लिए तो कई बार विनाश के लिए हुए। कभी उसने उद्देश्य को प्राप्त करने का सही माध्यम एवं साधन के उपयोग का रास्ता अपनाया तो कभी गलत का। मानव सभ्यता एवं संस्कृति (Human civilization and culture) के इतिहास का सूक्ष्म से निरीक्षण करने पर लगता है कि मानव ने मानव के श्रम का प्रयोग सही एवं गलत दोनों कार्यों के लिए किया। मानव ने समाज का सृजन किया, संस्थाओं की संरचना तैयार की, राज्य को विकसित किया, सरकारें बनाईं। उसी ने प्रकृति प्रदत्त संसाधनों पेड़-पौधे, पशु, भूमि, पानी और यहाँ तक कि मानव व मानवीय श्रम का भी दुरुपयोग किया।

1.0 विभिन्न अवस्थाओं में मानवीय श्रम (Human Labour in Different Stages)

चिपांजी के वंशज मानव को अपनी उत्पत्ति से अब तक लगातार परिस्थितियों व प्रकृति से संघर्ष करना पड़ा है। मानव ने अस्तित्व की रक्षा के लिए अपने **शारीरिक एवं मानसिक श्रम** (Human civilization and culture) के द्वारा नई-नई खोजों से धीरे-धीरे एक सीमा तक प्रकृति एवं परिस्थिति पर नियंत्रण करना सीख लिया। नुकीले पत्थर, आग, लोहा, कुओं की खोज मानव ने अपने श्रम की बदौलत ही की। आखेट, कृषि, उद्योग और सेवा क्षेत्र के विस्तार के साथ समय के अनुसार श्रम के प्रयोग के तौर-तरीके बदलते चले गए। मुख्य रूप से यूरोप की **औद्योगिक क्रांति** (1760 A.D.) ने मानव श्रम के कई रूपों से समाज को साक्षात्कार कराया। कृषि, शहरी सभ्यता, उद्योग का विकास, जनसंख्या में वृद्धि ने श्रम से जुड़े कई **जटिल संबंधों** (Complex relations) को जन्म दिया। मानव श्रम का स्वरूप लगातार बदलता चला गया। मानवीय सभ्यता के आरंभ से वर्तमान समय तक हम देखें तो पाते हैं कि विभिन्न कालखंडों एवं अवस्थाओं में मानवीय श्रम का स्वरूप अलग-अलग था। विभिन्न समयों में इनके साथ किए जाने वाले व्यवहार भिन्न-भिन्न थे। किसी काल में **'श्रम को वस्तु'** (Labour is a commodity) माना गया, तो कभी सजीव प्राणी (Living being) भी। मुख्य रूप से विभिन्न अवस्थाओं में मानवीय श्रम के निम्न स्वरूप रहे–

1. दासता (Slavery)
2. अर्द्ध दासता (Serfdom)
3. प्रतिज्ञाबद्ध श्रमिक (Indentured labour)
4. स्वतंत्र श्रमिक (Free contract labour)

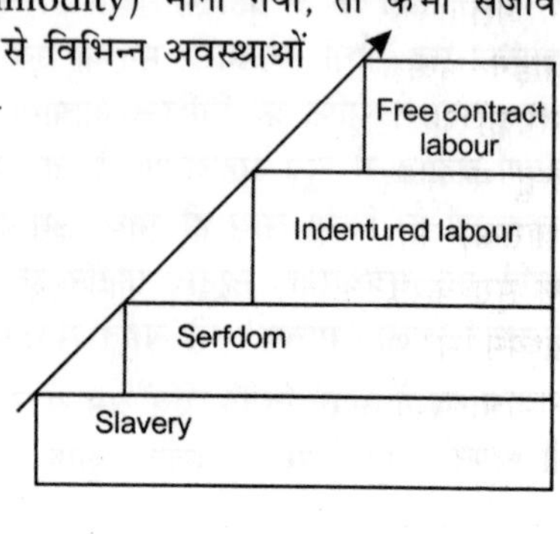

वास्तव में **विश्व श्रम बाजार** (World labour market) में जो विसंगतियाँ नजर आती हैं, श्रम के उपयोग के जो भद्दे चेहरे नजर आते हैं, वे हमारे परम्परागत **शोषणवादी दृष्टिकोण** (Exploitative approach) के परिणाम हैं। जिस विषाक्त फल को वर्तमान में पचाने में मानव समाज को कई कठिनाईयों का सामन करना पड़ रहा है। श्रमिकों के जिन रूपों–बंधुआ श्रम, बाल दासता, बाल वेश्यावृति को, आज हम देख रहे इसके बीज तो हमें अपने प्राचीन सभ्यता में देखने को मिलते हैं। इसके कई उदाहरण हम **प्रचीन ग्रंथों** में देख सकते हैं। जिसमें इस बात की चर्चा होती है कि **"मानव को मानव अपना दास बनाते थे। उनके साथ जानवरों वाला व्यवहार** किया जाता था। अपने मालिक की इच्छा को पूरा करने के अलावा उसकी इच्छाओं का कोई स्थान नहीं था। उन्हें जानवरों की तरह मंडियों में खरीदा और बेचा जाता था। ये दास वे लोग होते थे, जिसे युद्ध में पराजित किया गया हो, मंडियों से खरीदा गया हो, या ऋण नहीं चुकाने की स्थिति में उन्हें और उनके परिवार के पुरुष, महिला, बच्चों को दास बना लिया गया हो। दास अधिकार रहित, संपत्ति रहित व्यक्ति होते थे। उनकी पहचान कई बार उनके गले में लटकी तख्ती से होती थी।"

इस बात के भी प्रमाण हैं कि विभिन्न सामाजिक एवं धार्मिक संस्थाओं के **मौन समर्थन** ने इसकी जड़ों को मजबूती प्रदान की। अर्द्धदास (Serfdom) को पूर्णदास की तुलना में कुछ सीमित स्वतंत्रता थी। किन्तु फिर भी जब उसके मालिक को उनकी आवश्यकता होती तो उन्हें उनकी आवश्यकताओं की पूर्ति करनी पड़ती थी। तीसरी श्रेणी का श्रमिक अपना श्रम मजबूरी पर मालिक को बेचता था किन्तु उसे अन्य अधिकार–काम छोड़ने आदि का अधिकार नहीं था। बाद में श्रम के प्रति पुराने विचार, सोच, दृष्टिकोण, परम्पराएँ कमजोर एवं ढीले पड़ते गए। अब श्रमिक पूर्णतः अपने श्रम का मालिक था। अपने **'सौदेबाजी क्षमता'** (Bargaining capacity) के आधार पर अपनी विभिन्न माँगों को वे मनवा सकते थे। पुनः विभिन्न काम में श्रमिक के साथ किये जाने वाले व्यवहार भी अलग-अलग होते थे। **कौटिल्य का अर्थशास्त्र**, **सम्राट अशोक के शिलालेख**, **आईने-अकबरी** आदि के बातों को आधार बनाए तो पाते हैं कि–**मौर्यकाल** में श्रमिकों के साथ अच्छा व्यवहार, अच्छी मजदूरी, नियमित मजदूरी, नकद एवं वस्तु में मजदूरी भुगतान के साक्ष्य मिलते हैं। साथ ही साथ यह देखना राजा (शासक) की जिम्मेदारी होती थी, श्रमिकों को जो मिले उनकी आवश्यकताओं को पूरा करने के लिए काफी हो। जहाँ शासक अपने संबंधित अधिकारियों के माध्यम से श्रमिकों की मजदूरी संबंधी बातों का ध्यान रखते थे। वहीं उनके आवास, वृद्धावस्था पेंशन, बीमारी के दिनों में वेतन सहित छुट्टी आदि बातों का भी ध्यान रखते थे।

'आईने-अकबरी' में इसके विपरीत रवैयों को बताया गया है। **मुगलकाल** में कारखाने शासकों के चहेते, चापलूस एवं स्वार्थी अमीरों के हाथ में होता था। इनका जीवन बड़ा विलासितापूर्ण होता था। ये अपने श्रमिकों का जबरदस्त शोषण करते थे। श्रमिकों के साथ बुरा बर्ताव, उनका शोषण, पीटना, कोड़े लगाना ये उनके आदतों में शुमार था। विभिन्न कार्यों को पूरा कराने का कार्य कैदियों से लिया जाता था। स्पष्ट है समाज के एक समूह की विलासितापूर्ण जिंदगी दूसरे समूह के शोषण के आधार पर ही संभव हो पाती हैं। प्रारम्भिक बुराईयाँ अभी भी समाज से पूरी तरह से समाप्त नहीं हुई हैं। तभी तो अंतर्राष्ट्रीय श्रम संस्था को **फिलेडेल्फिया घोषणा, 1944** में कहना पड़ता है–**श्रम एक वस्तु नहीं है** (Labour is not a commodity)। साथ ही अपने **कन्वेंशन** 182 द्वारा बाल वेश्यावृत्ति, दासता, अपराध, सैन्य कार्य में बच्चों की संलग्नता, मानव तस्करी को गैर-कानूनी घोषित करना पड़ता है। यदि आधुनिक समाज में प्राचीन समाज के श्रम संबंधी बुराई यदि समाप्त हो जाती तो फिर इस प्रकार के घोषणा का क्या औचित्य है? किसी शायर की यह पंक्ति इस संदर्भ में बहुत प्रासंगिक प्रतीत होती है–"**बात निकलेगी तो बहुत दूर तलक जाएगी**।" इस पक्ष की चर्चा की जाए तो वही बात हो जाएगी–**हरि अनंत, हरि कथा अनंता**। स्पष्ट है सभ्यता के उद्भव से अब तक श्रम के खरीददार ने विभिन्न समयों में उनके साथ अलग-अलग रवैया रखा। बात चाहे महिला, बाल एवं पुरुष श्रम की हो, सभी श्रेणी के श्रमिकों का शोषण उनके नियोजकों द्वारा हुआ। यदि शोषण एवं उपेक्षा के स्तर की बात करे तो महिला एवं बालिका श्रमिकों के साथ होने वाले शोषण एवं उत्पीड़न के मामले अपनी चरम सीमा पर रहे।

महिला श्रमिक के विभिन्न पक्षों यथा-श्रम का स्वरूप एवं फैलाव, लैंगिक असमानता, वैद्यानिक सुरक्षा आदि बातों पर चर्चा करने से पूर्व इससे संबंधित पहलूओं के अवधारणा एवं अर्थ को समझना आवश्यक है। इसमें से निम्नलिखित महत्वपूर्ण हैं। जिसके अर्थ को यहाँ समझना आवश्यक है–

1. श्रम (Labour);
2. श्रमिक (Workers);
3. कार्य (Work);
4. गतिविधियाँ (Activity);
5. महिला (Woman);
6. मुख्य मजदूर (Main worker);
7. सीमांत मजदूर (Marginal workers);
8. गैर-मजदूर (Non-workers);
9. रोजगार-स्तर (Employment level);

10. स्वयं खाता श्रमिक (Own account labour);
11. घरेलू श्रमिक (Domestic workers) एवं
12. गृह-श्रमिक (Home workers)।

1.1 श्रम (Labour)

मनुष्य को इस पृथ्वी पर अपने अस्तित्व को बचाए एवं बनाए रखने के लिए प्रकृति द्वारा प्रदान किए गए साधनों पर निर्भर रहना पड़ता है। पृथ्वी पर फल-फूल, मवेशी, जलीय-जीव आदि उपलब्ध हैं, यहाँ भूमि, हवा, जल उपलब्ध है। किन्तु मानव अपने भोजन के रूप में इन्हें तब ही प्राप्त कर सकता है, जब वे शारीरिक, मानसिक या दोनों श्रम करे। प्रकृति की प्राय: सभी वस्तुएं (हवा को छोड़) मनुष्य के पास खुद-ब-खुद नहीं आ जाती, बल्कि इसे प्राप्त करने के लिए मानव को **प्रयास** (Efforts) लगाना होता है। प्रकृति ने हमें वे सारी चीजें उपलब्ध कराई हैं, जिसकी हमें आवश्यकता है, जो हमारे लिए कच्चा सामग्री (Raw material) व इनपुट (Input) हैं। जिसमें हम अपने श्रम से आवश्यक संशोधन (परिवर्तन) कर अपने उपयोग के योग्य बनाते हैं

Environment → Input → Labour → Output

भूमि खुद-ब-खुद अपने आप हमारे लिए 'अन्न' नहीं उत्पन्न करती। पेड़ हमारे लिए अपने आप 'फल' नहीं देते जिसकी हमें आवश्यकता है। इसलिए मनुष्य को परिश्रम करना पड़ता है। एक सोए हुए आदमी के मुख में 'निवाला' खुद-ब-खुद नहीं चला जाता है। व्यक्ति की उत्पति के साथ ही श्रम उसके साथ उसके प्रतिछाया के रूप में रही है। जिस प्रकार शरीर से आत्मा को अलग नहीं किया जा सकता। वैसे ही मानव से हम श्रम को अलग नहीं कर सकते। वास्तविकता यह है कि ये सारी बातें केवल मानव के साथ ही नहीं बल्कि समस्त जीव-जन्तु के लिए भी सत्य हैं।

प्राय: प्रत्येक सजीव प्राणी द्वारा प्रत्येक क्षण किसी न किसी कार्य के लिए कुछ न कुछ श्रम किया जाता रहता है। चाहे वह सोया हुआ हो, जागा हुआ हो, खेती कर रहा हो या कोई अन्य कार्य कर रहा हो। यहाँ एक बात स्पष्ट कर देने की आवश्यकता है कि मानवीय श्रम के कई रूप हैं और प्रत्येक शास्त्र और उसके विद्वान अपने दृष्टिकोण से उस मानवीय श्रम का अध्ययन करते हैं। कभी श्रम आर्थिक कार्यों के लिए होता है, तो कभी गैर-आर्थिक कार्यों के लिए। मनोविज्ञान, समाज-शास्त्र, राजनीति शास्त्र, तर्कशास्त्र, दर्शनशास्त्र, वाणिज्य, प्रबंध, अर्थशास्त्र, मानव-शास्त्र, भाषा विज्ञान आदि शास्त्रों में मानवीय श्रम के अध्ययन का केन्द्र-बिन्दु अलग-अलग होता है। **समाज-शास्त्र** जिन गैर-आर्थिक (मुख्य: सामाजिक कार्य) मानवीय श्रम को अपने **ज्ञान** की शाखा में अध्ययन का

केन्द्र-बिन्दु बनाता है, उसे राजनीति शास्त्र नहीं बनाता। **अर्थशास्त्र** में मुख्य रूप से जिन आर्थिक गतिविधियों से जुड़े मानवीय श्रम को अध्ययन का केन्द्र-बिन्दु बनाया जाता है, उसे मानव शास्त्र में अध्ययन का केन्द्र-बिन्दु नहीं बनाया जाता, बल्कि इससे भिन्न बातें इसके केन्द्र-बिन्दु के आधार बनते हैं।

यदि हम यह कहें कि मानवीय 'श्रम' का प्रयोग भिन्न-भिन्न अर्थों में भिन्न-भिन्न ढंग से किया जाता है। तो वह जवाब ज्यादा सही होगा। श्रम के प्रति यदि व्यापक दृष्टिकोण अपनाए, तो श्रम शब्द का प्रयोग तीन संदर्भ में देखा जा सकता है–

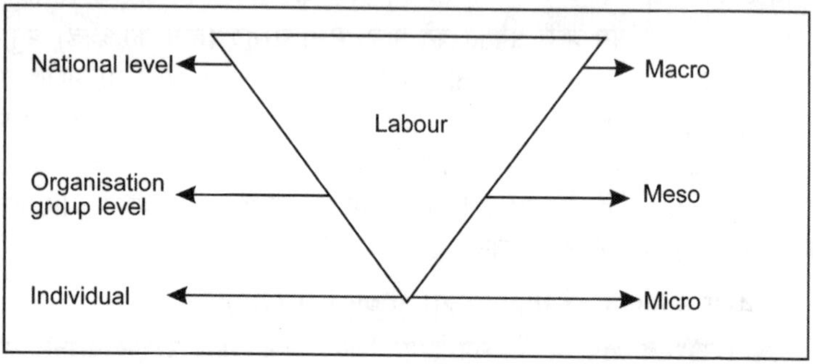

श्रम को दो ढंग से परिभाषित किया जा सकता है। साधारण (गैर-आर्थिक) अर्थों में तथा अर्थशास्त्र के (आर्थिक) अर्थों में। जहाँ तक साधारण बोलचाल की भाषा की बात है तो इसके अनुसार हम कह सकते हैं–"किसी कार्य को करने में मानव या किसी जीव को जो शारीरिक, मानसिक या दोनों शक्ति व्यय होती हैं उसे हम श्रम कहते हैं।" यहाँ गौर से देखें तो इस संदर्भ में श्रम का **'आर्थिक गतिविधियों'** में संलग्नता आवश्यक नहीं। वास्तव में इस अर्थ के अनुसार मानव के सभी कार्यों (**आर्थिक एवं गैर-आर्थिक कार्यों**) को पूरा करने के लिए होने वाला प्रत्येक शक्ति का व्यय उसका श्रम है। बात जब **अर्थशास्त्र** की होगी तो श्रम की परिभाषा बदल जाएगी क्योंकि शास्त्र बदल गया। शास्त्र के बदलते ही संदर्भ बदल जाएगा और संदर्भ के बदले ही परिभाषा-अर्थ बदल जाएगी।

अर्थशास्त्र के दृष्टिकोण से "मानव द्वारा किए जाने वाले केवल वे शारीरिक, मानसिक या दोनों कार्य श्रम कहलाएंगे, जो **मुद्रा** (Money) की प्राप्ति के दृष्टिकोण से किया जाता है।" अर्थात इस प्रकार के शक्ति व्यय का संबंध मुद्रा प्राप्ति से होना आवश्यक है। स्पष्ट है संदर्भ बदलते ही अर्थ बदल जाएगा।

1. "श्रम से हमारा अभिप्राय मस्तिष्क या शरीर के किसी भी ऐसे प्रयास से है, जो पूर्णतः या आंशिक रूप से किसी कार्य से प्रत्यक्ष रूप से प्राप्त

होने वाले आनंद को छोड़कर अन्य किसी **लाभ की दृष्टि** से किया जाता है।" (We may define labour as any exertion of mind or body undergone partly or wholly with a view to some good other than the pleasure derived directly from work.) —Alfred Marshall, *Principles of Economics*, 1961, p. 51.

2. "श्रम शब्द का अर्थ उस मानसिक तथा शारीरिक परिश्रमों से किया जाता है, जिसमें पूर्णतः या आंशिक रूप से किस वस्तु को प्राप्त करने अर्थात् **आय प्राप्त** करने के उद्देश्य से किया जाता है न कि केवल कार्य के द्वारा आनंद प्राप्त करने के लिए।" (Any exertion of mind or body undertaken partly or wholly with a view to some goods other than the pleasure derived directly from the work is called labour.)–**जेवेन्स**
3. "श्रम से मनुष्य के उन सभी शारीरिक या मानसिक प्रयासों का बोध होता है जो किसी फल की आशा में किए जाते हैं।" (Labour connotes all human effort of body or mind which is undertaken in the expectation of some reward.) —**Thomas**
4. "श्रम शब्द से या तो उन व्यक्तियों का बोध होता है जो नियोजकों को प्रत्यक्ष रूप से अपनी सेवाओं को बेचकर अपना निर्वाह करते हैं या जो अपनी सेवाओं को बेचते हैं।" (The term labour refers either to those persons who live by selling their services directly to employers or to the services that they sell.) —Richard A. Lester, *Economics of Labour*, 1949, p. 3.

उपर्युक्त विद्वानों के श्रम (आर्थिक अर्थों में) पर दिए विचारों के आधार पर कहा जा सकता है कि श्रम से हमारा अभिप्राय–

1. मानसिक या शारीरिक प्रयास (Mental or body exertion) से है;
2. उस कार्य से है जो आनंद (Pleasure) प्राप्त करने के लिए नहीं किया जाता बल्कि लाभ या आय (Reward) प्राप्त करने के लिए किया जाता है;
3. जो किसी फल (Reward) या वस्तु (Goods) पाने की आशा से किया जाता है तथा
4. वैसी सेवाएं जिसे बेचकर वह व्यक्ति अपना निर्वाह करता है।

साथ ही साथ विभिन्न समय में श्रम की कई प्रकार की अवधारणाएँ विकसित हुईं। जो इस प्रकार हैं–

1. श्रम की वस्तु-रूपी धारणा (Commodity concept of labour);
2. श्रम की मशीन-रूपी धारणा (Machinery concept of labour);

3. श्रम की सद्भावना-रूपी धारणा (Goodwill concept of labour);
4. श्रम की मानवीय धारणा (Humanitarian concept of labour) तथा
5. श्रम की नागरिकता रूपी धारणा (Citizenship concept of labour)।

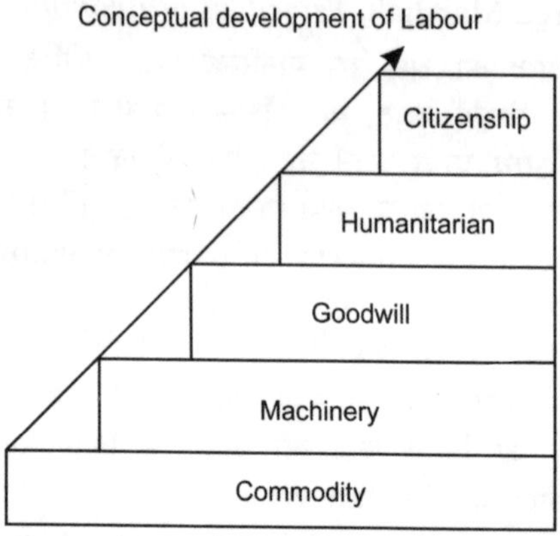

स्पष्ट है औद्योगिक विकास के विभिन्न चरणों में मानवीय श्रम के प्रति समाज के दृष्टिकोण भिन्न-भिन्न थे। प्रथम चरण में मानवीय श्रम को एक '**वस्तु**' के रूप में देखा जाता था। संभवतः इसलिए अंतर्राष्ट्रीय श्रम संगठन ने अपने महत्वपूर्ण सत्र (Session), जो फिलेडेल्फिया में हुआ था, स्पष्ट रूप से श्रम के प्रति इसके विरुद्ध अपने विचार रखते हुए कहा–**Labour is not a commodity,** दूसरे अवधारणा में मानव श्रम को मशीन की तरह ही '**जटिल मशीन**' (**Complex mechinery**) माना गया। देखा जाए तो श्रम के प्रति ये व्यवहार नियोजकों के (**Impersonal approach**) का परिणाम था। वही '**पैतृक अवधारणा**' (**Paternalistic approach**) के अंतर्गत हुआ। कहावत है–दूध का जला छाछ को फूंक-फूंककर पीता है।

नियोजकों में पैतृक दृष्टिकोण के आने पर जब उसके लिए कुछ भलाई के कार्य होने लगे तो श्रमिक इसे बड़े 'संदेह की दृष्टि' से देखते थे। उन्हें ऐसा लगता श्रमिकों के लिए जो भी भलाई या कल्याण हो रहे हैं, नियोजक उसे अपने स्वार्थ सिद्ध करने के लिए ही कर रहे हैं। बाद के समय में राबर्ट ओवेन, इल्टन मॉयो, डिक्सन आदि ने श्रम के '**मानवीय पक्ष**' (**Human aspect**) पर जोर दिया। उन्होंने बताया कि मानवीय श्रम का आदर किया जाना चाहिए। मानव को मानव समझा जाना चाहिए। '**श्रम की प्रतिष्ठा**' (**Dignity of labour**) के अपने कई लाभ हैं। '**औद्योगिक जनतंत्र**' (**Industrial democracy**) के अवधारणा के विकास के साथ मानवीय श्रम के प्रति समाज का दृष्टिकोण और ऊँचे स्तर

तक बढ़ा। अब श्रमिकों को **औद्योगिक नागरिक** (Industrial citizens) के रूप में देखा जाने लगा और एक नागरिक की तरह उन्हें भी उनसे संबंधित पक्षों–कार्य-दशाएँ, मजदूरी, कार्मिक पक्ष पर उसके विचार रखने के अधिकार को स्वीकार जाने लगा। बहुत सारे राष्ट्र जो इसके महत्व को समझ रहे हैं, इसे एक शक्तिशाली शक्ति के (Human power) के रूप में देख रहे हैं, जिसके सहयोग से नामुमकिन लक्ष्य को भी मुमकिन बनाया जा सकता है।

व्यापक (Broad) अर्थों में श्रम में केवल वे ही लोग शामिल नहीं हैं जो किसी न किसी रोजगार में लगे हैं। अपितु वे लोग भी जो रोजगार की तलाश में भी लगे हैं। **श्रम शक्ति** (Labour force) एवं **कार्यशील शक्ति (Working force)** में अंतर होता है। श्रम शक्ति में उन समस्त व्यक्तियों को सम्मिलित किया जाता है **जो रोजगार पर लगे हुए हैं तथा रोजगार प्राप्त करने की तलाश में हैं।** जबकि कार्यशील शक्ति में केवल उन व्यक्तियों को शामिल किया जाता है जो रहन-सहन के लिए आर्थिक रूप से सक्रिय हैं अर्थात् काम या रोजगार कार्य में लगे हैं। **श्रमशक्ति में गृहणियाँ, बच्चे, विद्यार्थी, बेरोजगार लोग, बुजुर्ग लोग भी शामिल होते हैं।**

मानवीय श्रम की अपनी प्रमुख विशेषताएं (Features) हैं–1. श्रम उत्पादन का सक्रिय साधन (Active means) है, 2. श्रमिक अपना श्रम बेचता है, खुद को नहीं (Sells not himself but only his labour), 3. श्रम नाशवान (Perishable) है, 4. श्रम एक गतिशील साधन (Mobile factor) है, 5. श्रम की सौदेबाजी शक्ति (Bargaining capacity) बहुत दुर्बल होती है, 6. श्रम की कार्य कुशलता में वृद्धि की जा सकती है (The efficiency of labour can be increase), 7. श्रम उत्पादन का एक सजीव साधन (Animate factor) है, 8. श्रम को श्रमिक से अलग नहीं किया जा सकता है (Labour cannot be separated from the labour), 9. श्रम की आपूर्ति को शीघ्र घटाया अथवा बढ़ाया नहीं जा सकता, 10. श्रम साधक एवं साधन (Means and ends) दोनों हैं, 11. श्रमिक का सुरक्षित मूल्य नहीं है तथा 12. श्रम एक मानवीय साधन (Human factor) है।

जिस प्रकार श्रम की अपनी विशेषताएं होती है। उसी प्रकार जिस **श्रम बाजार** (Labour market) में यह श्रम उपलब्ध होता है उसकी भी अपनी खासियत होती है। श्रमिक के मजदूरी (Wage) के निर्धारण में ये पक्ष अपनी महत्वपूर्ण भूमिका अदा करते हैं। इसके अतिरिक्त श्रम संघ का दबाव (Pressure of trade union), श्रमिक अधिनियम (Labour legislation), नियोजक की भुगतान करने की क्षमता (Employer's ability to pay) आदि। श्रम बाजार की प्रमुख विशेषताएं निम्नलिखत हैं–(1) तुलना में बेचने वालों की अधिक संख्या

में होना (No. of sellers more than that of buyers), (2) बाजार की दशाओं का सीधा ज्ञान होना (Limited knowledge of market conditions), (3) श्रम सेवाओं की कीमत में एकरूपता का अभाव (No uniformity in the price of labour services), तथा (4) श्रम सेवाओं में व्यापक विषमताएं (Wide heterogeniety in labour services)।

1.2 श्रमिक (Worker)

श्रम, श्रमिक, कर्मिक, कामगार, श्रमजीवी, कर्मचारी, मजदूर आदि शब्दों का प्रयोग प्रायः एक ही अर्थ में किया जाता है। श्रम एवं श्रमिक में बहुत सारी बातों में समानता होते हुए भी कानून में श्रम को नहीं श्रमिक को परिभाषित किया गया है। श्रमिक से हमारा मकसद उस व्यक्ति से है जो **मजदूरी** के लिए काम करता है। मजदूरों को ये मजदूरी **नकद** (Cash) या **वस्तु** (Kind) में मिलती है। श्रमिक से जुड़े कई पक्ष हैं–श्रमिक वर्ग, श्रम बाजार, श्रमिक संघ, देश के आय में श्रमिकों का हिस्सा, श्रमिकों के प्रकार, श्रमिकों एवं उससे संबंधित शब्द को विभिन्न कानून में परिभाषित किया गया है जो इस प्रकार हैं–

1. **कर्मकार** (Worker)–"कर्मकार से अभिप्राय ऐसे व्यक्ति से है, जो किसी विनिर्माण-प्रक्रिया या मशीनरी अथवा विनिर्माण-प्रक्रिया के लिए प्रयुक्त परिसर के किसी भाग की सफाई में या विनिर्माण प्रक्रिया अथवा विनिर्माण प्रक्रियाधीन विषय वस्तु के प्रासंगिक या उससे संबद्ध किसी अन्य प्रकार के काम में नियोजित हो, चाहे इसकी जानकारी नियोजक को हो या नहीं। उसका नियोजन सीधे या किसी अभिकरण के द्वारा हुआ हो या उसे पारिश्रमिक पर या बिना पारिश्रमिक के नियोजित किया गया हो। लेकिन, संघ के सशस्त्र बल का कोई सदस्य कर्मकार की परिभाषा के अंतर्गत नहीं आता।" (**Worker** means a person employed **directly** or by or **through** any agency with or without the knowledge of the principal **employer,** whether for **remuneration** or not, in any **manufacturing process,** or in cleaning any part of the machinery or premises used for a manufacturing process, or in any other kind of work incidental to, or connected wish, the manufacturing process, or the subject of the manufacturing but does not include any member of the armed forces of the union.)

–धारा 2(i), कारखाना अधिनियम, 1948

2. **कर्मचारी** (**Employee**)–कर्मचारी से अभिप्राय ऐसे व्यक्ति से है, जो किसी ऐसे अनुसूचित नियोजन (Scheduled employment) में कोई काम कुशल, अकुशल, शारीरिक या लिपिकीय करने के लिए भाड़े या पारिश्रमिक

पर नियोजित है, जिसमें मजदूरी की न्यूनतम दरें नियत की जा चुकी हैं। कर्मचारी की श्रेणी में ऐसा बाहरी कर्मकार भी सम्मिलित है, जिसे दूसरे व्यक्ति द्वारा व्यवसाय या व्यापार के लिए बनाने, साफ करने, धोने, बदलने, अलंकृत करने, पूरा करने, मरम्मत करने, अनुकूलित करने या अन्य प्रकार से विक्रय हेतु प्रसंस्करण करने के लिए वस्तु या सामग्री दी जाती है, चाहे वह प्रक्रिया बाहरी कर्मकार के घर पर या अन्य परिसरों में चलाई जाती हो। कर्मचारी घोषित किया हो, लेकिन इसके अंतर्गत संघ के सशस्त्र बलों के सदस्य शामिल नहीं होते हैं। (**Employee** means any person who is employed for hire or **reward** to do any work, skilled or **unskilled, manual** or **clerical,** in a **scheduled employment** in respect of which minimum rates wages have been fixed; and include an out-worker to whom any articles or materials are given out by another person to be made up, cleaned, washed, altered, ornament, finished, repaired, adapted or otherwise processed for sale for the purposes of the trade or business of that other person where the process is to be carried out either in the home of the out-worker or in some other premises not being premises under the control and management of that other person; and also includes an employee declared to be an employee by the appropriate government; but does not include any member of the armed forces of the union.)

–धारा 2(I), न्यूनतम मजदूरी अधिनियम, 1948

3. **कर्मकार** (**Workmen**)–'कर्मकारों' से ऐसे व्यक्तियों का बोध होता है, जो व्यवसाय या उद्योग में नियोजित हों, चाहे वे उस नियोजक के नियोजन में हो या नहीं हो, जिसके साथ श्रम-विवाद (Trade dispute) उत्पन्न हुआ है। (Workmen means all persons employed in **trade** or **industry** whether or not in the employment of the employer with whom the trade dispute arises.)

–धारा 2(g), श्रम संघ अधिनियम, 1926

4. **कर्मकार** (**Workmen**)–'कर्मकार' से ऐसे व्यक्ति का बोध होता है, जो किसी उद्योग में कौशलपूर्ण या कौशलरहित शारीरिक पर्यवेक्षी (Physical supervisory), तकनीकी या लिपिक-संबंधी कार्य भाड़े (Hire) या पुरस्कार पर करने के लिए नियोजित होता है, चाहे उसके नियोजन की शर्तें स्पष्ट हों या अस्पष्ट। इस अधिनियम के अंतर्गत कार्यवाही के लिए कर्मकार के अंतर्गत ऐसे व्यक्ति भी आते हैं, जिसे किसी विवाद के कारण पदच्युत या सेवामुक्त कर दिया गया हो या जिसकी छंटनी कर दी गई हो। कर्मकार के अंतर्गत प्रशिक्षु आते हैं। (Every person employed in an **establishment** for **hire** or reward,

including contract labours, apprentices and part time employees to do any manual, clerical, skilled, unskilled, technical, operational or supervisory work.)

—धारा 2(s), औद्योगिक विवाद अधिनियम, 1947

5. **कर्मकार** का अर्थ वही है जो औद्योगिक विवाद अधिनियम, 1947 की धारा 2 के खण्ड (घ) में उपबंधित किया गया है।

—औद्योगिक नियोजन (स्थायी आदेश) अधिनियम, 1946

6. "**मोटर परिवहन कर्मकार**" से तात्पर्य उस कर्मकार से है जो किसी परिवहन यान पर वृत्तिक हैसियत में काम करने के लिए या ऐसे परिवहन यान के आगमन, प्रस्थान और उस पर लदाई या उतराई से संबंद्ध कार्य करने के लिए, चाहे मजदूरी पर या मजदूरी के बिना सीधे किसी भी अधिकारी के माध्यम से मोटर परिवहन उपक्रम में नियोजित है और इसके अंतर्गत चालक, परिचालक क्लीनर, स्टेशन कर्मचारी-वृन्द, लाईन जाँच कर्मचारी-वृन्द, बुकिंग क्लर्क, रोकड़ क्लर्क, डिपो क्लर्क, टाइमकीपर, चौकीदार, या परिचर आते हैं। (**Motor transport worker** means a person who is employed in a motor transport undertaking directly or through an agency, whether for wages or not, to work in a professional capacity on a transport vehicle or to attend to duties in connection with the arrival, departure, loading or unloading of such transport vehicle and includes a driver, conductor, cleaners, station staff, line checking staff, booking clerk, cash clerk, depot clerk, time-keeper, watchman or attendent.)

—धारा 2(h), मोटर परिवहन कर्मकार अधिनियम, 1961

7. **कर्मकार** के किसी स्थापन के काम में या काम के संबंध में '**ठेका श्रमिक**' (Contract labour) के रूप में तब नियोजित समझा जायेगा जब वह प्रधान नियोजक की जानकारी में या जानकारी के बिना, किसी ठकेदार द्वारा या उसके माध्यम से ऐसे किसी काम के संबंध में भाड़े पर रखा जाता है। (Workman employed in or in connection with any work of the establishment by or through a **contractor**, with or without the knowledge of the principal employer.)

—धारा 2(b), ठेका श्रम (विनियमन एवं उत्पादन) अधिनियम, 1970

8. **श्रमिक** से तात्पर्य उस व्यक्ति से है जिसकी नियुक्ति आकस्मिक स्वभाव की न हो और जो नियोक्ता के व्यापार या व्यवसाय के काम करने के लिए नियुक्त किया गया हो। (Employee means person excluding casual employees, who is engaged for the purpose of employer's business.)

—धारा 2(i)(ढ), कर्मकार क्षतिपूर्ति अधिनियम, 1923

9. **'कर्मचारी'** वह व्यक्ति है जो किसी ऐसे कारखाने या संस्थान में अथवा उससे संबंधित काम में मजदूरी पर लगाया गया है जिस पर यह अधिनियम लागू होता है। (Employee means any person employed for **wages** in or in connection with the work of a factory or establishment to which this act applies.)

–धारा 2(b)(g), कर्मचारी राज्य बीमा अधिनियम, 1948

10. **'कर्मचारी'** (Employee) से तात्पर्य ऐसे व्यक्ति से है जो संस्थान या संस्थान से संबंधित किसी भी प्रकार के शारीरिक या अन्य प्रकार के कार्य करने के लिए मजदूरी पर लगाया जाता है तथा जो नियोजक से प्रत्यक्ष या अप्रत्यक्ष रूप से मजदूरी प्राप्त करते हैं। जो व्यक्ति ठेकेदार के द्वारा या ठेकेदार के माध्यम से संस्थान के कार्य या कार्य के संबंध में लगाया जाता है, उसे भी कर्मचारी में शामिल किया जाता है। (Employee means any person who is employed for **wages** in any kind of work, manual or otherwise, in or in connection with the work of and who gets, his wages **directly** or **indirectly** from the **employer** and includes any person—employed by or through a **contractor** in or in connections with the work of the establishment.)

–धारा 2(f), कर्मचारी भविष्यनिधि (तथा विविध प्रावधान) अधिनियम, 1952

11. **'महिला'** (**Woman**) से अभिप्राय किसी प्रतिष्ठान/स्थापन में मजदूरी पर नियोजित महिला से है चाहे वह सीधे नियोजित हो या किसी अभिकरण के माध्यम से (Every women employee whether employed directly or through a contractor.)

–धारा 3(o), मातृत्व लाभ अधिनियम, 1961

12. **'कर्मचारी'** (**Employee**) से तात्पर्य (प्रशिक्षु से भिन्न) ऐसे किसी व्यक्ति से है जो भाड़े या इनाम के लिए किसी उद्योग में कोई कुशल या अकुशल, शारीरिक, पर्यवेक्षी, प्रबंधकीय, प्रशासकीय, तकनीकी या लिपिकीय काम करने के लिए प्रतिमाह (10,000 रुपये, 2007 संशोधन) या मजदूरी पर नियोजित है चाहे नियोजन के निबंधन अभिव्यक्त या विपक्षित रूप में हों। [Every employee receiving salary or wages (upto 10,000 Rupees) per month and engaged is any kind of work whether skilled, unskilled, managerial, supervisory, manual, etc.]

–धारा 2(13), बोनस भुगतान अधिनियम, 1965

1.3 **कार्य** (**Work**)

एनएसएसओ एवं विभिन्न जनगणनाओं में काम/कार्य (Work) के अर्थ स्पष्ट किया गया है। जिसके अर्थ को उसी संदर्भ में समझा जाना आवश्यक है।

इन बुनियादी अवधारणाओं के समझे बिना आप श्रमिक एवं उससे संबंधित पहलुओं के प्रति एक स्पष्ट धारणा विकसित नहीं कर सकते।

1. **राष्ट्रीय नमूना सर्वेक्षण संगठन** (**National Sample Survey Organisation—NSSO**) के अनुसार 'कार्य' में वे सारी गतिविधियाँ सम्मिलित हैं जो पारिश्रमिक, लाभ या पारिवारिक फायदे के लिए किया जाता है। (Work encompasses all activities pursued for pay, profit or family gain.)

एनएसएसओ के द्वारा दिए गए परिभाषा के अनुसार कार्य के श्रेणी में तीन प्रकार के गतिविधियों को रखा गया है–

(i) पारिश्रमिक या मजदूरी पाने के लिए की जाने वाली गतिविधियाँ;

(ii) लाभ कमाने के लिए की जाने वाली गतिविधियाँ तथा

(iii) पारिवारिक फायदे के लिए की जाने वाली गतिविधियाँ।

गतिविधियाँ (Activities)–इस प्रकार कार्य के परिभाषा के संदर्भ से सारी गतिविधियाँ कार्य कहलाएंगी जो मजदूरी या वेतन (Wages or salary) के लाभ या पारिवारिक फायदे के लिए किया जाता हो। जहाँ तक गतिविधियों (Activities) की बात है। इसमें बाजार एवं गैर-बाजार गतिविधियों (Market and non-market activities) को **कृषि क्षेत्र** के लिए शामिल किया जाता है। जबकि गैर-कृषि क्षेत्र (Non-agriculture sector) के संदर्भ में कार्य की परिभाषा में केवल बाजार संबंधी गतिविधियों को ही शामिल किया जाता है।

फायदेमंद गतिविधियाँ (Gainful activities)–स्वयं के उपभोक्त के लिए उत्पादन की जाने वाली खाद्य फसल या अन्य फसल को भी फायदेमंद गतिविधियाँ माना जाता है।

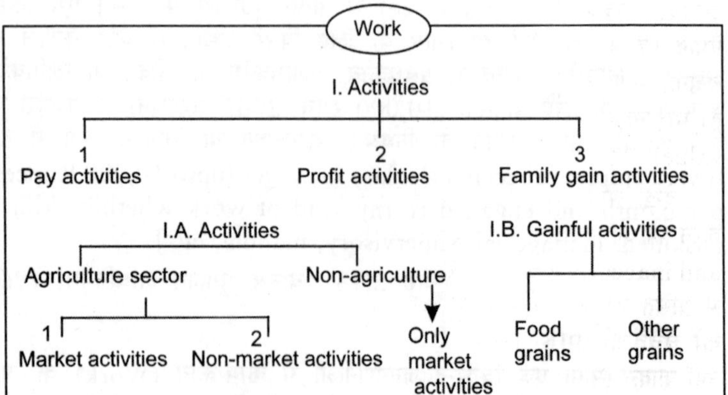

2. **जनगणना** 1981 के अनुसार कार्य का अर्थ किसी भी आर्थिक उत्पादक गतिविधि में सहभागिता से है। (Work means participation in any economically productive activity.)

इस परिभाषा के अंतर्गत केवल **'आर्थिक एवं उत्पादक गतिविधियों'** को ही सम्मिलित किया गया। इसमें वैसी बहुत सारी महिलाओं द्वारा संपादित गतिविधियाँ शामिल नहीं हो पाई। जिसमें महिलाएँ स्वयं या परिवार के उपयोग जो विभिन्न प्रकार की वस्तुओं एवं सेवाओं का उत्पादन करती हैं। वे गतिविधियाँ इसमें शामिल नहीं होने से महिलाओं द्वारा संपादित कार्यों को एक दृष्टि से आर्थिक अर्थों में इसे हम नजर अंदाज कर देते हैं। इस प्रकार हम महिला श्रमिकों के **सहभागिता स्तर** (Participation level) की **कम गणना** (Under enumeration) कर देते हैं। ये दोष से बिना ऊपर उठे हम इनके द्वारा किए गए सही प्रतिभागिता और योगदान का अंदाजा नहीं लगा सकते।

3. **जनगणना** 1991 में कार्य के अर्थ की व्यापकता प्रदान करते कई बातों का इस संदर्भ में परीक्षण किया।

(i) कृषि क्षेत्र में कार्य की समयावधि;

(ii) अनौपचारिक समूह (Informal sector) में कार्य;

(iii) कृषि या पारिवारिक उपक्रम में अभुक्त कार्य (Unpaid work) तथा कार्य; तथा

(iv) परिवार मद पर लिंगवार डाटा (Genderwise data)।

इस प्रकार देखा जाए तो सर्वेक्षण में महिलाओं के योगदान के अंश के दृष्टिकोण से कार्य के परिभाषा के दायरे को लगातार बढ़ाया जा रहा है और वास्तव में इस दायरे को वास्तविक रूप तक बढ़ाने की आवश्यकता भी है। अन्यथा परिवार एवं समाज में महिलाओं द्वारा किए गए कार्यों, जिस पर बड़े पैमाने पर परिवार को खर्च नहीं करने पड़ते यथा बच्चों की देखभाल, खाना बनाना, पानी लाना, घर की सफाई करना, अन्य घरेलू कार्य का भी अपना महत्व है। **महिलाओं द्वारा अभुक्त कार्य** (Unpaid) **का आर्थिक मूल्य** (Economic value) बहुत है।

देखा जाय तो कार्य के पुराने परिभाषा को पुनः से परिभाषित (**Redefine**) करने की आवश्यकता है। क्योंकि ये परिभाषाएँ **अपर्याप्त एवं अशुद्ध (Inadequate and inaccuracies)** तो है ही, साथ ही साथ कई प्रकार के दुराग्रह (**Biases**) से ग्रसित है। क्योंकि सर्वेक्षण कार्य के द्वारा महिलाओं के द्वारा किए जाने वाले की चर्चा को **प्रमुखता नहीं** दी, उसको सही ढंग से **शामिल** और उस पर जोर नहीं जाता। इसके अतिरिक्त महिला श्रमिकों से संबंधित प्रश्नों के उत्तर भी कोई **पुरुष ही** देते हैं।

1.4 **मुख्य मजदूर** (Main Workers)–यदि कोई व्यक्ति किसी भी कार्य में **6 माह** (Six months) से अधिक अवधि के लिए पिछले वर्ष (Preceding year) में संलग्न रहा हो उसे सर्वेक्षण कार्य में मुख्य मजदूर माना जाता है।

1.5 **सीमांत मजदूर** (Marginal Worker)–यदि कोई व्यक्ति 6 माह से कम (Less than six months) के लिए पूर्वगामी वर्ष में किसी भी काम में संलग्न रहा तो उसे सीमांत मजदूर माना जाता है।

1.6 **गैर-मजदूर** (Non-worker)–जो व्यक्ति गत वर्ष **एक दिन** के लिए भी कार्य नहीं किया हो उन्हें गैर-मजदूर की श्रेणी के रूप में रखा जाता है।

1.7 **रोजगार स्तर** (Employment Levels)–एनएसएसओ द्वारा जो रोजगार संबंधी सर्वेक्षण कार्य होते हैं उसे कई स्तरों में बाँट दिया गया है यथा एक वर्ष, एक सप्ताह, सप्ताह का प्रत्येक दिन। इस उद्देश्य एवं श्रेणी के लिए तीन रोजगार स्तर पर सर्वेक्षण करने की व्यवस्था होती है जो इस प्रकार है–

(i) सामान्य प्रस्थिति (Usual status)

(ii) वर्तमान सप्ताह प्रस्थिति (Current weekly status)

(iii) वर्तमान दैनिक प्रस्थिति (Current daily status)

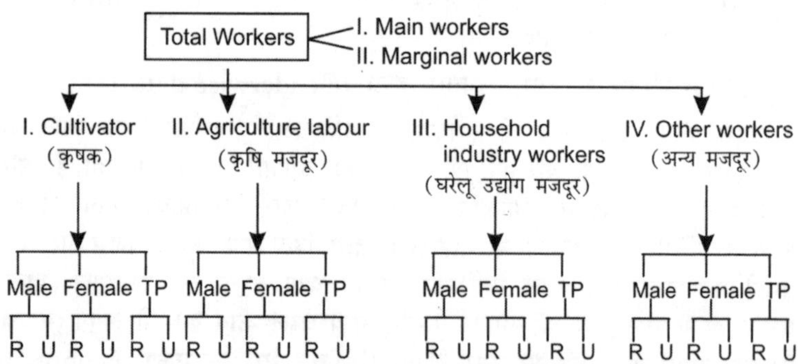

• TP = Total persons
• R = Rural
• U = Urban

1.8 **स्वयं खाता मजदूर** (Own Account Worker)–अनौपचारिक अर्थव्यवस्था (**Informal economy**) में **स्व-नियोजित** (**Self-employed**) महिला श्रमिक मुख्य रूप से स्वयं खाता श्रमिक है। इसमें मुख्य रूप से कृषि, पशु-पालन, मत्स्य एवं वानिकी कार्य (**ग्रामीण क्षेत्र** में), विक्रेता (Vendor), सेवा कार्य (Service work), कबाड़ उठाना (Rag picking), पेपर रिसायकलिंग एवं विनिर्माण (**शहरी क्षेत्र**) जैसी आर्थिक गतिविधियाँ में महिलाएँ संलग्न होती हैं। स्व-नियोजित

गतिविधियों में थोड़ा निवेश (**Low investment**) एवं निम्न हुनर (**Low skill**) की आवश्यकता होती है। जब निवेश कम रकम का किया जाता है और हुनर भी निम्न स्तर का होता है। तो उस स्थिति में उपार्जन राशि (**Earning amount**) भी थोड़ी ही होती है। स्व-नियोजन कार्य के अपने फायदे एवं नुकसान हैं। इसमें व्यक्ति के ऊपर मालिक का तो नियंत्रण नहीं होता। लेकिन बाजार की शक्तियाँ (**Market forces**) ही सभी के साथ स्व-नियोजित के ऊपर अपना नियंत्रण बनाती है। व्यक्ति अपने मेहनत से काफी आगे तक इस स्थिति में तरक्की कर सकता है। महिलाओं की एक अच्छी खासी तदाद स्व-नियोजित है।

1.9 **घरेलू मजदूर** (Domestic Workers)–देश की **अति गरीब महिलाएँ** (Most poorest womens) बड़े पैमाने पर घरेलू सहायक/दाई (helpers/maid) के रूप में नियोजित होती हैं। इस प्रकार के कार्य महिलाएँ किसी एक घर में पूरे समय (Full time) या आंशिक समय (Part time) के लिए कई घरों के (Boy/girls) कार्य को निबटाती हैं। घरेलू कार्य के लिए बड़ी संख्या में बालक एवं बालिकाओं को घर-स्वामियों द्वारा पूरे समय के लिए रखा जाता है। घरेलू कार्य में लगे बच्चे एवं महिलाएँ कई लम्बे-लम्बे घंटो तक कार्य को अंजाम देना पड़ता है। **अनौपचारिक क्षेत्र** में इस कार्य को कानून से पूरी तरह विनियमित (Regulive) नहीं किया जा पाया। देखा जाए तो यह घरेलू श्रमिक के रूप में लगे श्रमिकों की स्थिति अन्य श्रमिकों से बड़ी भिन्न होती है। क्योंकि अधिकांश स्थितियों में न तो इनके लिए कोई विश्राम अंतराल (**Rest-pause**), साप्ताहिक संवैधानिक छुट्टी, त्यौहार अवकाश, नौकरी की सुरक्षा आदि नहीं होती है। नियोजक अपने हिसाब में मौका पाने पर विचित्र प्रकार का शोषण इनका करते हैं।

1.10 **गृह श्रमिक** (Home Workers)–राष्ट्रीय शहरी कार्य कलाप संस्था ने माना है कि देश के अनौपचारिक समूह में लगभग **25 प्रतिशत** गृह श्रमिक हैं। जो अर्थव्यवस्था के सबसे अदृश्य श्रमिकों (Invisible workers) में से एक है। इस श्रेणी में वे श्रमिक आते हैं, **जो घर पर रहकर घर में ही विभिन्न सामानों का निर्माण/तैयार** (Manufacturing) करते हैं। इसे तैयार करने के बाद ये तैयार माल को संबंधित एजेंट/मालिक (Agent/owner) को पहुँचा देते हैं। जहाँ उन्हें वस्तु उत्पादन के अनुसार प्रतिदिन या साप्ताहिक या पंद्रह दिनों पर मजदूरी का भुगतान होता है। इन्हें या तो कच्चा सामान बिचौलिया पहुँचा देते। या खुद वे जाकर गोदाम से लाते हैं या खरीद कर तैयार करते हैं। इसमें मुख्य रूप से **बीड़ी रौलिंग**, पापड़, सेवई, अचार, माचिस तिलियाँ, गारमेंटस आदि का निर्माण आता है।

बालिका श्रमिक (Girl child labour) के प्रति एक स्पष्ट दृष्टिकोण तो हमारी तब पैदा होगी जब इससे संबंधित विभिन्न पहलूओं को बेहतर ढंग से

समझने का प्रयास किया जाए। बिना इसके तकनीकी पक्ष को समझते हुए इस पर ठोस एवं तर्कपूर्ण विचार प्रकट करना बेवकूफी है। जब हम बच्चे के अर्थ को समझते हैं जो बालिका के अर्थ को समझा जा सकता है। श्रम के अर्थ को समझ कर श्रमिक के अर्थ को समझा जा सकता है। यद्यपि कानून में बच्चों को परिभाषित किया गया है। किन्तु 'बाल श्रमिक' को किसी कानून में इस शीर्षक से परिभाषित नहीं किया गया है। उसी तरह विभिन्न कानूनों में श्रम के एक खास अवस्था या स्थिति को परिभाषित नहीं किया गया बल्कि व्यक्ति के रूप में श्रमिक को परिभाषित किया गया है। बच्चे की परिभाषा राष्ट्रसंघ, आईएलओ, भारतीय संविधान बाल श्रमिक (प्रतिषेध एवं विनियमन) अधिनियम, 1986, बीड़ी एवं सिगार अधिनियम, 1966, मोटर परिवहन कामगार अधिनियम, 1961, कारखाना अधिनियम, 1948, खदान अधिनियम, 1952, बागान अधिनियम, 1951, प्रशिक्षु अधिनियम, 1961 आदि अधिनियमों में दिया गया है। जिसमें कुछ महत्वपूर्ण अधिनियमों के माध्यम से यहाँ बच्चों के अर्थ को स्पष्ट करने का प्रयास किया जा रहा है।

1.11 बच्चा (Child)

1. "बच्चा से अभिप्राय उस व्यक्ति से है जो 18 वर्ष से कम आयु का है, बशर्ते बच्चे पर लागू होने वाले कानून के तहत, बच्चा इस उम्र व्यस्कता को प्राप्त नहीं कर लें।" —(Anyone below the age of 18)

–अनुच्छेद 1, एक बच्चा होने का अधिकार, यूनिसेफ, राष्ट्रसंघ

2. "बच्चा से तात्पर्य उस अवस्था या आयु से है, जिसके तहत बच्चा को उसके मानसिक, शारीरिक और बौद्धिक विकास के लिए संरक्षण आवश्यक है, जब तक कि वह स्वतंत्र रूप से व्यस्क के समरूप न हो जाए।"

3. "बच्चे से तात्पर्य उस व्यक्ति से है, जिसने अपनी आयु का 14 वर्ष पूरा नहीं किया है।" —(Any person who has not completed his 14 year of age or anyone below the age of 14)

–अनुच्छेद 24, भारतीय संविधान, बाल श्रमिक प्रतिषेध एवं विनिमय अधिनियम, 1986, बीड़ी एवं सिगार अधिनियम, 1966

4. "बालक से अभिप्राय ऐसे व्यक्ति से हैं, जिसने अपनी आयु का 15 वर्ष पूरा नहीं किया है।"

–धारा 2(c), कारखाना अधिनियम, 1948
–धारा 2(c), मोटर परिवहन कर्मकार अधिनियम, 1961

5. "बालक से अभिप्राय ऐसे व्यक्ति से है, जिसने अपनी आयु का 12 वर्ष पूरा नहीं किया है।"

–बिहार दुकान एवं प्रतिष्ठान अधिनियम, 1953

6. "बालक या बाल्यावस्था की परिभाषा विभिन्न सामाजिक स्थितियों पर निर्भर करती है और साथ ही साथ काल या समय पर भी निर्भर होती हैं। इतना ही पर्याप्त नहीं है बल्कि जाति एवं लिंग का भी महत्व इसे परिभाषित करने के लिए विचारणीय है।"

–विक्टोरिया गोडार्ड एण्ड बेन डामिन ह्वाइट, 1982, पृ. 468

विभिन्न विद्वानों, संस्थाओं और विधानों में बच्चे की परिभाषा में दो तीन महत्वपूर्ण बातें देखने को मिलती हैं। इन तमाम लोगों द्वारा बच्चे को परिभाषित करने में एक **'अवस्था या आयु' (Stage or Age)** की रेखा खिंची गई है। जिस रेखा के नीचे आयु समूह वाले बच्चों की श्रेणी में आते हैं, जबकि उस रेखा या उसके ऊपर वाले किशोर, नौजवान, अवयस्क की श्रेणी में आते हैं। जबकि तीसरी श्रेणी में इससे आगे वाले छोर पर खड़े लोग वयस्क कहलाते हैं। इस आयु और अवस्था के आधार पर मानव जीवन बचपन, नौजवानी वयस्कता, प्रौढ़ता-बुढ़ापा में विभाजित होता है। बचपन एवं बुढ़ापे में मानव की कार्य क्षमता या शारीरिक क्षमता भारी कार्य को करने की स्थिति में नहीं होती है और विशेष कर बचपन में तो बिल्कुल नहीं, ऐसा तो शरीर वैज्ञानिक भी मानते हैं। यहाँ पर खास कर व्यक्ति के किस आयु एवं अवस्था को बाल्यावस्था माना जाए किसे नहीं यह समाज के सामाजिक एवं आर्थिक विकास के स्तर पर निर्भर करता है। तब ही तो किसी देश में बच्चों की आयु कुछ निर्धारित है और कहीं कुछ और इसका सबसे बढ़िया उदाहरण विकसित देश एवं अविकसित व विकासशील में बच्चों की परिभाषा में हमको मिल सकता है।

अंतर्राष्ट्रीय संस्थाओं के द्वारा विकसित राष्ट्र के कुछ एवं तीसरी दुनिया के देशों के लिए बच्चों की परिभाषा या आयुगत सीमा रेखा कुछ और है या हम यह कहें कि उनके आर्थिक पिछड़ेपन के आधार पर आयु संबंधी छूट एक भिन्नता तो पैदा अवश्य कर देती है। संयुक्त राष्ट्र संघ, आइएलओ द्वारा बच्चों की आयुगत रेखा **18 वर्ष** से नीचे की खिंची गई और यदि हम भारत जैसे तीसरी दुनिया के देशों की बात करे तो बालश्रम कानून 1986, भारतीय संविधान में बच्चों के लिए **आयु 14** के नीचे निर्धारित है। इन दोनों के बीच लगभग 4 वर्षों के आयु का अंतर है और यह बहुत बड़ा अंतर है। जिससे खासकर तीसरी दुनियाँ 14 से ऊपर एवं 18 से नीचे आयु वाले व्यक्तियों को बच्चा कहलाना चाहिए वे किशोर, नौजवान, कुमार आदि कहलाते हैं। जबकि इसी आयु समूह के बच्चे अमेरिका के देशों में बच्चों की श्रेणी में आऐंगे।

आयु की सीमा रेखा का निर्धारण के लिए कुछ तो मापदंड होंगे जिसके आधार पर निर्धारण होगा कि 14 या 18 वर्ष से नीचे आयु वाले व्यक्ति ही बच्चे माने जाएंगे। वास्तव में इन मापदंडों के आधार पर ही विभिन्न राष्ट्रों में विभिन्न आयु का निर्धारण हुआ होगा। इतना ही नहीं जब अंतर्राष्ट्रीय संस्था बच्चों

को परिभाषित कर रही होगी तो वहाँ के स्थानीय कारकों (Local factors) को ध्यान में अवश्य रखा होगा।

यदि बच्चों के लिए आयु निर्धारण के अंतराष्ट्रीय दृष्टिकोण एवं मापक की बात करें तो हम देखेंगे कि जिस अवस्था तक व्यक्ति के मानसिक, शारीरिक एवं बौद्धिक विकास (**Mental, physical and intellectual development**) के लिए संरक्षण की आवश्यकता देखा गया, उस अवस्था को बाल्यावस्था और व्यक्ति को बालक (बच्चा) माना गया। तीसरी बात यह कि इस आयु रेखा का निर्धारण भिन्न-भिन्न काल खंड में भिन्न-भिन्न हो सकता है या हम कहें कि होता है। इस संदर्भ में सामाजिक स्थितियाँ यथा–जाति, लिंग आदि का भी अपना महत्व होता है। कई समाज में इस प्रकार की सामाजिक व्यवस्था होती है कि बच्चे कम उम्र से दूसरे जाति या सामाजिक स्तरीकरण (**Social stratification**) में ऊँचे स्तर वाले समूहों के सेवा में लगा दिए जाते हैं। इसलिए इस निर्धारण रेखा से जुड़ी बातों के बारीकियों को समझने की आवश्यकता है। जो बिल्कुल जटिल नहीं है तो सरल भी नहीं है। कई बार एक ही देश के विभिन्न कामों एवं संदर्भ के लिए बच्चा/बालक की परिभाषा अलग-अलग हो जाती है जैसे अपराधी मामलों का निर्धारण करते वक्त एक विधान के तहत माना जाता है कि 7 वर्ष से कम उम्र के बच्चों द्वारा किया गया कोई भी अपराध की श्रेणी में नहीं आएगा और अपराध ही नहीं तो फिर दण्ड कैसा? वहीं दूसरी ओर बालश्रम नियोजन संबंधी अधिकांश भारतीय कानूनों के किताबों में बच्चों के लिए इस आयु का निर्धारण 14 वर्ष से नीचे वाला अवस्था के लिए किया गया था। एक समय तो ऐसा था जब कारखाना, खदान, बागान, जहाजरानी, बीड़ी एवं सिगार, मोटर परिवहन, दुकान एवं प्रतिष्ठान अधिनियम में भिन्नता थी। जिसे आगे चलकर बालश्रम (प्रतिषेध एवं नियमन) अधिनियम, 1986 के प्रावधानों के द्वारा दूर किया गया। क्योंकि बागान, खदान, कारखाना, जहाजरानी, असंगठित क्षेत्रों के कामों के लिए अलग-अलग बच्चों की आयु कई प्रकार के विरोधाभास एवं विसंगतियों को पैदा करता था। इसलिए बाल नियोजन कानून, 1986 ने इस विसंगतियों को दूर करने का महत्वपूर्ण प्रयास किया।

इस प्रकार भारतीय संविधान, कानूनों, अंतर्राष्ट्रीय अभिकरणों एवं संस्थाओं द्वारा दिए परिभाषा को केन्द्र माने तो भारतीय संविधान एवं कानूनों के अनुसार (कुछ मायनों को छोड़) 14 वर्ष से कम उम्र वाले व्यक्ति जो स्त्री लिंग को धारण करती है बालिका है। जबकि अंतर्राष्ट्रीय संस्थानों द्वारा दिए परिभाषा के आधार पर जो 18 वर्ष से कम उम्र वाली स्त्री लिंग धारित है–बालिकाएं हैं।

1.12 वयस्क (Adult)

विभिन्न अधिनियमों के वयस्क की परिभाषा दी गई है। श्रमिक विधान के साथ-साथ अपराध एवं सामाजिक संबंध संबंधी विधानों में इसे परिभाषित किया गया है। जिसकी चर्चा यहाँ की जा रही है–

1. 'वयस्क' (Adult) वह व्यक्ति जिसने अपनी आयु का 18वां वर्ष पूरा कर लिया हो।

–धारा 2(a), कारखाना अधिनियम, 1948

2. किशोर (Adolescent) वह व्यक्ति है जिसने अपनी आयु का 15वाँ वर्ष पूरा कर लिया हो, परन्तु 18वाँ पूरा नहीं किया हो।

–धारा 2(b), कारखाना अधिनियम, 1948
–धारा 2(a), मोटर परिवहन अधिनियम, 1961

3. नवयुवक (Young person) वह व्यक्ति है जो बालक अथवा किशोर हो।

–धारा 2(d), कारखाना अधिनियम, 1948

4. अवयस्क (Minor) का आशय उस व्यक्ति से है जिसने 18 वर्ष की आयु प्राप्त नहीं की है।

–धारा 2(i)(ff), कर्मकार क्षतिपूर्ति अधिनियम, 1923

5. वयस्क, किशोर तथा बालक शब्द के अर्थ वही लिये गये हैं जो कि कारखाना अधिनियम, 1948 में दिये गये हैं।

–धारा 2(j), न्यूनतम मजदूरी अधिनियम, 1948

1.13 बाल श्रमिक (Child Labour)

बाल श्रमिक की परिभाषा एवं अवधारणा पर विभिन्न विद्वानों, शोध संस्थाओं, सरकारी एवं गैर सरकारी संगठन एवं संस्थाओं ने अपने अलग-अलग विचार रखे हैं। श्रम एवं श्रमिक संबंधी समस्या तथा स्थितियों के प्रति स्पष्ट विचार पैदा करने के लिए इसके अवधारणा संबंधी पहलू को स्पष्ट करना पहली शर्त है। बालश्रम में बालक एवं बालिका श्रम व श्रमिक दोनों आते हैं। बाल श्रमिक को परिभाषित करने, उसके अर्थ को स्पष्ट कर उसके लिंगगत विश्लेषण कर बालक श्रमिक एवं बालिका श्रमिक को समझा जा सकता है। जहाँ बालक श्रमिक एवं बालिका लिंग के अंतर के आधार पर परिभाषित किया जा सकता एवं समझा जा सकता है। वही बालिका एवं महिला श्रमिक को आयु के अंतर के आधार पर समझा जा सकता है। एक जगह लिंग तो दूसरे जगह अंतर का आधार आयु है। यह सर्वविदित है कि सभी बालिका एक दिन महिला होगी ठीक उसी प्रकार सभी महिलाएँ कभी बालिका थीं। इस प्रकार एक समय विशेष में बालिका श्रमिक, महिला श्रमिक नहीं होती और महिला श्रमिक, बालिका श्रमिक नहीं होती।

बाल-श्रमिक = बालक श्रमिक + बालिका श्रमिक (लिंग भिन्नता)

महिला–श्रमिक = बालिका श्रमिक + महिला श्रमिक (आयु अंतर)
↓ ↓
अवयस्क वयस्क

यद्यपि बाल श्रमिक की परिभाषा किसी कानून में देखने को तो नहीं मिलती किन्तु विभिन्न संस्थाओं और विद्वानों ने इसे परिभाषित किया है। जो इस प्रकार हैं–

1. "बच्चों द्वारा किया गया कोई भी कार्य जो उनके कम से कम शिक्षा या मनोरंजन की आवश्यकता में **विघ्न** डालती है, उन्हें बाल श्रमिक के परिभाषा के अंतर्गत लाती है।"

–**होमर फॉकस**, अध्यक्ष, राष्ट्रीय बाल श्रमिक समिति, अमेरिका

2. बाल श्रमिक का संबंध उन बच्चों से नहीं है जो पारिवारिक जीवन पर खेती में मदद करते हैं या घरेलू कामों में मदद करते हैं। बल्कि बाल श्रमिक में वे बच्चे शामिल हैं जो–

(i) स्थायी रूप से वयस्क के अनुरूप जिंदगी गुजर बसर कर रहे हैं,

(ii) वैसे स्थिति में कार्यरत हैं जो उनके स्वास्थ्य, शारीरिक एवं मानसिक विकास में हानि पहुँचा रही,

(iii) कम मजदूरी पर लम्बे घंटे के लिए कार्यरत है,

(iv) लगातार बुनियादी शिक्षा एवं प्रशिक्षण के अवसर से वंचित रहते हैं जो शायद उसके लिए बेहतर भविष्य का मार्ग प्रशस्त कर सकता था, तथा

(v) कभी-कभी अपने परिवारों से अलग होकर रहते हैं।

–निदेशक, **आई.एल.ओ.**, 1983

3. "जब एक बच्चा किसी ऐसे काम में संलग्न होता है, जो उसे अवकाश, खेलकूद एवं शिक्षा से वंचित करता है, तो उसे 'बाल श्रमिक' कहा जाता है। इस प्रकार बाल श्रमिक वह बच्चा है जिसने **चौदह वर्ष** की आयु को पूरा नहीं किया है तथा जो मजदूरी सहित या मजदूरी रहित किसी के लिए काम करता है।"

–*चाइल्ड लेबर*, वि.वि. गिरि, नेशनल लेबर इंस्टीट्यूट, 2000, पृ. 1

4. "बच्चे जो पूरी समय **विद्यालय में उपस्थित** नहीं रहते या नहीं जाते वे बाल श्रमिक हैं।"

–गैर-सरकारी संगठन

5. "बालश्रम का अर्थ बाल जनसंख्या द्वारा किए गए उस श्रम से है जिससे उन्हें अर्थ प्राप्त होता है, अथवा अर्थ विमुक्त समाज के रूप में बालकों का उपयोग होता है।"

–रिपोर्ट ऑफ दी कमेटी आन चाइल्ड लेबर,
भारत सरकार, 1979

6. "बालश्रम से बालकों के कार्यरत होने की उस अवस्था का बोध होता है जिसके अंतर्गत उन्हें अर्थ लाभ का अवसर मिलता है अथवा उसके द्वारा किये गये श्रम से उनके अपने परिवार को अर्थ का लाभ मिलता है।"

–एस.के. त्रिपाठी, *चाइल्ड लेबर इन इंडिया*,
डिस्कवरी पब्लिशिंग, नई दिल्ली, 1982, पृ. 21

7. "बच्चों के संदर्भ में 'श्रम' तब तक बुराई का रूप धारण कर लेता है, जब नियोजकों द्वारा बच्चों से उनकी शारीरिक क्षमता के विपरीत काम लिया जाता है, जब उनके काम के घंटे निश्चित न हों और उनकी शिक्षा, मनोरंजन तथा आराम का ख्याल न रखा जाता हो और जब उन्हें ऐसे काम पर लगाया जाता हो, जो उनके स्वास्थ्य के लिए हानिप्रद हो या शरीर के लिए खतरनाक हो।"

–**गुरुपदस्वामी रिपोर्ट**, नई दिल्ली, 1979

8. "बाल श्रमिक पाँच से चौदह आयु समूह का वह व्यक्ति है जिसे पूरे समय या आंशिक समय आधार पर, या स्वनियोजन, या अपने परिवार के व्यवसाय में सहायता करने के लिए दो या दो से अधिक घंटे के लिए नियोजित किया जाता है।"

–लक्ष्यपति, 1993

9. "बालश्रम की व्याख्या सामान्य रूप से दो प्रकार से की जा सकती है। प्रथम, आर्थिक व्यवहार के रूप में तथा दूसरे, **सामाजिक बुराई** के रूप में। **आर्थिक व्यवहार** के रूप में यह बच्चों के लाभप्रद व्यवसाय में नियोजन से संबंधित है, जिससे इनके परिवार के आय में वृद्धि हो सके। आर्थिक व्यवहार के रूप में यह विवादस्पद है कि केवल वेतनिक कार्यों को ही बालश्रम के अंतर्गत लिया जाए अथवा अवैतनिक कार्यों को भी उसमें शामिल किया जाय। बच्चे घर की सफाई, पशुपालन, खेती-बारी के काम आदि में हाथ बँटाते हैं। जबकि सामाजिक बुराई के रूप में बालश्रम का व्यापक प्रयोग होता है। जहाँ तक सामाजिक बुराई का संबंध है, वह प्रत्यक्ष रूप से बच्चे के व्यक्तित्व विकास से संबंधित है। व्यक्तित्व के विकसित न होने का परिणाम यह होता है कि इससे व्यक्ति का खुद विघटन तो होता है, साथ ही समाज एवं राष्ट्र को भी विघटन

की ओर मोड़ देता है। कहा भी गया है कि विघटित व्यक्तित्व समाज एवं राष्ट्र के लिए कोढ़ है।"

–**वी.वी. गिरि**, *लेबर प्राब्लम्स इन इण्डियन इण्डस्ट्री*, 1951

10. "बालश्रम श्रम की वह अवस्था है जिसमें बालकों को लाभप्रद व्यवसाय की सेवारत अवस्था प्राप्त होती है तथा इस काल में उनके **शारीरिक विकास** को नुकसान होता है और उनमें अपने विकास के अवसर नकारात्मक होते हैं। इसलिए बालश्रम के लिए तीन शर्तों का होना आवश्यक है–

(i) बच्चे को लाभप्रद व्यावसायिक युक्त सेवारत होना,
(ii) कार्य की अवस्था का नुकसानयुक्त होना, तथा
(iii) इसमें बच्चों को मौलिक विकास का अवसर न प्राप्त होना।"

–जे.सी. कुलश्रेष्ठ, *चाइल्ड लेबर इन इंडिया*, नई दिल्ली, 1978

11. "**अधिकार आधारित उपागम के आधार पर बाल श्रमिक में वे सभी बच्चे शामिल हैं, जो विद्यालय से बाहर है, भले ही वे कृषि में, उद्योग में या घर में काम कर रहे हैं।**"

–**संयुक्त राष्ट्र संघ विकास कार्यक्रम**, 2001

बाल श्रमिकों की विभिन्न परिभाषाओं में जो बातें उभर कर सामने आती हैं, वे ये कि लगभग सभी विद्वानों ने चाहे वे सामाजिक संस्था हो या चिंतक सभी ने एक स्वर में यह स्वीकारा है कि इस आयु में इस श्रेणी का श्रम '**बचपन के विकास**' का बाधक है इस अवस्था में कराए जाने वाले श्रम का बचपन पर पड़ते दुष्परिणाम के कारण यह एक '**सामाजिक बुराई**' (Social evil) बन जाता है। इसलिए इसे रोका जाना आवश्यक है। बचपन खेलने, मनोरंजन करने एवं पढ़ने के लिए है। ताकि वयस्क भी भाँति जिंदगी गुजर बसर करने के लिए। जिन स्थितियों में बच्चे काम करते हैं, उसमें न उनका स्वास्थ्य न शारीरिक और न ही मानसिक विकास संभव है। इतना ही नहीं जब बचपन के हाथों में हथौड़ा-छैनी, अन्य औजार आ जाते हैं, तो वे बुनियादी शिक्षा व प्रशिक्षण के अवसर से वंचित हो जाते हैं। क्योंकि जिस समय उन्हें विद्यालय होना चाहिए वे किसी कर्मशाला, दुकान, प्रतिष्ठान या अन्य आर्थिक गतिविधियाँ संचालित केन्द्रों में कुछ न कुछ करते रहते हैं और समाप्त हो जाता है एक बेहतर भविष्य मार्ग प्रशस्त होने का अवसर, क्योंकि वे तो लम्बे घंटे के काम करने के चक्रव्यूह में इस तरह बुरी तरह से फँसे होते हैं। कि इस तरफ इन बेचारों का क्षण भर के लिए भी ध्यान नहीं जाता है।

ये सारी स्थितियाँ बालश्रम की एक सामाजिक बुराई बना देती है। कई बार इन बच्चों को श्रम बाजार के क्रूर नियम के कारण उन्हें नियोजकों के शर्तों के कारण अपने बचपन के दोस्तों, रिश्तेदारों अभिभावकों से दूर रहकर काम करना पड़ता है। जहाँ उनके साथ होता **बाजारवाद** (Marketisation) का सख्त नियम काम-काम और काम। कहते हैं कि किसी खतरनाक बीमारी की पहचान करनी हो तो आप उसके लक्षण को पहचानने की कोशिश करें। ठीक उसी प्रकार बाल श्रमिक कौन है या बालश्रम किसे कहते हैं? यदि इस प्रश्न का उत्तर प्राप्त करना है तो देखना होगा कि इस समस्या के लक्षण कौन-कौन से हैं? और इन लक्षणों के आधार पर बाल श्रमिकों को परिभाषित किया जा सकता है। इन लक्षणों की चर्चा हम ऊपर कर चुके हैं। बाजार के नियम के माँग पक्ष एवं पूर्ति पक्ष **(Supply and demand aspects)** के दाँवपेच में बचपन का विकास, वांछित शिक्षा, मनोरंजन सुविधा सभी दाँव पर लगा होता है। बालश्रम की इस सामाजिक बुराई में नियोजक एक औसत बचपन की जो शारीरिक क्षमता होती है, उसके विपरीत उनसे घंटों कठिन परिस्थितियों में लगातार काम लेता है। यही लक्षण एक हँसते खेलते बचपन को 'बाल श्रमिक' के रूप में परिणत करते हैं। बचपन का यही **'वीभत्स चेहरा'** बाल श्रमिक का चेहरा होता है। जिसे समाज बाल श्रमिक कहता है। एक ऐसा चेहरा जिसके जीवन में खुशी के रंग न हों, एक ऐसा चेहरा जिसके जीवन में मनोरंजन के क्षण न हो, एक ऐसा चेहरा जिसके जीवन में शिक्षा के अवसर न हो, एक ऐसा चेहरा जो समय से पहले परिपक्व हो गया हो, एक ऐसा चेहरा जो खिलने से पहले मुरझा गया हो, एक ऐसा चेहरा जिनके नन्हें कंधों पर भारी-भरकम असमय काम का बोझ आ गया हो—यही तो बाल श्रमिक है, इसे ही बालश्रम कहते हैं।

इस हिसाब से समाज के चिंतकों की एक जमात द्वारा बाल श्रमिक की परिभाषा के अनुसार **वे सभी बच्चे जो विद्यालयों में नहीं हैं वे बाल श्रमिक हैं**। वास्तव में सही प्रतीत होता है। इसलिए **बचपन का स्थान विद्यालय में है**, **खेल के मैदानों में है**, चिड़ियों और तितलियों के पीछे भागने वाले स्थानों में है। जिस तरह रात घर नहीं लौटने पर पत्नी एवं परिवार के सदस्यों को चिंता होती है कि उन्हें घर में होना चाहिए। ठीक उसी प्रकार **सामाजिक चिंतकों** (Social thinkers) की यह चिंता उचित है कि बच्चे को बचपन की अवस्था में विद्यालय में होना चाहिए कहीं और नहीं। न खेतों में, न कारखानों में, न उद्योगों में और न ही घर में (कार्य करते हुए) बल्कि उन्हें सिवाए और सिवाए विद्यालय में ही होना चाहिए और यदि बच्चा बचपन में खतरनाक, अति खराब दशा या अन्य गैर-खतरनाक कामों में लगा है तो वास्तव में वह बच्चा बाल श्रमिक है और इस श्रम को हम आर्थिक दृष्टिकोण से बाल श्रमिक कहेंगे। कोई श्रम बचपन और बच्चों के संदर्भ में कब सामाजिक बुराई का रूप तब अख्तियार करता है,

इस संदर्भ में इस बुराई के स्वरूप एवं विस्तार की गणना के लिए तीन बातों पर ध्यान दिया जाना आवश्यक है–

(i) उस कार्य की **'प्रकृति'** जिसमें बच्चे कार्यरत हैं,

(ii) वे **'गर्भित खतरे'** जिनका प्रभाव बच्चों पर पड़ता है, तथा

(iii) विकास के वे **'अवसर'** जिनसे वे इस कार्य के कारण वंचित हो गए।

व्यापक अर्थों में बाल श्रमिकों के इस श्रेणी में निम्न बच्चे शामिल होते हैं–

(i) आर्थिक रूप से सक्रिय 5 से 11 आयु समूह के सभी बच्चे,

(ii) आर्थिक रूप से सक्रिय 12 से 14 आयु समूह के सभी बच्चे जो सप्ताह में कम से कम 14 घंटे गैर-खतरनाक कार्य में लगे होते हैं, तथा

(iii) आर्थिक रूप से सक्रिय 12 से 17 आयु समूह के सभी बच्चे जो खतरनाक कार्य में लगे हैं।

वहीं आईएलओ के नवीनतम **कन्वेंशन** 182 के अनुसार **'अति खराब दशा'** में बाल श्रमिक के श्रेणी में आते हैं–

(i) **बच्चों की तस्करी** (**Child trafficking**)–बंधुआ रूप में लगे बच्चे (**Bonded child**), **बेगार श्रम** (**Forced labour**) एवं सैन्य संघर्ष के लिए अनिवार्य रूप से भर्ती किए गए बच्चे (**Children used in armed conflicts**),

(ii) **वैश्यावृत्ति एवं** अश्लील कार्य में लगे बच्चे (Child engaged in **prostitution and pornography**),

(iii) **गैर-कानूनी** कार्य (**Illegal work**) विशेष रूप से ड्रग्स तस्करी एवं व्यापार में लगे बच्चे, तथा

(iv) वैसा कार्य परिवेश जिससे बच्चों का स्वास्थ्य, सुरक्षा एवं नैतिकता को नुकसान पहुँचाता हो।

–अनुच्छेद 3, कन्वेंशन 182, आई.एल.ओ., 1999

व्यापक आधार पर जब बाल श्रमिकों के अर्थ की बात आती है तो उसमें बाल जनसंख्या के 18 वर्ष से कम आयु समूह के वह सभी बच्चे शामिल हैं जो किसी न किसी काम में लगे हैं भले ही उसके लिए उनको भुगतान किया जाए अथवा नहीं। यहाँ एक बात स्पष्ट कर देना आवश्यक है कि बाल श्रमिक की परिभाषा में **मजदूरी से बड़ा आधार शिक्षा और विकास के अन्य अवसरों से वंचित होना है।** यदि कोई बच्चा काम करता है और उसके लिए उसे मजदूरी नहीं मिलती है या यदा-कदा मिलता है या नाममात्र का मिलता है, इन सभी स्थितियों मे इसे बाल श्रमिक ही कहा जाएगा। क्योंकि इस बच्चे को बचपन में

शिक्षा एवं अन्य विकास के अवसरों से वंचित होना पड़ता है। इसके साथ ही एक प्रश्न यह भी उठता है, जो बच्चा जूता-पॉलिश, फेरी पर सामान, अखबार, स्वनिर्मित सामान, आईसक्रीम, सब्जी बेचने जैसे काम में लगे हों या **स्वनियोजित (Self-employed)** हो जहाँ नियोजक एवं नियोजित अर्थात मालिक और मजदूर का संबंध नहीं है तो क्या वे श्रमिक की श्रेणी में नहीं आएंगे? इस श्रेणी के बच्चे भी बाल श्रमिक की परिभाषा के दायरे में आएंगे, मापदंड वही है उन्हें इस उम्र में किसी अवस्था में चाहे नियोजित या स्वनियोजित हो, काम नहीं करना चाहिए बल्कि पढ़ना और बचपन के अनुरूप कामों में लगाना चाहिए। न कि यौवनावस्था या प्रौढ़ावस्था वाले कामों में लगना चाहिए। तीसरी बात यह कि यदि ये सारे कार्य बच्चे अपने पारिवारिक व्यवसाय (Family occupation) की सहायता के लिए लगे हैं, तो उस स्थिति में भी यदि उसे अपने बचपन के मौलिक अधिकारों से वंचित होना पड़ता है, तो व्यापक अर्थों में वे भी इस श्रेणी में इस मापदंड के आधार पर आएंगे।

विद्वानों की एक श्रेणी के अनुसार बालश्रम एक पीढ़ी से दूसरी पीढ़ी से दूसरी पीढ़ी तक '**हुनर का हस्तांतरण**' है, विशेष रूप से परम्परागत हुनर एवं शिल्प का। कई समूह परम्परागत बालश्रम की परिभाषा की आलोचना करते हैं और मानते हैं कि बालश्रम का मुद्दा इस बात से जुड़ा नहीं है कि बच्चों द्वारा किया गया कार्य **शोषण मूलक** तथा **पारिश्रमिक मूलक** है या नहीं, बल्कि इन समूहों के अनुसार बच्चों द्वारा किया प्रत्येक कार्य चाहे वे शोषण मूलक हो या उससे बच्चों की कुछ 'अर्थ लाभ' होता हो, वे प्रत्येक स्थिति में बच्चों के लिए खराब ही है। क्योंकि शोषणकर्ता को दिया जाने वाला प्रत्येक छूट शोषण की पृष्ठभूमि को तैयार करती है। उदाहरण के रूप में पिछले कुछ वर्षों में जब घर से बाहर होने वाले काम का रूपांतरण गृह आधारित (Home based) में हो गया, तो कल तक जो कालीन, माचिस, काँच, बीड़ी निर्माण के जो कार्य इनके द्वारा कारखाने में होते थे, वे अब बच्चों के खुद के घर में प्रारम्भ करवा दिए गए।

बच्चों द्वारा किया जाने वाला कौन-सा कार्य शोषण मूलक कार्य है और कौन गैर-शोषण मूलक, यह बात कार्य पर ही नहीं बल्कि उस पर्यावरण व परिस्थिति पर निर्भर करता है, जिसमें बच्चों को कार्य करना पड़ता है। प्रत्येक बच्चा जो विद्यालय नहीं जा रहा है, उसे या तो '**वास्तविक या संभावित बाल श्रमिक**' मानना चाहिए। चूँकि विद्यालय से बाहर रहने वाला बच्चा प्रायः अपने परिवार के लिए '**पूरक श्रम**' का कार्य करते हैं या तो पूर्ण समय आधार पर या आंशिक आधार पर प्रत्येक विद्यालय न जाने वाला बच्चा 'संभावित बाल श्रमिक' है (*रिपोर्ट ऑन दी नेशनल कमीशन ऑन लेबर*, 2002 : 1008)। राष्ट्रीय श्रम आयोग, 2002 में इस विषय पर विस्तार से चर्चा की गई है कि बाल श्रमिकों के अर्थ के संबंध में कई प्रकार के प्रत्यक्षीकरण या अनुभव है। इसमें पहले श्रेणी, के

बाल श्रमिक में उन गरीब परिवार के बच्चों को रखा गया है जो आने घर/परिवार से बाहर न्यूनतम मजदूरी पर काम करते हैं आयोग का मानना है ये काम बच्चों के अनुकूल नहीं है, जिस स्थिति में काम करते हैं, वे उनके सुरक्षा के दृष्टिकोण से अनुकूल नहीं है। चूंकि ये बच्चे वयस्क नहीं हुए हैं इसलिए उन्हें विद्यालय में होना चाहिए न कि काम के स्थानों में।

दूसरे परिभाषा के तहत बाल श्रमिकों का तात्पर्य उन बच्चों से जो गरीब एवं किशोर हैं, जो अपने घर से बाहर काम करने को जाते हैं। **इन बच्चों का जीवन शोषण का पर्यायवाची है** (द्वितीय श्रम आयोग: 1007)। किन्तु अयोग का मानना है कि इन परिभाषाओं में उन कामों को करने वाले बच्चों को ध्यान में नहीं रखा गया, जो अपने घर या परिवार में काम करते हैं और कई बार शोषण की स्थिति में काम करते हैं इस प्रकार देखा जाए तो बाल श्रमिक के परिभाषा के शर्त को पूरी करते हैं।

परम्परागत अवधारणा (Traditional concept) में बाल कार्य एवं बालश्रम (Child work and child labour) में अंतर रखा गया है। गरीब परिवार के आर्थिक जरूरतों के संदर्भ में बालश्रम की बात है। जबकि बच्चों के काम में शोषण संबंधी पहलू के व्यवसायिक उपक्रमों की अत्यधिक लाभ कमाने की आकांक्षा बच्चों से लम्बे घंटे निम्न वेतन पर काम करवाती है। साथ-साथ ही इनके शिक्षा के अवसर को ध्वस्त कर देते हैं। अंत में तो यही कहा जा सकता है बाल श्रमिक का तात्पर्य उन सभी बच्चों से है जो विद्यालय नहीं जा रहे हैं।

इन सारी व्याख्याओं से श्रम, श्रमिक, श्रमिकों की विभिन्न प्रकार की श्रेणियों आदि के विषय के संबंध में अवधारणा हमारे सामने स्पष्ट होता है क्योंकि किसी भी विषय के बारे में चर्चा करने के सर्वप्रथम आवश्यक हो जाता है कि आप उससे संबंधित अवधारणा को समझें। संबंधित विषय को सर्वप्रथम 'परिभाषित' (Define) किया जाए, इसलिए जब तक समस्या या विषय को परिभाषित नहीं किया जाएगा, तब तक उस समस्या के विषय में एक अच्छी समझदारी पैदा नहीं जा सकती। इसलिए इस अध्याय में **महिला श्रमिक** के महत्वपूर्ण बुनियादी पहलूओं को परिभाषित किया गया। दूसरे विभिन्न कानून एवं विद्वानों द्वारा दिए गए परिभाषा में श्रम, श्रमिक, महिला आदि को परिभाषित किया गया। स्पष्ट है अंतर्राष्ट्रीय श्रम बाजार में लिंग के आधार पर दो प्रकार के श्रमिक हैं–पुरुष एवं महिला। पुनः महिला श्रमिक मुख्य श्रमिक, सीमांत श्रमिक, गैर-मजदूर, स्वयं खाता श्रमिक, घरेलू श्रमिक, गृह-श्रमिक, बालिका श्रमिक एवं वयस्क श्रमिक की श्रेणियों में बटी है। पुनः विभिन्न अधिनियमों में श्रमिकों के लिए मुख्य रूप से दो शब्दों का प्रयोग किया गया है–कर्मकार, कर्मचारी। मातृत्व हितलाभ, 1961 एक ऐसा अधिनियम है जिसमें महिला को परिभाषित किया गया है।

संदर्भ

कुलश्रेष्ठ, जे.सी. (1978), *चाइल्ड लेबर इन इंडिया*, एशिया पब्लिशिंग हाऊस, नई दिल्ली, पृ. 21।

कर्मचारी राज्य बीमा अधिनियम, 1948 (राजपाल कटारिया, 2007, *श्रमिक विधियाँ*, ऑरिएंट लॉ पब्लिकेशन्स, इलाहाबाद, पृ. 323 एवं *यूनिवर्सलस लेबर एण्ड इंडस्ट्रीयल लॉ मैनुअल*, 2004, यूनिवर्सलस लॉ पब्लिशिंग प्रा. लि., दिल्ली, पृ. 225)।

कारखाना अधिनियम, 1948 (राजपाल कटारिया, 2007, पृ. 416 एवं यूनिवर्सलस लेबर, 2004, पृ. 360)।

कर्मचारी भविष्य निधि तथा विविध प्रावधान अधिनियम, 1952 (वही, पृ. 193 एवं वही पृ. 259)।

कर्मकार अधिनियम, 1923 (वही, पृ. 323 एवं वही, पृ. 952)।

बिहार दुकान एवं प्रतिष्ठान अधिनिमय, 1953।

बीड़ी एवं सिगार कामगार (नियोजन की शर्तें) अधिनियम, 1966 (वही, पृ. 139)।

बाल श्रमिक (प्रतिबंध एवं विनियमन) अधिनियम, 1976 (वही, पृ. 178)।

बोनस भुगतान अधिनियम, 1965 (वही, पृ. 762)।

औद्योगिक विवाद अधिनियम, 1947 (वही, पृ. 523, एवं वही, पृ. 448-449)।

औद्योगिक नियोजन (स्थायी आदेश) अधिनियम, 1946 (वही, पृ. 684)।

मोटर परिवहन कर्मकार अधिनियम, 1961 (वही, पृ. 782 एवं वही, पृ. 741)।

मोरिया, सिल्वा (1981), आई.एल.ओ., जनेवा, पृ. 160।

मातृत्व लाभ, अधिनियम, 1961 (वही, पृ. 742 एवं वही, पृ. 632)।

न्यूनतम मजदूरी अधिनियम, 1948 (वही, पृ. 762 एवं वही, पृ. 701)।

रिपोर्ट ऑफ दी नेशनल कमीशन ऑफ लेबर (2002), मिनिस्ट्री ऑफ लेबर, गवर्नमेंट ऑफ इंडिया, नई दिल्ली, पृ. 1007-1013।

रिपोर्ट ऑफ दी वर्स्ट फार्म ऑफ चाइल्ड लेबर (1999), कन्वेंशन-182, आई.एल.ओ., जनेवा।

श्रम संघ अधिनियम, 1926 (वही, पृ. 864)।

ठेका श्रम (विनियमन एवं उत्पादन) अधिनियम, 1970 (वही, पृ. 201 एवं वही, पृ. 15)।

त्रिपाठी, ए.के. (1982), *चाइल्ड लेबर इन इंडिया*, डिस्कवरी पब्लिशिंग, नई दिल्ली, पृ. 21।

विक्टोरिया, *गोडार्ड एण्ड बेन डॉमिन हाइट* (1982), आई.एल.ओ., जनेवा, पृ. 468।

गिरि, वी.वी. नेशनल लेबर इंस्टीट्यूट (2000), *चाइल्ड लेबर*, नोएडा, पृ. 1।

गिरि, वी.वी. नेशनल लेबर इंस्टीट्यूट (2000), *टूल्स फॉर कन्वर्सेशन: ए नेशनल प्रस्पेकटिस*, पृ. 5।

2

संसार में महिला श्रमिक
(Women Workers in the World)

"यदि आप शांति चाहते हैं, तो न्याय को बोइए।"

—आई.एल.ओ., 1926, 18 सत्र

संपूर्ण संसार के 'श्रम बाजार' (**Labour market**) में कई तरह के परिवर्तन दृश्य हो रहे हैं। खासकर अस्सी के दशक से 'अन्तर्राष्ट्रीय श्रम बाजार' (**International labour market**) ने कई बातों को छोड़ा और कई बातों को स्वीकारा है। अंतर्राष्ट्रीय श्रम बाजार को पिछले कुछ दशकों से जिन स्लोगन ने सबसे ज्यादा प्रभावित किया है वे हैं–**'भूमंडलीकरण-निजीकरण-उदारीकरण'** (**Globalisation-privatisation-liberalisation**)। इन शब्दों ने संसार के आर्थिक व्यवस्थाओं को पूरी तरह से झकझोर कर रख दिया है। **बहुराष्ट्रीय कंपनियों** (**Multi-National Companies**) का युग प्रारंभ हो चुका है। जिसे कुछ चुनिंदा कंपनी (माइक्रोसॉफ्ट, कोका-कोला) पूरे अंतर्राष्ट्रीय बाजार को प्रभावित करती है। इससे श्रम बाजार पर भी अपने प्रभाव को छोड़ा है। पहले के दशकों की तुलना में हाल के दशकों में उसने महिला श्रमिक के भी हर क्षेत्र को प्रभावित किया है।

वर्तमान में भूमंडलीकरण ने संसार के श्रम बाजार के संगठित एवं असंगठित क्षेत्र को कामकाजी वाली महिलाओं, रोजगार के तलाश में बैठी महिलाओं, रोजगार के लिए शिक्षा प्राप्त करने वाली नवयुवतियों आदि सभी पर अपना प्रभाव छोड़ रखा है। श्रम बाजार अपने नए रूप से रंग में है। हाल के वर्षों में संगठित क्षेत्र के कई उपक्षेत्र (Sub-sector) में खासकर **सेवा, सूचना, कम्प्यूटर, उद्योग तथा विनिर्माण क्षेत्र** में महिला रोजगार की संभावनाओं को बहुत हद तक बढ़ाया है। साथ ही साथ प्रत्येक संगठित क्षेत्र की सहायक कंपनियों में भी इनके लिए रोजगार के अवसर बढ़ रहे हैं। समाज के नए चेहरे एवं नई **'विशुद्ध उपभोक्तावादी संस्कृति'** (Consumerisation culture) में परिवार के ऊपर आर्थिक दबाव इस तरह बढ़ाया कि आज परिवार चलाने के लिए शिक्षा एवं रोजगार के लिए

पैसा कमाना आवश्यक है। अब महिलाओं को परम्परागत भूमिकाओं (Traditional roles) के साथ समाज एवं श्रम बाजार बदले चेहरे में गैर-भूमिकाओं का भी निर्वहन बढ़े पैमाने पर करना पड़ रहा है। असंगठित क्षेत्र पर भी एक मिश्रित प्रभाव है।

संसार के श्रम-बाजार में महिलाओं की भागीदारी धीरे-धीरे ही सही लेकिन लगातार बढ़ती जा रही है। महिला श्रमिकों की सहभागिता में अधिकांश देशों में वृद्धि दर्ज किए जा रहे हैं। प्रारम्भ की तुलना में महिलाओं की तादाद उस कार्य की ओर बढ़ रही है जहाँ इनको कार्य के बदले भुगतान **(Paid work)** दिया जाता है। संसार में महिला श्रमिकों की श्रम बाजार में बढ़ती भागीदारी को तालिका सं. 2.0 से समझा जा सकता है। जिसमें आई.एल.ओ. ने अपनी 1996 की रिपोर्ट में 1950-1996 के वास्तविक स्थिति को बताया और साथ-ही-साथ वर्ष 2010 का अनुमान भी व्यक्त किया है।

तालिका सं. 2.0: संसार में महिलाओं का आर्थिक गतिविधि दर (20-54 आयु समूह में)

(प्रतिशत में)

वर्ष	आर्थिक गतिविधि दर	अंतर
1950	54	—
1996	67	13 (1950-1996)
2010	70	3 (1996-2010)

स्रोत– *दी इंडियन जर्नल ऑफ लेबर इकोनोमिक्स*, वॉ. 44, नं. 2, 2001, पृ. 171।

उपर्युक्त तालिका से निम्नलिखित बातें स्पष्ट होती हैं–

1. वर्ष 1950 में श्रम बाजार में महिला श्रमिकों का प्रतिशत 54 था जो वर्ष 1996 (46 वर्षों) में बढ़कर 67 प्रतिशत (13 प्रतिशत वृद्धि) हो गया। स्पष्ट है पिछले 46 वर्षों में महिला श्रमिकों की श्रम बाजार में भागीदारी 13 प्रतिशत की वृद्धि हुई। यद्यपि यह वृद्धि दर पिछले 46 वर्षों में बहुत उत्साहजनक नहीं है। लेकिन एक बात ध्यान देने की है जहाँ संसार के विकसित देशों की महिलाओं में तेजी से सहभागिता बढ़ी है। वही विकासशील और अविकसित देशों में वृद्धि हुई है। लेकिन विकसित देश में उच्च एवं गैर-विकसित देशों में निम्न वृद्धि दर मिलकर विश्व की वृद्धि की औसत बना देती है, तथा

2. वही आई.एल.ओ. का अनुमान है कि वर्ष 2010 आते-आते यह प्रतिशत बढ़कर 70 हो जाएगा। यह वृद्धि चौदह वर्षों (1996-2010) में 3 प्रतिशत के आस-पास होगी। स्पष्ट है जहाँ पिछले 46 वर्षों में यह वृद्धि दर 13 प्रतिशत है। वर्ष 1996 से काफी तेजी से बढ़ रही है और मात्र 14 वर्षों के उपरांत 3 प्रतिशत बढ़ जाएगी। इससे आर्थिक क्षेत्र में महिलाओं के बढ़ते दखल को समझा जा सकता है। न्यूट्रान, प्रोट्रान, इलेक्ट्रान, रेडियम एवं **नैनोटेक्नोलोजी** (Nanotechnology) वाले 21वीं सदी के युग में मानव ने अपने श्रम से एक नए तरह के समाज का सृजन किया है जो प्रारंभ, मध्यकाल, आधुनिक काल के समाज से बिल्कुल भिन्न है। कई सामाजिक चिंतक इस काल (वर्तमान) को **उत्तर-आधुनिक समाज** (Post-modern society) के रूप में

महिला श्रमिकों की विभिन्न श्रेणियाँ

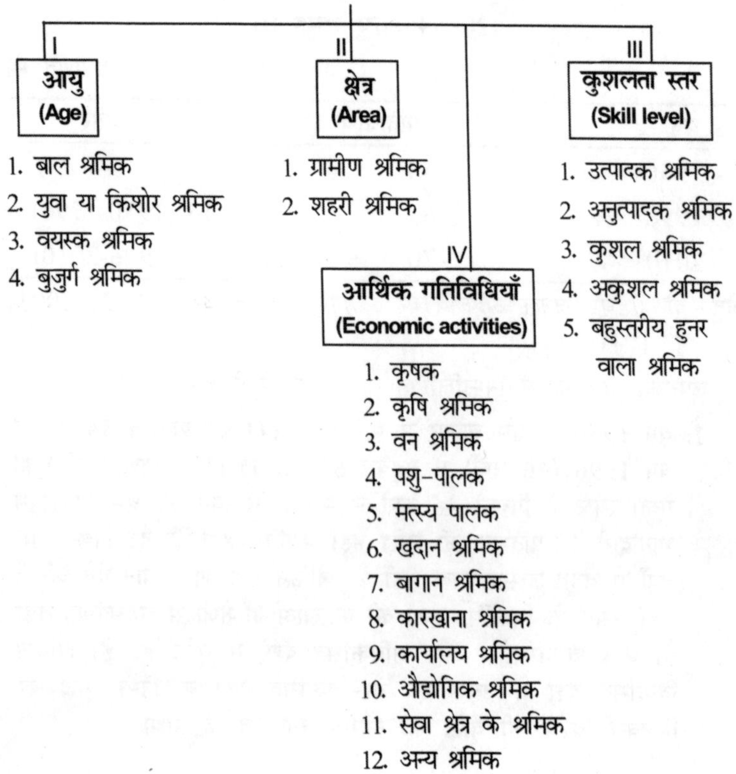

देख रहे हैं। 21वीं सदी के समाज में मानवीय श्रम के कई रूप हैं। जिसे कई आधारों यथा-आयु, लिंग, कुशलता स्तर, क्षेत्र, कार्य के आधार पर विभिन्न श्रेणियों में बाँटा जा सकता है।

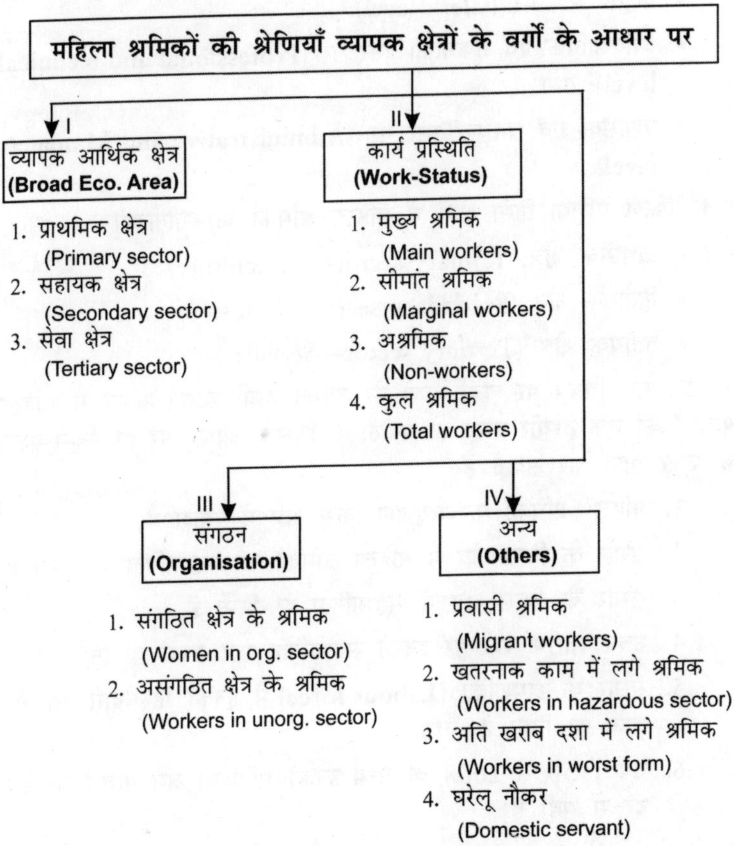

इन आधारों के अतिरिक्त कई ऐसे अन्य आधार हैं जिसके अनुसार महिला श्रमिकों को अलग-अलग श्रेणियों में बाँटा जाता है।

संसार में महिला श्रमिकों के विषय के ऊपर की चर्चाओं को निम्नलिखित भागों में बाँटा जा सकता है–

1. परम्परागत से गैर-परम्परागत भूमिका तक महिला श्रमिकों का सफर,
2. अमेरिका एवं फ्रांस जैसे अमेरिकन एवं यूरोपीय देशों में महिला श्रमिक पर एक नजर,

3. संसार के कुछ प्रमुख देशों (अमेरिका, अफ्रीका, आस्ट्रेलिया, एशिया महादेशों) में महिला श्रमिक के निम्न स्तरों पर एक नजर
   - क्लर्क स्तर से नीचे (**Below clerk level**);
   - क्लर्क स्तर पर (**Clerk level**);
   - व्यावसायिक एवं तकनीकी स्तर पर (**Professional and technical level**); तथा
   - प्रशासक एवं प्रबंधक स्तर पर (**Administrative and Managers level**),
4. दक्षिण एशिया निम्न क्षेत्रों में महिला श्रमिकों की भागीदारी
   - प्राथमिक क्षेत्र (Primary sector—Agriculture)
   - द्वितीयक क्षेत्र (Secondary sector—Industry)
   - तृतीयक क्षेत्र (Tertiary sector—Service)

इन सारे विषय पर चर्चा करने के उपरांत हमारे सामने संसार में महिला श्रमिकों की एक तस्वीर प्रकट हो सकती है, जिसके आधार पर हम निम्न प्रश्नों का उत्तर प्राप्त कर सकते हैं–

1. महिला श्रमिकों का संक्रेद्रण किस क्षेत्र में ज्यादा है,
2. संसार के किस क्षेत्र में महिला श्रमिकों की सहभागिता दर उच्च है,
3. संसार के किस क्षेत्र में सहभागिता दर निम्न है,
4. उच्च स्तरीय पदों पर इनकी सहभागिता स्तर उच्च या निम्न है,
5. संसार के श्रमशक्ति (**Labour force**) में इनकी हिस्सेदारी का स्तर उच्च या निम्न है, तथा
6. वर्ष 1950 से 2008 के मध्य इनकी भागीदारी श्रम बाजार में किस दर से बढ़ी है।

2.0 परम्परागत से गैर-परम्परागत भूमिका तक (From Traditional to Non-traditional Role)

आखेट काल से आधुनिक काल तक, महिलाओं का **'सामाजिक एवं आर्थिक व्यवस्था'** (**Social and economic system**) में श्रम विभाजन का आधार बहुत सारे सिद्धान्त रहे हैं। ये सिद्धान्त हैं–जैविक सिद्धान्त, प्रकार्यात्मक सिद्धान्तवादी, सांस्कृतिक श्रम विभाजन सिद्धान्त, मार्क्सवादी सिद्धान्त, अस्तित्ववादी सिद्धान्त, उत्तर, आधुनिकतावादी आदि इनके अनुसार महिलाओं के श्रम विभाजन का आधार भिन्न-भिन्न रहा है। अलग-अलग विचारधारा, सिद्धान्त एवं दर्शन को

मानने वाले लोगों की अपनी एक खास जमात है और उनके अनुसार उस विषय के संबंध में वही सत्य है जैसा वे देखते, समझते और बोलते हैं। लेकिन हम सभी जानते हैं वे सत्य की एक आधी अधूरी तस्वीर है। पूर्ण-सत्य नहीं। सम्पूर्ण सत्य इससे भिन्न होता है। **सामंतवादी युग** से वर्तमान काल तक महिलाओं के आर्थिक गतिविधियों में एक प्रमुख हिस्सेदार-भागीदार के रूप से संबंध विभिन्न सिद्धान्तों के विश्लेषण का निचोड़ तो यही है कि **महिलाओं को एक आम स्त्री से हुनरमंद, सशक्त, स्वतंत्र श्रमिक** (**एक सीमा तक**), **बनने में वर्षों-वर्ष लग गए।** मर्द श्रमिक की हैसियत प्राप्त होने में अभी भी कई दशक खर्च ने होंगे। घर की बंदिशों को तोड़ **श्रम बाजार की बाजीगरी** को सीखने में महिलाओं के कई युग निकल गए।

संसार के तमाम समाजों में कुछ अपवादों को छोड़कर लगभग सभी जगह **लैंगिक** (अंग-प्रत्यगों), प्रकार्य, संस्कृति को श्रम विभाजन का आधार बनाया गया और इस आधार पर महिलाओं को **यौन संतुष्टि, प्रजनन, बच्चों की देखभाल, रसोई बनाना, बड़े-बुजुर्गों की देखभाल** (प्रकृति की भाँति) जैसे घर की चाहारदीवारी के अंदर रहने वाले कामों तक ही सीमित रखा गया। अफ्रीका की जनजातीय समाज से लेकर बिट्रेन के अत्य आधुनिक समाज के लगभग प्रत्येक क्षेत्र एवं विशेष रूप से हैं रोजगार के क्षेत्र में हमें पुरुषों के आधिपत्य से यह बात ऊपरी तौर पर अवश्य सत्य प्रतीत होती है कि ऊपर में बताए गए आधारों पर महिलाओं को '**एक श्रमिक**' की भूमिका निभाने के मार्ग में किस प्रकार अवरोध उत्पन्न किए गए। जिसका परिणाम यह हुआ कि महिलाएं हजारों वर्षों तक **घरेलू जिम्मेदारियों** की जंजीरों में कैद रहीं और पुरुषों की भाँति जीने से वंचित रही। एक '**स्वतंत्र जिन्दगी**' जीने से वंचित रही।

महिलाओं के प्रति इसी रूढ़ीवादी एवं परम्परागत सोच ने 20वीं सदी के आरंभिक दशकों तक कुछ अपवादों को छोड़कर, **स्त्री को पिता, पति, पुत्र का 'आश्रिता'** (**Dependent**) मानते हुए उसे मुख्य रूप से घर की चाहारदीवारी तक सीमित रखा। घर की सीमाओं से बंधी महिलाओं के पास करने के लिए सिर्फ परम्परागत कार्यों–यौन, प्रजनन बच्चों की देखभाल, खाना बनाना, घर का रख-रखाव, पति एवं अन्य सदस्यों को भावनात्मक सहारा प्रदान करना, जैसे कार्य रह जाते हैं। विकसित, विकासशील एवं अविकसित देशों के विभिन्न श्रेणियों के समाजों का अध्ययन किया जाए तो कुछ अपवादों को छोड़कर यह देखने को मिलेगा कि संसार की 100 में से 60 महिलाएं अभी भी इन '**परम्परागत भूमिकाओं**' की कैद में अपना गुजर-बसर कर रही हैं। गैर-परम्परागत और गैर घरेलू भूमिका (**Non-traditional and non-domestic roles**) निर्वाह करने के मौके अभी भी समाज द्वारा उन्हें कम प्रदान किए गए हैं और जब प्रदान

किए जाते हैं तो वे आपको किरण बेदी, कल्पना चावला, इंदिरा गांधी आदि के रूप में साबित करती हैं।

अमेरिका, फ्रांस, इंग्लैण्ड, अन्य यूरोपीय एवं एशियाई देशों में जब **नारी मुक्ति आंदोलन** की तरंगें अपने उफान पर पहुँची, तो संसार के विभिन्न देशों की महिलाओं को विभिन्न प्रकार के अधिकार प्रदान किए यथा–**अमेरिका में वर्ष 1920 में महिलाओं को वोट देने का अधिकार**, गर्भवती महिला मजदूरों को **प्रसूति लाभ** का अधिकार, व्यावसायी महिलाओं को बैंकों से समान शर्तों पर व्यावसायिक ऋण, महिलाओं को प्रति रक्षा सेवाओं में लड़ाई, विमान उड़ाने की अनुमति आदि। फ्रांस की **नारीवादी आंदोलन** ने भी महिलाओं के **पारिवारिक हैसियत** (माँ, पत्नी, बहन, बेटी) में आमूल–चूल परिवर्तन लाए। संसार के विभिन्न देशों में महिलाओं ने **नई जिम्मेदारी** (**गैर घरेलू भूमिका**) के पक्ष में होने वाले आंदोलन के कारण पहले की तुलना में बड़ी तादाद में महिलाओं ने घरेलू दायित्वों के अतिरिक्त कारखानों, बागानों, खादानों, सरकारी कार्यालयों, छोटे-मोटे उद्योगों, विनिर्माण, कंस्ट्रक्शन जैसे कार्यों की ओर अपना रुख किया। वास्तव में यह **'एक श्रमिक'** की नई भूमिका के रूप में अपनी पहचान बनाने की दिशा में एक महत्वपूर्ण कदम है। एक श्रमिक के रूप में वस्तुओं एवं सेवाओं के उत्पादन करने का दरवाजा जो एक बार खुला, तो रसोईघर एवं बैडरूम की कैद महिलाओं के चेहरे पर अब खुशी की चमक सी आई। इसके बाद तो जिंदगी खुशी और नई उमंगों के रंग से भर गया। मानो उन्हें जिंदगी जीने का मकसद मिल गया हो। बैसाखी के सहारे चलने वाले पाँव में मानो अचानक जान सी आ गई हो। खुद के बलबूते जीने की आशा से उनका चेहरा मानो चहक सा उठा हो।

2.1 अमेरिका में महिला श्रमिक (Women Workers in America)

क्षेत्र संगठित हो या असंगठित, ग्रामीण हो या शहरी, प्राथमिक हो या द्वितीयक हो या तृतीय, कृषि हो या उद्योग विनिर्माण हो या सेवा सभी जगह हाल के कुछ दशक से महिलाएं बड़े पैमाने पर अपनी सहभागिता सुनिश्चित कर रही है। अंतर-आधुनिकता (Post-modern) के दहलीज पर पहुँचा अमेरिका संसार का सबसे सशक्त पूंजीवादी राष्ट्र है। अमेरिका के उदाहरण को हम लें तो इस बात का अनुमान हम सहजता से लगा सकते हैं कि सन् 1960 में अमेरिका में मात्र 17 महिलाएं कार्यरत थीं, जबकि वर्ष 1988 में यह बढ़कर 53 प्रतिशत तक हो गई (सारा ई. रिक्स 1990)। श्रमिक संघ में जहाँ तक महिलाओं के सहभागिता का सवाल है, तो वर्ष 1975 में अमेरिका के कुल श्रमिक संघों के कुल सदस्यों की संख्या की मात्र 25 प्रतिशत महिलाएं थीं, यह प्रतिशत वर्ष 1985 में बढ़कर 41 प्रतिशत हो गई। इतना ही नहीं वहाँ के **"कोएलिशन ऑफ लेबर यूनियन वीमेन"** में लगभग 18 हजार महिलाएं

सदस्य थीं। अमेरिकी अर्थव्यवस्था के विभिन्न हिस्सों में महिलाओं के बढ़ते दखल को नीचे के तालिका से समझा जा सकता है। अमेरिकी महिलाओं के आर्थिक क्षेत्रों में बढ़ते दखल के उदाहरण से कम से कम विकसित राष्ट्रों के महिलाओं के आर्थिक प्रगति को तो अवश्य ही समझा जा सकता है। तदापि विकासशील एवं अविकसित राष्ट्रों की महिलाओं की आर्थिक प्रगति ने रफ्तार तो अवश्य पकड़ी, किन्तु वह रफ्तार अमेरिका से कम थी।

तालिका सं. 2.1: अमेरिकी अर्थव्यवस्था के संगठित क्षेत्रों में महिलाओं का प्रतिशत (1968-2008)

क्रम सं.	प्रोफेशनल क्षेत्र	वर्ष	प्रतिशत	वर्ष 1986	2008*
1.	नियोजित अर्थशास्त्री	1975	15	39	63
2.	आर्केस्ट्रा कलाकार	1968-70	18	28	38
3.	कम्प्यूटर सिस्टम विश्लेषक	1975	15	34	53
4.	व्यावसायिक प्रबंधकीय कार्य	1975	27	40	53
5.	प्रबंधक	1975	22	54	64**
6.	दंत चिकित्सा स्नातक	1973-74	2	23	44
7.	एम.बी.ए. डिग्रीधारी	1973-74	7	31	68
8.	विधि स्नातक	1973-74	11	30	49

स्रोत– जोहन्ना ब्रेनर "दी वर्स्ट ऑफ टाइम्सः फेमिनिज्म इन दी यूनाइटेड स्टेट्स", मोनिका थ्रेलफाल (स.), *मैपिंग दी वीमेन्स मूवमेंट*, (1996), लंदन, पृ. 27 के आधार पर संकलित।

नोट– * वर्ष 1975 एवं 1986 के प्रतिशत अंतर अनुमान के आधार पर।
** अन्य आधार (अनुमानित)।

अमेरिकी आर्थिक प्रगति के इतिहास एवं निरीक्षण से प्रतीत होता है कि 1970 दशक के आते-आते अमेरिकी महिलाओं ने आर्थिक क्षेत्रों में मानो अपने हिस्से के अवसरों को झपटना शुरू कर दिया। इतना ही नहीं 1996 के आते-आते अर्थ जगत के प्रमुख क्षेत्रों के प्रमुख पदों पर महिलाएं अच्छी संख्या में काबिज होने लगी। वास्तव में देखा जाए तो ऐसा लगता है कि 21वीं सदी महिलाओं की सदी है। ऊपर की तालिका से स्पष्ट है कि अमेरिकी अर्थव्यवस्था के विभिन्न क्षेत्रों में महिलाओं की हिस्सेदारी औसतन दुगना तो अवश्य हो गई। सरसरी तौर पर देखने से तो यह अवश्य प्रतीत होता है कि अमेरिकी व्यवसाय, प्रशासन, प्रबंधन आदि संगठित क्षेत्रों में महिलाओं की तीव्रगति से वृद्धि हुई। अमेरिका की

नारीवादी लहर (Feminist wave) ने धीरे-धीरे महिलाओं को अपने श्रम का पूर्णतः स्वतंत्र विक्रेता बना दिया। अमेरिकी महिलाएं विशेष रूप से अपने निवास स्थल से दूर संगठित क्षेत्र के विभिन्न कार्यों में अपना श्रम स्वतंत्र रूप से बेचने लगीं। पहले इनके श्रम का प्रयोग प्रायः घरेलू कार्य और छोटे-मोटे तौर पर अन्य कार्य के लिए किया जाता था। लेकिन नब्बे के दशक आते-आते अमेरिका की महिलाएं अर्थशास्त्र के सभी प्रमुख बिंदुओं पर अपनी उपस्थिति दर्ज कराने लगी।

परम्परागत भूमिका में कैद महिलाओं ने धीरे-धीरे गैर-परम्परागत भूमिकाओं में समाना और खपना शुरू कर दिया। इन दोनों भूमिकाओं के बीच की दूरी तय करने में महिला-जगत को काफी मशक्कत करनी पड़ी। देखा जाय तो वर्षों-वर्ष बीत गए इस भूमिका के इंतजार में। कई आंदोलन हुए कई महिलावादी चिंतकों ने इसके लिए समाज के बुद्धिजीवियों के मानस को तैयार किया ताकि वांछित समर्थन और सहयोग इस परिवर्तन को मिल सके। अन्यथा सब व्यर्थ हो सकता था और जब समाज के दिमाग में कोई बात घंस जाती है, तो उसे अंजाम तक पहुँचने में देर नहीं लगती।

संगठित क्षेत्र में एक कामगार की भूमिका प्राप्त करने में अमेरिका एवं अन्य विकसित देशों में भी महिलाओं के साथ ऐसा ही हुआ। परिवर्तन जो अमेरिकी समाज में नब्बे के दशक में दृश्य हुए, वे ये कि अब महिलाएं घर के अंदर अपने पतियों के साथ अपने से संबंधित निर्णय लेने के मामले में स्वतंत्र हुईं। कारखानों, दफ्तरों, आदि में अपने नियोजकों के साथ ज्यादा स्वतंत्र होकर अपने संबंधों एवं उत्तरदायित्वों का सौदा करने की स्थिति में थी। अब वे केवल अपने पतियों या परिवार के बड़ों पर निर्भर नहीं थी। विभिन्न चरणों के नारीवादी आंदोलनों ने अन्य पहलूओं के साथ-साथ इनके लिए **आर्थिक परतंत्रता** (Economic independency) की जड़ को हिला दिया था।

महिलाओं के समक्ष आर्थिक रूप से स्वतंत्र होने के सुनहरे अवसर उनके आंखों के सामने थे। जिसे वे किसी कीमत पर छोड़ नहीं सकती थीं। यही वजह है कि उन्होंने संगठित रूप से आर्थिक जगत के विभिन्न संस्थानों में धीरे-धीरे अपने दखल का एहसास कराना प्रारंभ कर दिया। अमेरिकी समाज पर इस संदर्भ में कटाक्ष करते हैं **जोहना ब्रेनर** (1996) कहती है-

> "**पूंजीवादी व्यवस्था** में घर-परिवार, अपनापन, प्रगाढ़ता तथा यौन सुख का कोई स्थान ही नहीं होता बल्कि वे जीने की **बुनियादी इकाई** (Basic unit) होती है। अमेरिका में जहाँ **कल्याणकारी राज्य** का सबसे ज्यादा अविकसित रूप है, घर-परिवारों को बाजार से निपटने के लिए अधिकांशतः छोड़ दिया जाता है। फलतः महिलाएं वेतन के लिए काम करते हुए घर की देखभाल करने में विशेषता हासिल करती है।"

इस प्रकार वर्तमान के सबसे विकसित देश की कामकाजी महिलाओं के संदर्भ में हम पाते हैं कि जब समय ने करवट ली, बदलते हुए परिस्थितियों और परिवेश में जब समाज ने अपने पुराने चरित्र में संशोधन करते हुए **नव-चरित्र** को धारण किया, तो छोटे-छोटे नन्हे-मुन्ने बच्चों की माताओं ने '**चुनौतीपूर्ण दोहरी भूमिकाओं**' का निर्वहण करना शुरू कर दिया। सात के दशक तक जितनी माताएं '**कामकाजी महिला**' (**Working women**) के रूप में विभिन्न संगठनों में नियोजित थी। नब्बे के दशक आते-आते इनकी तादाद लगभग दुगनी हो गई। स्पष्ट है ये महिलाएं बच्चा-पालने, घर की देखभाल जैसी जिम्मेदारियों के सहित या रहित कामकाजी महिलाओं की भूमिका में बड़े पैमाने पर आने लगी। यद्यपि अधिकांश स्थितियों में इन्हें दोहरी भूमिका (जिम्मेदारी) का निर्वहन करना पड़ता था।

घर में बच्चों एवं अन्य सदस्यों की देखभाल, खाना पकाना, रख-रखाव भी करना पड़ता था, तो दूसरी ओर नियोजक के काम के कसौटी पर भी खरा उतरना पड़ता था। इन स्थितियों में इन्हें कई बार स्वयं के विकास के अवसरों से वंचित भी होना पड़ता था। स्वाभाविक-सी बात है किसी सामाजिक-आर्थिक परिवर्तन से मिलने वाले **फल के रसास्वादन के साथ-साथ काँटों की चुभन को** तो भोगना ही होगा। किसी भी बदलाव के केवल '**श्वेत पक्ष**' नहीं होते अन्य पक्ष भी होते हैं। किंतु अभी हम केवल इसके श्वेत पक्ष की तरफ अपना ध्यान केन्द्रित करते हैं तो पाते हैं इस कालाविधि में विवाहित महिलाओं के 'कामगार रूप' का इस समय में व्यापकता एवं तेजी से विस्तार के चिन्ह देखने को मिलते हैं। इसे नीचे दी गई तालिका से भी समझा जा सकता है।

तालिका सं. 2.2: अमेरिका में कामकाजी विवाहित महिलाएँ (1960-2008)

(संख्या % में)

वर्ष	विवाहित महिलाएं (छः वर्ष से कम उम्र के बच्चों वाली)
1960	17
1988	35 (पूर्णकालिक)
	18 (अंशकालिक)
2008*	48 (पूर्णकालिक)

स्रोत–सारा ई. रिक्स (स.), "दी अमेरिकन वूमन 1990-91" (1990), न्यूयार्क, टेबल सं. 17।

नोट– *अनुमानित।

±प्रतिवर्ष वृद्धि .64 लिया गया (.64×20=12.8%)

इस तालिका से स्पष्ट होता है कि धीरे-धीरे महिलाएं एक भूमिका (**One role**) की जगह दो भूमिकाओं (**Two roles**) की तरफ तेजी से मुखातिब हो रही हैं। समाज के किसी भी क्षेत्र में परिवर्तन एक दिन या कुछ वर्षों में तो होती भी नहीं। इसके कई दशक खर्च होते हैं। तब जाकर संबंधित क्षेत्र परिवर्तन की आकृति दृश्य होती है। रोजगार के विशेष संदर्भ में महिलाओं में रोजगार की अवधारणा अमेरिकी समाज के संदर्भ में अस्सी के दशक की अवधारणा लगती है।

1960 के दशक में 100 में से 83 महिला केवल घरेलू दायित्वों का निर्वहन करती प्रतीत होती हैं। जबकि मात्र 17 विवाहित महिलाएं कामकाजी महिलाओं के दोहरी भूमिका का निर्वहन करते हुए दिखती हैं। ये वे महिलाएं जिनके बच्चों की आयु 6 वर्षों से कम थी। महिलाओं एवं परिवार के दृष्टिकोण बच्चों की यह आयु वह आयु है जिसमें सबसे अधिक इनके देखभाल की आवश्यकता होती है। साथ ही साथ इस आयु वर्ग के बच्चों पर महिलाओं को बहुत सावधानीपूर्वक एवं सबसे ज्यादा समय लगाने पड़ते हैं। इस आयु के दौरान प्रायः वे किसी दूसरे जिम्मेदारी को स्वीकार करने की स्थिति में नहीं होता है। ऐसा क्यों? इसलिए पुरुष प्रधान समाज में जिम्मेदारियों के जिस स्वरूप को समाज ने अनुमोदन (Approval) प्रदान किया है, उसमें महिलाओं के हिस्से बच्चों के देखभाल एवं अन्य संबंधित कार्य आए। जिम्मेदारी के इस परम्परागत ढांचा (Traditional structure) के कुछ हिस्से में दरार आई है, कुछ हिस्से ढहने लगे हैं। लेकिन अभी भी इसे पूरी तरह से ध्वस्त होने में न जाने कितने दशक-शताब्दियाँ और लगेगी? न जाने कब तक समाज को केवल भावनात्मक संबंधों की आपूर्ति का जिम्मा इनके जिम्मे रहेगा। न जाने कब इन्हें पुरुष के साथ पीछे-पीछे कदमताल कर चलने वाले पिछलग्गु स्त्री से एक अलग स्वतंत्र अस्तित्व वाले प्राणी का दर्जा कब मिलेगा। महिला सशक्तिकरण, महिला चेतना, महिला वर्ष, महिला-अधिकार दिवस जाने ताम-झाम वाले कार्यक्रम **पुरुष प्रभुत्व** (Male **dominant**) समाज के प्राश्चित के प्रतीक कार्य हैं। ये सारे कार्य पुरुष मन को सांत्वना देने वाले कर्म हैं। वास्तविकता के धरातल पर सिद्धान्तों के पहाड़ की हैसियत ही क्या है? लेकिन फिर भी 'नारी चेतना' के उभार अन्य क्षेत्रों की भांति रोजगार के क्षेत्र में भी देखने को तो मिल ही रहे हैं। इस सच्चाई को भी शतुर्मुर्ग की भांति धरती में अपना सिर छिपाकर नजरअंदाज नहीं किया जा सकता है।

2.2 फ्रांस में महिला श्रमिक (Women Workers in France)

अमेरिकी समाज की भांति फ्रांस के समाज में भी महिलाओं की आर्थिक क्षेत्र में प्रगति के स्वरूप को देखा जा सकता है जो आगे की तालिका से स्पष्ट

हो जाएगा। सत्तर के दशक के उपरांत महिलाओं ने धीरे-धीरे ही सही अपनी पैठ-आर्थिक क्षेत्र में बनानी शुरू कर दी थी। यद्यपि कार्य स्वरूप, प्रस्थिति, मजदूरी संबंधी भेदभाव की घटनाओं की वास्तविकता से भी इंकार नहीं किया जा सकता।

तालिका सं. 2.3: फ्रांस में श्रमशक्ति में महिलाओं की हिस्सेदारी (1969-2008)

विवरण	1969	1988	2008 (अनुमानित)
1. श्रमशक्ति प्रतिशत में	35.3	43.5	51.3
2. रोजगार प्रतिशत में (15 वर्ष से अधिक वाले)	—	45.6	—
3. घर से बाहर जाकर काम करना (25-39 आयु वाले)	—	75.0	—
4. दो अविभावक एवं कम से कम एक बच्चे वाले परिवार में से महिलाओं की श्रमशक्ति में भागीदारी	33.0	63.0	93.0
5. औद्योगिक श्रमशक्ति में भागीदारी	19.0	21.0	
6. प्रशासनिक सेवा	—	50.0	

स्रोत– जेन जैंसन, "रिप्रजेंटेशन्स ऑफ डिफरेंसः द वेरायतीज ऑफ फ्रेंच केमिनिस्य", मोनिका थ्रेल फ्रान्च (सं.) 'मैपिंग', दी वीमेंस (1996), पृ. 94-95।

समाजवादी **राष्ट्रपति मित्तरां** अपनी सफलता में महिलाओं के प्रति काफी जागरुक थे। वे महिलाओं की राजनीति क्षेत्र में योगदान को बखूबी समझते थे। इसलिए भविष्य में भी महिला समर्थन को सुनिश्चित करने के लिए **वाई रोदी** के नेतृत्व में एक नए मंत्रालय की स्थापना करवाई जो मुख्य रूप से महिला अधिकार को प्रदान कराने से संबंधित था। इस प्रयास ने फ्रांस की महिलाओं के लिए कई प्रकार के अधिकार एवं सुविधाओं के द्वार खोल दिए जिससे महिलाओं ने पत्नी एवं माँ की भूमिका के साथ बड़े पैमाने पर (पहले की तुलना में) कार्य करने के लिए बाहर का रास्ता अख्तियार किया। फ्रांस के **दक्षिणपंथी** एवं **वामपंथी** दोनों दलों ने महिलाओं की स्थिति में सुधार लाने के प्रयास करते रहे। फ्रांस की समाज ने यूरोपीय देशों के "**बुर्जुवा नारीवाद**" की जगह "**समतामूलक नारीवाद**" की वकालत की। इसमें उन्होंने महिला एवं पुरुष दोनों को समान मानते हुए दोनों के संगठनों के माध्यम से सुधारात्मक कार्यवाई नीति

पर जोर दिया, न कि एक अलग समूह के रूप में महिलाओं के द्वारा अकेले किए जाने वाले आंदोलन या कार्यवाही को। संसार के प्रत्येक क्षेत्र में देशों के नेताओं ने अपने योगदान से महिलाओं को **आर्थिक स्वतंत्रता एवं समानता** प्रदान के प्रयास किए हैं। जिस राष्ट्र में जितने सशक्त एवं मजबूती से प्रयास किए गए वहाँ उतनी ज्यादा इस दिशा में सफलता मिली। जिन राष्ट्रों में इसे पूरा करने की औपचारिकता पूरी की गई वहाँ मनवांछित सफलता नहीं प्राप्त हो सकी। खासकर तीसरी दुनिया के देशों के संदर्भ (विकसित राष्ट्रों की तुलना में) आर्थिक क्षेत्रों में निम्न सहभागिता का होना इस कमी के कारणों को पुख्ता करता है। विशेष रूप से अफ्रीकी राष्ट्रों एवं दक्षिणी एशियाई राष्ट्रों के संदर्भ में काफी हद तक सत्य प्रतीत होता है।

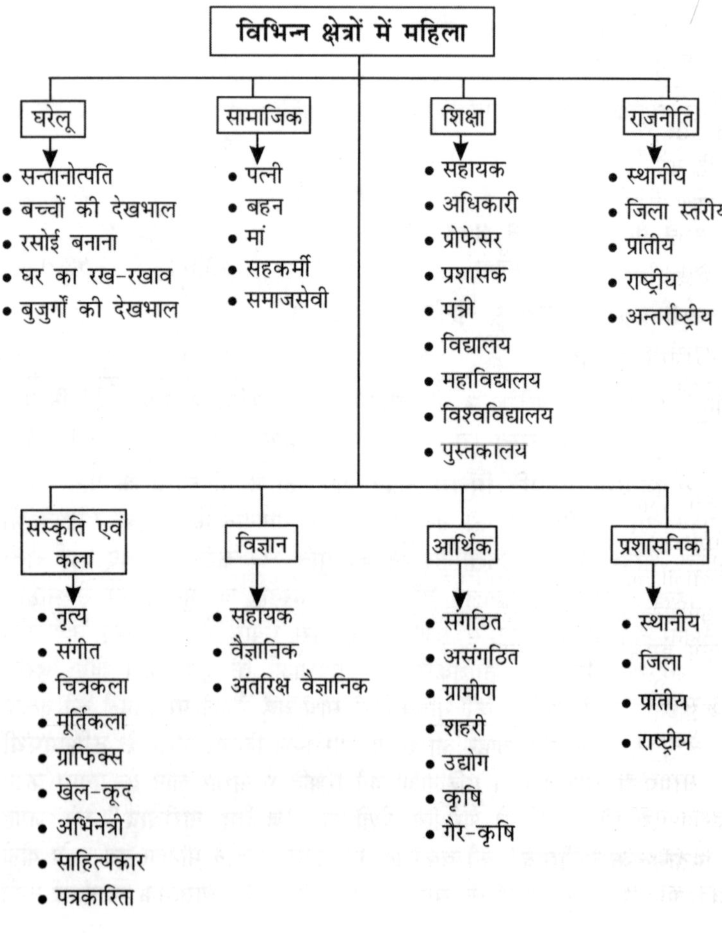

यद्यपि अमेरिकी समाज हो या अफ्रीकी समाज महिलाओं ने विभिन्न क्षेत्रों में भागीदारी सुनिश्चित की है। यह बात अलग है कि अलग-अलग समाजों के संदर्भों एवं समयों में इसके भागीदारी की यह दर भिन्न-भिन्न रही। मोटे तौर पर हम देखें तो समाज में महिलाओं के भागीदारी वाले कई क्षेत्र होते हैं जहाँ उन्हें अपनी भूमिकाओं (Roles) का निर्वहन करना पड़ता है। भले ही समाज उसके द्वारा संपादित किए जाने वाले भूमिकाओं/कार्यों का पुरुषों के तुलना में कम महत्वपूर्ण मानें।

महिला रोजगार का मुद्दा पिछले दो-तीन दशकों से कुछ परिवर्तनों के कारण महत्वपूर्ण हो गया। महिला रोजगार की अवधारणा (**Concept of women employment**) ने संसार के सभी प्रकार अर्थव्यवस्था में एक महत्वपूर्ण एवं प्रभावपूर्ण भूमिका (**Important and dominant role**) निभाना प्रारम्भ कर दिया है। धीरे-धीरे यह अवधारणा चमकती ही जा रही है। वर्तमान में किसी भी राष्ट्र के लिए आर्थिक जीवन में महिला भागीदारी के मार्ग में अवरोध पैदा करना कठिन एवं मूर्खतापूर्ण कार्य है। **औद्योगिक क्रान्ति काल** (**Industrial revolution period**) के समय से जो परिवर्तन दिखने लगे, उस समय से आज तक की स्थिति को ध्यान से देखें तो हम पाते हैं कि इस क्रान्ति ने समाज के अन्य पक्षों के साथ-साथ महिला रोजगार पक्ष की बहुत हद तक प्रभावित किया। इस दिशा के ये परिणाम केवल विकसित राष्ट्रों में ही नहीं बल्कि विकासशील राष्ट्रों में भी देखने को मिलते हैं। इस प्रकार इंग्लैण्ड की औद्योगिक क्रान्ति काल वह महत्वपूर्ण काल है जब से हम पाते हैं कि आर्थिक क्षेत्रों में महिलाओं की भागीदारी दर में तुलनात्मक रूप से ज्यादा वृद्धि हुई है। एक दूसरा काल कालखंड नब्बे के दशक का **भूमंडलीकरण** (Globalisation) का दौर है। जिसने भी महिला रोजगार की अवधारणा को और मजबूती एवं व्यापकता प्रदान करने में अपनी महत्वपूर्ण भूमिका निभाई। अब संसार के अधिकांश देशों में शनैः शनैः लेकिन एक स्पष्ट धारणा बन गई कि देश की सृमद्धि (**Prosperity of country**) एवं जीवन स्तर (**Standard of living**) में सुधार लाने के लिए महिलाओं का आर्थिक **सबलीकरण** (**Economic empowerment**) आवश्यक है। आर्थिक जीवन में इनकी बढ़ती सहभागिता दर लोगों के जीवन स्तर में सुधार लाएगी इससे देश की समृद्धि का दायरा बढ़ता जाएगा।

2.3 संसार के चयनित देशों में महिला श्रमिक (Women Workers in Selected Countries of the World)

संसार के विभिन्न देशों में महिला श्रमजीवी का प्रतिशत भिन्न-भिन्न है। यह प्रतिशत एक समाज में नहीं देखने को मिलता। यदि राष्ट्रवाद की जगह महादेश या क्षेत्रवार इसके प्रतिशत को देखा जाए तो पुनः इन प्रतिशत में भिन्नता हमें देखने को मिलेगी। यदि और निचले स्तर पर अर्थात एक राष्ट्र के विभिन्न प्रांत,

प्रांत के जिला स्तर पर इस प्रतिशत का निरीक्षण करें तो उसमें हमें विभिन्नता देखने को मिलेगी। प्रत्येक क्षेत्र राष्ट्र, जिला, प्रखंड के आर्थिक, सामाजिक, सांस्कृतिक विकास के अलग-अलग स्तर होते हैं। वहाँ की धार्मिक स्थितियाँ उसका अंकुश अलग-अलग होता है जो आर्थिक क्षेत्र में महिला कार्य सहभागिता दर को निर्धारित करता है। इसके अतिरिक्त शिक्षा के स्तर, शिक्षा की सुविधा, प्रभावकारी एवं व्यवसायिक शिक्षा स्वरूप इस दर को प्रभावित करते हैं। समाज की रूढ़ीवादी एवं परम्परागत सोच भी महिला रोजगार पर अपने कलात्मक प्रभाव छोड़ते हैं। अब यदि हम तालिका का विश्लेषण करें तो बातें बहुत हद तक स्पष्ट होती प्रतीत होंगी। इस तालिका में आई.एल.ओ. के द्वारा विभिन्न स्तरों पर कार्यरत महिला कामगारों (Woman workers) के स्थिति संबंधी रिपोर्ट में निम्न तथ्यों को दर्शाया गया है–

1. संसार के **23 देशों** में विभिन्न स्तर पर कार्यरत महिला कामगारों को;
2. क्लर्क स्तर (IIIrd grade) पर कार्यरत महिला कर्मचारियों के प्रतिशत को; तथा
3. क्लर्क (लिपिक/दफ्तर का बाबू) स्तर से नीचे पेशाओं (IVth grade) में महिलाओं का प्रतिशत।

तालिका सं. 2.4 के विश्लेषण से महिला कामगारों से संबंधित कई बातें स्पष्ट होती हैं। इस तालिका में प्रदर्शित 23 देशों में एशिया, अफ्रीका, अमेरिका, आस्ट्रेलिया महादेशों के राष्ट्र शामिल हैं। लिपिक स्तर वाले पदों पर अमेरिका में 14 प्रतिशत महिलाएं संलग्न हैं। जबकि इस स्तर से नीचे अर्थात् चतुर्थ श्रेणी में ये 35 प्रतिशत है। इस तालिका से जो सबसे महत्वपूर्ण बात स्पष्ट होती हैं वे ये कि लगभग सभी देशों में क्लर्क पेशा से औसतन दो गुणा से चार गुणा अधिक महिलाएं क्लर्क स्तर से नीचे वाले पेशाओं से जुड़ी हैं। स्पष्ट है कि इनका ज्यादा संकेद्रण **न्यूनतम कुशलता (Minimum skill)** वाले कार्य में है। आसानी से प्राप्त होने वाले कार्य में इनका जमावड़ा ज्यादा है। अमेरिका का ही उदाहरण लें तो हम पाते हैं कि यहाँ भी क्लर्क पेशा में मात्र 14.3% जबकि इसे नीचे स्तर के पेशे में 34.5% महिलाएं कार्यरत हैं। इसका अर्थ सबसे नीचले स्तर (IVth grade) में लगभग 20.2% अधिक कार्यरत है। यही स्थिति अन्य देशों के संदर्भ में दिखती हैं।

इस तालिका से संसार के विभिन्न राष्ट्रों में कामकाजी महिलाओं की संख्या का एक अंदाजा लगता है। इससे पता चलता है कि संबंधित अर्थव्यवस्था में उसकी कितनी भूमिका है। महिलाओं की जनसख्या का कितना प्रतिशत आर्थिक रूप से सक्रिय है, कितना श्रमिक है और किस क्षेत्र में है। तालिका

से स्पष्ट होता है महिलाएं बड़ी संख्या में क्लर्क एवं उससे नीचे वाले कार्य में लगी हैं। अमेरिका, आस्ट्रेलिया, न्यूजीलैंड, कनाडा आदि देशों में लगभग 40% महिलाएँ क्लर्क एवं उनसे नीचे स्तर के कार्य में लगी थीं। इससे स्पष्ट होता है कि संसार में अधिकांश महिलाओं का संकेंद्रण सामान्य हुनर स्तर वाले कार्यों में है।

तालिका सं. 2.4: संसार के विभिन्न राष्ट्रों के विभिन्न स्तरों पर महिला कामगार

(प्रतिशत में)

क्रम सं.	देश	क्लर्क पेशा में	क्लर्क से नीचे वाले पेशाओं में	कुल
1.	अमेरिका	14.3	34.5	48.8
2.	स्वीडन	38.1	27.3	65.4
3.	न्यूजीलैंड	9.1	28.9	38.0
4.	फिलिपिंस	4.5	25.3	29.8
5.	आस्ट्रेलिया	14.7	25.9	40.6
6.	कनाडा	18.5	17.6	36.1
7.	ब्राजील	4.3	15-1	19.4
8.	फ्रांस	14.7	9.7	24.4
9.	श्रीलंका	13.2	9.6	22.8
10.	मॉरीशस	0.0	12.6	12.6
11.	जापान	5.9	10.1	16.0
12.	जमैका	7.7	8.6	16.3
13.	मैक्सिको	15.8	5.9	21.7
14.	इंग्लैंड	8.3	6.6	14.9
15.	जर्मनी	10.7	5.3	16.0
16.	इंडिया	3.2	6.2	9.4
17.	भूटान	12.5	0.0	12.5
18.	मिस्त्र	3.1	4.5	7.6
19.	पाकिस्तान	4.0	2.2	6.2
20.	रूस	2.4	2.6	5.0
21.	बंग्लादेश	7.7	0.0	7.7
22.	इंडोनेशिया	3.6	1.6	5.2
23.	कोरिया	3.0	0.6	3.6

स्त्रोत–आई.एल.ओ. रिपोर्ट, 1999 (जुलाई, 1999)।

क्लर्क एवं नीचे स्तर के अतिरिक्त आर्थिक गतिविधियों के कई स्तर हैं–

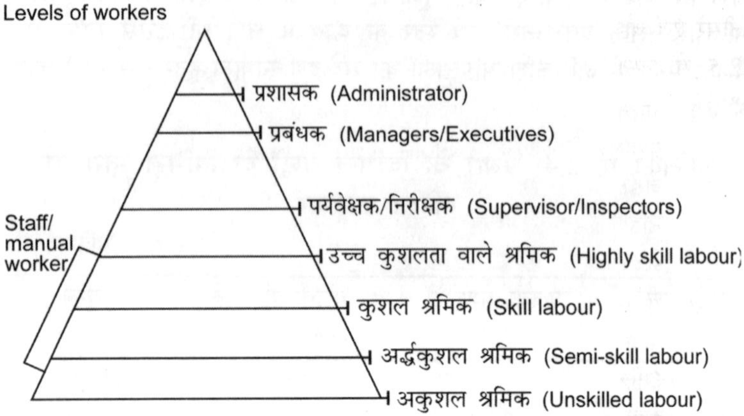

स्पष्ट किसी भी देश की अर्थव्यवस्था और उसके श्रम बाजार में कई श्रेणी एवं कई स्तर के श्रमिक/कामगार होते हैं। जहाँ शीर्ष पर प्रशासक होते हैं। वहीं निम्न स्तर पर सामान्य श्रमिक होते हैं। सामान्य श्रमिकों के ऊपरी स्तर पर उच्च कुशलता वाले श्रमिक एवं निम्न स्तर पर अकुशल श्रमिक हैं। संसार के विभिन्न राष्ट्रों में महिलाओं की संख्या प्रशासकी स्तर पर तुलनात्मक रूप से कम और **मैनुअल कामगार** (**Manual workers**) में ही अधिक संकेन्द्रित हैं।

तालिका सं. 2.5: संसार के विभिन्न देशों के रोजगार में महिलाओं का प्रतिशत

क्र.सं.	देश	क्षेत्र एशिया	प्रशासक/प्रबंधक	व्यावसायिक एवं तकनीकी क्षेत्रों में
1.	भारत	एशिया	2.3	20.5
2.	पाकिस्तान	–तथैव–	3.4	20.1
3.	ईरान	–तथैव–	3.5	32.6
4.	बंगलादेश	–तथैव–	5.1	23.1
5.	जापान	–तथैव–	8.5	41.8
6.	स्वीडन	यूरोप	38.9	64.4
7.	यू.एस.ए.	अमेरिका	42.0	52.0

स्रोत–आई.एल.ओ. रिपोर्ट, 1999 (जुलाई, 1999), जनेवा।

इस तथ्य को तालिका 2.4 एवं 2.5 से स्पष्ट होता है। तालिका 2.4 के विश्लेषण के उपरान्त यह स्पष्ट होता है कि महिला श्रमिकों की बड़ी तादाद तीसरे एवं चौथे स्तर (IIIrd and IVth grade) पर संकेन्द्रित है। जबकि तालिका 2.5 से निम्न बातें स्पष्ट होती हैं–

1. भारत, पाकिस्तान, ईरान, बंग्लादेश जैसे देशों में लगभग 5% महिलाएं प्रशासकीय/प्रबंधकीय स्तर (Administration and Manager level) जैसी उच्च स्तर की सेवाओं में थी। जबकि लगभग 20 प्रतिशत महिलाएं व्यावसायिक एवं **तकनीकी क्षेत्र** (Vocational and technical sector) में लगी थीं तथा
2. यूरोप एवं अमेरिका जैसे देशों में यह स्थिति भिन्न है। ये महिलाएं प्रशासक/प्रबंधक स्तर पर लगभग 40% (एशियाई देशों से 20-10 गुणा अधिक तथा व्यावसायिक एवं तकनीकी क्षेत्र में लगभग 50 (एशियाई देशों का लगभग 2.5 गुणा) लगी हैं।

स्पष्ट एशियाई देशों के तुलना में यूरोपीय एवं अमेरिकन देशों में इस संदर्भ में महिलाओं की स्थिति ज्यादा बेहतर है।

विभिन्न स्तरों पर महिला श्रमिकों की संख्या एवं प्रतिशत दशक-दर-दशक बढ़ती जा रही है। इसे विभिन्न रिपोर्टों पर नोट किया गया है। 1960 के दशक में (आई.एल.ओ., 1964) द्वारा करवाए गए सर्वेक्षण में पाया गया कि–

1. प्रत्येक 100 महिलाओं में 27 आर्थिक रूप से सक्रिय थीं;
2. संसार के कुल श्रम शक्ति (Labour force) में 1/3 (33%) महिलाएं थीं अर्थात् 100 श्रम शक्ति में 33 महिलाएं;
3. आर्थिक क्षेत्रों में महिला सहभागिता दर अलग-अलग क्षेत्रों में अलग-अलग है;
4. यह विभिन्नता उस क्षेत्र विशेष में विद्यमान आर्थिक, सामाजिक एवं सांस्कृतिक स्थितियों के कारण होता है;
5. महिलाओं में यह दर अधिकतम 40 प्रतिशत पूर्वी यूरोप एवं तत्कालीन यू.एस.एस.आर. में था तथा निम्नतम 15 प्रतिशत लैटिन अमेरिका में था;
6. जबकि पश्चिमी यूरोप में यह दर 33 प्रतिशत थी;
7. विकसित राष्ट्रों में महिला में यह दर विकासशील राष्ट्रों की तुलना में ऊँची थी;

8. 20वीं सदी के प्रथम दशक के दौरान अमेरिका में नियोजित महिलाओं का प्रतिशत पचास वर्षों के दौरान 20 प्रतिशत से बढ़कर 36 प्रतिशत तक पहुँच गया। कनाडा में इस अवधि में यह दर 13.5 से बढ़कर 28 प्रतिशत तक पहुँच गया;
9. इसी तरह की तस्वीर महिला रोजगार के संदर्भ में इंग्लैंड, स्वीडन, स्वीटजरलैंड, डेनमार्क, बेल्जियम, इटली आदि देशों में देखने को मिलती थी; तथा
10. महिलाओं का अधिकांश संक्रेद्रण कृषि, असंगठित क्षेत्र तथा गृह आधारित कार्य में था।

1960 के दशक के बाद से 2008 के वर्ष में बहुत सारे परिवर्तन हुए हैं। इसमें **'महिला रोजगार की अवधारणा'** (Concept of women employment) लगातार काफी लोकप्रिय एवं सशक्त होती गयी। अब महिलाओं की रोजगार एवं सभी क्षेत्रों में भागीदारी बढ़ती जा रही है। साठ के दशक में इनके सामने समस्या अधिक से अधिक किसी स्तर के रोजगार को प्राप्त करना था। आज की समस्या वह नहीं जो साठ के दशक में हुआ करती थी। आज इनके सामने समस्या **रोजगार प्रस्थिति (Employment status)** को बढ़ाने का है। उच्च एवं बेहतर रोजगार में अपनी तादाद को बढ़ाना है। कार्य स्थल पर होने वाले अन्याय, शोषण, भेदभाव से लड़ना एवं उसे दूर करना।

तालिका सं. 2.6: संसार के चयनित देशों के कार्यशक्ति (Workforce) में महिलाओं का अंश

क्र.सं.	देश	प्रतिशत			
		1960	1980	1995	2008*
1.	ब्राजील	15	28	35	41
2.	इंडोनेशिया	—	35	40	44
3.	श्रीलंका	—	27	35	42
4.	जापान	—	38	41	43
5.	यू.के.	33	39	43	46
6.	यू.एस.ए.	36	42	46	49

स्रोत– (i) वर्ल्ड बैंक 1997, तालिका सं. 4, पृ. 220-21।

(ii) आई.एल.ओ. 1964।

नोट– * अनुमानित।

उपर्युक्त तालिका से स्पष्ट है कि अमेरिका में कार्यशक्ति में महिलाओं का प्रतिशत पिछले तीन दशक में 10 प्रतिशत तक बढ़ा। यद्यपि इसमें वृद्धि 1910-60 के मध्य लगभग 16 प्रतिशत तक बढ़ा था। स्पष्ट है अमेरिका के कार्यशील जनसंख्या में प्रत्येक 100 में 46 महिलाएं हैं। जब वर्ष 2008 तक लगभग 49 प्रतिशत (पिछले वृद्धि आधार पर) तक बढ़ने की संभावना है। वही यू.के. में यह प्रतिशत 43 से 46 तक पहुंच जाने की संभावना है। इस तालिका से इस बात को बल मिलता है विश्वस्तर पर वहाँ के कार्यशक्ति (Workforce) में महिलाओं की संख्या में तेजी से वृद्धि हो रही है। जो 1960 के दशक तक न्यूनतम 15 से 33 प्रतिशत के मध्य था वह अब बढ़कर 30 से 49 प्रतिशत तक हो गयी है। यद्यपि उन्नत राष्ट्रों में प्रारंभ से ही महिलाओं का प्रतिशत गैर-उन्नत राष्ट्रों में उच्च था; इसलिए विकसित राष्ट्रों की तुलना में गैर-विकसित राष्ट्रों में तेजी से देश की कार्यशक्ति में महिलाओं की संख्या में वृद्धि हुई। बावजूद इसके लैटिन अमेरिका, एशिया, सब-सहारा अफ्रीका के कई राष्ट्र ऐसे हैं जहाँ कार्यशील जनसंख्या में महिलाओं की हिस्सेदारी तुलनात्मक रूप से बहुत कम है। खाड़ी देशों में भी इनकी हिस्सेदारी कम देखने को मिलती है। यह सही है कि इसके लिए उन क्षेत्रों के स्थानीय कारक जिम्मेवार हैं। जिसके कारण कार्यशील जनसंख्या में महिलाओं की सहभागिता हमें कम देखने को मिलती है। यद्यपि उपर्युक्त तालिका में अमेरिका, एशिया, यूरोप महादेश के राष्ट्र शामिल हैं जो हमें संसार में महिला श्रमिकों संख्यात्मक स्थिति का एक सामान्य तस्वीर दिखलाती है।

2.4 दक्षिण एशिया में महिला श्रमिक (Women Workers in South Asia)

दक्षिण एशिया संसार का वह क्षेत्र है जहाँ प्रति व्यक्ति सकल राष्ट्रीय उत्पादन, सैनिटेशन, पेयजल, शौचालय सुविधा प्रति व्यक्ति बहुत कम है। जहाँ **औद्योगिक देशों** की प्रति व्यक्ति सकल राष्ट्रीय उत्पादन (**Gross national production**) 26 हजार डॉलर से अधिक है, वही **दक्षिण एशिया** का मात्र 446 डॉलर है। यह उत्पादन औद्योगिक देशों के तुलना में लगभग 59 गुणा कम है। जहाँ औद्योगिक देशों के शत-प्रतिशत लोगों को सेनेटरी, सुविधाएं मुहैया है, वही दक्षिण एशिया के 63 प्रतिशत आबादी को सेनेटरी सुविधा उपलब्ध ही नहीं है। यहाँ प्रति हजार प्रतिवर्ष 74 बच्चों की मृत्यु (बाल-मृत्यु दर) हो जाती है, जबकि औद्योगिक देश में मात्र 6 बच्चों की मृत्यु होती है। भारत की जी.एन.पी. का 68 गुणा जी.एन.पी. अमेरिका का है। जबकि औसतन 30 प्रतिशत सार्क देश के लोग एक डॉलर के नीचे जीवन गुजर-बसर करते हैं।

तालिका सं. 2.7: दक्षिण एशिया की आर्थिक एवं स्वास्थ्य संबंधी स्थिति

देश	जी.एन.पी. (प्रति व्यक्ति) यू.एस. $	1 $ के बीच रहने वाली जनसंख्या का %	प्रति व्यक्ति प्रतिदिन कैलोरी की आपूर्ति (कैलोरी, 1995)	स्वच्छ जल उपयोग करने वाली जनसंख्या का %	बाल मृत्यु दर (अंडर 5 ईयर)	सेनेटरी सुविधा उपयोग करने वाली जनसंख्या का %
भारत	450	44	2395	88	98	31
बंगलादेश	370	29	2019	97	87	53
पाकिस्तान	470	31	2316	88	227	61
अफगानिस्तान	250	...	...	13	257	12
नेपाल	220	38	1957	81	104	27
श्रीलंका	820	7	2275	83	19	83
अमेरिका	30,600	...	...	100	8	100

स्रोत– 1. *दी स्टेट ऑफ दी वर्ल्डस चिल्ड्रेन,* 2001, तालिका सं. 1, 3, 6 (यूनिसेफ)।
2. *स्टैटिस्टीकल ईयर बुक ऑफ एशिया एण्ड दी पैसेफिक* 1991, यू.एन.ओ.।

इन स्थिति विशेष को ध्यान में रखते हुए इन राष्ट्रों (विशेष क्षेत्र के) में अलग ढंग से महिला रोजगार के मसले को देखने की आवश्यकता है। इन राष्ट्रों में

तालिका सं. 2.8: सार्क देशों में लिंग एवं उद्योगवार रोजगार का विवरण

(प्रतिशत में)

देश	लिंग वितरण		पुरुष			महिला		
	पुरुष	महिला	प्राइमरी	सेकेंडरी	टरसरी	प्राइमरी	सेकेंडरी	टरसरी
भारत	65.9	34.1	65.9	16.0	18.1	84.1	9.4	6.5
बंगलादेश	62.5	37.5	60.9	21.3	17.9	84.3	3.2	11.5
श्रीलंका	64.8	35.2	57.9	8.8	39.3	70.1	6.9	32.1
पाकिस्तान	85.6	14.4	56.5	22.7	20.8	81.3	3.1	15.6
मालदीव	65.9	34.1	18.1	15.3	66.5	5.3	23.3	71.7

स्रोत–*स्टैटिस्टीकल ईयर बुक* (2003), आई.एल.ओ., जनेवा।

प्रत्येक 100 श्रमिकों में 14 से 38 महिलाएं हैं। लिंगानुसार वितरण (Gender distribution) में हम पाते हैं कि पाकिस्तान में यह सबसे न्यूनतम 14% है और बंगलादेश में सबसे अधिकतम (38%) है। जबकि भारत में यह 34 प्रतिशत है। वही इस क्षेत्र का इसका औसत दर 31 प्रतिशत आता है।

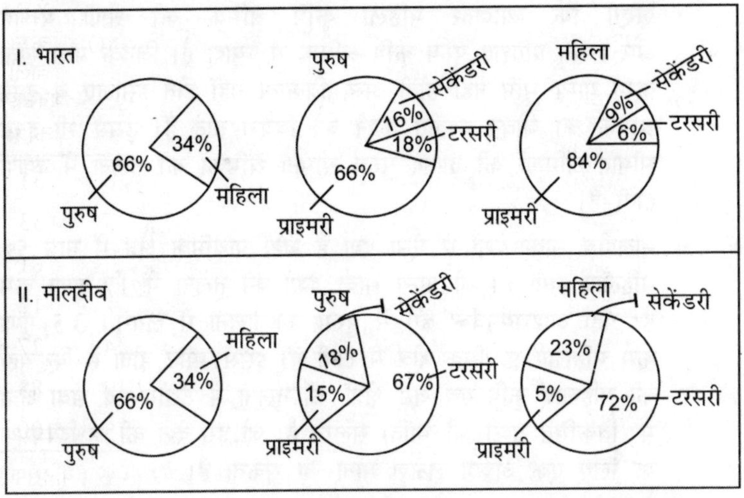

उपर्युक्त तालिका एवं दण्डचित्र महिला श्रमिकों के संबंधित निम्नलिखित बात स्पष्ट होती है–

1. सार्क देशों में लगभग सही जगह रोजगार के क्षेत्र पुरुष कामगारों की संख्या एवं प्रतिशत महिला कामगारों से अधिक है। इसमें न्यूनतम अंतर (25%) बंगलादेश में एवं सर्वाधिक अंतर (71%) पाकिस्तान में है। इससे इस बात को बल मिलता है कि पुरुष वर्ग का आर्थिक क्षेत्रों एवं रोजगार सहभागिता पर वर्चस्व है;
2. सार्क देशों में महिलाओं की रोजगार क्षेत्र में हिस्सेदारी औसतन 31% है;
3. पाकिस्तान को छोड़कर रोजगार में महिलाओं की हिस्सेदारी निकाली जाए तो यह प्रतिशत लगभग 35 आता है;
4. सार्क देशों में मालदीव को छोड़कर अन्य देशों में 50-66 प्रतिशत पुरुष कामगार प्राइमरी क्षेत्र (कृषि) में लगे हैं वही प्रत्येक 100 में से 70-84 महिलाएं कृषि में क्षेत्र में लगी हैं। क्षेत्रवार यदि हम विश्लेषण करें तो पाते हैं कि मालदीव को छोड़कर सार्क क्षेत्रों पुरुष एवं महिला

कामगारों का प्राथमिक क्षेत्र के रोजगार में 20-24 प्रतिशत का अंतर है। इसका अर्थ यह है लगभग 22 प्रतिशत ज्यादा महिलाएं पुरुषों की तुलना में इस क्षेत्र में संलग्न हैं। जो उनके प्रति भेदभावपूर्ण व्यवहार का परिचय है। यदि प्राइमरी क्षेत्र को उपक्षेत्रों में बाँटा जाए तो हम पाएंगे कि ज्यादातर महिला कृषि श्रमिक की श्रेणी में है और इनका प्रतिशत पुरुष कृषि श्रमिक से ज्यादा है। जिनके पास खेती करने योग्य भूमि नहीं होती अन्य विकल्प नहीं होते इसलिए वे कृषि श्रमिक का जीवन व्यतीत करने को विवश होते हैं। उसमें भी इनमें सीमांत श्रमिकों की तादाद पुरुष सीमांत श्रमिकों की तुलना में ज्यादा होती है।

5. मालदीव सार्क देशों में ऐसा देश है जहाँ प्राथमिक क्षेत्र में मात्र 5% महिलाएं लगी हैं। जो अन्य सार्क देशों की तुलना में 17 गुणा कम हैं। यहाँ आश्चर्यपूर्वक ढंग से पुरुष की तुलना में लगभग 3.5 गुणा कम महिलाएं प्राथमिक क्षेत्र में लगी हैं। इससे स्पष्ट होता है कि यहाँ की महिलाएं कृषि एवं जुड़े क्षेत्रों की तुलना में उद्योग एवं सेवा क्षेत्रों में (विकसित राष्ट्रों की भांति) संलग्न है। जो इस देश की अर्थव्यवस्था के लिए एक अच्छा लक्षण माना जा सकता है।
6. **सेकेंडरी क्षेत्र** (उद्योग) में यहाँ प्रत्येक 100 में 8-23 पुरुष संलग्न है। श्रीलंका में प्रत्येक 100 में से 8 (न्यूनतम) तथा पाकिस्तान में प्रत्येक 100 में 23 (सर्वाधिक) पुरुष उद्योग में लगे हैं वहीं भारत में प्रत्येक 100 कामगार पुरुष में 16 उद्योग में लगे हैं जबकि महिलाओं में प्रत्येक 100 में से 3 महिलाएं (न्यूनतम) पाकिस्तान/बंगलादेश में उद्योग में कार्यरत हैं। मालदीव में यह दर सर्वाधिक (23) है। इसके बाद भारत का स्थान आता है। जहाँ प्रत्येक 100 कामकाजी महिलाओं में 16 औद्योगिक इकाई में लगी हैं;
7. श्रीलंका जैसे देश में 100 पुरुष कामगार में 39 मालदीव में 67 (सर्वाधिक) भारत में 18, बंगलादेश में 17.9 **टरसरी** (सेवा) सेक्टर में लगे थे। जबकि महिला कामगारों की बात करें तो सेवा क्षेत्र में प्रत्येक 100 में मात्र 7 (न्यूनतम इस क्षेत्र में) महिलाएं इस क्षेत्र में लगी हैं। जबकि मालदीव में यह प्रतिशत सर्वाधिक (72%) है। जो भारत से लगभग 10 गुणा अधिक है। भारत जैसे विशाल देश में सेवा क्षेत्र में महिलाओं का न्यूनतम संकेन्द्र (सार्क देशों में) अध्ययन का विषय है। यह पाकिस्तान से भी लगभग दो गुणा कम है।

इस चर्चाओं के उपरांत निष्कर्ष के रूप में हम कह सकते हैं आर्थिक गतिविधियों में महिलाओं की सहभागिता क्षेत्रवार (**Region wise**) अलग-अलग है। किसी राष्ट्र में यह उच्च स्तर पर है तो कही निम्न है। संसार के विभिन्न राष्ट्रों में रोजगार में भिन्नता, रोजगार स्तर में भिन्नता के निम्नलिखित प्रमुख कारण हैं–

1. आर्थिक स्थितियाँ (Economic conditions);
2. सामाजिक स्थितियाँ (Social conditions);
3. सांस्कृतिक स्थितियाँ (Cultural conditions);
4. राजनीतिक स्थितियाँ (Political conditions)।

अंतर्राष्ट्रीय श्रम बाजार में उत्तरी अमेरिका, पश्चिमी यूरोप में महिला रोजगार स्तर उच्च है। जबकि दक्षिणी अमेरिका, दक्षिणी एशिया, अफ्रीका में यह स्तर निम्न है। विकासशील एवं अविकसित देशों में महिलाओं का संकेद्रण मुख्य रूप से असंगठित क्षेत्रों में होता है। जबकि विकसित राष्ट्रों में सेवा क्षेत्रों (**Service sectors**) में राष्ट्रों में महिलाओं का संकेद्रण कृषि की तुलना में गैर-कृषि गतिविधियों (**Non-agriculture activities**) में ज्यादा है। जबकि विकासशील राष्ट्रों में यह स्थिति उल्टी है। यद्यपि अब वहाँ भी महिलाएं कृषि क्षेत्र (**Agriculture sector**) से गैर-कृषि क्षेत्र (**Non-agriculture sector**) की तरफ तेजी से (Shift) कर रही हैं। कुल मिलाकर संसार स्तर पर महिला रोजगार की अवधारणा तेजी से विकसित होती जा रही हैं इनकी रोजगार के विभिन्न क्षेत्रों में भागीदारी बढ़ती जा रही है। कई आनुभाविक शोधकार्यों ने इस बात को स्पष्ट किया है कि श्रमशक्ति में महिला संरचना (**Gender composition of labour-force**) एक लंबे आर्थिक विकास के चरण में एक व्यवस्थित परिवर्तन (**Systematic change**) प्रदर्शित करता है।

संदर्भ

जोहन्ना ब्रेनर (1996), "दी बेस्ट ऑफ टाइम्स दी वर्स्ट ऑफ टाइम्सः फेमिनिज्म इन दी यूनाइटेड स्टेट्स," मोनिका थ्रेलफाल (स.) *मैपिंग दी वीमेन्स मूवमेंट*, लंदन, पृ. 27 के आधार पर संकलित।

सारा ई. रिक्स (स.) (1990), "दी अमेरिकन वूमन 1990-91", न्यूयार्क, तालिका सं. 17।

जेन जैसन (1996), "रिप्रजेंटेशन्स ऑफ डिफरेंसः द वेरायटीज ऑफ फ्रेंच फेमिनिसस", मोनिका थ्रेलफाल (स.), *मैपिंग दी वीमेंस मूवमेंट,* पृ. 94-95।

आई.एल.ओ. रिपोर्ट (1999), जुलाई, 1999, जनेवा।

वर्ल्ड बैंक (1997), तालिका सं. 4, पृ. 220-21।

आई.एल.ओ. (1964), जनेवा।

दी स्टेट ऑफ दी वर्ल्डस चिल्ड्रेन (2001), यूनिसेफ, तालिका सं. 1, 3, 6।

स्टैटिस्टीकल ईयर बुक फॉर एशिया एण्ड दी पैसेफिक (1999), यू.एन.ओ.।

स्टैटिस्टीकल ईयर बुक (2003), आई.एल.ओ., जनेवा।

3

भारत के संगठित क्षेत्र में महिला श्रमिक (Women Workers in the Organised Sector of India)

"कोई भी सामाजिक, आर्थिक या औद्योगिक व्यवस्था जो समाज के लगभग समान संख्या वाले महिला की क्षमताओं, गुणों को नजर अंदाज करता है, तो ये उस देश में उपलब्ध मानव संसाधन या मानव सामर्थ्य पर्याप्त उपयोग नहीं माना जाएगा। साथ ही यह समान अवसरों को नकारने वाला अपराध माना जाएगा, जो आगे चलकर ऐसी स्थिति का निर्माण करेगी जिससे शोषण एवं विषमता चिरस्थायी हो जाएगी। इसलिए इनके लिए रोजगार समान अवसर, समान कार्य के लिए समान, वेतन, हुनर प्राप्ति एवं निरंतर वृद्धि के अवसरों में समानता, समान सम्मान परिवेदना निवारण के अवसरों में समानता, सम्पत्ति में समानता, मलिकयत में समानता का अधिकार सुनिश्चित किया जाना चाहिए।"

–**द्वितीय श्रम आयोग**, 2002

भारत के महिला श्रमिकों से संबंधित परिदृश्य की चर्चा करने से पूर्व यहाँ के आर्थिक, मानव संसाधन विकास, शिक्षा, गरीबी, बेरोजगारी, श्रमिकों की संख्या आदि पहलूओं पर एक नजर डालने की आवश्यकता है। यह आवश्यक भी है और महत्वपूर्ण भी। क्योंकि जिस विषय की स्थिति के विभिन्न आयामों के प्रति एक स्पष्ट समझ पैदा करना है, तो इससे संबंधित एवं जरूरी मसलों का निरीक्षण भी आवश्यक हो जाता है। औद्योगिक एवं अन्य समाजों में शिक्षा, बुनियादी सुविधा, जीवन प्रत्याशा दर, मानव संसाधन विकास स्तर के अन्य अच्छे संरचना सुविधाओं का विकास एवं स्तर भिन्न-भिन्न होते हैं। विकसित एवं विकासशील राष्ट्र की महिलाओं के संघर्ष के बिंदु/मसले अलग-अलग होते हैं। कहीं **पानी के लिए संघर्ष** है, तो कही पानी की गुणवत्ता में सुधार के लिए संघर्ष है। कहीं महिलाएं को **रोजगार के अवसर के लिए संघर्ष** करना पड़ता है, तो कहीं बेहतर रोजगार के लिए संघर्ष।

तालिका सं. 3.0: भारत में आर्थिक एवं मानव संसाधन विकास संबंधी स्थिति

क्र. सं.	विवरण	
1.	जीवन प्रत्याशा (2001-06)	63
2.	शिशु मृत्यु दर (प्रति हजार)	68
3.	जन्म दर (प्रति हजार)	25
4.	मृत्यु दर (प्रति हजार)	8
5.	बुनियादी/प्राथमिक विद्यालय	6,64,041
6.	माध्यमिक विद्यालय	2,19, 626
7.	उच्च/उच्चतर/इंटर/स्नातक महाविद्यालय	1,33,492
8.	व्यावसायिक शिक्षा संस्थान	2,409
9.	विश्वविद्यालय/राष्ट्रीय महत्व के संस्थान	351
10.	**साक्षरता दर** (प्रतिशत में)	65.4
	(क) पुरुष	75.9
	(ख) स्त्री	54.0
11.	गरीबी रेखा से नीचे रहने वाले लोगों का (प्रतिशत में)	27.5
12.	गरीबी रेखा (प्रति व्यक्ति प्रतिमाह 2004-05)	
	(क) ग्रामीण (रुपये में)	356.3
	(ख) शहर (रुपये में)	538.6
13.	**गरीबों की संख्या** (2004-05) करोड़ में	30.2
	(क) गाँव (करोड़ में)	22.1
	(ख) शहर (करोड़ में)	8.1
14.	**बेरोजगारी दर** % में (1999-2000)	7.3
15.	टेली-घनत्व	6.6
16.	टेलीफोन कनेक्शंस (करोड़ में), 2003-04	4.0
17.	**श्रमिक बल** (करोड़ में), 1999-2000	36.3
18.	कार्य बल (करोड़ में), 1999-2000	33.68
19.	बेरोजगारी (करोड़ में), 1999-2000	2.66
20.	स्त्री-पुरुष अनुपात (प्रति हजार)	933
21.	प्रति व्यक्ति घरेलू शुद्ध घरेलू उत्पाद (2001) रुपयों में	10,254
22.	प्रति व्यक्ति बिजली उपयोग	338

स्रोत–(i) आर्थिक समीक्षा, वित्त मंत्रालय, भारत सरकार, दिल्ली, पृ. S-109-14।
(ii) कुरूक्षेत्र, ग्रामीण रोजगार मंत्रालय, भारत सरकार, मई 2007, पृ. 44-46।
(iii) भारतीय अर्थव्यवस्था, दर एवं सुंदरम, 2005, पृ. 209, 212, 222, 235, 325, 374।
(iv) भारत 2007, प्रकाशन विभाग, भारत सरकार, नई दिल्ली, पृ. 13।

उपर्युक्त तालिका से भारत के आर्थिक एवं मानव संसाधन विकास संबंधी कई पहलूओं के विषय में एक तस्वीर हमारे सामने स्पष्ट होती है। देश में लगभग 10 लाख शैक्षणिक संस्थान होने के बावजूद भी यहाँ के लगभग **34.60 करोड़ लोग निरक्षर हैं**। महिलाओं की निरक्षता दर पुरुषों की तुलना में दुगनी है (पुरुष 25%, महिला 46%)। भारत जिसकी आबादी 100 करोड़ से अधिक है, यहाँ आज भी 27.5 प्रतिशत (30 **करोड़**) **लोग गरीबी रेखा** के नीचे जीवन गुजर-बसर कर रहे हैं अर्थात् प्रतिमाह प्रति व्यक्ति गांव में 356 रुपये एवं शहर में 538 रुपये से ही गुजारा करते हैं। गरीबी की शिकार महिलाएं और खासकर ग्रामीण महिलाएं ही अधिक संख्या में हैं। रोजगार वृद्धि की तुलना देश में बेरोजगार वृद्धि दर कई गुणा तेजी से बढ़ रही है। वर्ष 2000 के आस-पास बेरोजगारों की संख्या 2.66 करोड़ बताई गई थी और इसमें लगातार तेजी से वृद्धि हो रही है। जिन लोगों को रोजगार प्राप्त था और जो काम कर रहे थे ऐसे लोगों की संख्या हमारे यहाँ लगभग 33.68 करोड़ थी।

3.0 भारत में क्षेत्रवार श्रमशक्ति (Area-wise Labour Force in India)

भारत बहुत ग्रामीण आबादी वाला राष्ट्र है। इसलिए अधिकांश मेहनतकशों की आबादी का संकेन्द्रण गाँव की ओर ही है। देश की 100 करोड़ की आबादी में 39.84 (देखें तालिका 3.1) करोड़ लोग किसी न किसी कार्य में नियोजित हैं। साथ ही साथ लगभग **91 लाख बेरोजगारों की समस्या** से भी देश को सामना करना पड़ रहा है। देश के 91 लाख बेरोजगार में 47 लाख (52%) शहर एवं 44 लाख (48%) गाँव में हैं। इन दोनों संख्याओं के जोड़ से देश की श्रम शक्ति (Labour force) बनती है। जिसकी संख्या लगभग 40.68 करोड़ (देखें तालिका 3.1) है। जबकि श्रमशक्ति से बाहर जिसे जनगणना में गैर-मजदूर (**Non-workers/not in labour force**) कहा गया है, की संख्या श्रम शक्ति की संख्या से भी 4 करोड़ अधिक अर्थात 44.40 करोड़ है। जनगणना में श्रम शक्ति (**Labour force**) तथा गैर-मजदूर दोनों को कार्यशील आयु वाली जनसंख्या (**Working age population**) माना गया है। यह संख्या 85.30 करोड़ है। इस आयु वर्ग में 5 वर्ष से नीचे आयु वाले बच्चों का नहीं

रखा गया है। बल्कि उसके लिए अलग श्रेणी बना दी गई है उसे **गैर-कार्यशक्ति आयु वाली जनसंख्या** (Non-working age population) कहा गया है। इस श्रेणी के लोगों की जनसंख्या लगभग 15.29 करोड़ है। इस आयु श्रेणी में वे लोग हैं जो काम में लगे नहीं हैं। परन्तु वे किसी न किसी गैर-आर्थिक कार्य में लगे हैं यथा गृहणी वही गैर-कार्यशील आयु वाले जनसंख्या में 5 वर्ष से आयु वर्ग के लोग हैं।

तालिका सं. 3.1: भारतीय जनसंख्या में श्रमशक्ति का क्षेत्रवार विवरण (1999-2000)

(संख्या करोड़ में)

	कुल		ग्रामीण		शहरी	
	सं.	%	सं.	%	सं.	%
1. नियोजित	39.84	39.6	30.15	53.1	9.63	51.8
2. बेरोजगार	0.91	0.9	0.44	0.9	0.47	2.4
3. श्रमशक्ति (1+2)	40.68	40.4	30.59	54.0	10.09	54.2
4. श्रमशक्ति से बाहर (गैर-मजदूर)	44.62	44.4	30.5	30.3	14.69	32.8
*5. कार्यशील आयु वाली जनसंख्या (3+4)	85.30	84.4	60.63	84.3	24.78	87.0
6. गैर-कार्यशील आयु वाली जनसंख्या	15.29	15.2	11.38	15.70	3.80	13.0
7. कुल जनसंख्या (5+6)	100.50	100.0	72.01	100.0	28.58	100.0

स्रोत– जनगणना 2001 तथा एनएसएसओ के 55वें राउन्ड (1999-2000) से परिकलित।

नोट– 5 वर्ष एवं ज्यादा आयु के लोगों को मिलाकर नियोजित, बेरोजगार और **गैर-मजदूर** की श्रेणी बनायी गयी हैं, जबकि गैर कार्यशील जनसंख्या में 5 वर्ष से नीचे के उम्र के लोग शामिल हैं।

* Working age population = Employed + Unemployed + Labour force + Non-workers.

देश में दो प्रमुख स्रोत हैं जिसके माध्यम से देश की जनसंख्या, साक्षरता, रोजगार, बेरोजगार, महिला रोजगार, उनकी श्रेणियाँ आदि के विषय में जानकारी

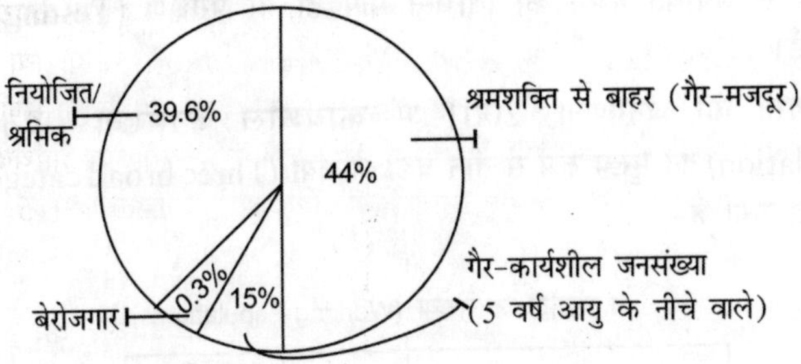

प्राप्त की जा सकती है। ये प्रमुख स्त्रोत (Main sources) प्रदान करने वाली संस्थाएं हैं–

1. भारत की जनगणना कार्यालय (**Census office of India**);
2. राष्ट्रीय नमूना सर्वेक्षण संगठन कार्यालय (**Office of National Sample Survey Organisation**) (N.S.S.O.) तथा
3. केन्द्रीय सांख्यिकी संगठन कार्यालय (Office of Central Statistical Organisation)।

इन संस्थाओं के कार्यालय व **प्रधान सरकारी स्त्रोत** (**Government sources**) हैं, जिसके माध्यम से सरकारी डॉटा एवं सूचनाएं प्राप्त की जा सकती हैं। एक दूसरा स्रोत डॉटा एवं सूचनाएं प्राप्त करने का है–गैर-सरकारी एवं सरकारी शोध संस्थाएं। प्राय: ऐसा देखा गया है कि रोजगार, श्रमिक, गरीबी आदि स्थितियों के विषय में जो सरकारी आँकड़े हैं। उसे पूर्णत: वास्तविक माना नहीं गया है। संबंधित क्षेत्र के विद्वान, शोध संस्थान, सामाजिक कार्यकर्त्ता, श्रमिक संगठन के नेता इस सरकारी डॉटाओं को सत्य एवं वास्तविकता से कोसों दूर मानते हुए इसे पूरी तरह से **विश्वसनीय** (**Reliable**) नहीं मानते हैं। उन लोगों के अनुसार ये आँकड़े **कम अनुमानित** (**Under estimated**) आँकड़े हैं। उदाहरण के लिए सरकारी आँकड़ा के अनुसार देश में बाल श्रमिकों की संख्या लगभग 2 करोड़ के आसपास है। जबकि गैर-सरकारी संगठनों के अनुसार इस समस्या का आकार सरकार द्वारा प्रस्तुत आकार का लगभग दुगुना (5 करोड़) के आस-पास है।

आज उसी तरह गरीबों की संख्या से संबंधित सरकारी आँकड़ों पर भी सवाल उठ रहे हैं। बावजूद इसके सरकारी आँकड़े समस्या की स्थिति से संबंधित मोटी-मोटी तस्वीर तो अवश्य बता देते हैं। जिसे अध्ययन के दृष्टिकोण से प्रमाणिक डाटा एवं सूचना माना जाता है और उसी के आधार पर

समस्या से संबंधित तथ्यों को विभिन्न मापदंडों पर परीक्षण (Testing) किया जाता है।

भारत की जनगणना, 2001 में **कार्यशील जनसंख्या** (Working population) को मुख्य रूप से तीन बड़ी श्रेणियों (Three broad categories) में बाँटा गया है–

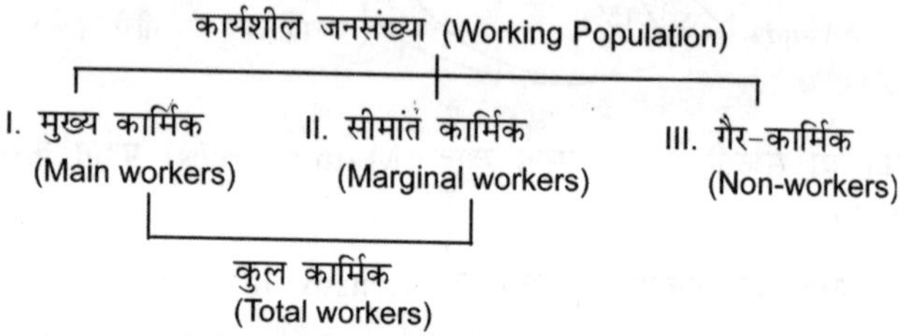

3.1 श्रमिकों की श्रेणियाँ (Categories of Workers)

भारत सरकार द्वारा वर्ष 2001 में कराए गए जनगणना रिपोर्ट के अनुसार देश की आबादी 102.9 करोड़ हो गई थी। जिसमें 72 प्रतिशत (74.25 करोड़) गाँव एवं 28 प्रतिशत (28.61 करोड़) शहरी आबादी थी। इस जनगणना के अनुसार भारत में **कुल मजदूरों** की संख्या **40.22 करोड़** थी। श्रमिकों की कुल संख्या में 78 प्रतिशत (31.32 करोड़) **मुख्य मजदूर** तथा 28 प्रतिशत (8.93 करोड़) **सीमांत मजदूर** थे। देश के कुल मजदूर में 32 प्रतिशत काश्तकार (कृषक), 27 प्रतिशत खेतिहर श्रमिक, 4 प्रतिशत घरेलू उद्योग मजदूर तथा 37 प्रतिशत अन्य मजदूर थे। स्पष्ट है देश में सर्वाधिक लोग आज भी कृषि क्षेत्र में सर्वाधिक लोग (32+27=59 प्रतिशत) लोग रोजगार पा रहे हैं। अर्थात् देश में प्रत्येक 100 में से 59 लोगों को रोजगार **कृषि क्षेत्र** (**Agriculture sector**) से प्राप्त होता है। जबकि प्रत्येक 100 में से **28 लोग सीमांत मजदूर** हैं जिनके पास साल भर बहुत दिनों के लिए कार्य होता है। अन्य श्रमिकों जिसका प्रतिशत 37 **है उसमें मैन्युफैक्चरिंग, कंस्ट्रक्शन, व्यापार-धंधों**, सेवा क्षेत्र में लगे श्रमिक शामिल हैं। जनगणना 2001 के रोजगार संबंधी आँकड़े से बातें तो यही स्पष्ट होती हैं कि अभी भी भारतीय गाँव 100 में से 77 लोगों को रोजगार प्रदान कर रहे हैं। शहरों के जिम्मे तो मात्र 23 लोगों को रोजगार देना आता है (देखें तालिका सं. 3.2)।

तालिका सं. 3.2: भारत में श्रमिकों की श्रेणियाँ
(जनगणना 2001 के आधार पर)

(संख्या करोड़ में)

क्र.सं.	मद	ग्रामीण		शहरी		कुल	
		सं.	%	सं.	%	सं.	%
1.	कुल जनसंख्या	74.03	72	28.50	28	102.53	100
2.	**कुल मजदूर**	31.07	77	9.18	23	**40.25**	100
3.	मुख्य मजदूर	22.07	73	8.35	27	31.32	100
4.	सीमांत मजदूर	8.1	90	0.83	10	8.93	100
5.	कुल मजदूरों की श्रेणी						
	(i) काश्तकार	12.47	91	0.26	9	12.73	100
	(ii) खेतिहर मजदूर	10.24	96	0.43	4	10.68	100
	(iii) घरेलू उद्योग मजदूर	1.21	71	0.48	29	1.70	100
	(iv) अन्य मजदूर	7.07	47	8.65	53	15.12	100

स्रोत–भारत 2007, सूचना एवं प्रसारण मंत्रालय, भारत सरकार, पृ. 152।

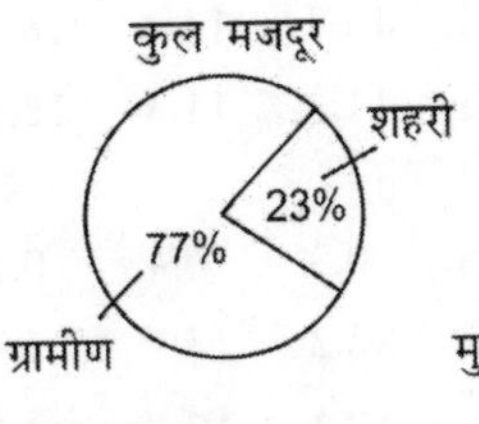

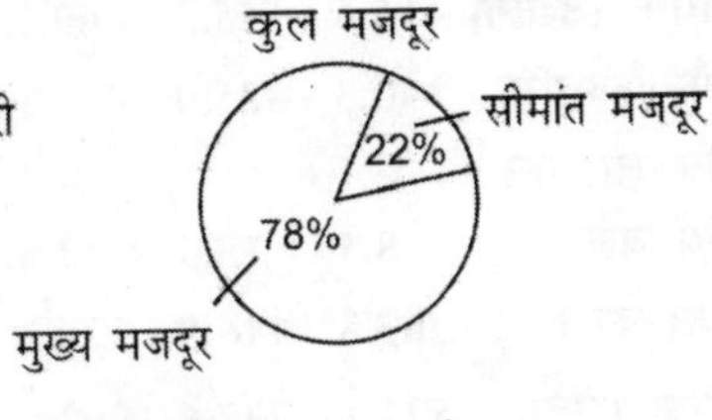

3.2 क्षेत्रवार रोजगार (Sector-wise Employment)

देश की अर्थव्यवस्था के तीन प्रमुख हिस्से हैं–प्राथमिक क्षेत्र (कृषि एवं संबंधित क्षेत्र), द्वितीयक क्षेत्र (उद्योग) तथा तृतीयक क्षेत्र (सेवा)। स्वतंत्रता प्राप्ति के पचास साल बाद भी कृषि एवं उससे संबंधित क्षेत्र अर्थात् **प्राथमिक क्षेत्र (Primary sector)** देश के लगभग 60 प्रतिशत लोगों को रोजगार प्रदान कर रही है। दूसरे स्थान पर **सेवा क्षेत्र** (Service sector) अर्थात् **तृतीयक क्षेत्र (Tertiary sector)** है। जो भारत के लगभग 23 प्रतिशत लोगों को रोजगार प्रदान करता है। जबकि **द्वितीयक क्षेत्र** (Secondary sector) जिसे **उद्योग क्षेत्र (Industry sector)** के नाम से जाना जाता है, उसके द्वारा 17 प्रतिशत देशवासियों को रोजगार मुहैया हो रहा था। देश के रोजगार प्रदान करने वाली दो-तीन प्रमुख बातें हैं जो इस प्रकार हैं–

1. प्राथमिक क्षेत्र में रोजगारों की संख्या जो 1983 में 69 प्रतिशत थी वह घटकर 1990-2000 में 60.4 प्रतिशत हो गयी अर्थात् पिछले 17 सालों में 8.60 प्रतिशत की रोजगार में **कमी** आई है;
2. द्वितीयक क्षेत्र में प्राथमिक क्षेत्र के विपरीत **वृद्धि** देखने को मिलती है। इस अवधि में यहाँ रोजगार में 3% (13.8-16.8) की तेजी हुई है; तथा
3. तृतीयक क्षेत्र में प्राथमिक क्षेत्र की भांति **वृद्धि** हुई है। रोजगार में वृद्धि दर यहाँ 5.5 प्रतिशत है जो द्वितीयक क्षेत्र में 2.5% ज्यादा है।

तालिका सं. 3.3: भारत में क्षेत्रवार रोजगार विवरण (1983-2000)

क्षेत्र	संख्या (लाख में)			प्रतिशत			परिवर्तन
	1983	1993–94	1999–2000	1983	1993–94	1999–2000	(प्रतिशत में)
I. **प्राथमिक (कृषि-खान)**	2089.9	2451.6	2398.3	69.0	65.5	60.4	–8-6
1. कृषि	2072.3	2424.6	2375.6	68.4	64.8	59.8	–8-6
2. खान-खदान	17.6	27.0	22.7	0.6	0.7	0.6	0.0
II. **द्वितीयक (उद्योग)**	416.6	555.3	669.1	13.8	14.8	16.8	+3.0
3. मैन्युफैक्चरिंग	340.3	425.0	480.1	11.2	11.3	12.1	+0.90
4. बिजली, गैस एवं जल	8.5	13.5	12.8	0.3	0.4	0.3	0.0
5. कंस्ट्रक्शन	67.8	116.8	176.2	2.2	3.1	4.4	+2.2
III. **तृतीयक (सेवा)**	521.1	737.6	902.6	17.2	19.7	22.7	+5.5
6. व्यापार	192.2	277.8	373.2	6.3	7.4	9.4	+3.1
7. परिवहन, संचार	73.9	103.3	146.9	2.4	2.8	3.7	+0.3
8. वित्तीय सेवाएँ	17.0	35.2	50.8	0.6	0.9	0.9	+0.5
9. सामुदायिक, सामाजिक एवं वैयक्तिक सेवाएँ	238.0	321.3	332.0	7.9	8.6	8.4	+6.1
	3027.6	3744.5	3970.0	100	100	100	

स्रोत–योजना आयोग, 2001, दत्त एवं सुंदरम, 2005, पृ. 324।

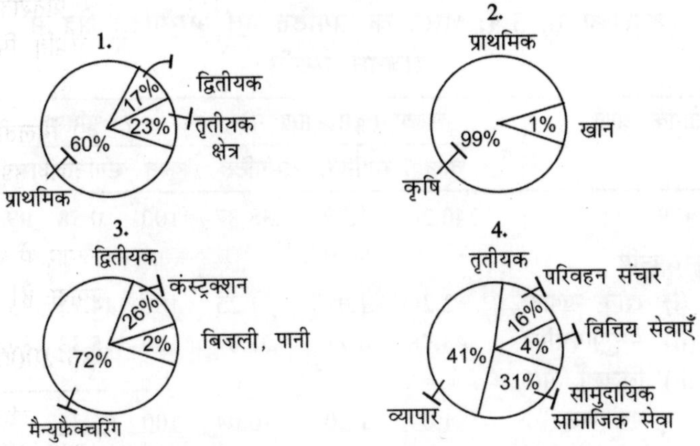

3.3 संगठित एवं असंगठित क्षेत्र में रोजगार (Employment in Organised and Unorganised Sector)

रोजगार के संगठन की प्रकृति (Nature of organisation) पर ध्यान दिया जाए तो हम पाते हैं कि देश की अर्थव्यवस्था द्वारा प्रदान किए जाने वाले कुल रोजगार में संगठित क्षेत्र का अंश मात्र 7 प्रतिशत (2.81 करोड़) तथा असंगठित क्षेत्र का अंश 93 प्रतिशत (37 करोड़) है। भारत के कुल रोजगार 39.84 करोड़ में आज भी 60 प्रतिशत (24 करोड़) योगदान कृषि एवं उससे संबंधित गतिविधियों का तथा 40 प्रतिशत (15.82 करोड़) अंश **गैर-कृषि** यथा खान, मैन्युफैक्चरिंग, बिजली, गैस, जल आपूर्ति, कंस्ट्रक्शन, वाणिज्य, होटल, परिवहन, संचार, सामुदायिक का है (देखें तालिका सं. 3.4)। कृषि में संगठित क्षेत्रों द्वारा मात्र 0.58 प्रतिशत (13.90 लाख) तथा 99.42 प्रतिशत (23.89 करोड़) रोजगार असंगठित क्षेत्रों से प्रदान होता है। जबकि गैर-कृषि क्षेत्र में 17 प्रतिशत (2.67 करोड़) संगठित एवं 83 प्रतिशत (13.15 करोड़) असंगठित क्षेत्र में लोग लगे हैं।

इस प्रकार यह स्पष्ट होता है अब भी देश में रोजगार प्रदान करने का मुख्य स्रोत असंगठित क्षेत्र तथा **असंगठित क्षेत्र** में कृषि प्रमुख हैं। यद्यपि असंगठित क्षेत्र में स्व-रोजगार (**Self-employment**) तथा छोटे-मोटे स्तर के व्यापार भी शामिल हैं। 21वीं सदी में यह असंगठित क्षेत्र देश के 100 में से 93 **लोगों** को आज भी रोजगार प्रदान कर रहा है। असंगठित क्षेत्र के तुलना में संगठित क्षेत्र की **रोजगार जनन** क्षमता बहुत निम्न है।

तालिका सं. 3.4: भारत के संगठित एवं असंगठित क्षेत्र में रोजगार स्थिति

औद्योगिक श्रेणी	संख्या (दस लाख में)			प्रतिशत		
	कुल	संगठित	असंगठित	कुल	संगठित	असंगठित
1. कृषि	240.26	1.39	238.87	100	0.58	99.42
2. गैर-कृषि						
(i) खान, खदान	2.26	1.01	1.25	100	44.75	55.25
(ii) मैन्युफैक्चरिंग	43.78	6.71	37.07	100	15.33	84.67
(iii) बिजली, गैस एवं जल	1.04	1.00	0.04	100	96.36	3.64
(iv) कंस्ट्रक्शन	17.53	1.75	16.36	100	6.68	93.32
(v) वाणिज्य, होटल	40.86	0.49	40.37	100	1.19	98.81
(vi) परिवहन, संचार	14.63	3.15	11.48	100	21.54	78.46
(vii) वित्तीय सेवाएं	4.95	1.65	3.29	100	33.41	66.59
(viii) सामुदायिक सेवाएं	33.13	11.49	21.64	100	34.69	65.31
गैर-कृषि योग	158.18	26.68	131.50	100	76.87	83.13
सभी क्षेत्र (कृषि+गैर-कृषि)	398.44	28.07	370.37	100	7 +	93.00

स्रोत– एन.एस.एस.ओ., रिपोर्ट 55वां राउंड, 1999-2000, क्वाटरली इंप्लायमेंट रिव्यू, 1999-2000, श्रम मंत्रालय।

रोजगार संगठनवार

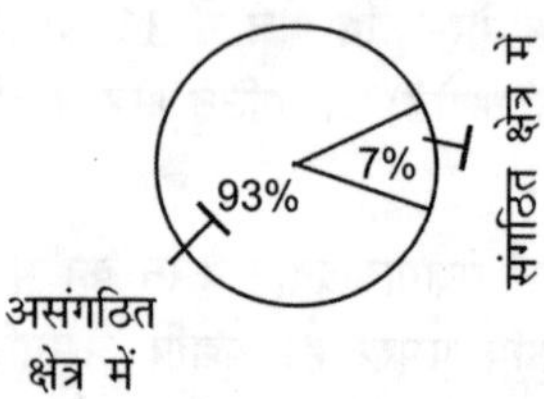

रोजगार गतिविधिवार

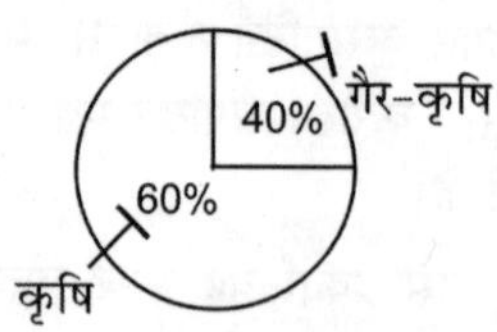

कृषि-रोजगार

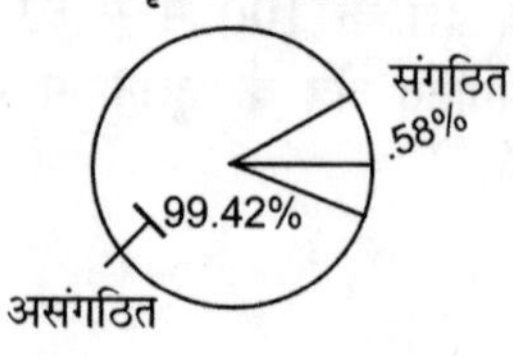

गैर-कृषि रोजगार

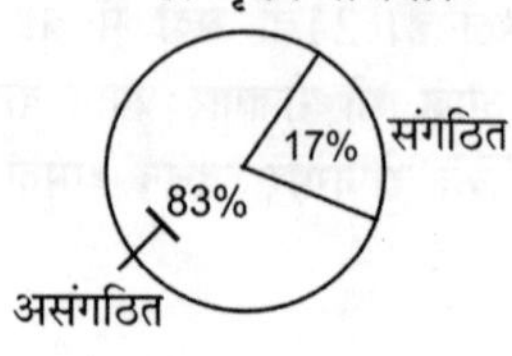

3.4 संगठित क्षेत्र में रोजगार (Employment in Organised Sector)

संगठित क्षेत्र में सार्वजनिक एवं निजी क्षेत्रों द्वारा क्रमश: 70 एवं 30 प्रतिशत रोजगार प्रदान कराया जाता है। भारत में कुल रोजगार में संगठित क्षेत्र के सार्वजनिक उपक्रमों द्वारा 5.7 प्रतिशत तथा निजी उपक्रमों द्वारा 2.57 प्रतिशत लोगों को रोजगार मिलता है। जिसे तालिका सं. 3.5 से स्पष्ट किया जा सकता है। इस तालिका से निम्नलिखित बातें स्पष्ट होती हैं–

(1) सार्वजनिक क्षेत्र के उपक्रमों अभी भी 70 प्रतिशत को रोजगार मिलता है;

(2) जबकि निजी क्षेत्र के उपक्रमों से तुलनात्मक रूप से कम (दो गुणा से ज्यादा) 30 प्रतिशत लोगों रोजगार मिलता है;

(3) सार्वजनिक क्षेत्र में सर्वाधिक (50.41%) रोजगार सामुदायिक, सामाजिक सेवाओं वाले उपक्रमों से रोजगार मिलता है तथा न्यूनतम (0.83%) रोजगार व्यापार, होटल, रेस्तरां वाले उपक्रमों से मिलता है; तथा

(4) निजी क्षेत्र में सर्वाधिक (60%) रोजगार मैन्युफैक्चरिंग व्यापार तथा न्यूनतम (0.85%) कंस्ट्रक्शन तथा वित्त, बीमा, व्यापारिक सेवा वाले उद्योग से मिलता है।

तालिका सं. 3.5: भारत के संगठित क्षेत्र में रोजगार परिदृश्य (1999-2000)

(संख्या लाख में)

क्र.सं.		सार्वजनिक	निजी	कुल
1.	कृषि	5.2	8.7	13.9
2.	खान	9.3	0.9	10.2
3.	मैन्युफैक्चरिंग	15.7	51.8	67.5
4.	बिजली, गैस, पानी	9.6	0.4	10.0
5.	कंस्ट्रक्शन	11.1	0.7	11.8
6.	व्यापार, होटल, रेस्तरां	1.6	3.2	4.9
7.	परिवहन, भंडारण एवं संचार	30.8	0.7	31.5
8.	वित्त, बीमा, व्यापारिक सेवाएं	13.0	3.5	16.5
9.	सामुदायिक, सामाजिक एवं वैयक्तिक सेवाएं	97.9	17.0	114.9
	कुल	194.2	87.0	281.1

स्रोत–योजना आयोग (2002), विशेष दल की रिपोर्ट।

संगठित क्षेत्र रोजगार

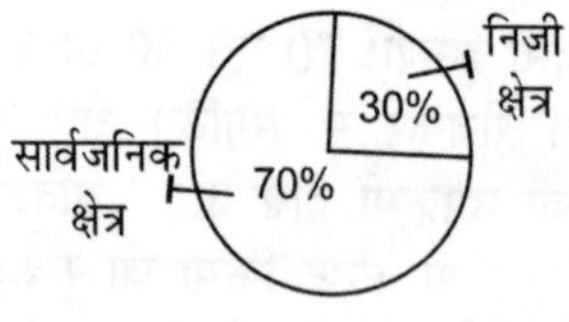

संगठित क्षेत्र

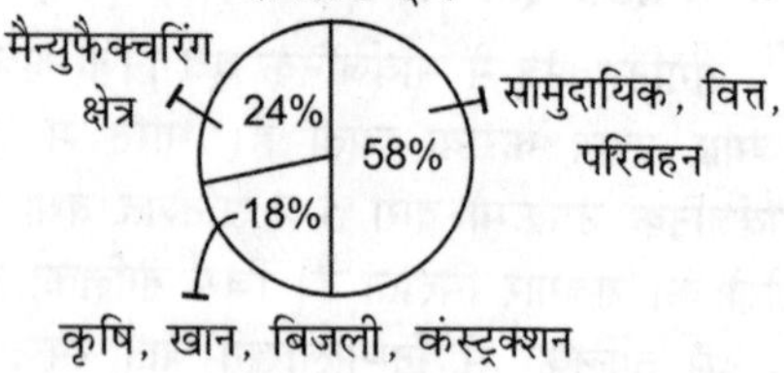

3.5 सार्वजनिक एवं निजी क्षेत्रों में स्तरवार रोजगार (Levelwise Employment in Public and Private Sector)

रोजगार प्रदान के दृष्टिकोण से जैसा हम जानते हैं कि संगठित क्षेत्र को सरकारी एवं निजी क्षेत्रों में बाँटा गया है। सरकारी क्षेत्र के अंतर्गत केन्द्र, राज्य, अर्द्धसरकारी तथा स्थानीय निकाय आते हैं। सरकारी क्षेत्र में 1991 में कुल रोजगार की संख्या 1.90 करोड़ थी 2004 में घटकर 1.82 करोड़ हो गयी। देखा जाए तो 14 वर्षों (1991-2004) में सरकारी क्षेत्रों में रोजगार लगभग 8 लाख घटा है अर्थात् रोजगार में **नकारात्मक वृद्धि** (Negative growth) देखने को मिलता है। राज्य सरकार को छोड़कर सभी क्षेत्रों यथा केन्द्र, अर्द्धसरकारी, स्थानीय निकाय में रोजगार में **कमी** दर्ज की गयी है। इन तीनों क्षेत्रों में नकारात्मक वृद्धि हो रही है। जहाँ तक निजी क्षेत्रों की बात है यहाँ **छोटे प्रतिष्ठानों** में (जहाँ काम करने वाले **कर्मचारियों की संख्या 10-24 के मध्य** होती है) रोजगारों की संख्या 1991 के 8.93 लाख से बढ़कर 2004 में 10.12 लाख हो गया अर्थात् 1.19 लाख की वृद्धि। वहीं इसके विपरीत **बड़े प्रतिष्ठानों** (**25 से अधिक** काम करने वाले कर्मचारियों वाले प्रतिष्ठान) रोजगार की संख्या 1991 में 76.76 लाख से घटकर 72.34 लाख हो गई अर्थात् 4.42 लाख रोजगार की कमी। संगठित क्षेत्र में 1991 में रोजगार की संख्या 2.67 करोड़ से 2004 में घटकर 2.64 करोड़ हो गयी। इस प्रकार कुल मिलाकर इस क्षेत्र में रोजगार में नकारात्मक वृद्धि हो रही है।

3.6 राज्यवार रोजगार एवं बेरोजगारी (State-wise Employment and Unemployment)

राज्यवार रोजगार की स्थिति का यदि विश्लेषण किया जाए तो हम पाते हैं कि रोजगार प्रदान करने में उत्तर प्रदेश, महाराष्ट्र, आंध्र प्रदेश तथा बिहार (क्रमशः पहले, दूसरे, तीसरे एवं चौथे) स्थान पर थे। हिमाचल प्रदेश, हरियाणा, पंजाब, केरल जैसे प्रमुख प्रांतों द्वारा 1 करोड़ से कम लोगों (प्रति प्रांत) को रोजगार प्रदान किया जाता था। वार्षिक **रोजगार वृद्धि दर सर्वाधिक** (2.43%) **हरियाणा एवं न्यूनतम** (0.07%) **केरल** में था। जबकि **बेरोजगारी दर सर्वाधिक** (20.97%)

केरल एवं **न्यूनतम हिमाचल प्रदेश** (तालिका 3.7 में दिए गए राज्यों के अनुसार) में था। रोजगार एवं बेरोजगारी दर में सर्वाधिक (20.90%) अंतर केरल एवं न्यूनतम (1.59%) हिमाचल प्रदेश में था। भारत में वर्ष 1999-2000 में वार्षिक **रोजगार वृद्धि दर** 1.07 एवं वार्षिक **बेरोजगारी वृद्धि दर** 7.32 थी। जबकि इन दोनों के बीच का अंतर 6.25 प्रतिशत (6 गुणा से अधिक) था। स्पष्ट है भारत रोजगार की तुलना में बेरोजगारी दर छः गुणा तेजी से बढ़ रहा था।

तालिका सं. 3.6: भारत के सार्वजनिक क्षेत्र में रोजगार परिदृश्य (1991-2004)

(संख्या लाख में)

वर्ष	सरकारी क्षेत्र					निजी क्षेत्र (गैर-कृषि)			कुल
	केन्द्र सरकार	राज्य सरकार	अर्द्ध-सरकारी	स्थानीय निकाय	कुल सरकारी क्षेत्र	छोटे संगठन[1]	बड़े संगठन[2]	कुल निजी	(सरकारी/निजी)
1991	34.10	71.13	62.22	23.12	190.57	8.93	76.76	76.83	267.40
1995	33.95	73.55	65.20	21.97	194.66	9.41	80.59	71.18	265.84
2000	32.73	74.60	63.266	22.55	193.14	9.27	86.40	77.19	270.33
2001	32.61	74.25	61.92	22.61	191.39	9.27	86.52	95.79	287.18
2004	30.27	72.22	58.22	21.26	181.97	10.12	72.34	82.46	264.43

स्रोत– भारत 2007, प्रसारण विभाग, भारत सरकार, पृ. 153।

नोट– (1) 10 से 24 कर्मचारी वाले प्रतिष्ठान, (2) 25 या अधिक कर्मचारी वाले प्रतिष्ठान।

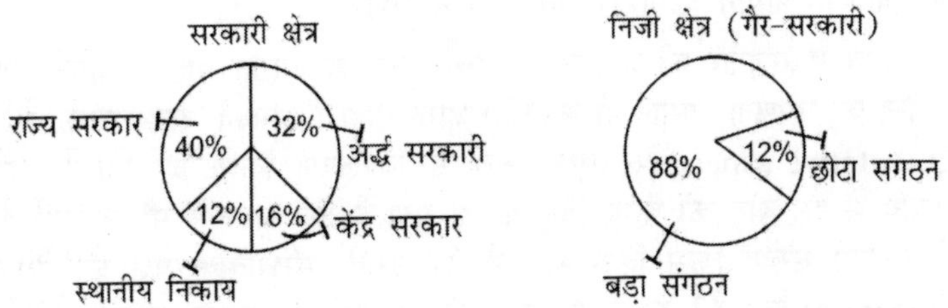

तालिका सं. 3.7: राज्यवार रोजगार एवं बेरोजगारी का विवरण (1999-2000)

क्र.सं.	राज्य	रोजगार (सं. करोड़ में)	रोजगार वृद्धि दर (वार्षिक)	बेरोजगारी वृद्धि दर (वार्षिक)	अंतर (रोजगार एवं बेरोजगारी दर में)
1.	आंध्र प्रदेश	3.06	0.35	8.03	-7.68
2.	असम	0.77	1.99	8.03	-6.04
3.	बिहार	3.04	1.59	7.32	-5.73
4.	गुजरात	1.86	2.31	4.55	-2.24
5.	हरियाणा	0.60	2.43	4.77	2.34
6.	हिमाचल प्रदेश	0.24	0.37	2.96	-1.59
7.	कर्नाटक	2.03	1.43	4.51	-3.08
8.	केरल	.99	0.07	20.97	-20.90
9.	मध्य प्रदेश	2.87	1.28	4.45	-3.17
10.	महाराष्ट्र	3.50	1.25	7.16	-5.91
11.	उड़ीसा	1.19	1.05	7.34	-6.29
12.	पंजाब	.80	1.96	4.03	-2.07
13.	राजस्थान	1.99	0.73	3.13	-2.40
14.	तमिलनाडु	2.31	0.37	11.78	-11.41
15.	उत्तर प्रदेश	2.94	1.02	4.08	-3.06
16.	प. बंगाल	2.27	0.41	14.99	-14.58
	संपूर्ण भारत	33.67	1.07	7.32	-6.25

स्रोत–योजना आयोग (2002), विशेष दल रिपोर्ट।

भारत में रोजगार की विस्तार से चर्चा करने के उपरांत महिला श्रमिकों के विभिन्न को समझना आसान हो जाता है। भारत महिला श्रमिकों '**संख्यात्मक पक्ष**' (**Quantative aspect**) पर मुख्य रूप से विश्लेषण किया जा रहा है। इस अध्याय में इस बात को केन्द्र बिंदु बनाया गया है कि भारत में महिला श्रमिकों की कितनी संख्या किस-किस क्षेत्र में है? उसके संख्यात्मक पक्ष का **दिशा** (**Direction**) क्या है? इन सारी बातों की चर्चाओं के उपरांत महिला श्रमिकों

की संख्या एवं उसके दिशा के संबंध में एक स्पष्ट तस्वीर उभर कर आ जाएगी। इस संदर्भ में भारतीय महिला श्रमिकों से संबंधित निम्नलिखित बातों की चर्चा आवश्यक हो जाती है–

1. महिला श्रमिकों की विशेषताएं (Features of women workers)
2. महिला श्रमशक्ति की संरचना (Composition of women labour force)
3. संगठित एवं असंगठित क्षेत्र में महिला श्रमिक (Women workers in organised and unorganised sector)
4. **संगठित क्षेत्र** में महिला श्रमिक (Women workers in organised sector)
   - (i) कृषि क्षेत्र में (In agriculture sector)
   - (ii) गैर-कृषि क्षेत्र में (In non-agriculture sector)
   - (iii) औद्योगिक क्षेत्रवार (Industries wise)
   - (iv) व्यापक श्रेणीवार (Broad categories wise)
   - (v) सार्वजनिक एवं निजी क्षेत्रानुसार (Public and private sector wise)
   - (vi) सार्वजनिक एवं निजी क्षेत्र का प्रांतवार स्थिति (Public and private sector statewise)

3.7 भारतीय महिला श्रमिक की विशेषताएं (Features of Indian Women Workers)

भारत के औद्योगिक विकास की स्थितियों को ध्यान में रखते हुए इसे **'विकासशील देशों'** (Developing country) की श्रेणी में रखा गया है। वह राष्ट्र जो न अविकसित है और न विकसित (Develop)। बल्कि विकसित होने की प्रक्रिया में है और जो आगे चलकर विकसित राष्ट्र बन जाएगा। **भूतपूर्व राष्ट्रपति डॉ. कलाम ने 2020** तक **भारत को एक विकसित राष्ट्र बनने का सपना देखा है**। इस प्रकार देखा जाए तो भारत की अर्थव्यवस्था औद्योगिक इकाइयाँ, औद्योगिक समाज, बुनियादी अधो:संरचना (Infrastructure), स्त्री-पुरुष अंतर्राष्ट्रीय मापदंडों के आधार अभी उन्नत और विकसित होने की प्रक्रिया में हैं। तो विकासशील अर्थव्यवस्था की विशेषताओं के अनुसार श्रमिक, रोजगार, और रोजगार के स्वरूप, उसका फैलाव, मजदूरी स्तर (उच्च-न्यूनतम), संगठित -असंगठित क्षेत्र में रोजगार का संकेन्द्रण आदि की स्थितियाँ होंगी। संसार के अधिकांश विकासशील देश की भाँति भारतीय महिला श्रमिकों का भी वही स्थितियाँ हैं। जो निम्नलिखित हैं–

1. भारत में अधिकांश महिलाएँ **असंगठित क्षेत्र** (Unorganised sector) में श्रमिक के रूप में कार्यरत हैं;
2. असंगठित क्षेत्र में भी बहुसंख्य महिलाओं की रोजगार **कृषि क्षेत्र** (Agriculture sector);
3. असंगठित क्षेत्र में महिलाओं की एक बड़ी तादाद **कृषि श्रमिक** (Agriculture labour) के रूप में अपना जीवन गुजर बसर करती है;
4. एक बड़ी आबादी महिलाओं की **खेतिहर** (Agriculturist) के रूप में लगी;
5. सर्वाधिक महिलाएँ **प्राइमरी सेक्टर** (Primary sector) में लगी हैं;
6. स्वतंत्रता प्राप्ति के उपरांत (1947) प्राइमरी सेक्टर में महिला रोजगार में लगातार कमी दर्ज किया गया है। क्योंकि सेकेंडरी सेक्टर (उद्योग) एवं टरसरी सेक्टर (सेवा) का विस्तार स्वतंत्रता प्राप्ति के बाद काफी तेजी से हो रहा है। फलतः महिलाएँ जो पहले कृषि एवं उससे संबंधित कार्य पर लगी थीं, उसने गैर-कृषि क्षेत्र/उद्योग-सेवा (Non-agriculture sector) में रोजगार के अवसर का उठाना शुरू किया;
7. इसके अतिरिक्त जो उद्योग **गृह आधारित** (House based industry) तथा गृह आधारित कार्यों (Home base works) में महिला मजदूरों को ज्यादा संकेन्द्रण है यथा–बीड़ी, पापड़, सिवई निर्माण कार्य वाले उद्योग;
8. असंगठित क्षेत्र में कार्यरत अधिकांश महिला श्रमिकों को सरकार द्वारा अधिसूचित **न्यूनतम मजदूरी** (Notified minimum wages) नहीं मिल पाता। उन्हें अधिकांश स्थितियों में न्यूनतम मजदूरी से कम मजदूरी दी जाती है;
9. मजदूर संगठन में निम्न भागीदारी, अशिक्षा, श्रम नियमों के जानकारी का अभाव, जैसे कारणों के कारण ये अपनी वाजिब मजदूरी को प्राप्त नहीं कर पातीं और आर्थिक शोषण का शिकार हो जाती हैं;
10. इसके द्वारा अर्जित मजदूरी पुरुष प्रधान समाज में एक **पूरक आय** (Supplementary income) के रूप में देखा जाता है;
11. कई बार इनको समान काम के **असमान वेतन** (Inequal pay for equal work) दिया जाता है। साथ ही प्रोन्नति, प्रशिक्षण के समान अवसरों से भी वंचित रखा जाता है;

12. कानूनी प्रावधान में वर्णित कई सुविधाएँ जैसे **मातृत्व हितलाभ** (Maternity benefit) से बचने के लिए कार्य के लिए तैयार महिला श्रमिकों को रोजगार पर रखने से बचते हैं जो कि कानून के विरुद्ध है;
13. संगठित क्षेत्र जिसमें **सार्वजनिक** (Public) एवं **निजी क्षेत्र** (Private sector) आते हैं, उसमें महिला कामगार मुख्य रूप से बड़ी संख्या में **तृतीय एवं चतुर्थ श्रेणी** (3rd and 4th grade) में लगी। प्रबंधक एवं प्रशासक स्तर इनकी संख्या तुलनात्मक रूप से कम है; तथा
14. सार्वजनिक एवं निजी क्षेत्र में महिलाएँ नर्सिंग, टीचिंग, सेल्स गर्ल्स, रिसेप्सनिस्ट, प्राईवेट सेक्रेटरी जैसे भूमिकाओं में ज्यादा नजर आती हैं।

3.8 महिला श्रमशक्ति का संघठन (Composition of Women Labour Force)

देश की जनसंख्या एक महत्वपूर्ण हिससा महिलाओं का है। भारत की जनगणना 2001 के अनुसार भारत की आबादी या हम कहें कि कुल **मानव संसाधन** (Human resources) का लगभग 48 **प्रतिशत महिलाएं** हैं। अर्थात् प्रत्येक 100 व्यक्तियों में 48 महिलाओं की संख्या है। संख्यात्मक दृष्टिकोण से देश की ये महत्व लगभग 48.52 करोड़ **मानव पूंजी** (**Human capital**) हैं। जिसका उचित प्रबंध कर किसी भी देश या संस्था का कायाकल्प किया जा सकता है। आवश्यकता है उचित **अभिप्रेरणा** (**Motivation**) का बेहतर एवं प्रभावी ढंग से सदुपयोग किया जाए।

भारत में महिलाओं की जो जनसंख्या है उसमें से लगभग 85 प्रतिशत कार्यशील आयु वाली जनसंख्या (**Working age population**) है। जिसमें 5 एवं उससे ऊपर आयु समूह वाले लोगों को शामिल किया गया है। इस श्रेणी में देश नियोजितों, बेरोजगार, गैर-मजदूरों की संख्या जुड़ी होती है। यह संख्या महिलाओं में 41 करोड़ है।

कार्यशील आयु वाली जनसंख्या (Working Age Population)

(1) Employed,

(2) Unemployed,

(3) Labour force,

(4) Non-workers.

तालिका सं. 3.8: भारत में महिला जनसंख्या एवं श्रमशक्ति (1999-2000)

क्र.सं.	विवरण	संख्या करोड़ में	(प्रतिशत में) स्त्री	पुरुष
1.	नियोजित	12.41	25.6	52.7
2.	बेरोजगार	0.21	0.4	1.3
3.	श्रमशक्ति (1+2)	12.62	25.8	54.1
4.	श्रमशक्ति से बाहर (गैर-मजदूर)	28.57	58.9	30.9
5.	कार्यशील उम्र वाली जनसंख्या (3+4)	41.11	84.7	85.0
6.	गैर-कार्यशील उम्र वाली जनसंख्या (5 वर्ष आयु से नीचे वाले)	7.43	15.3	15.0
	कुल जनसंख्या (5+6)	48.54	100	100

स्रोत– जनगणना 2001, एन.एस.एस.ओ., 55वां राउंड (1999-2000) से परिकलित।

नोट– 1. पाँच वर्ष एवं उससे ज्यादा आयु के लोगों को मिलाकर नियोजित (Employed), बेरोजगार एवं गैर-मजदूर (**Non-worker**) की श्रेणी बनायी गयी है।

2. जबकि गैर-कार्यशील जनसंख्या (**Non-working age population**) में 5 वर्ष से नीचे के उम्र वालों को शामिल किया गया है।

उपर्युक्त तालिका सं. 3.8 से निम्नलिखित बातें स्पष्ट होती हैं–

1. प्रत्येक 100 में से लगभग 26 महिलाएँ किसी न किसी कार्य में नियोजित हैं। महिला श्रमिकों की संख्या देश में लगभग 12 करोड़ 41 लाख है;
2. यह संख्या देश के कुल श्रमिकों (39 करोड़ 84 लाख) का 31 प्रतिशत है अर्थात् भारत के **प्रत्येक 100 श्रमिकों में 31 महिलाएँ** हैं;

3. भारत में **महिला बेरोजगारी** की संख्या लगभग 21 लाख है। जो देश के कुल बेरोजगारों की संख्या (91 लाख) का 23 प्रतिशत है। इस प्रकार देश के सरकारी आँकड़ों के अनुसार प्रत्येक 100 बेरोजगारों में 23 महिलाएँ हैं। पुरुषों में बेरोजगारी महिलाओं के तुलना में लगभग 3 गुणा (77:23) अधिक है;
4. **श्रमशक्ति** (Labour force) पक्ष का विश्लेषण करें तो हम पाते हैं कि प्रत्येक 100 में से मात्र 26 महिलाएँ श्रमशक्ति के रूप में हैं जो विकासशील देश की भांति पुरुष (54%) की तुलना में लगभग आधा है या हम यह कहें कि श्रमशक्ति श्रेणी में पुरुषों की संख्या (28.14 करोड़) **महिला श्रमशक्ति** (12.54 करोड़) के दो गुणा से भी अधिक है। दूसरे शब्दों में यदि हम कहें पुरुषों की तुलना में महिलाओं की मात्रा आधी आबादी आर्थिक रूप से सक्रिय है। देखें तो महिलाओं की एक बड़ी आबादी काम तो करती है, सक्रिय तो रहती है, मेहनत तो करती है, लेकिन उनकी गतिविधियाँ अधिकांश रूप से **गैर-आर्थिक** (Non-economic) है। विकसित राष्ट्रों में इसके विपरीत लगभग 40-50 देश में महिलाओं के **आर्थिक सबलीकरण** (Economic empowerment) के पक्ष पर ज्यादा जोर दिया जा रहा है।

इस प्रकार यह स्पष्ट होता है कि भारत में महिला श्रमिक पुरुषों की तुलना में कम संगठित एवं अधिक असंगठित क्षेत्रों में नियोजित है (प्रतिशत के हिसाब से)। पुरुष जहाँ 27 करोड़ 43 लाख की संख्या में नियोजित हैं। वहीं महिलाएँ मात्र 12 करोड़ 41 लाख की संख्या (लगभग आधा कम) किसी न किसी काम में लगी हैं। इनकी आबादी का एक बड़ा हिस्सा तो केवल विशुद्ध **गृहणी** (Housewife) की भूमिका का ही निर्वहन कर रही है। लेकिन धीरे-धीरे अब महिलाएँ इस एकपक्षीय एवं आधा-अधूरी भूमिका की जगह पूरी भूमिका निभाने को ज्यादा तेजी से अग्रसर हो रही हैं।

3.9 मुख्य महिला श्रमिक (Main Women Workers)

भारत की महिला श्रमिक जो मुख्य रूप से **'मुख्य श्रमिक'** श्रेणी में है वह नीचे दी गई 9 श्रेणियों में विभाजित है। जिसके प्रथम श्रेणी में तीन गतिविधियाँ हैं–कृषि कार्य, कृषि श्रमिक एवं पशुधन, वानिकी, मत्स्य, शिकार एवं अन्य गतिविधियाँ। इस तालिका में वर्ष 1981 से 1999-2000 (लगभग 20 वर्षो) के मध्य शहरी एवं ग्रामीण क्षेत्रों के इन 9 **गतिविधियों** में लगी मुख्य महिला श्रमिकों से होने वाले परिवर्तन को दिखाया जा रहा है।

तालिका सं. 3.9: भारत में औद्योगिक गतिविधिवार मुख्य महिला श्रमिक (1981-1999-2000)

(प्रतिशत में)

क्र. सं.	औद्योगिक गतिविधियाँ	ग्रामीण			शहरी		
		1981	1991	1999-2000	1981	1991	1999-2000
1.	कृषि	317.1	38.9		4.7	5.1	18.1
2.	कृषि श्रमिक	50.1	48.5	85.7	16.6	15.5	
3.	पशुधन, वानिकी, मत्स्य, शिकार	1.9 (89.1)	2.1 (89.5)		1.8 (03.1)	1.6 (22.2)	
4.	खान एवं खदान	0.3	0.3	0.3	0.7	0.7	0.4
5.	मैन्युफैक्चरिंग						
	(क) हाउसहोल्ड इंडस्ट्रीज	3.8	2.9	7.6	10.5	7.5	
	(ख) अदर दैन हॉउस होल्ड इंडस्ट्रीज	2.1 (5.9)	2.3 (5.2)	14.6	14.1		24.0
6.	कंस्ट्रक्शन	0.6	0.3	1.1	3.1	3.3	4.8
7.	व्यापार एवं वाणिज्य	1.1	1.1	2.0	8.9	10.0	16.9
8.	ट्रांसपोर्ट, स्टोरेज एवं कम्युनिकेशन	0.1	0.1	0.1	2.2	2.0	1.8
9.	अन्य सेवाएँ	2.9	3.5	3.6	37.0	40.3	34.2

स्रोत– (i) मैनुअल प्रोफाइल 1993-94, नई दिल्ली, पृ. 154-157।

(ii) एन.एस.एस.ओ. 55 राउंड, 2000।

नोट– (i) क्र.सं. 1, 2, 3 को वर्ष 1999-2000 में संयुक्त रूप से दिखाया गया है।

(ii) क्र.सं. 5(क) एवं (ख) को वर्ष 1999-2000 में संयुक्त रूप से दिखाया गया है।

तालिका सं. 3.9 से निम्नलिखित बातें प्रकाश में आती हैं–

1. मुख्य महिला श्रमिक का शहरी एवं ग्रामीण क्षेत्रों में कृषि एवं उससे संबंधित कार्यों में प्रतिशत लगातार गिरता जा रहा है;

2. मैन्युफैक्चरिंग क्षेत्र में लगी महिलाओं के प्रतिशत में तुलनात्मक रूप से ज्यादा वृद्धि हुई;
3. कंस्ट्रक्शन क्षेत्र में ग्रामीण क्षेत्र के तुलना में शहरी क्षेत्र में तुलनात्मक रूप से ज्यादा वृद्धि हुई; तथा
4. जहाँ तक व्यापार एवं वाणिज्य क्षेत्र की बात यहाँ भी शहरी क्षेत्र में 1981-1999-2000 के मध्य लगभग 8 प्रतिशत का इजाफा हुआ।

तालिका सं. 3.10: भारत में ग्रामीण एवं शहरी क्षेत्र में वर्षवार महिला श्रमिक (1981-1999-2000)

(करोड़ में)

वर्ष	ग्रामीण	शहरी	कुल
1981	3.90	0.54	4.44
1991	5.60	0.83	6.43
1999-2000	10.57	1.82	12.39

स्रोत– (i) मैनपावर प्रोफाइल 1993-94।

(ii) एन.एस.एस.ओ. रिपोर्ट 1999-2000।

यदि ग्रामीण एवं शहरी क्षेत्र में लगे महिला श्रमिकों पर ध्यान दें तो पाते हैं कि–

1. पिछले 20 वर्षों में (1981-1999-2000) में ग्रामीण क्षेत्र में लगी महिलाओं की संख्या 3.90 से बढ़कर 10.57 करोड़ (6.67 करोड़ वृद्धि) हुई। स्पष्ट है ग्रामीण क्षेत्र में लगी महिलाओं की संख्या में लगभग 275 प्रतिशत का जबरदस्त इजाफा हुआ;
2. वही शहरी क्षेत्र में इस दरम्यान लगभग 1.28 करोड़ महिला श्रमिकों की संख्या में वृद्धि हुई। यह लगभग 370 प्रतिशत के आस-पास है। संख्या के दृष्टिकोण से ग्रामीण क्षेत्र में 6.67 करोड़ तथा शहरी क्षेत्र में 1.28 करोड़ महिला श्रमिकों की संख्या की वृद्धि हुई; तथा
3. जबकि महिला श्रमिकों की संयुक्त रूप में कुल संख्या में वृद्धि 7.95 करोड़ की हुई, जो लगभग 279 प्रतिशत है।

3.10 **मुख्य एवं सीमांत महिला श्रमिक** (Main and Marginal Women Workers)

देश में महिला जनसंख्या आर्थिक एवं गैर-आर्थिक दृष्टिकोण से निम्न भागों में बाँटा जा सकता है–

(i) मुख्य श्रमिक (Main workers);

(ii) सीमांत श्रमिक (Marginal workers); तथा

(iii) गैर-श्रमिक (Non-workers)।

जैसा की प्रारंभ में चर्चा की गई है कि मुख्य श्रमिक के तुलना में सीमांत श्रमिक के पास तुलनात्मक रूप से हमेशा काम नहीं रहता। इन्हें साल के अधिकांश दिन कार्य नहीं मिलते या कार्य की तलाश में भटकते या बैठे रहते हैं। महिलाओं श्रमिकों में पुरुषों की तुलना में **बड़ा हिस्सा महिलाएं सीमांत श्रमिक रूप से गुजर-बसर करती हैं।**

तालिका सं. 3.11: भारत में लिंगवार जनसंख्या, श्रमिक एवं गैर-श्रमिक (2001)

व्यक्ति/लिंग	जनसंख्या (करोड़ में)	कुल श्रमिकों का प्रतिशत (कुल जनसंख्या में)	मुख्य श्रमिक प्रतिशत का (कुल श्रमिक से)	सीमांत श्रमिकों का प्रतिशत (कुल श्रमिकों से)	गैर-श्रमिकों का प्रतिशत (कुल जनसंख्या से)
कुल	102.52	39.26	77.80	22.20	60.74
पुरुष	53.04	51.93	87.31	12.69	48.07
महिला	49.48	25.68	57.19	42.81	74.32

स्रोत– (1) एन.एस.एस.ओ. रिपोर्ट, 55 राउंड, 1999–2000, 2001।

(2) *दी इंडियन जर्नल ऑफ लेबर इकोनोमिक्स*, वॉल्यूम 45, नं. 1, 2002, नई दिल्ली, पृ. 180–190 से संकलित।

उपर्युक्त तालिका सं. 3.11 से निम्नलिखित बातें स्पष्ट होती हैं–

(1) भारत में महिलाओं की जनसंख्या का लगभग 26 प्रतिशत श्रमिक रूप में कार्यरत हैं;

(2) जबकि प्रत्येक 100 में 57 महिलाएं मुख्य श्रमिक हैं और 42 की संख्या में सीमांत श्रमिक हैं; तथा

(3) प्रत्येक 100 में 74 महिलाएं गैर-श्रमिकों (Non-workers) की श्रेणी में हैं।

स्पष्ट है महिला श्रमिकों पुरुष श्रमिकों में जहां मात्र 100 में 12.69 लोग सीमांत श्रमिक हैं वहीं महिलाओं में यह प्रतिशत लगभग 3.5 गुणा अधिक (42.81) है।

तालिका सं. 3.12: ग्रामीण क्षेत्रों में लिंगवार जनसंख्या, श्रमिक एवं गैर-श्रमिक, 2001

(प्रतिशत में)

व्यक्ति/लिंग	जनसंख्या (करोड़ में)	कुल श्रमिकों का प्रतिशत (कुल जनसंख्या में)	मुख्य श्रमिक प्रतिशत का (कुल श्रमिकों से)	सीमांत श्रमिकों का प्रतिशत (कुल श्रमिकों से)	गैर-श्रमिकों का प्रतिशत (कुल जनसंख्या से)
कुल	74.03	41.97	73.93	26.07	58.03
पुरुष	38.04	52.36	85.01	14.99	47.64
महिला	35.98	30.98	54.14	45.86	69.02

स्रोत–*दी इंडियन जर्नल ऑफ लेबर इकॉनोमिक्स*, 2002।

तालिका सं. 3.12 एवं तालिका सं. 3.13 से संबंधित निम्न बातें इस संदर्भ में स्पष्ट होती हैं–

(1) ग्रामीण क्षेत्र में प्रत्येक 100 में 54 महिलाएं मुख्य एवं लगभग 46 सीमांत श्रमिक हैं;

(2) जबकि ग्रामीण क्षेत्र प्रत्येक 100 में 85 पुरुष मुख्य श्रमिक हैं तथा 15 सीमांत श्रमिक;

(3) स्पष्ट है पुरुषों की तुलना में महिला श्रमिकों का बड़ा हिस्सा सीमांत श्रमिक है। इन दोनों के बीच का अंतर लगभग 30 प्रतिशत का है;

(4) जहाँ पुरुषों में प्रति 100 मात्र 48 लोग गैर-श्रमिक हैं वहीं महिलाएं 69 (लगभग 21) की संख्या में इस श्रेणी में हैं; तथा

(5) शहरी क्षेत्र में ग्रामीण क्षेत्रों की तुलना में महिला श्रमिकों की स्थिति इस संदर्भ में थोड़ी ठीक है। शहरी क्षेत्र की तुलनात्मक रूप में ज्यादा महिलाएं मुख्य श्रमिक वाली प्रस्थिति में हैं।

तालिका सं. 3.13: शहरी क्षेत्रों में लिंगवार जनसंख्या, श्रमिक एवं गैर-श्रमिक, 2001

(प्रतिशत में)

व्यक्ति/लिंग	जनसंख्या (करोड़ में)	कुल श्रमिकों का प्रतिशत (कुल जनसंख्या में)	मुख्य श्रमिक प्रतिशत का (कुल श्रमिक से)	सीमांत श्रमिकों का प्रतिशत (कुल श्रमिकों से)	गैर-श्रमिकों का प्रतिशत (कुल जनसंख्या से)
कुल	28.50	32.23	90.90	9.10	67.77
पुरुष	15.00	50.85	93.34	6.66	49.15
महिला	13.50	11.55	78.97	21.03	88.45

स्रोत– *दी इंडियन जर्नल ऑफ लेबर इकोनोमिक्स*, 2002।

भारत के विभिन्न **राज्यवार** (**State wise**) महिला श्रमिकों के उसे प्रस्थिति (**Status**) के आधार पर विश्लेषण करने से निम्नलिखित बिंदु पर स्थिति प्रकाश में आ सकती है–

1. राज्यवार मुख्य महिला श्रमिकों की स्थिति;
2. राज्यवार सीमांत श्रेणी वाली महिला श्रमिकों की स्थिति;
3. राज्यवार गैर-महिला श्रमिकों की स्थिति;
4. किन राज्यों में उच्च महिला मुख्य श्रमिक दर है;
5. किन राज्यों में उच्च सीमांत महिला श्रमिक दर है;
6. किन राज्यों में उच्च गैर महिला श्रमिक दर है;
7. राज्यवार महिला एवं पुरुष मुख्य श्रमिक स्थिति;
8. राज्यवार महिला एवं पुरुष सीमांत श्रमिक स्थिति; तथा
9. राज्यवार महिला एवं पुरुष गैर-श्रमिक स्थिति।

I. **उच्च मुख्य श्रमिक** एवं **निम्न सीमांत श्रमिक** दर वाले राज्य महाराष्ट्र, तमिलनाडु, आंध्र प्रदेश, केरल, कर्नाटक, पंजाब, मध्य प्रदेश।

II. **मध्यम मुख्य श्रमिक एवं मध्यम सीमांत श्रमिक** दर वाले राज्य प. बंगाल, बिहार, असम, आदि।

III. **निम्न मुख्य श्रमिक एवं उच्च सीमांत श्रमिक** दर वाले राज्य जम्मू एवं कश्मीर, झारखंड, उड़ीसा, उत्तर प्रदेश, हरियाणा, आदि।

नोट– I. उच्च मुख्य श्रमिक = 50% से ऊपर

II. मध्य मुख्य श्रमिक = 50–40%

III. निम्न मुख्य श्रमिक = 40% से नीचे।

इसे आगे की तालिका से स्पष्ट किया जा सकता है।

तालिका सं. 3.14: राज्यवार महिलाओं की जनसंख्या, श्रमिक एवं गैर-श्रमिक स्थिति, 2001

क्र. सं. राज्य	महिलाएँ क्षेत्रवार	जनसंख्या (करोड़ में)	कुल श्रमिकों का प्रतिशत (कुल जनसंख्या का)	मुख्य श्रमिक का प्रतिशत (कुल श्रमिकों)	सीमांत श्रमिकों का प्रतिशत (कुल श्रमिकों से)	गैर-श्रमिकों का प्रतिशत (कुल जनसंख्या से)
1	2	3	4	5	6	7
1. जम्मू एवं कश्मीर	कुल	0.48	21.96	33.15	66.85	78.04
	ग्रामीण	0.36	25.84	29.60	70.40	74.16
	शहरी	0.11	9.50	64.23	35.77	90.50
2. पंजाब	कुल	1.13	18.68	63.81	36.19	81.32
	ग्रामीण	0.76	23.15	60.22	39.78	76.85
	शहरी	0.38	9.74	80.84	19.16	90.26
3. राजस्थान	कुल	2.71	33.48	50.26	49.74	66.52
	ग्रामीण	2.09	40.70	49.10	50.90	59.30
	शहरी	0.62	9.24	67.32	32.68	90.76
4. उत्तर प्रदेश	कुल	7.86	16.28	37.48	62.52	83.72
	ग्रामीण	6.25	18.89	35.17	64.83	81.11
	शहरी	1.62	6.19	64.73	35.27	93.81
5. बिहार	कुल	3.97	18.84	46.53	53.47	81.16
	ग्रामीण	3.57	20.19	45.77	54.23	79.81
	शहरी	0.40	6.86	66.31	33.69	93.14
6. असम	कुल	1.29	20.80	46.55	53.45	79.20
	ग्रामीण	1.13	22.28	44.26	55.74	77.72
	शहरी	0.16	10.29	81.65	18.35	89.79
7. प. बंगाल	कुल	3.87	18.08	49.00	51.00	81.92
	ग्रामीण	2.96	54.30	42.87	57.13	79.30
	शहरी	1.06	11.13	79.23	20.77	88.87

1	2	3	4	5	6	7
8. झारखंड	कुल	1.31	26.40	37.86	62.14	73.60
	ग्रामीण	1.03	31.86	36.10	63.90	68.14
	शहरी	0.28	6.29	70.78	29.22	93.71
9. उड़ीसा	कुल	1.81	24.62	34.93	65.07	75.38
	ग्रामीण	1.55	27.10	32.69	67.31	72.90
	शहरी	0.26	9.76	72.03	27.97	90.24
10. मध्य प्रदेश	कुल	2.89	33.10	52.29	47.71	66.90
	ग्रामीण	2.13	40.68	50.25	49.75	59.30
	शहरी	0.76	11.70	72.34	27.66	88.30
11. गुजरात	कुल	2.32	28.03	51.84	48.66	71.00
	ग्रामीण	1.47	39.04	48.49	51.51	60.00
	शहरी	0.85	9.11	76.52	23.48	90.80
12. महाराष्ट्र	कुल	4.64	32.59	73.94	26.06	67.41
	ग्रामीण	2.73	46.52	72.17	27.83	53.48
	शहरी	1.91	12.72	83.17	16.83	87.28
13. आंध्र प्रदेश	कुल	3.76	34.93	72.18	27.82	65.07
	ग्रामीण	2.74	43.24	71.38	28.62	56.76
	शहरी	1.02	12.62	74.79	20.51	87.38
14. कर्नाटक	कुल	2.59	31.88	65.63	34.37	68.12
	ग्रामीण	1.72	39.86	61.86	38.14	60.14
	शहरी	0.87	16.06	84.46	15.83	61.12
15. केरल	कुल	1.63	15.28	70.27	29.73	84.72
	ग्रामीण	1.21	15.88	67.86	32.14	84.12
	शहरी	0.43	13.55	78.38	21.65	86.45
16. तमिलनाडु	कुल	3.08	31.32	75.97	24.03	68.68
	ग्रामीण	1.75	41.33	72.79	27.21	58.67
	शहरी	1.35	18.42	85.17	14.83	81.58
17. हरियाणा	कुल	0.98	27.31	48.94	51.06	72.69
	ग्रामीण	0.70	34.18	46.16	53.84	65.82
	शहरी	0.28	10.27	71.87	28.13	89.73
भारत	कुल	49.48	25.68	57.19	42.81	74.32
	ग्रामीण	35.98	30.98	54.14	45.86	69.02
	शहरी	13.50	11.55	78.97	21.03	88.45

स्रोत–जनगणना 2001, भारत सरकार, नई दिल्ली।

3.11 कृषि, पारिवारिक उद्योग एवं अन्य महिला श्रमिक श्रेणियाँ (Agriculture, Home-based Industries and Other Women Workers)

देश में महिला श्रमिक गतिविधियों के आधार पर निम्नलिखित व्यापक क्षेत्रों में लगी हैं–

प्रतिशत में

कुल महिला श्रमिक (Total Women Workers) **का वितरण**

1. कृषक (Agriculture)	= 32.51
2. कृषि श्रमिक (Agriculture labourers)	= 39.43
3. गृह आधारित श्रमिक (Home-based workers)	= 6.36
4. अन्य श्रमिक (Other workers)	= 21.70
कुल महिला श्रमिक	= 100.00

महिला श्रमिक जिसकी कुल संख्या 12.70 करोड़ (जनगणना, 2001) है उसका 71.94% (9.14 करोड़) कृषि एवं कृषि श्रमिक के रूप में है। जबकि मात्र 6.36 प्रतिशत (81 लाख) गृह उद्योग श्रमिक हैं। 21.70 प्रतिशत (2.76 करोड़) महिलाएं कृषि, गृह उद्योग के अतिरिक्त अन्य क्षेत्र में लगी हैं। कृषि, कृषि श्रमिक, गृह उद्योग की अधिकांश महिला श्रमिक असंगठित क्षेत्र में लगी हैं। जबकि अन्य श्रमिकों के श्रेणी में उद्योग सेवा क्षेत्र एवं अन्य गतिविधियों में लगे संगठित क्षेत्र की महिला श्रमिक है। इस सम्पूर्ण महिला श्रमिकों को मोटे तौर पर बाँट दें तो यह दो भाग में विभाजित होंगी–

I. कृषि, कृषि श्रमिक एवं गृह उद्योग श्रमिक	= 78.30%	(9.94 करोड़)
II. अन्य श्रमिक	= 21.70%	(2.76 करोड़)
	100.00 प्रतिशत	12.70 करोड़

राज्यवार स्थिति आगे की तालिका में प्रदर्शित किया गया है जिससे कई राज्य ऐसे हमें दिखते हैं जहाँ प्रथम श्रेणी में अधिकांश श्रमिक हैं। तो कई राज्य ऐसे हैं जहाँ अन्य श्रमिकों की तादाद एवं प्रतिशत अधिक है।

तालिका सं. 3.15: भारत में राज्यवार, क्षेत्रवार एवं गतिविधिवार महिला श्रमिक, 2001

**प्रतिशत में

क्र. सं.	राज्य	महिलाएं क्षेत्रवार	कुल श्रमिक (संख्या में, दस हजार)	कृषक (प्रतिशत में)	कृषि मजदूर	पारिवारिक उद्योग* श्रमिक	अन्य श्रमिक
1		2	3	4	5	6	7
1.	जम्मू एवं कश्मीर	कुल	105	55.04	5.13	10.56	29.28
		ग्रामीण	94	60.39	5.40	9.38	24.83
		शहरी	11	8.20	2.73	20.84	68.23
2.	पंजाब	कुल	212	13.02	17.91	7.02	62.05
		ग्रामीण	175	15.38	20.79	6.70	57.14
		शहरी	37	1.82	4.27	8.55	85.36
3.	राजस्थान	कुल	907	67.02	16.44	2.76	13.78
		ग्रामीण	850	70.46	17.05	2.00	10.48
		शहरी	57	16.19	7.29	13.96	62.55
4.	उत्तर प्रदेश	कुल	1280	34.32	41.22	8.34	16.13
		ग्रामीण	1180	36.82	43.94	6.88	12.36
		शहरी	100	4.76	9.13	25.58	60.53
5.	बिहार	कुल	748	22.42	63.20	5.98	8.40
		ग्रामीण	721	23.04	64.57	5.61	6.79
		शहरी	28	6.14	27.68	15.66	50.52
6.	असम	कुल	267	40.42	16.48	7.89	35.21
		ग्रामीण	251	42.90	17.44	7.94	31.72
		शहरी	16	2.25	1.74	7.16	88.85
7.	प. बंगाल	कुल	700	13.44	32.41	17.97	36.21
		ग्रामीण	582	16.67	38.56	18.20	27.17
		शहरी	118	0.44	12.09	16.81	80.67

1	2	3	4	5	6	7
8. झारखंड	कुल	344	42.90	39.77	5.54	11.78
	ग्रामीण	327	44.96	41.48	5.45	8.12
	शहरी	18	4.55	7.84	7.33	80.29
9. उड़ीसा	कुल	445	19.46	54.34	8.51	17.69
	ग्रामीण	420	20.48	56.91	8.55	14.67
	शहरी	25	2.54	11.79	7.85	77.82
10. मध्य प्रदेश	कुल	955	43.16	40.77	5.32	10.75
	ग्रामीण	867	46.59	43.48	4.15	5.79
	शहरी	88	9.52	14.19	16.87	59.42
11. महाराष्ट्र	कुल	1513	34.66	42.05	3.34	19.94
	ग्रामीण	1270	40.71	48.22	2.22	8.85
	शहरी	243	3.10	9.90	9.17	77.83
12. आंध्र प्रदेश	कुल	1314	19.91	56.22	6.88	16.99
	ग्रामीण	1185	21.90	60.68	6.05	11.36
	शहरी	129	1.62	15.18	14.46	68.73
13. कर्नाटक	कुल	825	24.57	43.80	6.63	24.99
	ग्रामीण	685	28.96	50.41	5.02	15.61
	शहरी	139	2.95	11.32	14.60	71.13
14. केरल	कुल	250	4.71	22.00	7.31	65.98
	ग्रामीण	193	5.53	26.24	7.11	61.12
	शहरी	58	1.94	7.85	7.99	82.22
15. तमिलनाडु	कुल	966	18.73	45.43	8.69	27.15
	ग्रामीण	718	23.66	54.32	6.84	15.18
	शहरी	248	4.48	19.74	14.05	61.73
भारत	कुल	12705	32.51	39.43	6.36	21.70
	ग्रामीण	11146	36.46	43.40	5.44	14.70
	शहरी	1556	4.26	11.03	12.93	71.77

स्रोत–जनगणना, 2001, भारत सरकार, नई दिल्ली।

नोट– *संख्या दस हजार में।

**प्रतिशत में–4, 5, 6, 7

उपर्युक्त तालिका से निम्नलिखित बातें स्पष्ट होती हैं–

1. केरल, गोवा ऐसे प्रांत हैं जहाँ 65 प्रतिशत महिला श्रमिक अन्य श्रमिक श्रेणी रूप में हैं;
2. जबकि पश्चिमी बंगाल, तमिलनाडु, कर्नाटक, गुजरात, असम जैसे प्रांतों में 20-35 प्रतिशत के मध्य गैर-श्रमिक हैं;
3. वही बिहार, राजस्थान, उत्तर प्रदेश, मध्य प्रदेश, हरियाणा, जम्मू एवं कश्मीर, आंध्र प्रदेश आदि राज्यों में अधिकांश महिलाएं कृषि एवं उससे संबंधित क्षेत्रों में लगी हैं। गैर-श्रमिक में इन राज्यों की महिलाओं का प्रतिशत 20 के नीचे ही है; तथा
4. दिल्ली, चंडीगढ़ जैसे संघ शासित राज्यों (जनगणना, 2001) में 90 प्रतिशत से अधिक महिलाएँ गैर-श्रमिक श्रेणी (गैर-कृषि श्रेणी) में हैं।

3.12 संगठित एवं असंगठित क्षेत्र में महिला श्रमिक (Women Workers in Organised and Unorganised Sector)

भारत के श्रमिकों की आबादी महिलाओं की तादाद विकसित राष्ट्रों की भाँति पचास प्रतिशत के आस-पास तो नहीं लेकिन श्रमिक समाज का एक बड़ा हिस्सा महिला श्रमिकों का है। रोजगार के स्तर, उसकी गुणवत्ता, पद-सोपान क्रम, मजदूरी आदि मामलों में आज भी महिला श्रमिक पुरुष श्रमिक से तुलनात्मक बहुत पीछे हैं। यद्यपि विभिन्न कार्यक्रमों, नीतियों, कानूनों के माध्यम से इन दोनों लिंगों के मध्य इस कमी को पाटने के प्रभाव हाल के कुछ दशकों से काफी तेजी से होता दिख रहा है। संगठन के स्वरूप के आधार यदि हम देखें तो, भारत में जो रोजगार उपलब्ध है, वह दो मुख्य क्षेत्रों में है–संगठित क्षेत्र (Organised sector) तथा असंगठित क्षेत्र (Unorganised sector)। संगठन का तात्पर्य यहां आर्थिक गतिविधियों का आकार-प्रकार, उत्पादन स्तर, उत्पादन करने की प्रकृति, श्रमिकों के संगठन की स्थिति आदि। इस हिसाब से दो क्षेत्रों में महिलाएँ रोजगार पाती हैं–

(i) संगठित क्षेत्र (**Organised sector**) में महिला श्रमिक को रोजगार तथा
(ii) असंगठित क्षेत्र (**Unorganised sector**) में महिला श्रमिक को रोजगार।

संसार के विकासशील देशों की भाँति भारत में अधिकांश महिलाएँ असंगठित क्षेत्रों में कार्यशील हैं। **असंगठित क्षेत्रों** में मुख्य रूप से कृषि, खान, खदान, मैन्युफैक्चरिंग, कंस्ट्रक्शन, व्यापार, होटल, रेस्तराँ, सामुदायिक, सामाजिक सेवा, परिवहन एवं संचार जैसे क्षेत्रों में रोजगार पाती हैं। भारत के दस प्रमुख

मैन्युफैक्चरिंग उद्योग हैं जिसमें महिलाएँ बड़ी तादाद में नियोजित हैं (द्वितीय श्रम आयोग 2002:943) ये हैं–(1) तम्बाकू, (2) सूती वस्त्र, (3) काजू प्रसंसाधन, (4) मशीनरी टूल्स एवं पार्ट्स, (5) माचिस, विस्फोटक तथा आतिशबाजी, (6) मिट्टी, ग्लास, सीमेंट, लोहा तथा स्टील, (7) ड्रग्स एवं मेडिसीन, (8) मिल एवं बेकरी, (9) गारमेंट। जबकि संगठित क्षेत्र में कारखानों, खानों, बागानी, सरकारी कार्यालयों, सेवा क्षेत्रों में संलग्न हैं। **सेवा क्षेत्रों** में ये मुख्य रूप से ट्रांसपोर्ट, बैंकिंग, बीमा, टेलीकॉम, कम्प्यूटर, टीचिंग, नर्सिंग सेक्टर में रोजगार प्राप्त कर रही हैं। यद्यपि मैन्युफैक्चरिंग सेक्टर के ऊपर में वर्णित 10 सेक्टर में भी महिला श्रमिकों की एक बड़ी तादाद रोजगार पाती है। इसके कृषि क्षेत्र जहाँ संगठित तौर पर किए जाते हैं वहाँ भी उनकी एक बड़ी जमात श्रमिक के रूप में जीविका पा रही है।

एनएसएसओ के 55वें राउंड (1999-2000) के सर्वेक्षण के अनुसार देश के 39.84 करोड़ श्रमिकों में महिलाओं की संख्या 12.41 करोड़ (31.12%) थी। इस प्रकार के प्रत्येक 100 श्रमिकों में 31 महिलाएँ हैं। जबकि महिलाओं की कुल जनसंख्या 49.60 करोड़ का यह लगभग 25 प्रतिशत है अर्थात् प्रत्येक 100 में 25 महिलाएँ श्रमिक हैं।

तालिका सं. 3.16: भारत में लिंगवार संगठित एवं असंगठित क्षेत्र में श्रमिक

क्र.सं.		संख्या (करोड़ में)			प्रतिशत में		
		महिला	पुरुष	कुल	महिला	पुरुष	कुल
1.	संगठित	0.49	2.32	2.80	18	82	100
2.	असंगठित	11.92	25.11	37.03	30	70	100
3.	कुल	12.41	27.43	39.83	31	69	100

स्रोत– राष्ट्रीय नमूना सर्वेक्षण संगठन (एनएसएसओ) 55वें राउंड (1999-2000) से संकलित।

तालिका सं. 3.16 से स्पष्ट है कि भारत के कार्यरत जनसंख्या में महिला श्रमिकों का एक महत्वपूर्ण हिस्सा है। यदि इसका **लिंगवार विश्लेषण** (**Sex-wise analysis**) करें तो देखते हैं कि भारत के कुल श्रमिकों में महिला श्रमिक 31 प्रतिशत हैं। संगठित क्षेत्र के श्रमिकों में इनका प्रतिशत 18 तथा असंगठित श्रमिकों की कुल तादाद में इनका प्रतिशत 30 है। संगठित क्षेत्र में महिला श्रमिकों की तुलना में पुरुष श्रमिक लगभग 4.5 गुणा (450 प्रतिशत) अधिक हैं। यदि हम असंगठित क्षेत्रों की बात करें तो यहाँ भी ये महिलाएँ पुरुष श्रमिकों की तुलना

(A) Sex-wise break-up

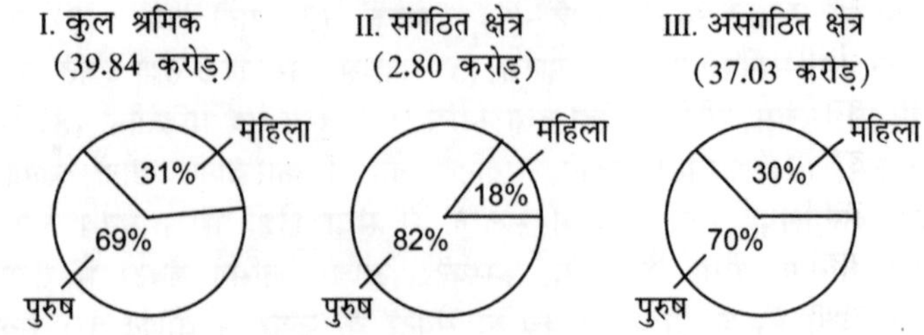

(B) Organisation wise break-up

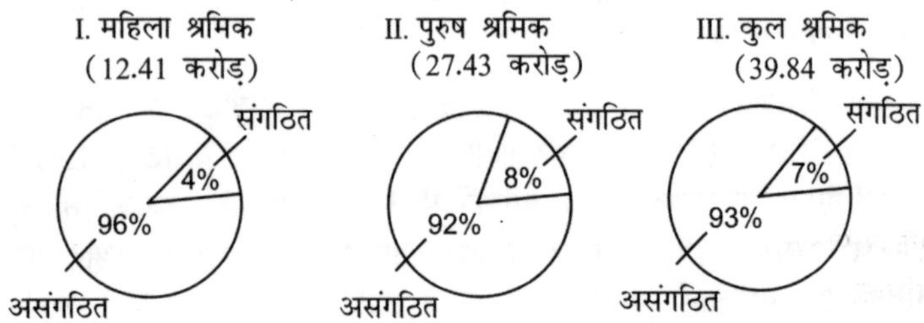

में 2.3 गुणा (230 प्रतिशत) कम रोजगार में हैं। जबकि कुल श्रमिकों में महिलाओं की भागीदारी को देखा जाए तो यह पुरुषों से लगभग 2.2 गुणा (223%) कम है। इस प्रकार लिंगवार विश्लेषण में जो बातें स्पष्ट होती हैं वे ये हैं कि–

1. संगठित क्षेत्र में महिला श्रमिकों की संख्या पुरुष सहकर्मी की तुलना में 4.5 गुणा कम है। इससे यह बात स्पष्ट होती है कि **संगठित क्षेत्र आज भी आम महिला कामगार के पहुँच से बाहर है।** क्योंकि 21वीं सदी के भारत में आज भी संगठित क्षेत्र में महिलाएं पुरुषों की तुलना में 450 प्रतिशत कम रोजगार पा रही हैं। संगठित क्षेत्र के लिए शिक्षा, प्रतिस्पर्द्धा स्तर, गुण, प्रशिक्षण, नेतृत्व क्षमता जैसे विशेषताओं की आवश्यकता होती है। जो कई कारणों से महिलाओं में पुरुषों के तुलना में विकसित हो पाए हैं। जिसके कारण इनकी पहुंच से ये क्षेत्र आज भी कोसों दूर हैं। आज भी व्यावसायिक, तकनीकी शिक्षा में महिलाओं की भागीदारी आशा के विपरीत बहुत कम है। लेकिन धीरे-धीरे महिलाएँ इस ओर मुखातिब हो रही हैं;
2. यद्यपि असंगठित क्षेत्र में देश का अधिसंख्यक श्रमिक रोजगार पाता है। बावजूद इसके यहाँ भी पुरुष का प्रतिशत 2.3 गुणा अधिक है। इस

क्षेत्र में महिलाएँ अभी भी बराबर की स्थिति में नहीं आई हैं। ये वे क्षेत्र हैं जहाँ रोजगार प्राप्त करने के लिए **न्यूनतम हुनर (Minimum skill)** स्तर को प्राप्त करने की आवश्यकता होती है। बावजूद इसके इस क्षेत्र में इनकी भागीदारी पुरुषों के तुलना में 200 प्रतिशत कम है। इसका एक अर्थ यह भी आम श्रमिक के रूप में जीवन-यापन करने की अवधारणा को हमारा भारतीय मन धीरे-धीरे स्वीकार कर रहा है। यद्यपि यहाँ महिलाएँ संगठित क्षेत्रों की तुलना में 167 प्रतिशत (1.67 गुणा) अधिक हैं। क्या इस बात का यह अर्थ निकाला जा सकता है कि संगठित क्षेत्र में आने वाली प्रायः उच्च एवं मध्य वर्ग की महिलाओं की तुलना में आज भी निम्न वर्ग की महिलाओं को ज्यादा काम करने की स्वतंत्रता प्रदान है? यद्यपि यह उसके परिवार पर पड़ने वाले आर्थिक दबाव के कारण होता होगा। बावजूद इसके वह दूसरे वर्गों संपन्न महिलाओं की तुलना में काम करने के लिए ज्यादा स्वतंत्र हैं।

भारत के लगभग 40 करोड़ श्रमिकों (जनसंख्या का 39%) में सभी को एक समान क्षेत्र में कार्य नहीं मिलता है। यदि देश के 12.417 करोड़ महिला श्रमिकों को मिलने वाले रोजगार, उसके क्षेत्र एवं प्रकृति (**Area and nature of employment**) को ध्यान देकर देखें तो कई बातें इससे स्पष्ट होती हैं।

1. सर्वप्रथम तो यह कि देश के कुल श्रमिकों में लगभग 7.4 प्रतिशत (2.8 करोड़) लोग संगठित क्षेत्रों में लगे हैं। जबकि शेष 92.95 प्रतिशत (37.08 करोड़) लोग असंगठित क्षेत्रों में लगे हैं। संगठित क्षेत्र के तुलना में यहाँ 12.6 गुणा (1260%) अधिक मजदूर असंगठित क्षेत्र में रोजी-रोटी पा रहे हैं। यह **प्रवृत्ति (Trend)** विकसित राष्ट्रों के ठीक विपरीत है। संगठित क्षेत्र मतलब ज्यादा वेतन, ज्यादा सुविधा, ज्यादा ताकत, बेहतर जीवन-स्तर, मजबूत श्रम संघ आदि से है। इसके विपरीत परिस्थितियाँ असंगठित क्षेत्र में होती हैं।
2. जो **12 करोड़** से अधिक महिला श्रमिक हैं उनकी स्थिति तो और बदतर है। ये तो **96 प्रतिशत** (11.42 करोड़) असंगठित क्षेत्र में कार्य करने का बाध्य है और साथ ही साथ बाध्य है–**आर्थिक शोषण**, **शारीरिक शोषण**, **यौन शोषण** को। न तो यहाँ इन्हें सरकार द्वारा निर्धारित मजदूरी मिल पाती, और न ही अधिकांश स्थितियों में सरकार द्वारा प्रदत्त मुख्य स्वास्थ्य एवं कल्याण संबंधी सुविधाएं। मात्र 3.9 प्रतिशत (49 लाख) महिलाएं संगठित क्षेत्र में कार्यरत हैं अर्थात् प्रत्येक 100 महिला श्रमिकों में लगभग 4 महिला असंगठित क्षेत्र में तथा शेष 94 (24 गुणा–2350 प्रतिशत) महिलाएं असंगठित क्षेत्र में

कार्यरत हैं। पुरुषों की तुलना लगभग 4 प्रतिशत (पुरुष 92–महिला 96 प्रतिशत) ज्यादा महिलाएं असंगठित क्षेत्र में संलग्न हैं।

3. पुरुषों एवं कुल व्यक्तियों (92%-92%) दोनों की तुलना में महिलाओं का ज्यादा प्रतिशत असंगठित क्षेत्र में कार्य करने को अन्य रोजगार विकल्प के अभाव में विवश है। जबकि संगठित क्षेत्र में महिलाओं (49 लाख) की तुलना में पुरुष श्रमिकों की संख्या (2.32 करोड़) लगभग 4.7 गुणा अधिक है। जबकि असंगठित क्षेत्र में दुगना से अधिक मुख्य श्रमिक कार्यरत हैं।
4. कुल मिलाकर संगठित एवं असंगठित क्षेत्र में महिला श्रमिकों की संख्या 12.41 करोड़ है। जबकि पुरुष श्रमिकों की 27.43 करोड़। जो महिला श्रमिकों के तुलना में 2.2 गुणा अधिक है।

3.13 कृषि एवं गैर-कृषि क्षेत्र में महिला श्रमिक (Women Workers in Agriculture and Non-agriculture Sector)

भारत में श्रमिकों की जो जमात है उसका एक बड़ा हिस्सा कृषि एवं उससे जुड़े कार्यों में लगा है। इस देश के श्रमिकों की ये एक खास विशेषता है। यहाँ कुल श्रमिकों का लगभग **60 प्रतिशत** कृषि एवं **40 प्रतिशत** गैर-कृषि कार्य में लगा है। स्पष्ट है 21वीं सदी की दुनिया में आज भी भारत की प्रत्येक 100 में से 60 श्रमिकों का संबंध कृषि क्षेत्र से है। इससे यहाँ के श्रम बाजार एवं श्रमिकों के विशेष में स्पष्ट समझा जा सकता है। यदि बात **महिला श्रमिकों की की जाए तो उसकी स्थिति पुरुषों की तुलना में और ज्यादा खराब है।** प्रत्येक 100 में से 75 महिलाएं कृषि एवं मात्र 25 महिला गैर-कृषि कार्य में लगी हैं। इसे नीचे की तालिका से स्पष्ट किया जा सकता है।

तालिका सं. 3.17: भारत में लिंगवार कृषि एवं गैर-कृषि क्षेत्र में श्रमिकों की स्थिति 1999-2000

क्र.सं.	श्रेणी	संख्या (करोड़ों में)			प्रतिशत (संबंधित क्षेत्र)			प्रतिशत (संबंधित लिंग का)		
		महिला	पुरुष	कुल	महिला	पुरुष	कुल	महिला	पुरुष	कुल
1.	कृषि	9.35	14.68	24.03	39	61	100	75	54	60
2.	गैर-कृषि	3.06	12.76	15.82	19	81	100	25	46	40
3.	कुल	12.91	27.44	39.85	31	69	100	100	100	100

स्रोत–एन.एस.एस.ओ., 55वां राउंड से संकलित।

I. Industrial categories wise

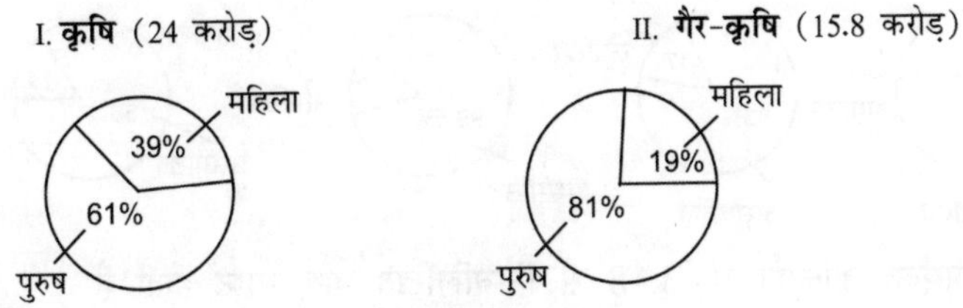

Sex-wise

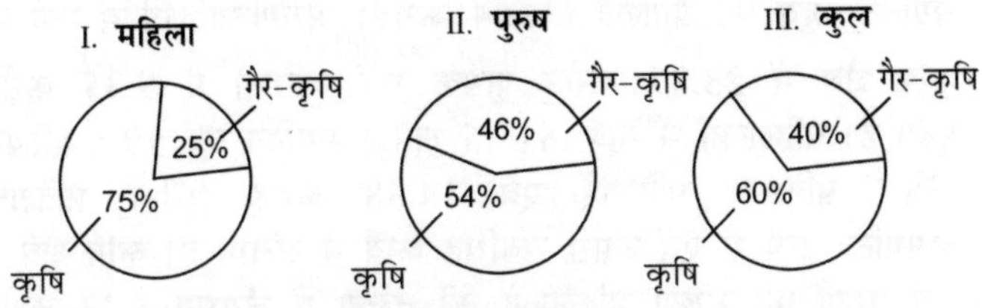

देश की अर्थव्यवस्था को औद्योगिक गतिविधियों के आधार पर बाँटा जाए तो दो बड़ी गतिविधियों की श्रेणी हमारे सामने आती है। इन दोनों श्रेणियों में महिला श्रमिकों को विभाजित किया जा सकता है–

(क) कृषि क्षेत्र में महिला श्रमिक

(ख) गैर कृषि क्षेत्र में महिला श्रमिक।

तालिका सं. 3.18: औद्योगिक श्रेणीवार संगठित एवं असंगठित क्षेत्र में महिला एवं पुरुष श्रमिक

औद्योगिक श्रेणी	महिला			पुरुष			कुल		
	कुल	संगठित	असंगठित	कुल	संगठित	असंगठित	कुल	संगठित	असंगठित
(क) संख्या (करोड़ में)									
1. कृषि	9.35	.05	9.3	14.68	.09	15.59	24.03	.14	23.89
2. गैर-कृषि	3.06	.44	2.63	12.76	2.23	10.53	15.82	2.67	13.15
3. कुल	12.41	.49	11.93	27.43	2.32	25.11	39.84	2.81	37.04
(ख) संख्या प्रतिशत में									
1. कृषि	100	0.51	99.5	100	0.6	99.4	0.62	99.4	100
2. गैर-कृषि	100	14.3	85.7	100	17.5	82.5	16.9	83.1	100
3. कुल	100	4.1	96.1	100	8.5	91.5	100	7.1	93

स्रोत–एन.एस.एस.ओ., 55वाँ राउंड रिपोर्ट से।

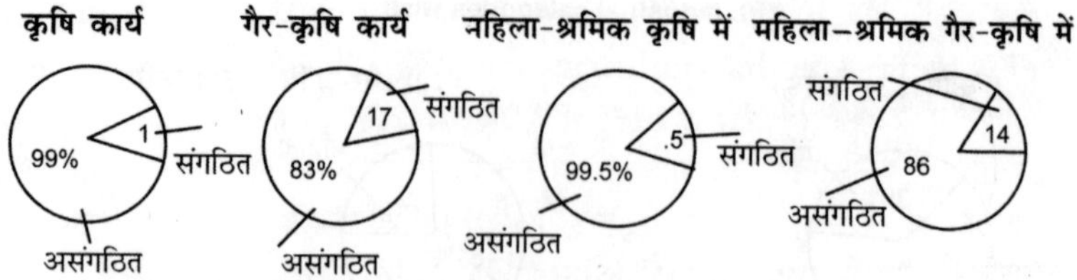

उपर्युक्त तालिका सं. 3.18 से निम्नलिखित बातें स्पष्ट होती हैं–

1. भारत के लगभग 40 करोड़ श्रमिकों में 7 प्रतिशत (2.81 करोड़) संगठित एवं 93 प्रतिशत (37.04 करोड़) असंगठित क्षेत्र में लगे हैं;
2. कृषि क्षेत्र में 23.89 करोड़ कृषक एवं श्रमिकों में 9.35 करोड़ पुरुष हैं। महिलाओं में मात्र .51 (5 लाख) संगठित एवं 99.5 प्रतिशत (38.7 प्रतिशत) महिलाएँ एवं 14.68 करोड़ (61.1 प्रतिशत) असंगठित रूप से एवं उससे संबंधित कार्य में संलग्न हैं। कृषि क्षेत्र में लगे पुरुषों की संख्या महिलाओं की तुलना में लगभग 5.33 करोड़ अधिक है;
3. गैर-कृषि क्षेत्र में भी लगभग 86 प्रतिशत (2.63 करोड़) महिलाएं असंगठित गतिविधियों (कार्यों) में संलग्न हैं जबकि मात्र 14 प्रतिशत (44 लाख) गैर-कृषि क्षेत्र के संगठित कार्यों में लगी हैं; तथा
4. कुल मिलाकर जो स्थितियाँ उभर कर आती हैं वह ये कि 96 प्रतिशत महिलाएं असंगठित एवं मात्र 4 प्रतिशत महिलाएं संगठित क्षेत्र में कार्यरत हैं। महिला श्रमिकों में 100 में से 96 असंगठित क्षेत्र में लगी हैं। जबकि पुरुषों में यह संख्या 91 है।

भारत के संगठित एवं असंगठित क्षेत्रों में लगी महिलाओं के संबंध में निम्नलिखित बातें महत्वपूर्ण हैं जिसे तालिका सं. 3.19 भी पुष्ट करती है–

1. भारत के कुल महिला श्रमिकों में 96 प्रतिशत (11.93 करोड़) असंगठित एवं लगभग 4 प्रतिशत (48 लाख) संगठित क्षेत्रों में लगी हैं;
2. कृषि क्षेत्र में 99.4 प्रतिशत महिलाएं असंगठित क्षेत्र में लगी हैं;
3. गैर-कृषि में संगठित क्षेत्र में लगी महिलाओं का प्रतिशत कृषि क्षेत्र का 13 गुणा अधिक (14.3 प्रतिशत) है; तथा
4. परिवहन, संचार, वित्तीय सेवाएं, सामुदायिक सेवाएं जो गैर-कृषि गतिविधियों में आती हैं, उन क्षेत्रों में महिलाएं संगठित क्षेत्र में तुलनात्मक रूप से अधिक हैं।

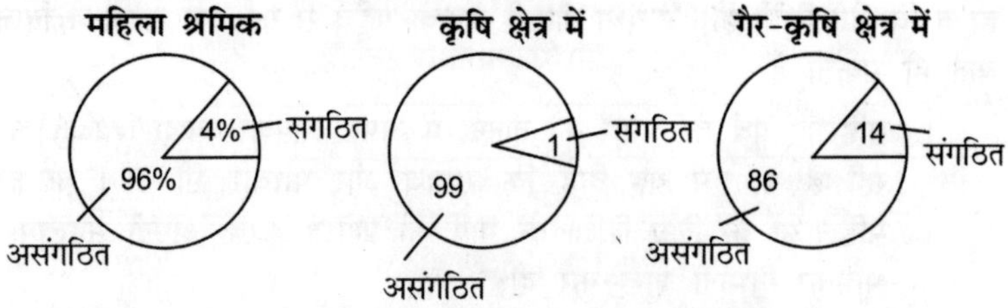

तालिका सं. 3.19: संगठित एवं असंगठित क्षेत्र में औद्योगिक श्रेणीवार महिला श्रमिक

क्र.सं.	औद्योगिक श्रेणी	संख्या (लाख में)			प्रतिशत		
		भूमिगत	असंगठित	कुल	संगठित	असंगठित	कुल
(i)	कृषि	4.8	930.0	935.0	0.5	99.4	100
(ii)	गैर-कृषि	43.7	262.5	306.0	14.3	85.7	100
(iii)	खान, खदान	0.7	3.2	3.9	17.5	82.5	100
(iv)	मैन्युफैक्चरिंग	10.3	113.7	124.0	8.3	91.7	100
(v)	बिजली, गैस एवं जल	0.4	0.0	0.4	100	0.0	100
(vi)	निर्माण/कंस्ट्रक्शन	0.7	19.7	20.4	3.4	96.6	100
(vii)	वाणिज्य, होटल	0.4	51.5	51.9	0.9	99.1	100
(viii)	परिवहन, संचार	1.8	2.6	4.3	41.0	58.9	100
(ix)	वित्तीय सेवाएं	2.3	3.3	5.6	41.8	58.1	100
(x)	सामुदायिक सेवाएं	27.0	68.7	95.7	28.2	71.8	100
	सभी क्षेत्र	98.5	1192.5	1241.0	3.9	96.0	100

स्रोत–एन.एस.एस.ओ., 1999–2000, 55वां राउंड।

3.14 संगठित क्षेत्र में वर्षवार महिलाएं श्रमिक (Yearwise Women Workers in Organised Sector)

संगठित क्षेत्र में जो रोजगार की उपलब्धता उस पर महिलाओं का कब्जा पिछले दो-तीन दशकों से काफी तेजी से बढ़ा है। इसके विश्लेषण के उपरांत हमें कई बातों से अवगत हो सकते हैं। संगठित क्षेत्र जहाँ रोजगार प्राप्त करने का अर्थ है–आपके अंदर हुनर, शिक्षा, कार्यक्षमता, कार्यालयों की बातें, संप्रेषण क्षमता, लिखने-पढ़ने में एक खास स्तर तक दिया हुआ है। तब ही तो संगठित क्षेत्र के मैनेजिंग डायरेक्टर (**M.D.**) से लेकर चपरासी तक के निचले पर काबिज हुए। संगठित क्षेत्र से आपको मामूली स्तर की नौकरी पाने के लिए अपने प्रतिद्वंदी को गुणवत्ता के प्रतिस्पर्द्धा (Competition of quality) में पछाड़ना है। भले

ही वे विपरीत लिंगी हो। अन्यथा नौकरी आपके पहुँच से गई। इस संदर्भ में निम्न बातें हो सकती हैं–

1. महिलाएं पूर्व के समय की तुलना में अपने आपको ज्यादा शिक्षित कर रही हैं या हम यह कहें कि समाज और परिवार भी आगे बढ़कर महिलाओं के लिए शिक्षा के मार्ग को प्रशस्त करके अपनी महत्वपूर्ण भूमिका निभानी शुरू कर दी;
2. महिलाओं के अंदर शिक्षा के प्रवाह के रोजगार के क्षेत्र में महिलाओं को **मानसिक मजबूती (Mental strength)** प्रदान की। अब ये इन परम्परागत सोच एवं भूमिका से ऊपर उठकर सोच रही हैं कि घर से बाहर भी वे महत्वपूर्ण भूमिका निभा सकती। इतना सामर्थ्य, इतनी क्षमता, इतनी उर्जा उनके अंदर विद्यमान है। यह दौर किसी समाज, किसी वर्ग के समान महिलाओं में भी **'मानसिक गुलामी'** से उबरने का है। हाँ घर से बाहर जाकर एक अपरिचित वातावरण में संगठन व संस्था दिए गए किसी भी तरह की भूमिका को निभा सकती हैं। बदलते सामाजिक सोच, ढीले पड़ते सामाजिक जकड़न, शिक्षा के प्रचार-प्रसार आदि ने भी इस संदर्भ में अपना योगदान दिया है;
3. ज्ञान के इस युग में तेजी से शिक्षा अर्जित करती महिलाओं ने अपने अंदर उपेक्षित/**क्षमता स्तर (Capacity level)** को बढ़ाकर रोजगार के क्षेत्र में पुरुषों को कड़ी प्रतिस्पर्द्धा देनी शुरू कर दी है; तथा
4. शिक्षा प्राप्ति, हुनर विकास करने के उपरांत कर आप अपने लक्ष्य को तो प्राप्त कर ही सकते हैं। आज का परिणाम पिछले कई दशकों के महिलाओं (**व्यक्तिगत स्तर पर**) एवं परिवार-समाज (**समूह स्तर**) के द्वारा किए जाने वाले कठिन परिश्रम का फल है। संगठित क्षेत्र में महिलाओं की बढ़ती भागीदारी को तालिका सं. 3.20 में देखा जा सकता है।

तालिका सं. 3.20: संगठित क्षेत्र में लिंगवार एवं वर्षवार रोजगार स्थिति (1981-2000)

(प्रतिशत में)

वर्ष	1981	1985	1990	1993	1995	1996	1997	1999–2000
महिला	12.2	13	14.1	15.2	15.4	15.6	16.2	17.2
पुरुष	87.8	87	85.9	84.8	84.6	84.4	83.8	82.8
कुल	100	100	100	100	100	100	100	100

स्रोत– (i) डॉयरेक्टर ऑफ इंप्लायमेंट एण्ड ट्रेनिंग, मिनिस्ट्री ऑफ लेबर, गवर्मेंट ऑफ इंडिया, 1998 एवं एनएसएसओ 55वां राउंड से संगणना किया हुआ।

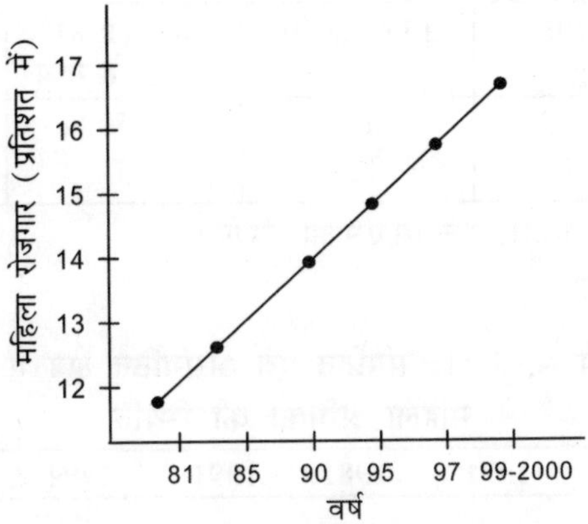

संगठित क्षेत्र के रोजगार में महिलाओं का प्रतिशत

उपर्युक्त तालिका सं. 3.20 एवं रेखाचित्र से स्पष्ट है संगठित क्षेत्र के रोजगार में महिलाओं की प्रतिशत 1981 में 12.2 प्रतिशत से बढ़कर 1999-2000 में 17.2 प्रतिशत हो गया है अर्थात् पिछले लगभग 20 वर्षों में 17.2 प्रतिशत की वृद्धि। इसके विपरीत संगठित क्षेत्र में पुरुष श्रमिकों की तादाद में लगातार कमी दर्ज की जा रही है। इनका संगठित क्षेत्र के रोजगार पर वर्ष 1981 में कब्जा लगभग 87.8 प्रतिशत था जो वर्ष 1999-2000 में घटकर 82.8 प्रतिशत हो गया। इसका अर्थ है पुरुष रोजगार प्रतिशत में 5 प्रतिशत की कमी आई है। स्पष्ट होता है कि संगठित क्षेत्र में महिलाओं का प्रतिशत पहले की तुलना में बढ़ा है। लेकिन यह बढ़ोत्तरी दर बहुत धीमा है और वह अभी पुरुषों से 65 प्रतिशत कम है। जो रोजगार में लिंग असंतुलन की ओर इशारा करता है।

पिछले दो-तीन दशकों में **दशकवार** (Decadewise) संगठित क्षेत्रों में महिला कामगारों की संख्या एवं प्रतिशत में वृद्धि दृश्य हुए हैं वह दो स्तर पर हैं–

1. संगठित क्षेत्र के कामगारों (महिला-पुरुष) में महिलाओं कामगारों का प्रतिशत में **लगातार वृद्धि** हो रही है (1981-1999-2000 के मध्य 12 से 17 प्रतिशत)। इसके विपरीत कुल पुरुष कामगारों इस अवधि में इनका अंश 88 **से घटकर** 83 हो गया है अर्थात पहले प्रत्येक 100 में संगठित क्षेत्र के प्रत्येक 100 कामगारों में।
2. इसी प्रकार दूसरे स्तर पर महिला श्रमिकों में स्थितियां बदलीं 1971 में प्रत्येक 100 महिला कामगार में 1.9 **संगठित क्षेत्र** में लगी थीं। जो 1999-2000 में बढ़कर 3.9 हो गई। इस प्रकार पिछले तीन दशकों में इनका प्रतिशत लगभग दुगना हो गया।

लिंग	1981	1999–2000	अंतर (1981 –2000 के मध्य	2000–2009*
महिला	12	17	+5	22
पुरुष	88	83	–5	72

स्रोत–जनगणना 1981, एन.एस.एस.ओ. रिपोर्ट।

नोट–*अनुमानित।

तालिका सं. 3.21: संगठित एवं असंगठित क्षेत्र में वर्षवार महिला श्रमिकों की स्थिति

वर्ष	1971	1981	1991	1994	1999–2000
संगठित	1.9	2.8	3.8	4.2	3.9
असंगठित	98.1	97.2	96.2	95.8	96.1
कुल	100	100	100	100	100

स्रोत–भारत की जनगणनाएं–1971, 1981, 1999 एवं एन.एस.एस.ओ. रिपोर्ट 55वां राउंड से संगणना किया हुआ।

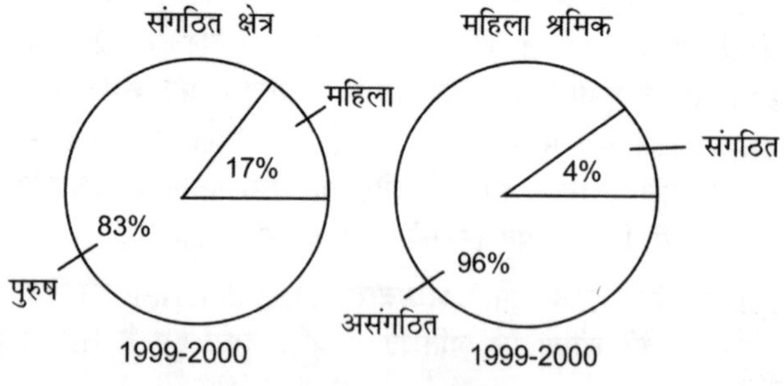

इस दोनों स्तरों–संगठित क्षेत्र में लिंगवार वितरण एवं महिला श्रमिकों में संगठन स्वरूपवार वितरण पर महिलाओं का प्रतिशत लगातार बढ़ रहा है। यद्यपि यह वृद्धि दर प्रति दशक बहुत निम्न है। वृद्धि की यह रफ्तार बहुत धीमी है। विकसित राष्ट्रों में संगठित क्षेत्रों में महिला श्रमिकों का प्रतिशत यहाँ की तुलना में काफी उच्च है।

3.15 संगठित क्षेत्र में औद्योगिक श्रेणीवार महिला श्रमिक (Industrial Categorywise Women Worker in Organised Sector)

भारत के संगठित क्षेत्र में कार्यरत महिलाएँ विभिन्न प्रकारों के गतिविधियों में संलग्न हैं। संगठित रूप से किए जाने कार्यों में महिलाओं का मुख्य रूप

से संकेंद्रण कृषि की जगह गैर-कृषि क्षेत्र (Non-agriculture sector) में हैं।

तालिका सं. 3.22: संगठित क्षेत्र में औद्योगिक श्रेणीवार महिला श्रमिकों की स्थिति (1991-1999)

क्र.सं.	औद्योगिक श्रेणी	1999		1991	
		संख्या (लाख में)	प्रतिशत	संख्या	प्रतिशत
1.	कृषि	4.8	10.4	4.9	
2.	गैर-कृषि	43.7	89.6		
(i)	खान, खदान	0.7	1.60	0.7	
(ii)	मैन्युफैक्चरिंग	10.3	21.9	10.4	
(iii)	बिजली, गैस, जल (लोक उपयोगी सेवाएं)	0.4	0.9	0.4	
(iv)	कंस्ट्रक्शन	0.7	1.4	0.7	
(v)	वाणिज्य, होटल	0.4	1.0	0.4	
(vi)	परिवहन, संचार, भंडारण	1.8	3.6	1.7	
(vii)	वित्तीय सेवाएं	2.3	4.7	2.3	
(viii)	सामुदायिक, सामाजिक एवं व्यक्तिगत सेवाएं	27.0	55.5	26.22	
	कुल (1+2)	48.50	100	7.80	100

स्रोत–इंप्लॉयमेंट रिव्यू, जनवरी–मार्च अंक, श्रम मंत्रालय, नई दिल्ली, 1999।

संगठित क्षेत्र में नियोजित महिलाओं का यदि **औद्योगिक श्रेणीवार** (Industrial categorywise) विश्लेषण किया जाए तो बातें स्पष्ट होती है। जो निम्नलिखित हैं–

1. महिला श्रमिक जो संगठित क्षेत्र के विभिन्न **उप-क्षेत्रों** (Sub-sectors) में नियोजित हैं उसमें से लगभग 10.4 प्रतिशत महिलाएँ कृषि एवं 89.6 प्रतिशत गैर-कृषि क्षेत्रों में लगी हैं। संगठित क्षेत्र में कृषि एवं गैर-कृषि क्षेत्र का अनुपात 1 : 9 है। स्पष्ट है चूंकि कृषि एवं उससे संबंधित कार्य अधिकांशतः असंगठित रूप में किए जाते। आज भी भारत, नार्वे, इजरायल, डेनमार्क एवं अन्य यूरोपीय की तरह कृषि कार्य को ज्यादा संगठित ढंग से नहीं कर पा रहा है। आज भी यहाँ उच्च औद्योगिकी के माध्यम से ज्यादा संगठित ढंग से कृषि क्षेत्र को विकसित

करने की आवश्यकता है। आवश्यकता है महिला श्रमिकों के सहभागिता से हरित क्रांति, पीली क्रांति, श्वेत क्रांति में लक्ष्य को प्राप्त करने की। आवश्यकता इस बात की भी है कि **व्यापक स्तर** पर (Macro level) कृषि क्षेत्र का संगठनीकरण हो;

2. संगठित क्षेत्रों का **उप-क्षेत्रवार विश्लेषण** (Sub-sector analysis) करें तो हम पाते हैं कि यहाँ प्रतिशत महिलाएं मुख्य रूप से **सामुदायिक सेवा** एवं मैन्युफैक्चरिंग क्षेत्र में लगी हैं। इस प्रकार संगठित क्षेत्र में महिलाओं को जो दो बड़े क्षेत्र रोजगार प्रदान कर रहे हैं जहाँ उनकी बड़ी तादाद है, वे क्षेत्र सामुदायिक एवं मैन्युफैक्चरिंग क्षेत्र हैं। संगठित क्षेत्र में लगी प्रत्येक 100 में से 77 महिलाओं को रोजगार देने वाला क्षेत्र सामुदायिक एवं मैन्युफैक्चरिंग क्षेत्र है। मैन्युफैक्चरिंग क्षेत्र में मुख्य रूप से तंबाकू, कॉटन टेक्सटाइल, काजू प्रसंधारण, मशीन टूल्स एवं पार्ट्स, माचिस-आतिशबाजी कार्य, मिट्टी शीशा, सीमेंट, लोहा एवं स्टील, ड्रग्स एवं मेडीसिन, अनाज मिल एवं बेकरी, गारमेंट सेक्टरों से महिलाओं को रोजगार मिलता है। इसलिए इन क्षेत्र पर महिलाएं का दूसरे क्षेत्र से तुलनात्मक रूप से ज्यादा संकेंद्रण दिखता है। जबकि अकेले एक क्षेत्र जहाँ सबसे ज्यादा महिलाएं नियोजित हैं वे क्षेत्र सामुदायिक क्षेत्र हैं। इसमें सामुदायिक, सामाजिक एवं व्यक्तिगत विकास के बहुत सारे कार्य आते हैं जिसका निष्पादन महिलाओं द्वारा किया जाता है। इस बात की महत्ता इस बात से समझी जा सकती है कि संगठित क्षेत्र में लगभग 48.5 लाख महिला श्रमिक नियोजित हैं। अकेले मैन्युफैक्चरिंग सेक्टर 10.3 लाख एवं सामुदायिक सेक्टर 27 लाख अर्थात कुल मिलाकर लगभग 37.3 लाख महिलाओं को रोजगार प्रदान करती है;

3. वित्तीय सेवा, परिवहन एवं संचार क्षेत्र में लगभग 8.3 प्रतिशत महिलाओं को रोजगार मिलता है। इस तरह से देखा जाए तो सामुदायिक, मैन्युफैक्चरिंग, वित्तीय सेवा, परिवहन एवं संचार क्षेत्र संगठित क्षेत्र के ऐसे क्षेत्र हैं जहाँ 100 में 85 महिला श्रमिक नियोजित हैं;

4. बिजली, गैस, जल आपूर्ति (लोक उपयोग सेवाएं–**Public utility services**), वाणिज्य, होटल, रेस्तराँ क्षेत्र संगठित क्षेत्र हैं, जहाँ बहुत कम संख्या में महिलाओं को मिल पाता है। इस सर्वेक्षण के रिपोर्ट और इन सभी क्षेत्रों में नियोजित महिला श्रमिकों के प्रतिशत को देखें तो पता चलता है मात्र 1.9 प्रतिशत (लगभग 80 हजार) महिलाओं का इस क्षेत्र से रोजगार प्राप्त हो रहा है। इस प्रकार ये क्षेत्र महिला श्रमिकों को निम्न रोजगार प्रदान करने वाले क्षेत्र हैं; तथा

5. लिंगवार विश्लेषण में हम पाते हैं कि संगठित क्षेत्र महिला श्रमिकों की संख्या 48.5 लाख है जबकि पुरुष श्रमिकों की संख्या 5 गुणा अधिक (2.32 करोड़) है।

3.16 **संगठित क्षेत्र में व्यापक श्रेणीवार महिलाएं श्रमिक** (Broad Categorywise Women Workers in Organised Sector)

व्यापक क्षेत्र के आधार पर **संगठित क्षेत्र** को बाँटें और फिर महिला श्रमिकों के नियोजन का विश्लेषण किया जाए तो हम पाएँगे कि ऐसे तीन प्रकार के क्षेत्र हो सकते हैं–

1. प्राथमिक क्षेत्र (कृषि एवं उससे संबंधित क्षेत्र)
2. द्वितीयक क्षेत्र (उद्योग क्षेत्र) तथा
3. तृतीयक क्षेत्र (सेवा क्षेत्र)

तालिका सं. 3.23: संगठित क्षेत्र में व्यापक औद्योगिक क्षेत्रवार महिला श्रमिकों की स्थिति

क्र.सं.	क्षेत्र	संख्या (लाख में)	प्रतिशत
1.	प्राथमिक क्षेत्र (कृषि एवं संबंधित)	5.50	11
2.	द्वितीयक क्षेत्र (उद्योग)	11.40	24
3.	तृतीय क्षेत्र (सेवा)	31.50	65
	कुल (1–3)	48.40	100

स्रोत–एन.एस.एस.ओ., 55वाँ राउंड।

उपर्युक्त तालिका से निम्नलिखित बातें स्पष्ट होती हैं–

1. संगठित क्षेत्र में सर्वाधिक 65 प्रतिशत (31.5 लाख) महिलाएं सेवा क्षेत्र (Service sector) में लगी हैं अर्थात् प्रत्येक 100 में से 64 महिलाएँ। सेवा क्षेत्रों में सामुदायिक, व्यक्तिगत, सामाजिक सेवाएं, ट्रांसपोर्ट, स्टोरेज, संचार तथा वित्त बैंक सेवाओं में संगठित क्षेत्र में महिलाओं श्रमिकों की संख्या लगातार बढ़ती जा रही है। इन क्षेत्रों में महिला रोजगार में एक अच्छी वृद्धि देखने को मिल रही है। प्राथमिक एवं द्वितीयक क्षेत्र मिलाकर जितना महिला श्रमिकों को नियोजित करते हैं उससे भी अधिक रोजगार (64–36=28) इनको सेवा या तृतीयक क्षेत्र से प्राप्त होता है। सेवा क्षेत्र में इनकी संख्या 31 लाख है जो कृषि

एवं उद्योग क्षेत्र में कुल महिला श्रमिकों की संख्या 17.3 लाख से लगभग दुगना से कुछ कम है;

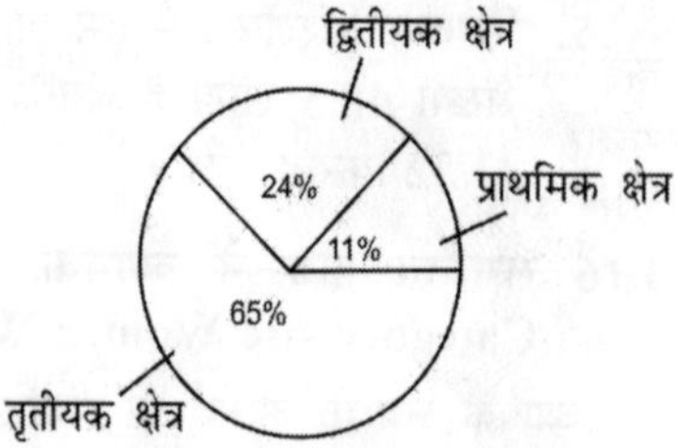

2. संगठित क्षेत्र में महिला श्रमिकों की संख्या के आधार स्थान द्वितीयक (उद्योग) क्षेत्र का है। जो महिलाओं को प्राथमिक क्षेत्र (कृषि) से लगभग दुगना रोजगार प्रदान कर रही है। यद्यपि यहाँ महिला श्रमिकों की संख्या सेवा क्षेत्र से लगभग 19.3 लाख से कम है; तथा
3. निचले स्थान पर प्राथमिक क्षेत्र का स्थान है।

प्राथमिक क्षेत्र (**Primary sector**) के अंतर्गत कई प्रकार के उप-क्षेत्र आते हैं जहाँ महिला श्रमिक नियोजित की जाती हैं। ये प्रमुख उप-क्षेत्र (Sub-sector) हैं–(1) विभिन्न खाद्य एवं अखाद्य, व्यावसायिक एवं गैर-व्यावसायिक फसलों व पदार्थों का कृषि द्वारा उत्पादन, (2) पॉल्ट्री फार्म, पशुधन, पशुपालन, (3) मत्स्य पालन, (4) वानिकी, (5) कृषि विपणन, (6) बागवानी, (7) भण्डागार आदि। इसके अतिरिक्त महिलाएँ बड़े तादाद में कृषि-श्रमिक रूप में भी रोजगार पाती हैं।

द्वितीयक क्षेत्र (**Secondary sector**) में मुख्य रूप से दो प्रकार के उद्योग शामिल हैं–(क) **लघु स्तरीय क्षेत्र** (Small scale sector)। (ख) **बड़े पैमाने स्तरीय क्षेत्र** (Large scale sector)। लघु स्तरीय क्षेत्र उद्योग में **बीड़ी रौलिंग** (Beedi rolling), **हस्तशिल्प क्षेत्र** (Craft sector) में **कढ़ाई** (Embroidery), बुनाई, ईख, बाँस, घास उत्पादन, वस्त्र सज्जा, **जवाहरात** (Costume jewellery), मृद्‌भाण्ड (Pottery), **नारियल उत्पाद** (Coir products), पीतल सामान (Brassware) जैसे कार्य हैं। **खाद्य प्रसंसाधन**, परिधान उद्योग, सीमेंट उद्योग, जूट उद्योग, स्टील उद्योग, चीनी उद्योग, कागज उद्योग, फर्नीचर उद्योग, चमड़ा उद्योग, रसायन उद्योग, पेट्रोल एवं पेट्रो केमिकल्स उद्योग, धातु, मशीन एवं पुर्जे उद्योग, परिवहन उपस्कर एवं पुर्जे उद्योग, **ऑटोमोबाइल उद्योग**, रत्न एवं आभूषण उद्योग, इलैक्ट्रॉनिक गुड्स उद्योग (पंखा, टेलीविजन, मोटर साइकिल, रेफ्रीजरेटर, अन्य उपभोक्ता वस्तु) आदि भारत के प्रमुख उद्योग क्षेत्र हैं। साथ ही साथ प्रत्येक क्षेत्र के अपने उप-क्षेत्र हैं जैसे **ऑटोमोबाइल सेक्टर** में सवारी कार, वाणिज्यिक वाहन, बहु-उपयोगी वाहन, दुपहिए, तिपहिये, चौपहिये शामिल हैं, **वस्त्र उद्योग** में तैयार वस्त्र, सूती वस्त्र, ऊनी वस्त्र, रेशमी वस्त्र, मानव निर्मित वस्त्र शामिल हैं। ये वस्त्र मिलों, विद्युत करघा, हथकरघा आदि से बनाई जाती

है। फिर यदि हम इलैक्ट्रॉनिक एवं **कम्प्यूटर प्रोद्योगिकी** क्षेत्र को देखें तो इसमें कई उपक्षेत्र हैं–उपभोक्ता इलैक्ट्रॉनिक्स, औद्योगिक इलैक्ट्रॉनिक्स, कम्प्यूटरस, संचार एवं प्रसारण उपस्कर, सामरिक इलैक्ट्रॉनिक्स, पुर्जे, निर्यात के लिए साफ्टवेयर, घरेलू साफ्टवेयर। उसी तरह पेट्रोलियम क्षेत्र में कच्चे तेल, रिफाइन्ड, लुबरिकेंट आदि बातें हैं। इन चर्चाओं में बहुत सारी बातें सम्मिलित की गई हैं। लेकिन इसके अतिरिक्त भी कई उद्योग हैं।

तृतीयक क्षेत्र (Tertiary Sector) में मुख्य रूप से वाणिज्य, होटल, परिवहन, संचार, बैंकिंग, अन्य वित्तीय सेवाएँ, सामुदायिक, व्यक्तिगत सामाजिक सेवाएँ संबंधित गतिविधियां आती हैं। दूर संचार, आकाशवाणी, दूरदर्शन, सड़क परिवहन, समुद्री परिवहन, रेलवे परिवहन, वायु परिवहन, अस्पताल एवं संबंधित स्वास्थ्य केंद्र, शहर स्वच्छता आदि इस क्षेत्र के अंतर्गत आने वाली गतिविधियाँ हैं।

इन तीनों क्षेत्रों के विभिन्न कार्यों में महिला श्रमिकों की संलग्नता है। प्राथमिक क्षेत्र में **वानिकी क्षेत्र** (Forestry sector) में ये कई कार्यों में रोजी-रोटी पाती है। लकड़ी आधारित उद्योग एवं वानिकी क्षेत्र इनकी संलग्नता है। जंगल से संबंधित गतिविधियों से भी खासकर **आदिवासी/अनुसूचित जनजातियों** की महिलाएँ रोजगार से अपने परिवार के चूल्हे को बुझने नहीं देती। **पशुधन**, पशुपालन जैसे दूसरे प्राथमिक क्षेत्र से भी महिलाओं की एक बड़ी आबादी को रोजगार मिलता है। पशुओं का **पालन-पोषण** (Rearing) प्रायः गांव में महिलाओं द्वारा किया जाता है। **घरेलू कार्य** (House work) के तहत बच्चों, बुजुर्गों एवं कई स्थितियों में पशुओं के देखभाल की जिम्मेदारी भी महिलाओं पर होती है। ये सारे कार्य जिसमें महिलाओं का पूरा जीवन लग जाता है, ये सारे कार्य **गैर-उत्पादक** (Non-productive) कार्यों की श्रेणी में आते हैं। खासकर **ग्रामीण परिवारों** (Rural households) के पास विभिन्न प्रकार के **पशुधन** (Live stock) होते हैं। जिसमें महिलाओं के सहयोग से कई आर्थिक कार्य-कलापों को अंजाम तक पहुँचाया जाता है। लेकिन इनके योगदान को बहुत मामलों में नजरअंदाज कर दिया जाता है। यदि परिवार गाय के द्वारा दुग्ध एवं अन्य दुग्ध आधारित वस्तुओं का उत्पादन कर रहा है, तो अधिकांश परिवार में इस आर्थिक गतिविधियों में महिलाओं के जिम्मे कई कार्य संपादित करने होते हैं। लेकिन परिवार एवं सरकारी नजरों में इनके इस योगदान का कोई विशेष जिक्र नहीं होता। **भारत जो गाँवों का देश है**, जहाँ पशुधन संसार में सबसे अधिक हैं, जिसके द्वारा विभिन्न प्रकार के ग्रामीण एवं शहरी समाजों के लिए वस्तुएँ तैयार की जाती हैं। लेकिन बावजूद इसके महिलाओं के इस संदर्भ में किए गए योगदान का सही मूल्यांकन नहीं हो पाता।

कृषि क्षेत्र पर दृष्टिपात करें तो हम पाते हैं कि इस क्षेत्र में एक बहुत बड़ी तादाद **महिला कृषि मजदूर** (Women agriculture labour) की है। इसमें से बड़ी संख्या में बिना **भुगतान मजदूर** (Unpaid worker) हैं। जो महिलाएं अपने परिवार की मल्कियत वाली जमीन पर परिवार के लिए कार्य करती हैं। कृषि कार्य में लगी महिला श्रमिक मुख्य रूप से **रोपण, छंटाई, फटकना, गाहना, कताई** आदि कार्यों को संपादित करती हैं। पुरुषों के जिम्मे जो कार्य होते हैं उसकी तुलना में इनकी कम मजदूरी वाले कार्यों में संलग्नता होती है। इनको सारे कार्य एक खास **शारीरिक मुद्रा** में संपादित करने होते हैं। इससे कई प्रकार की शारीरिक समस्याओं का सामना भी इन्हें करना पड़ता है। कई स्थितियों में इनको अपने परिवार के साथ **प्रवसन** (Migrate) होना पड़ता है। इसके साथ नये स्थान में नये कार्यों को पारिवारिक हालात को देख काम को स्वीकारना पड़ता है।

सेकेंडरी सेक्टर में महिलाएं विभिन्न प्रकार और विभिन्न श्रेणियों के कार्यों में लगी हैं। सेकेंडरी सेक्टर में छोटे-मोटे से बड़े औद्योगिक गतिविधियाँ आती हैं जिसमें इनकी संलग्नता है। देश के **बीड़ी सेक्टर** (Beedi sector) में महिलाओं की बड़ी तादाद है (खासकर असंगठित क्षेत्र में)। **शिल्प क्षेत्र** (Craft sector) में इनका अच्छा-खासा संकेंद्रण है। टेक्सटाइल एवं गारमेंट सेक्टर में कुछ दशकों से महिला श्रमिकों की संख्या तेजी से बढ़ रही है।

टरसरी सेक्टर में भी खासकर 1991 के उपरांत महिला श्रमिकों की संख्या में इजाफा हुआ है। बैंक, बीमा, शिक्षा, नर्सिंग, हॉस्पीटल आदि क्षेत्र में महिलाओं का प्रवेश गत दशक से तेजी से हुआ है। इन क्षेत्रों में महिलाएँ न केवल छोटे बल्कि बड़े पदों पर भी कार्यरत हैं। असंगठित क्षेत्र में **घरेलू श्रमिक** (Domestic worker) के रूप में इनके द्वारा कई कार्यों का संपादन किया जाता है। खासकर शहरी क्षेत्रों में घरेलू दाई के रूप में ये बड़े पैमाने पर नियोजित हैं।

3.17 सार्वजनिक एवं निजी क्षेत्र में महिला श्रमिक (Women Workers in Public and Private Sector)

जैसा कि प्रारंभ में चर्चा की जा चुकी है प्रत्येक 100 कामकाजी महिलाओं में 4 संगठित एवं 96 असंगठित क्षेत्र में लगी हैं। संगठित क्षेत्र में खासकर **भूमंडलीकरण** के उपरांत कुल मिलाकर **रोजगार के अवसर सिकुड़ते जा रहे हैं।** हाँ कुछ क्षेत्र यथा कम्प्यूटर, बैंक, बीमा क्षेत्रों में कुछ नए रोजगार के अवसर सृजित भी हुए हैं। संगठित क्षेत्रों में महिलाओं को रोजगार मुख्य रूप से सार्वजनिक (सरकारी एवं निजी प्रतिष्ठानों) के माध्यम से रोजगार मिलते हैं। पुनः **निजी प्रतिष्ठान** (Private enterprises) भी कई प्रकार एवं कई स्तर के होते हैं। इसमें राष्ट्रीय एवं बहुराष्ट्रीय कंपनियाँ (National and multi-national companies) प्रमुख हैं। महिला श्रमिकों के लिए जो रोजगार के अवसर हैं वे निजी प्रतिष्ठानों की तुलना में कई गुणा सरकारी प्रतिष्ठानों में हैं। जिसे नीचे तालिका सं. 3.24 से समझा जा सकता है।

तालिका सं. 3.24: संगठित क्षेत्र के सार्वजनिक एवं निजी क्षेत्र में महिला श्रमिक

(संख्या हजार में)

क्र.सं.	गतिविधियाँ	संख्या			प्रतिशत		
		सार्वजनिक	निजी	कुल	सार्वजनिक	निजी	कुल
1.	कृषि	52.6	435.4	488.0	2.1	27.4	11.7
2.	खान एवं खदान	63.1	16.5	79.6	2.5	1.0	1.9
3.	मैन्युफैक्चरिंग	131.6	592.4	724.0	5.1	37.3	17.4
4.	बिजली, गैस, पानी	34.6	1.3	35.9	1.4	0.1	0.9
5.	कंस्ट्रक्शन	60.5	3.7	64.2	2.4	0.2	1.5
6.	थोक, खुदरा व्यापार एवं होटल	14.9	23.8	38.7	0.6	1.5	0.9
7.	ट्रांसपोर्ट, स्टोरेज एवं कम्युनिकेशन	152.8	4.2	157.0	6.0	0.3	3.8
8.	वित्त, बीमा एवं व्यावसायिक सेवा	164.0	34.5	198.5	6.4	2.2	4.8
9.	सामुदायिक, व्यक्तिगत एवं सामाजिक सेवा	1890.6	477.7	2368.3	73.7	30.1	57.0
	कुल संख्या	2564.6	1589.3	4153.9	100.0	100.0	100.0

स्रोत– 1. क्वाटरली इंप्लायमेंट रिव्यू, डिजीईएण्डटी, मिनिस्ट्री ऑफ लेबर।

2. सोशल वेलफेयर, मई, 2001, पृष्ठ 161।

महिला श्रमिक

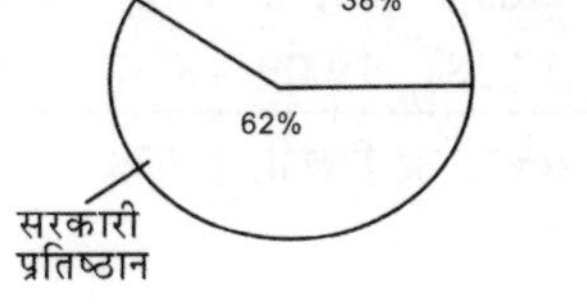

उपर्युक्त तालिका सं. 3.24 से निम्नलिखित बातें स्पष्ट होती हैं–

1. संगठित क्षेत्र में संलग्न महिला श्रमिकों का लगभग **62 प्रतिशत को सरकारी** एवं 38 **प्रतिशत को निजी क्षेत्र** से रोजगार प्राप्त होता है। स्पष्ट है सरकारी प्रतिष्ठान भूमंडलीकरण के उपरांत भी लगभग 1.62 गुणा अधिक महिलाओं को नौकरी प्रदान कर रहा है;
2. सार्वजनिक (**सरकारी**) प्रतिष्ठानों में **सामुदायिक, सामाजिक** एवं **व्यक्तिगत सेवा** से संबंधित प्रतिष्ठान लगभग 74 महिलाओं को रोजी-रोटी प्रदान करती है। इस सरकारी क्षेत्र में ये प्रतिष्ठान रोजगार प्रदान करने में प्रथम स्थान पर है जबकि दूसरे एवं तीसरे स्थान पर वित्त, बीमा, व्यावसायिक सेवा (6.41) तथा ट्रांसपोर्ट, स्टोरेज, कम्युनिकेशन (6.0) है। स्पष्ट है सेवा क्षेत्र द्वारा लगभग 86.4 प्रतिशत महिलाओं को सरकारी क्षेत्र में रोजगार प्राप्त होता है। जबकि अन्य क्षेत्र मिलकर मात्र 13.6 प्रतिशत रोजगार ही प्रदान कर पाते हैं;
3. जबकि **निजी** में मिलने वाले रोजगार में सबसे ज्यादा (37.3 प्रतिशत) रोजगार महिलाओं को **मैन्युफैक्चरिंग उद्योग** से प्रदान होता है। वहीं दूसरे स्थान पर सामुदायिक (30 प्रतिशत) एवं कृषि क्षेत्र (27 प्रतिशत) है। जबकि अन्य सभी प्रकार के प्रतिष्ठान मिलकर मात्र 5.7 प्रतिशत महिलाओं को निजी क्षेत्र में रोजगार दे पाते हैं।

तालिका सं. 3.25: संगठित क्षेत्र के सार्वजनिक एवं निजी क्षेत्र में वर्षवार महिला श्रमिकों का विवरण

(संख्या लाख में)

वर्ष	संख्या			प्रतिशत		
	सार्वजनिक	निजी	कुल	सार्वजनिक	निजी	कुल
1990	22.5	13.94	36.44	61.7	38.3	100
1991	23.47	14.34	37.81	62.1	37.9	100
1992	24.77	14.79	39.8	62.3	37.2	100
1994	26.00	15.89	41.54	62.0	38.0	100
1995	26.00	16.28	42.28	61.5	38.5	100
1996	26.35	17.92	44.26	59.5	40.5	100
1997	27.28	19.09	46.37	58.8	41.2	100

स्रोत–श्रम मंत्रालय, भारत सरकार, नई दिल्ली, 1997।

वर्षवार (Yearwise)

संगठित क्षेत्र के दो उप-क्षेत्रों–सरकारी एवं निजी क्षेत्र में महिला श्रमिकों के रोजगार संबंधी पहलू का वर्षवार विश्लेषण करने पर कई रोचक तथ्य उभर कर आते हैं। जिसे तालिका सं. 3.25 से समझा जा सकता है।

उपर्युक्त तालिका से निम्नलिखित बातें स्पष्ट होती हैं–

1. संख्यात्मक विश्लेषण से स्पष्ट होता है कि निजी क्षेत्रों की तुलना में सरकारी क्षेत्र द्वारा अभी भी ज्यादा रोजगार (8.19 लाख, 1997) महिला श्रमिकों को प्रदान हो रहा है;
2. प्रतिशत के दृष्टिकोण से भी महिलाओं को अधिक रोजगार (लगभग 17 प्रतिशत) सरकारी क्षेत्रों द्वारा प्रदान किया जा रहा था; तथा
3. गत दशक में इन दोनों क्षेत्रों में मिलाकर लगभग 9.93 लाख रोजगार की संख्या बड़ी है। लेकिन बेरोजगार महिलाओं की संख्या के दृष्टिकोण से यह रोजगार **'ऊंट के मुंह में जीरा'** वाली कहावत को चरितार्थ करती है।

सरकारी क्षेत्र में जो महिला श्रमिक हैं वे मोटे-तौर से निम्नलिखित क्षेत्र में लगी हैं–

1. केन्द्रीय सरकारी प्रतिष्ठानों में,
2. राज्य सरकार के प्रतिष्ठानों में,
3. अर्द्ध-सरकारी प्रतिष्ठानों में, तथा
4. स्थानीय निकायों में।

जबकि निजी क्षेत्रों की महिला श्रमिकों के दृष्टिकोण से आकार, स्वरूप आदि के आधार पर बाँटा जा सकता है–

1. छोटे संगठन जहाँ 10 से 24 कर्मचारी कार्य करती हों,
2. बड़े संगठन जहाँ 25 या उससे अधिक कर्मचारी करती हों।

3.18 प्रांतवार सार्वजनिक एवं निजी क्षेत्र में महिला श्रमिक (Statewise Women Workers in Public and Private Sector)

इस यथार्थ से मुख मोड़ना मुश्किल है कि सार्वजनिक क्षेत्र को उत्पादन, अत्यधिक खर्च, निम्न उत्पादकता चाहे जिस आधार पर कोसा जाये लेकिन आज भी यह क्षेत्र निजी क्षेत्र के तुलना में ज्यादा महिलाओं को रोजगार उपलब्ध कराता है। भारत में महिला रोजगार के विषय को समझने के लिए इन बातों की सूक्ष्म पहलुओं का अध्ययन आवश्यक है। भारत में महिलाएँ मुख्य रूप से मोटे-तौर पर निम्न क्षेत्रों में कार्यशील हैं–

(i) उत्तरी क्षेत्र;
(ii) केंद्रीय क्षेत्र;
(iii) उत्तर पूर्वी क्षेत्र;
(iv) पूर्वी क्षेत्र;
(v) पश्चिमी क्षेत्र;
(vi) दक्षिणी क्षेत्र।

इन क्षेत्रों के सार्वजनिक क्षेत्र में लगी महिला श्रमिकों का विस्तार से विवरण तालिका सं. 3.26 में दिया गया है।

तालिका सं. 3.26: संगठित क्षेत्र के सार्वजनिक एवं निजी क्षेत्र में राज्यवार महिला श्रमिकों का वितरण

क्र.सं.	प्रांत	संख्या (हजार में)			प्रतिशत		
		सार्वजनिक	निजी	कुल	सार्वजनिक	निजी	कुल
I.	**उत्तरी क्षेत्र**	**430.9**	**128.5**	**559.4**	**16.3**	**7.1**	**12.6**
	1. हरियाणा	59.9	22.4	82.4	2.3	1.3	1.9
	2. पंजाब	92.3	27.2	119.3	3.5	1.5	2.7
	3. हिमाचल प्रदेश	33.0	5.0	38.0	1.3	0.3	0.9
	4. चंडीगढ*	10.7	2.9	13.6	0.4	0.2	0.3
	5. दिल्ली	90.1	28.3	118.4	3.3	1.6	2.6
	6. राजस्थान	123.8	40.8	164.6	4.7	2.3	2.7
	7. जम्मू एवं कश्मीर	21.1	2.0	23.0	0.8	0.1	0.5
II.	**केन्द्रीय क्षेत्र**	**325.7**	**77.1**	**402.6**	**12.0**	**4.3**	**9.1**
	1. मध्य प्रदेश	156.1	26.7	182.8	5.9	1.5	4.2
	2. उत्तर प्रदेश	169.4	50.4	219.8	6.1	2.8	4.9
III.	**उत्तर पूर्वी क्षेत्र**	**134.0**	**270.2**	**404.2**	**5.0**	**15.1**	**9.1**
	1. असम	71.4	257.6	329.0	2.7	14.4	7.4
	2. मणिपुर	12.3	3.1	15.5	0.5	0.2	0.4
	3. मेघालय	15.2	0.6	15.8	0.6	0.03	0.2
	4. मिजोरम	9.3	0.1	9.4	0.4	0.39	0.2
	5. नागालैंड	10.8	1.0	11.8	0.4	0.05	0.3
	6. त्रिपुरा	14.9	7.3	22.2	0.6	0.41	0.5
IV.	**पूर्वी क्षेत्र**	**292.5**	**137.3**	**429.9**	**11.0**	**7.6**	**9.7**
	1. बिहार	104.0	23.2	127.9	4.0	1.3	2.9
	2. उड़ीसा	72.3	11.7	84.0	2.7	0.7	1.9
	3. पश्चिम बंगाल	116.2	102.4	218.6	4.3	5.7	4.9

V.	**पश्चिमी क्षेत्र**	**504.0**	**281.7**	**796.0**	**19.2**	**15.7**	**18.0**
	1. गुजरात	147.2	75.9	223.1	5.5	4.2	5.0
	2. महाराष्ट्र	342.2	207.8	550.0	13.1	11.6	12.4
	3. गोवा	14.6	7.0	21.6	0.5	0.3	0.5
	4. दमन एवं दीव*	0.3	0.5	0.8	0.01	0.03	0.01
VI.	**दक्षिणी क्षेत्र**	**994.0**	**887.0**	**1830.9**	**36.0**	**50.0**	**41.4**
	1. आंध्र प्रदेश	179.4	114.4	293.8	6.8	6.4	5.4
	2. कर्नाटक	199.0	273.8	472.9	7.6	15.3	9.6
	3. केरल	159.9	255.7	415.6	6.1	14.3	9.3
	4. तमिलनाडु	397.8	241.6	639.2	15.1	13.5	14.4
	5. पांडिचेरी*	7.8	1.6	9.5	0.3	0.1	0.2
	6. अंडमान एवं निकोबार	3.3	0.1	3.4	0.1	0.01	0.1
	कुल	2634.5	1791.9	4426.9	100.0	100	100

स्रोत–वार्षिक प्रतिवेदन, श्रम मंत्रालय, भारत सरकार, नई दिल्ली।

नोट– *केन्द्र शासित राज्य।

तालिका सं. 3.26 के विश्लेषण से निम्नलिखित बातें स्पष्ट होती हैं–

1. भारत के संगठित क्षेत्र में 59.5 प्रतिशत रोजगार महिलाओं को सरकारी प्रतिष्ठानों से तथा 40.5 प्रतिशत निजी क्षेत्र के प्रतिष्ठानों को प्राप्त होता है;
2. क्षेत्रवार विश्लेषण से स्पष्ट होता है भारत का दक्षिण क्षेत्र महिलाओं को सर्वाधिक (41.4 प्रतिशत) रोजगार देने वाला क्षेत्र है;
3. **प्रांतवार विश्लेषण** से स्पष्ट होता है कि सबसे अधिक महिला श्रमिकों को रोजगार देने वाले पाँच प्रांत क्रमशः है–तमिलनाडु (14.4%), महाराष्ट्र (12.4%), कर्नाटक (9.6%), केरल (9.3%), आंध्र प्रदेश (5.4%)। जबकि 4 एवं 5 प्रतिशत के मध्य रोजगार प्रदान करने वाले प्रांत हैं–गुजरात (5%), पश्चिम बंगाल (4.9%), उत्तर प्रदेश (4.9%), मध्य प्रदेश (4.1%)।
4. **सार्वजनिक क्षेत्र** का विश्लेषण करें तो हम पाते हैं कि यहाँ भी दक्षिण क्षेत्र द्वारा सर्वाधिक (36%) रोजगार महिलाओं को प्रदान किया जाता है। जबकि सबसे कम (मात्र 5%), उत्तर पूर्वी क्षेत्र द्वारा प्रदान किया जाता है। देश के कई प्रांत ऐसे हैं जहाँ एक प्रतिशत से भी कम

महिलाएँ सार्वजनिक क्षेत्र में लगी हैं। ये प्रांत हैं–जम्मू एवं कश्मीर (0.08), मणिपुर (0.5), मेघालय (0.6), मिजोरम (0.4), नागालैंड (0.4), त्रिपुरा (0.6) (उत्तर पूर्वी क्षेत्र = 6 प्रांत), गोवा (0.5) (पश्चिमी क्षेत्र)। स्पष्ट है उत्तर पूर्वी क्षेत्र में इस श्रेणी के प्रांतों की संख्या सर्वाधिक (6 प्रांत) है। जबकि उत्तरी क्षेत्र एवं पश्चिमी क्षेत्र में मात्र एक प्रांत इस श्रेणी में है। जबकि संघ शासित क्षेत्रों में भी महिला श्रमिकों का प्रतिशत बहुत कम है यथा–चंडीगढ़ (0.4%), दमन एवं दीप (0.5%), पांडिचेरी (0.3%), अंडमान निकोबार (0.1%)।

5. **निजी क्षेत्र** में महिला रोजगार के विश्लेषण से कई बातें स्पष्ट होती हैं। निजी क्षेत्र के प्रत्येक 100 रोजगार में 50 रोजगार प्रदान करने वाला क्षेत्र दक्षिण क्षेत्र है। स्पष्ट है कि निजी क्षेत्र द्वारा महिलाओं को जो रोजगार मिलते हैं उसका 50 प्रतिशत रोजगार अकेले दक्षिण क्षेत्र के प्रांतों द्वारा प्रदान किया जाता है। निजी क्षेत्रों में 10 प्रतिशत से अधिक महिला श्रमिकों को रोजगार देने वाले प्रांत क्रमशः हैं–कर्नाटक (15.3%), असम (14.4%), केरल (14.3%), तमिलनाडु (13.5%), महाराष्ट्र (11.6%)। जबकि 4 से 5 प्रतिशत के मध्य महिलाओं को रोजगार देने वाले प्रांत हैं–आंध्र प्रदेश (6.4%), गुजरात (4.2%), पश्चिम बंगाल (5.7%)। वही एक प्रतिशत से कम इस क्षेत्र में रोजगार प्रदान करने वाले प्रांत हैं–चंडीगढ़, हिमाचल प्रदेश, जम्मू एवं कश्मीर (उत्तरी क्षेत्र), मणिपुर, मेघालय, मिजोरम, नागालैंड, त्रिपुरा (उत्तर पूर्वी क्षेत्र), दमन एवं दीव (पश्चिमी क्षेत्र), पांडिचेरी, अंडमान-निकोबार (दक्षिणी क्षेत्र)।

3.19 कारखाना में महिला श्रमिक (Women Workers in Factoy)

संगठित क्षेत्र में क्षेत्रवार (Areawise) महिला श्रमिकों की स्थिति (प्रतिशत में)

संगठित क्षेत्र में महिला रोजगार

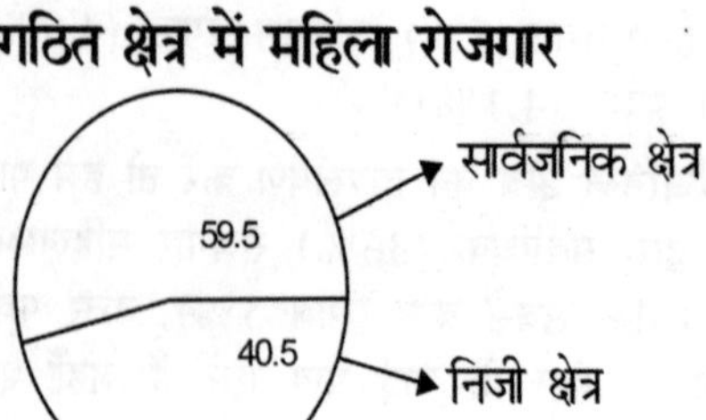

सार्वजनिक क्षेत्र में महिला श्रमिक (क्षेत्रानुसार)
प्रतिशत में

उत्तर पूर्वी क्षेत्र

1. असम	2.7
2. मणिपुर	0.4
3. त्रिपुरा	0.6
4. मेघालय	0.6
5. मिजोरम	0.4
6. नागालैंड	0.4
	5.1

केंद्रीय क्षेत्र

1. उत्तर प्रदेश	6.1
2. मध्य प्रदेश	5.9
	12.0

उत्तरी क्षेत्र

1. राजस्थान	4.7
2. पंजाब	3.5
3. दिल्ली	3.3
4. हरियाणा	2.3
5. हिमाचल	1.3
6. जम्मू-कश्मीर	0.8
7. चंडीगढ़	0.4
	16.3

पूर्वी क्षेत्र

1. प. बंगाल	4.3
2. बिहार	4.0
3. उड़ीसा	2.7
	11.0

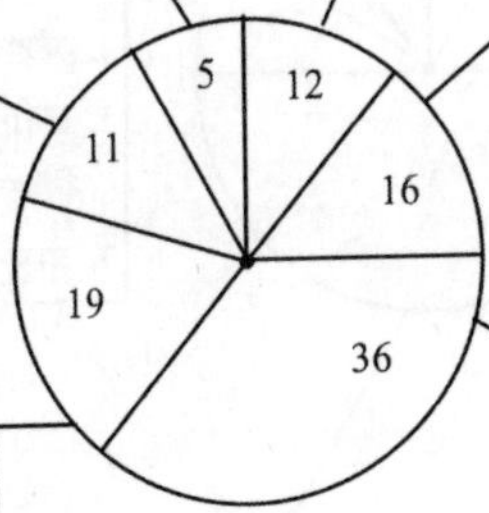

दक्षिणी क्षेत्र

1. तमिलनाडु	15.1
2. कर्नाटक	7.6
3. आंध्र प्रदेश	6.8
4. केरल	6.1
5. पंडिचेरी	0.3
6. अंडमान निकोबार	0.1
	36

पश्चिमी क्षेत्र

1. महाराष्ट्र	13.1
2. गुजरात	5.5
3. गोवा	0.5
4. दमन-दीव	0.01
	19.2

सार्वजनिक क्षेत्र में क्षेत्रवार निजी प्रतिष्ठानों में महिला श्रमिकों का वितरण, प्रतिशत में

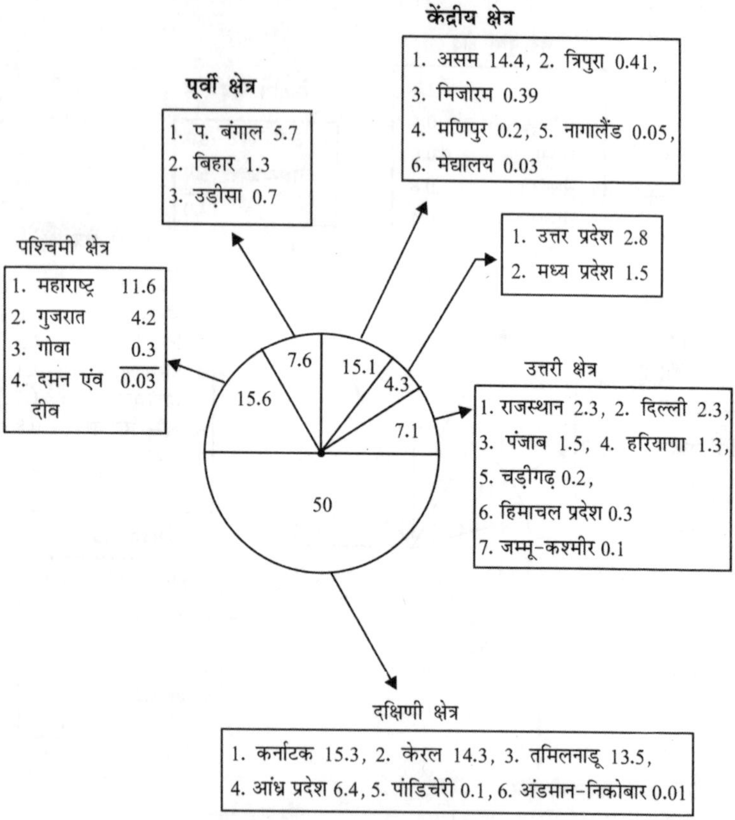

प्रारंभ से भारतीय अर्थव्यवस्था '**स्वावलंबी ग्राम अर्थव्यवस्था**' पर आधारित था। भारतीय गाँव के इस बुनियादी आर्थिक बनावट ने सदियों-सदियों से आने वाले तूफान का सामना किया और एक समय इसी विशेषता ने भारत को '**सोने की चिड़िया**' वाले देश के रूप में लोकप्रियता प्रदान कराई। लेकिन ब्रिटेन की 18वीं सदी के मध्यकाल (1750) की औद्योगिक क्रांति जिसकी उपज '**कारखाना पद्धति**' (Factory system) थी, उसने भारतीय परम्परागत दस्तकारी, शिल्पकार एवं अन्य स्थानीय उद्योगों को तबाह और बर्बाद कर दिया। ब्रिटिश एवं उनकी क्रांति ने देश में '**अव-औद्योगिकीकरण**' (De-industrialisation) की प्रक्रिया

प्रारंभ हो गई। सोने की चिड़िया कहे जाने वाले देश की दशा बहुत खराब हो गई। इस संदर्भ में निम्न टिप्पणियाँ महत्वपूर्ण हैं–

1. "इस दरिद्रता के समान दरिद्रता वाणिज्य के इतिहास में शायद ही कभी रही है, बुनकरों की हड्डियाँ भारत के मैदानों को विरंजित कर रही हैं।"

–गवर्नर-जनरल विलियम बैंटिक, 1834-39

2. "आधा पेट खाकर रहने वाला, जानवरों की तरह प्रकाश, हवा और पानी से रहित घरों में रहने वाला भारतीय औद्योगिक मजूदर औद्योगिक पूँजीवाद की पूरी दुनिया में सबसे अधिक शोषित मजदूरों में से है।"

–जर्मन प्रोफेसर युर्गेन कुत्सींस्की, 1938

उन्नीसवीं सदी के छठे दशक के आसपास 'मशीन आधारित आधुनिक उद्योग' का उदय हुआ। जो कारखाना पद्धति पर आधारित था। 1860 के आसपास सूती वस्त्र, जूट, कोयला खान आदि उद्योग का उदय प्रारंभ हुआ।

1853–कापसजी नाथ भाई द्वारा बंबई में पहले **कपड़ा** मिल की स्थापना।

1855–रिशरा (बंगाल) में प्रथम **जूट** मिल की स्थापना।

1879–56 **सूती कपड़ा** मिल 43,000 श्रमिक।

1905–206 मिलें, 1,96,000 श्रमिक।

इस प्रकार 19वीं सदी के अंतिम दशक से बीसवीं के चौथे दशक तक कपास, चावल, आटा, लकड़ी, चर्म शोधनालय, लोहा एवं इस्पात आदि कारखाना का उदय हुआ।

इस प्रकार हम देखते हैं कि इंग्लैण्ड के 100 वर्षों बाद आई औद्योगिक क्रांति की लहर ने **1860** के आसपास **भारत में आधुनिक उद्योग या मशीनी युग** की बुनियाद रखी। उसके बाद के 600 वर्षों में (1920) के आसपास देश में बड़े पैमाने पर कारखाना पद्धति के अनुसार उत्पादन होने लगे और इन कारखानों में लाखों की तादाद में श्रमिक नियोजित होते चले गए। कुल मिलाकर **कारखाना कर्मकारों** (Factory workers) की तादाद बड़ी तेजी से बढ़ी। इस प्रकार भारत में एक नए तरह का मजदूरी अर्जन एवं कारखाने में काम करने वाले वर्ग का उदय हुआ। देश में यद्यपि धीरे-धीरे ही सही लेकिन औद्योगिक संस्थाओं/कारखानों की बाढ़ सी आ गई। इंग्लैण्ड से निकली **औद्योगिक चिंगारी** ने धीरे-धीरे सारे संसार को अपने ताप का एहसास करना प्रारंभ करा दिया।

तालिका सं. 3.27: वर्षवार कारखानों एवं नियोजित व्यक्तियों की संख्या (1892-1951)

वर्ष	1892	1918	1939	1946	1951
कारखानों की संख्या	565	3,436	10,446	14,205	30,834
नियोजित व्यक्तियों की संख्या	3,17,000	11,23,000	17,51,000	23,15,000	25,27,000

तालिका सं. 3.28: वर्षवार कारखानों एवं नियोजित व्यक्तियों की संख्या (1961-1996)

वर्ष	1961	1971	1981	1991	1996
कारखानों की संख्या	50,095	81,078	1,49,000	2,07,000	2,49,000
नियोजित व्यक्तियों की संख्या	39,28,000	50,04,000	72,88,000	84,31,000	99,00,000

स्रोत– (i) *पॉकेट बुक ऑफ लेबर स्टैटिसटिक्स* के विभिन्न अंक (प्रारंभ से 1996 तक)

(ii) इंडियन लेबर जर्नल, वॉ. 30, नं. 1, जनवरी, 1989।

प्रत्येक व्यवस्था की अपनी खूबी एवं खामियां होती हैं। जहाँ इसने बड़े पैमाने पर उत्पादन, बड़ी तादाद में रोजगार, उत्पादकता, कुशलता को बेहतर किया। वहीं कई दोष भी इस व्यवस्था ने जने। मजदूर से काम ज्यादा मजदूरी कम, लम्बे-लम्बे घंटे कार्य, खराब कार्य परिस्थितियाँ, अन्य सुविधाओं का अभाव, सुरक्षा एवं क्षतिपूर्ति का अभाव, कारखाना में दुर्घटना आदि समस्या को पैदा किया। **1875** में **एन.एम. लोखान्डे (N.M. Lokhande)** के नेतृत्व में औद्योगिक श्रमिकों की समस्या, समाज, सरकार एवं नियोजक के सामने सशक्त ढंग से आई। साथ ही साथ भारत में श्रम आंदोलन भी प्रारंभ हुआ। इसके अतिरिक्त इन कारखानों में महिला एवं बच्चे जिसका नियोजन होता उनसे भी बहुत बुरी स्थितियों में कार्य करवाया जाता, उनका शोषण किया जाता रहा। भारत में कारखाना एवं नियोजितों श्रमिकों के वर्षवार प्रगति को तालिका 3.28 से स्पष्ट समझा जा सकता है।

तालिका सं. 3.29: राज्यवार विभिन्न प्रकार के कारखानों का विवरण

क्र.सं.	राज्य/संघीय राज्य	पंजीकृत कारखाने सं.	कार्यरत कारखाने सं.	रिटर्न जमा करने वाले कारखाने सं.
1.	आंध्र प्रदेश	32,127	28,754	12,657
2.	असम	2,525	1,686	594
3.	बिहार	60,689	48,162	42,926
4.	दिल्ली	6,763	6,245	1,224
5.	गोवा	397	365	320
6.	गुजरात	24,347	19,383	7,369
7.	हरियाणा	—	—	—
8.	हिमाचल प्रदेश	1,632	1,534	138
9.	जम्मू-कश्मीर	—	—	—
10.	कर्नाटक	—	9,634	3,004
11.	केरल	17,408	17,346	6,635
12.	मध्य प्रदेश	11,252	11,102	657
13.	महाराष्ट्र	32,900	28,339	19,168
14.	मणिपुर	—	—	—
15.	मेघालय	—	—	—
16.	उड़ीसा	2,446	1,966	1,219
17.	पंजाब	13,355	13,013	815
18.	राजस्थान	9,979	9,976	1,406
19.	तमिलनाडु	25,443	20,826	18,059
20.	त्रिपुरा	1,229	1,229	381
21.	उत्तर प्रदेश	—	—	—
22.	पश्चिमी बंगाल	—	—	—
23.	अंडमान-निकोबार	—	—	—
24.	चंडीगढ़	512	512	135
25.	दादरा-नगर हवेली	—	—	—
26.	दमन-दीव	—	—	—
27.	पांडिचेरी	1451	1446	536
	भारत	2,44,535	2,21,521	1,17,243

स्रोत– *पॉकेट बुक ऑफ लेबर स्टैटिसटिक्स, 2001-2002,* लेबर ब्यूरो, चंडीगढ़, 2003, पृ. 4-5।

श्रम ब्यूरो द्वारा प्रकाशित विभिन्न रिपोर्टों से निम्न बातें स्पष्ट होती हैं–

(1) किन राज्यों में कारखानों की संख्या सर्वाधिक एवं न्यूनतम है?

(2) वर्षवार कुल श्रमिकों में वृद्धि दर कितनी है?

(3) वर्षवार महिला श्रमिकों की वृद्धि दर क्या है?

2003 की रिपोर्ट के अनुसार कारखानों की संख्या लगभग 2.44 लाख (तालिका सं. 3.29) के आसपास थी। जो वर्ष 1892 में मात्र 592 थी (तालिका सं. 3.30) कारखानों में श्रमिकों की संख्या 1892 में 3.17 लाख थी जो 1996 में बढ़कर 99.00 लाख हो गई। वहीं महिला श्रमिकों की संख्या 44 हजार से बढ़कर 6.77 लाख हो गई। कारखानों में लगी महिला श्रमिकों की संख्या काफी धीमी गति से पिछले 100 वर्षों में बढ़ी है।

तालिका सं. 3.30: कारखानों में कुल श्रमिक एवं महिला श्रमिक (1892-2008)

(लाख में)

वर्ष	संख्या		प्रतिशत
	कुल श्रमिक	महिला श्रमिक	कुल श्रमिक में महिला श्रमिक
1892	**3.17**	**0.44**	**13.6**
1912	8.70	1.30	15.0
1923	14.09	2-21	15.7
1933	14.03	2-16	15.4
1939	17.51	2.44	13.4
1943	24.36	2.66	10.8
1947	22.75	2.67	11.7
1951	25.37	2.90	11.4
1955	26.90	2.96	11.0
1962	34.69	3.94	10.8
1971	42.96	3.70	8.6
1981	53.42	4.96	9.3
1991	53.11	5.07	9.7
1996	99.00	—	—
1998	**48.82**	6.77	**13.86**
2000			10.00**
*2008		8.47	

स्रोत– 1. 1892–1943–मेन रिपोर्ट ऑफ लेबर इनवेशटीगेशन कमेटी, पृ. 12।

2. 1947–1953–करेंट रिपोर्ट ऑफ लेबर इन इंडिया, पृ. 238।

3. 1959–1962–विमेन इन इंप्लायमेंट, पृ. 6।

4. 1966–1970–71–इंडियन लेबर स्टैटिसटीस, 1971, पृ. 39।

नोट– * अनुमानित (10 वर्षों में 1.70 लाख वृद्धि के आधार पर)

** भारत 2007, प्रकाशन विभाग, भारत सरकार, पृ. 641।

तालिका सं. 3.31: पंजीकृत कारखानों में महिला श्रमिकों को औसत रोजगार (प्रतिदिन)

क्र. सं.	राज्य/संघ शासित	संख्या			प्रतिशत		
		पुरुष	महिला	कुल	पुरुष	महिला	कुल
1.	आंध्र प्रदेश	5,80,504	82,468	6,62,972	13.8	12.2	13.6
2.	असम	61,639	3,449	65,088	1.5	0.5	1.3
3.	बिहार	5,02,620	14,710	5,17,330	12.0	2.2	10.4
4.	दिल्ली	51,479	5,344	56,823	1.2	0.8	1.2
5.	गोवा	19,664	4,999	24,663	0.5	0.7	0.5
6.	गुजरात	4,11,676	30,277	4,41,953	9.8	4.5	8.3
7.	हिमाचल प्रदेश	18,436	1,811	20,247	0.4	0.3	0.4
8.	कर्नाटक	2,23,778	66,195	2,89,973	5.3	9.7	5.9
9.	केरल	1,04,618	1,04,617	2,09,235	2.5	15.5	4.3
10.	मध्य प्रदेश	1,34,486	4,788	1,39,299	3.2	0.7	2.8
11.	महाराष्ट्र	10,11,007	76,332	10,89,339	24.1	11.3	22.0
12.	उड़ीसा	1,11,700	6,975	1,18,675	2.7	1.0	2.4
13.	पंजाब	75,761	3,248	76,609	1.8	0.5	1.6
14.	राजस्थान	1,00,667	2,609	1,03,276	2.4	0.3	2.1
15.	तमिलनाडु	7,59,554	2,69,804	10,29,358	18.1	39.0	21.1
16.	त्रिपुरा	3,315	930	4,245	0.1	0.1	0.1
17.	चंडीगढ़	5,969	412	6,381	0.1	0.1	0.1
18.	पांडिचेरी	22,135	4,551	26,686	0.5	0.6	0.5
	भारत	41,97,602	6,76,868	48,82,527	100	100	100

स्रोत–*पॉकेट बुक ऑफ लेबर स्टैटिसटिक्स*, 2003, पृ. 8-9।

नोट–बाल श्रमिक नहीं थे इन कारखानों में।

श्रम ब्यूरो, 2003 द्वारा प्रकाशित रिपोर्ट के अनुसार भारत में रिटर्न जमा करने वाले कारखानों में कुल श्रमिकों की संख्या 48.82 लाख है। जिसमें लगभग

86 प्रतिशत (41.97 लाख) पुरुष एवं 14 प्रतिशत (6.77 लाख) महिलाएँ श्रमिक रूप में कार्य कर रही थीं। तालिका सं. 3.31 से महिला श्रमिकों की राज्यवार स्थिति को समझा जा सकता है। इससे निम्न बातें स्पष्ट होती हैं–

(1) महाराष्ट्र, तमिलनाडु जैसे राज्य ऐसे हैं जहाँ कारखानों में लगे श्रमिकों की दर **उच्च** है;

(2) महिला श्रमिकों के **उच्च** दर के दृष्टिकोण से भी तमिलनाडु, केरल एवं आंध्र प्रदेश जैसे प्रांत **शीर्ष** पर हैं;

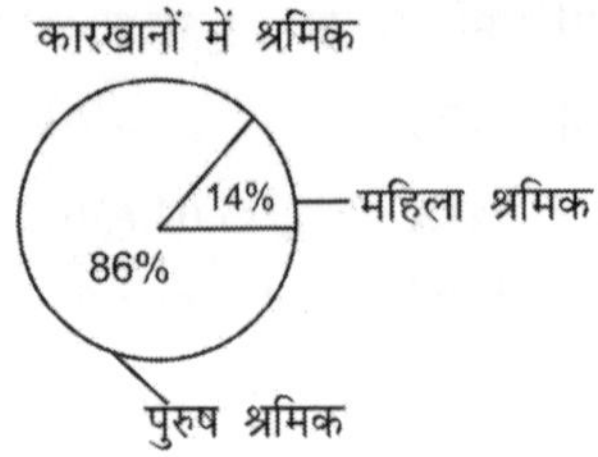

(3) जबकि असम, बिहार, मध्य प्रदेश, उड़ीसा, पंजाब, राजस्थान, त्रिपुरा जैसे राज्यों में कारखाने में लगी महिला श्रमिकों का दर 2 प्रतिशत से नीचे ही है। स्पष्ट है इन राज्यों में कारखानों में महिला श्रमिकों की संख्या संबंधित स्थिति बहुत उत्साहजनक नहीं है; तथा

(4) कर्नाटक, गुजरात जैसे राज्यों में स्थिति **मध्यम स्तर** पर है।

इस विश्लेषण से स्पष्ट है कि पूरे भारत के विभिन्न राज्यों के कारखानों में लगे महिला श्रमिकों की स्थिति एक समान नहीं है। बल्कि विभिन्न राज्यों में यह स्थिति भिन्न-भिन्न है। कहीं उच्च, कहीं मध्यम तो कहीं निम्न दर है। इसे संतुलित करने की आवश्यकता है।

3.20 **खानों में महिला श्रमिक** (Women Workers in Mines)

इतिहासकारों का मानना है कि भारत में खनन कार्य (Mining operation) **19वीं सदी** के आसपास व्यवस्थित ढंग से प्रारंभ हुआ। यह वही कालखंड है जब भारत में '**मशीन युग** एवं **आधुनिक उद्योग**' का उद्‌भव हुआ। ब्रिटिश शासकों ने देश के तमाम प्राकृतिक संसाधनों के साथ-साथ खान एवं खदान के दोहन के लिए बड़े पैमाने पर वयस्क, बच्चों, महिलाओं एवं पुरुषों इन कार्यों के लिए नियोजित किया जाता था। खान से निकलने वाले खनिज मुख्य रूप से दो प्रकार के स्थानों से निकाले जाते थे–

(1) खुली खान (Open mines) तथा

(2) अंडरग्राउंड खान (Underground mines)।

इन खानों के ऊपरी एवं अंदर के भागों से खनिज निकालने के लिए वयस्क पुरुषों के साथ-साथ इस जोखिमपूर्ण कार्यों के लिए अवयस्क बच्चों एवं महिलाओं को भी नियोजित किया जाता था। जिनका कार्य, मजदूरी, अवकाश,

सुविधा संबंधी स्थितियाँ अच्छी नहीं होतीं। 1895 में सर्वप्रथम इन स्थितियों में सुधार लाने के लिए 'Mining Committee' का गठन किया गया। स्वतंत्रता उपरांत स्थितियाँ बदलीं। आज बहुत सारे प्रतिबंधों एवं बच्चों के नियोजन संबंधी कानून में डाले गए हैं।

तालिका सं. 3.32: खानों में महिला श्रमिक

वर्ष	महिला श्रमिक प्रतिशत में	संख्या
1951	20.1	
1965	14.4	
1969	12.2	
1988	8.0	59,000
1991	7.0	55,000
1994	7.0	49,000

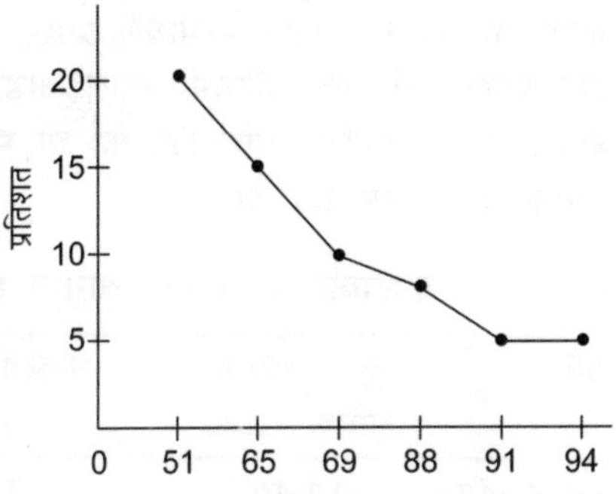

खान में महिला श्रमिक

स्रोत– (1) वीमेन इंप्लायमेंट, 1964, पृ. 13।
(2) रिपोर्ट ऑफ दी नेशनल कमीशन ऑन लेबर, 1969, पृ. 390।
(3) लेबर ब्यूरो शिमला, श्रम मंत्रालय।
(4) रवि–सोशल वेल्फेयर, मई 2001, पृ. 16।
(5) वार्षिक प्रतिवेदन 1996-97, श्रम मंत्रालय, भारत सरकार, नई दिल्ली, पृ. 89।

तालिका सं. 3.32 से स्पष्ट है वर्ष 1951-1994 के खान क्षेत्र में महिला श्रमिकों की संख्या एवं प्रतिशत दोनों में लगातार गिरावट दिख रही है।

3.21 बागान क्षेत्र में महिला श्रमिक (Women Workers in Plantation Sector)

देश के विभिन्न पहाड़ी एवं गैर पहाड़ी क्षेत्रों में जो बागान हैं उसमें महिलाओं का ही ज्यादा नियोजन होता है। इन बागानों में **असम क्षेत्र** के बागान बहुत ही लोकप्रिय हैं। इतनी इच्छी-खासी तादाद में महिलाएँ नियोजित हैं। भारत में मुख्य रूप से **तीन प्रकार** के बागान हैं जिसमें उस क्षेत्र में लगे श्रमिकों की संख्या की तुलना में महिला को **पत्ती को तोड़ने** अन्य प्रक्रियागत कार्यों के निष्पादन के लिए नियोजित किया जाता है। ये बागान हैं–

(1) **चाय बागान** (Tea plantation);

(2) **कॉफी बागान** (Coffee plantation); तथा

(3) **रबर बागान** (Rubber plantation)।

नीचे दी गई तालिका सं. 3.33 से बागान क्षेत्र में लगी महिला श्रमिकों की एक तस्वीर होती है। जिससे यह प्रतीत होता है कि **बागान क्षेत्र** (Plantation sector) में महिला श्रमिकों का प्रतिशत लगातार कुछ खास वर्षों को छोड़कर घटता जा रहा है। असम, हिमाचल प्रदेश, कर्नाटक, केरल, तमिलनाडु, त्रिपुरा, उत्तर प्रदेश, उत्तरांचल, पश्चिमी बंगाल, अंडमान निकोबार जैसे राज्यों के विभिन्न बागानों में ये नियोजित महिलाओं को भी भूमंडलीकरण से उत्पन्न स्थितियों का सामना करना पड़ रहा है।

तालिका सं. 3.33: बागान क्षेत्र में महिला श्रमिक

वर्ष	कुल वयस्क श्रमिक संख्या	महिला श्रमिक संख्या	कुल श्रमिक से महिला श्रमिकों का प्रतिशत
1946-47	14.40	2.06	47
1950-51	5.20	2.48	48
1956-57	3.49	1.66	48
1957	5.82	2.67	46
1959	5.72	2.75	48
1961	5.64	2.70	48
1962	5.51	2.71	49
1987		3.94	46
1993		5.68	52
1994		16.23	52
1999	8.93	–	–

स्रोत–(1) 1946-57–करेंट प्राबलमस इन इंडिया, 1959, पृ. 23-61।

(2) 1957 से 62–वीमेन इन इंप्लायमेंट, 1964, पृ. 14।

(3) लेबर ब्यूरो, शिमला, श्रम मंत्रालय।

(4) रवि–सोशल वेल्फेयर, 2001, पृ. 16।

यदि बागान अधिनियम, 1951 के अंदर रोजगार की बात करें तो हम पाते हैं कि इस कानून के तहत 2093 यूनिट, जो रिटर्न भरते हैं उससे नियोजित की

संख्या 9 लाख के आसपास है। जिसका एक बड़ा हिस्सा महिला श्रमिकों का है। इसमें सबसे बड़ा बागान '**चाय बागान**' है जो महिलाओं को रोजगार प्रदान करता है।

तालिका सं. 3.34: विभिन्न कानूनों के अंतर्गत रोजगार

क्र. सं.	कानून का नाम	यूनिट संख्या	रिटर्न दाखिल करने वाले यूनिट की संख्या	औसत रोजगार
1.	बागान अधिनियम, 1951	3814	2093	9,02,131
2.	मातृत्व हितलाभ अधिनियम, 1961	63,097	29,840	8,00,585
3.	मोटर ट्रांसपोर्ट कामगार अधिनियम, 1961	69,798	9,580	5,10,739
4.	कर्मकार क्षतिपूर्ति अधिनियम, 1923	—	—	26,45,387
5.	औद्योगिक नियोजन (स्थायी आदेश) अधिनियम, 1946	46,115	12,106	25,67,342
6.	दुकान एवं प्रतिष्ठान अधिनियम	—	58,00,916	65,03,444

स्रोत– *पॉकेट बुक ऑफ लेबर स्टैटिसटिक्स 2001 व 2002*, लेबर ब्यूरो, भारत सरकार, शिमला, पृ. 13।

निष्कर्ष के रूप में हम कह सकते हैं कि महिला संगठित एवं असंगठित दोनों क्षेत्रों में **पुरुषों की तुलना में कम** है। संगठित क्षेत्र में जो रोजगार हैं उसमें महिलाएं पुरुषों की तुलना में कम रोजगार पाती हैं। इस क्षेत्र में जिन रोजगार में वे संकेन्द्रित हैं वे प्रशासकीय एवं प्रबंधकीय स्तर की न होकर क्लर्क एवं मैनुअल वर्कर स्तर ज्यादा है। संगठित क्षेत्र में महिलाओं की हम अच्छी खासी संख्या सेवा क्षेत्र (Service sector) में है जिसमें वे बैंकिंग, अन्य वित्त संस्था, बीमा, सूचना, सामुदायिक आदि क्षेत्रों में लगी हैं।

संदर्भ

आर्थिक समीक्षा (2003), वित्त मंत्रालय, भारत सरकार, नई दिल्ली, पृ. S–109–14।

कुरुक्षेत्र (2007), ग्रामीण रोजगार मंत्रालय, भारत सरकार, मई, पृ. 44–46।

क्वाटरली इंप्लायमेंट रिव्यू (2000), 1999–2000, श्रम मंत्रालय, नई दिल्ली।

भारत (2007), प्रकाशन विभाग, भारत सरकार, नई दिल्ली, पृ. 13, 152–53।

भारत की जनगणनाएं–1971, 1981, 1991, 2001, भारत सरकार, नई दिल्ली।

दत एवं सुंदरम् (2005), पूर्ववत, पृ. 324।

डॉयरेक्टर ऑफ इंप्लायमेंट एण्ड ट्रेनिंग (1998), मिनिस्ट्री ऑफ लेबर, गवर्नमेंट ऑफ इंडिया, नई दिल्ली।

इंप्लायमेंट रिव्यू (1999), जनवरी-मार्च अंक, श्रम मंत्रालय, नई दिल्ली।

एन.एस.एस.ओ., 55वाँ राउंड, 1999-2000, नई दिल्ली।

नेशनल कमीशन ऑन लेबर (2002), पूर्ववत।

सोशल वेल्फेयर (2001), सेंट्रल सोशल वेल्फेयर बोर्ड, नई दिल्ली, पृ. 16।

श्रम मंत्रालय (1997), भारत सरकार, नई दिल्ली।

योजना आयोग (2001), भारत सरकार, नई दिल्ली।

4

भारत के असंगठित क्षेत्र में महिला श्रमिक (Women Workers in the Unorganised Sector of India)

"क्या हम इतने बदनसीब हैं कि जी नहीं सकते?
मेहनत करके भी हम क्या भूख मिटा नहीं सकते?
हमारी वफादारी ने हमें कंगाल कर दिया,
उनके नापाक इरादों ने उन्हें माला-माल कर दिया"

—केशेर

भारत के प्रत्येक 100 में से लगभग 93 **महिला श्रमिक** कृषि कार्य एवं कृषि श्रमिक रूप में संलग्न है। इसके अतिरिक्त ये बड़े पैमाने पर **बीड़ी, पापड़, सिवई, दियासलाई, हस्तशिल्प, सिल्क** कार्य आदि में लगी हैं। इन क्षेत्रों में प्रत्येक उपक्षेत्रों की अपनी-अपनी विशेषताएं हैं। इस क्षेत्र में लगी महिलाएं कठिन परिस्थितियों में कार्यों को अंजाम देती हैं। कई बार **आर्थिक दबाव** (Economic pressure) के कारण ये महिलाएं विकल्प के अभाव में **सेक्स वर्कर** (Sex workers) बन जाती हैं। इतना ही नहीं कई इन परिवार की छोटी-छोटी बालिकाओं को भी विभिन्न प्रकार के कार्य में अपने बचपन को झोंकना पड़ता है। बड़े पैमाने पर महिलाओं को **संविदा मजदूर** (Contract labour) के रूप में अपनी जीविका चलानी पड़ती है। इनके कार्य करने के स्थिति पर ध्यान डालें तो पूरा शरीर काँप उठता है। **ईंट बनाने** (Brick making) की चिमनियों पर पिसती ये गरीब महिलाएं अपना सब-कुछ झोंकने के बाद भी बच्चों एवं अपने लिए रोटी के कुछ टुकड़ों की व्यवस्था कर पाती हैं। इनका मासिक आय (Monthly income) 500-1000 के मध्य होता है। बरसात के मौसम में यह कार्य भी बंद हो जाता है। अब हम अंदाजा लगाएं इन असंगठित क्षेत्रों के महिला श्रमिकों की स्थिति कैसी होती होगी?

वैसे तो असंगठित क्षेत्र में लगी महिलाएं सैंकड़ों प्रकार के कार्यों में लगी हैं। लेकिन यहाँ मुख्य रूप से **दो-तीन** क्षेत्रों के ऊपर ध्यान केन्द्रित किया जा रहा है। इस श्रेणी में लगी बालिकाओं एवं महिलाओं की जिंदगी नर्क से कम नहीं। ये प्रमुख क्षेत्र निम्नलिखित हैं—

(i) बीड़ी उद्योग में महिला श्रमिक (Women workers in Beedi industry)।

(ii) सेक्स वर्कर (Sex workers)।

(iii) बालिका श्रमिक (Girl child labour)।

(i) बीड़ी उद्योग में महिला श्रमिक (Women Workers in Beedi Industry)

"यदि आप शांति की फसल चाहते हैं, तो सामाजिक न्याय को बोइए।"

–अंतर्राष्ट्रीय श्रम सम्मेलन, 1926

भारतीय अर्थव्यवस्था के विकास में देश के असंगठित क्षेत्र की भूमिका कई कारणों से महत्वपूर्ण है–देश के कुल रोजगार में 97 **प्रतिशत** लोगों को रोजगार देने, सकल घरेलू उत्पादन, शुद्ध राष्ट्रीय आय, सफल राष्ट्रीय बचत, वार्षिक आर्थिक विकास दर आदि में महत्वपूर्ण अंशदान देने के दृष्टिकोण से। वर्तमान भारतीय अर्थव्यवस्था **'असंगठित क्षेत्र प्रधान या कृषि प्रधान-ग्रामीण प्रधान अर्थव्यवस्था'** (Unorganised based or Agriculture based or Rural based) होने के कारण अपने विकास के लिए एक सीमा तक इस क्षेत्र पर निर्भर करती है। असंगठित क्षेत्र में विकास की मंद पड़ चुकी गति ने वर्तमान **अर्थव्यवस्था में पुनर्रचना** (Restructuring of economy) को भारतीय अर्थव्यवस्था की अनिवार्य आवश्यकता बना दिया है। **व्यापक स्तर** (Macro level) पर सामान्य रूप से **पशुपालन, खाद्य प्रसंस्करण, बीड़ी, पापड़, ईंट, जरी, सिल्क, इम्ब्राडरिंग, कालीन** निर्माण आदि क्षेत्रों में विकास को अपनी आदर्श **'ऊँचाई एवं स्थायित्व'** (Sustainable) तक पहुंचाने के लिए वर्तमान भारतीय अर्थव्यवस्था में एक सीमा तक पुनर्रचना की आवश्यकता है। यहाँ भारतीय अर्थव्यवस्था द्वारा अपने परम पावन **'स्थायी विकास'** (Sustainable development) के उद्देश्य की प्राप्ति के लिए **सूक्ष्म स्तर** (Micro level) पर **बीड़ी निर्माण क्षेत्र** (बीड़ी सेन्टर) में विकास की आवश्यकता और इस उद्देश्य की प्राप्ति की प्रक्रिया में अति सूक्ष्म (माइक्रो मिनी) स्तर पर **ग्राम-पंचायत-प्रखंड स्तर** पर एक सीमा तक अर्थव्यवस्था के पुनर्रचना की आवश्यकता के प्रश्न विश्लेषण का मुख्य केन्द्र बिन्दु बनाया गया है।

इस अध्याय में सामान्य रूप से भारत के बीड़ी उद्योग, महिला बीड़ी श्रमिक एवं विशेष रूप से भागलपुर जिला अंतर्गत जगदीशपुर प्रखंड के कुर्बान गांव के बीड़ी कारीगरों के कार्य एवं जीवन स्थितियों के कुछ महत्वपूर्ण पहलुओं यथा–आर्थिक, सामाजिक, स्वास्थ्य, ठेकेदारों का प्रभाव, सामाजिक सुरक्षा आदि स्थितियों का स्थायी विकास के प्रश्न पर विश्लेषण के साथ एक **वैकल्पिक विकास मॉडल** प्रस्तावित किया गया है। तंबाकू एवं बीड़ी के कारीगरों के

रोजगार, आर्थिक, स्वास्थ्य, सामाजिक स्थिति, कल्याण, सामाजिक सुरक्षा आदि से संबंधित राष्ट्रीय आंकड़ों के विश्लेषण के लिए राष्ट्रीय नमूना सर्वेक्षण, भारत की जनगणना, सूचना एवं प्रकाशन विभाग, श्रम मंत्रालय द्वारा बीड़ी श्रमिकों की स्थिति पर तैयार रिपोर्ट, वार्षिक प्रतिवेदन, द्वितीय राष्ट्रीय श्रम आयोग की रिपोर्ट, आर्थिक सर्वेक्षण, संबंधित अंतर्राष्ट्रीय-राष्ट्रीय, प्रांतीय स्तरीय जर्नल, पत्र-पत्रिका आदि का प्रयोग **सेकेंडरी स्त्रोत** (Secondary sources) के रूप में किया गया है। जबकि **प्राथमिक स्त्रोत** (Primary sources) के रूप में कुर्बान गांव के बीड़ी श्रमिकों की स्थिति की जानकारी प्राप्त करने व **सर्वेक्षण हेतु अनुसूची तकनीक** (Schedule technique) का प्रयोग किया गया है। महिला बीड़ी श्रमिक एवं बीड़ी उद्योग के संपूर्ण चर्चाओं को निम्नलिखित भागों में बांटा गया है–

4.0 असंगठित क्षेत्र, स्थायी विकास एवं अर्थव्यवस्था की पुनर्रचना;

4.1 भारत में बीड़ी उद्योग;

4.2 भारत में महिला बीड़ी श्रमिक;

4.3 कुर्बान गाँव की महिला बीड़ी श्रमिक; तथा

4.4 वर्तमान अर्थव्यवस्था का विकल्प।

देश की श्रम शक्ति मोटे-तौर पर दो वर्गों संगठित एवं असंगठित में बंटी है। श्रम शक्ति का अधिकांश हिस्सा असंगठित क्षेत्र में कार्यरत है।

भारत जैसे देश जहां की **बहुसंख्यक जनसंख्या** गांव में रहती है, **निर्धन है**, **निरक्षर है**, **बुनियादी सुविधाओं से वंचित है** तथा जिनके 93 **प्रतिशत** लोगों के रोजी-रोटी का आधार आज भी असंगठित क्षेत्र से संबंधित कार्य है। पिछले कुछ दशकों में संगठित क्षेत्र एवं असंगठित क्षेत्र में रोजगार की **खाई लगातार** बढ़ती ही जा रही है। वर्ष **1971** में जहां देश के कुल श्रमशक्ति का लगभग 89 प्रतिशत हो गया है तथा विषमता का यह सिलसिला अभी भी जारी है। **असंगठित क्षेत्र** में श्रमिकों की वह श्रेणी है, जिनके रोजगार की प्रकृति **अस्थायी** है, जो अधिकांशतः **अशिक्षित**, **बिखरे**, **निम्न सौदेबाजी क्षमता** वाले हैं। जिन पर नियोजक का जबर्दस्त **दबदबा** होता है और जो अपने हित को प्राप्त करने के लिए **संगठित होने में अक्षम** होते हैं।

4.0 असंगठित क्षेत्र, स्थायी विकास एवं अर्थव्यवस्था की पुनर्रचना (Unorganised Sector, Sustainable Development and Restructuring of Economy)

विश्वव्यापी शांति एवं स्थायी शांति की स्थापना **'सामाजिक न्याय'** (Social justice) के बिना कठिन है। अंतर्राष्ट्रीय श्रम संगठन का मानना है कि "इस संगठन की स्थापना सामाजिक न्याय की प्राप्ति के लिए हुई है और इस उद्देश्य

द्वारा **समाज को मोबलाइज** कर प्राप्त किया जा सकता है।" सामाजिक न्याय की स्थापना समाज में व्याप्त **अन्याय**, **अभाव**, **आर्थिक विषमता**, **घनघोर गरीबी को दूर कर सामान्य जन** या **आम जन** के **सामाजिक व आर्थिक उत्थान** से जुड़ा मसला है।

संसार की कोई भी अर्थव्यवस्था जो **औसत जनता** का आर्थिक उत्थान एवं दो वक्त की रोटी प्रदान करने में असक्षम है, तो उस अर्थव्यवस्था में एक सीमा तक पुनर्रचना की आवश्यकता अनिवार्य हो जाती है। संसार में आर्थिक रूप से पिछड़े क्षेत्र जहां 80% (दक्षिण अमरीका एवं कैबेरियन में 88%) पूर्वी एशिया व प्रशांत क्षेत्र में 82%, विकासशील राष्ट्र में 74% एवं दक्षिण एशिया में 60% से अधिक आबादी आज भी **1 अमरीकन डालर** (औसतन 45 रुपया) प्रतिदिन **के नीचे अपना जीवन गुजार** रही है (यूनिसेफ, 2001)। इस श्रेणी की बहुसंख्यक आबादी आज भी मुख्य रूप से असंगठित क्षेत्र यथा कृषि, पशुपालन, मत्स्यपालन, विनिर्माण, हैंडलूम, पावरलूम, चमड़ा, पापड़ निर्माण, ईंट भट्टा, कूड़ा बीनने, बीड़ी निर्माण क्षेत्रों में ठेका मजदूर, आकस्मिक मजदूर, गृह आधारित कारीगर (Home based workers) के रूप में कार्यरत हैं (**श्रम मंत्रालय, 1996**)।

वस्तुतः इन राष्ट्रों की अर्थव्यवस्था **'असंगठित क्षेत्र प्रधान अर्थव्यवस्था'** है। क्योंकि हम देखें तो इसकी एक सबसे बड़ी वजह से यह मालूम पड़ता है कि **भूमंडलीकरण-बाजारीकरण** के इस युग में भी इन राष्ट्रों की औसतन 80-85 प्रतिशत आबादी के जीविका का एकमात्र साधन आज भी असंगठित क्षेत्र के अंतर्गत आने वाले छोटे व मंझोले कार्य हैं और सारे दिन अपने शरीर का कतरा-कतरा झोंकने के बाद भी इन्हें सरकार द्वारा निर्धारित **न्यूनतम मजदूरी** भी नसीब नहीं हो पाती है। इस स्थिति में समाज के **बहुसंख्यक आबादी के जीवन स्तर** (Standard of living) में वृद्धि लाये बिना विकास में स्थायित्व लाना एक असंभव सा संकल्प प्रतीत होता है।

विकास का प्रश्न केवल कुछ **व्यक्तियों** (मुकेश अंबानी, रतन टाटा) कुछ **समाज** (मारवाड़ी), कुछ **राष्ट्र** (कनाडा, अमरीका) तथा कुछ **क्षेत्रों** (उत्तरी अमरीका, पश्चिमी यूरोप) के उन्नति व समृद्धि से भी मात्र जुड़ा नहीं है। बल्कि विकास का मसला **आमजन-औसतन आदमी** से भी जुड़ा है। विकास का अर्थ **समाज के सभी सदस्यों और विशेषकर सामान्यजन का संपूर्ण विकास यथा–सामाजिक, आर्थिक सांस्कृतिक, राजनैतिक विकास** है। **समृद्धि का फल** (Fruit of progress) का महत्वपूर्ण टुकड़ा आमजन को मिलना वस्तुतः **वास्तविक विकास** (Real development) है, ना कि समृद्धि के फल को देश के पांच व्यावसायिक घरानों–टाटा, बिड़ला, अंबानी और संसार की 11 बहुराष्ट्रीय कंपनियों–माइक्रोसाफ्ट, जिलेट, फोर्ड, सोनी द्वारा **'एनाकोंडा'** की तरह

पूरा का पूरा निगल जाना–विकास है। विकास का दूसरा रूप वास्तव में विकास को **बदरंग** बना देती है। इस प्रकार की अर्थव्यवस्थाएं अपने स्थायी विकास के उद्देश्य प्राप्ति के मंजिल से कोसों दूर हो जाती है। यह स्थिति कमोबेश संसार के अधिकांश अर्थव्यवस्थाओं की है। सब-सहारा अफ्रीका, मध्य-पूर्व तथा उत्तरी अफ्रीका, दक्षिण एशिया, पूर्वी एशिया तथा लैटिन अमरीका व कैरेबियन क्षेत्र की अर्थव्यवस्था के लिए स्थायी विकास एक **स्थायी समस्या** (Permanent problem) बन गयी है।

संसार में आर्थिक रूप से पिछड़े इन क्षेत्रों के **आम आदमी एवं शीर्षस्थ आदमी के आमदनी एवं विकास** का फासला लगातार बढ़ता ही जा रहा है। विश्व बैंक, अन्तर्राष्ट्रीय मौद्रिक कोष, संयुक्त राष्ट्र विकास रिपोर्ट में तो कमोबेश यही स्थिति उभर कर विश्व-बिरादरी के सामने आ रही है। इस स्थिति में **वर्तमान अर्थव्यवस्था एवं आर्थिक नीतियों की 'एक सीमा' तक पुनर्रचना का प्रश्न संसार के प्रत्येक समाज की सर्वोच्च प्राथमिकता की विषय वस्तु बन जाती है।**

असंतुलित विकास द्वारा समाज को **अस्थायी विकास** प्रदान करने का कार्य बड़े चतुराईपूर्ण ढंग से उन **'सुपर पावर देशों'** (Super power nations) यथा–अमरीका, ब्रिटेन, फ्रांस एवं अन्य विकसित राष्ट्रों द्वारा किया जा रहा है, जो संसार में स्थायी विकास, स्थायी शांति जैसे पवित्र उद्देश्य को प्राप्त करने की वकालत अंतर्राष्ट्रीय मंचों पर सैद्धांतिक रूप से जोर-जोर से करते हैं। किन्तु व्यवहार में उनकी आर्थिक नीतियां एवं आर्थिक विकास के कार्य ठीक इसके विपरीत होते हैं। उदाहरण स्वरूप **भूमंडलीकरण के स्लोगन** को इन राष्ट्रों द्वारा इस वकालत के साथ लोकप्रिय बनाया गया कि **इससे विकसित राष्ट्रों के साथ-साथ अविकसित एवं विकासशील राष्ट्रों का आर्थिक विकास त्वरित गति से होगा।** किन्तु **भारत** जैसे राष्ट्र के संदर्भ में हम देखते हैं कि **भूमंडलीकरण के महामंत्र** ने यहां के संगठित क्षेत्र के **रोजगार के अवसरों को सम्पूर्णता में लीलना शुरू कर दिया है** और असंगठित क्षेत्र के छोटे-मंझोले स्तर पर किसान से खेत एवं श्रमिक से उनकी नौकरियां न केवल छिन गई, बल्कि साथ ही साथ कई मंझोले एवं **छोटे लघु व कुटीर उद्योग भी ध्वस्त हो गए**, बंद हो गए। इन क्षेत्रों में रोजगार के अवसर एकदम **संकुचित** हो गए और होते जा रहे हैं। **सूचना-प्रोद्यौगिक** जैसे कुछ क्षेत्र को छोड़कर संगठित एवं असंगठित क्षेत्र में अपनी नौकरी खोने के बाद एक भूमंडलीकृत **बेरोजगारी की नई फौज** खड़ी हो गई है। दूसरी तरफ देश के बड़े-बड़े **सरकारी प्रतिष्ठान** एवं **निजी औद्योगिक** प्रतिष्ठान (सेल, कोल इंडिया, स्टेट बैंक, इंडियन होटलस, मारुति, टाटा सीमेंट) बहुराष्ट्रीय कंपनियों के आगे गुणवत्ता, कीमत व अन्य पैमाने पर नहीं टिक पाने के कारण नतमस्तक होने को मजबूर है, लाचार है।

राष्ट्र की ताकतवर कंपनियाँ बहुराष्ट्रीय कंपनियों का भूमंडलीकरण के उपरांत **आसान सा निवाला** बनती जा रही है। इस स्थिति में शक्तिहीन व छोटे व मंझोले स्तर की लघु-कुटीर उद्योग, ग्रामोद्योग, घरेलू आधारभूत धंधे के अस्तित्व पर पड़ने वाले संकट का सहजता से अनुमान लगाया जा सकता है। **गाँधी के गाँव, गाँव की खादी** एवं इस तरह के कार्य से जुड़े ग्रामीण कारीगरों व श्रमिकों के पेट पर पड़ने वाले संकट लगातार बढ़ते ही जा रहे हैं। विश्व अर्थव्यवस्था का यह **नया चेहरा भूमंडलीकरण-उदारीकरण-निजीकरण-बाजारीकरण** के रूप में वर्ष **1991** से भारतीय समाज के समक्ष उभर कर आया था। अर्थव्यवस्था के इस नये स्वरूप ने व्यापक स्तर पर सम्पूर्ण भारतीय अर्थव्यवस्था एवं सूक्ष्म स्तर पर धमरी, परबत्ता गोगरी, गोराडीह, सन्हौला, इस्तु, खीरी बांध, पुरैनी, मांछीपुर, इटहरी, शाहजंगी, फकरतकिया, कुर्बान जैसे कसबाई एवं ग्रामीण अर्थव्यवस्था के असंगठित क्षेत्रों के सामाजिक-आर्थिक-सांस्कृतिक-मनोवैज्ञानिक पक्षों पर मुख्य रूप से **नकारात्मक प्रभाव** (Negative effects) छोड़ा। इससे सूक्ष्म स्तर पर **स्थानीय अर्थव्यवस्था विकास शून्यता** की स्थिति में चली गई।

कुल मिलाकर 1991 के बाद की अर्थव्यवस्था अपने **इस पुनर्रचना** के उपरांत न केवल संगठित क्षेत्र में बल्कि असंगठित क्षेत्र में लगे लोगों को रोजगार प्रदान करने, एक अच्छा जीवन स्तर, बुनियादी सुविधा आदि उपलब्ध कराने में बुरी तरह असफल रही। विभिन्न विकासशील देशों की भांति भारतीय बाजार भी विभिन्न खाद्य व अखाद्य वस्तुएं एवं सेवाओं से भरे पड़े हैं। लेकिन इन सामग्रियों व सेवाओं को खरीदने के लिए आम आदमी के **बटुए में पैसे नहीं हैं**। इन औसत उपभोक्ता के लिए स्थायी विकास का अर्थ आज भी स्थायी रूप से **रोटी-कपड़ा-मकान** जैसे वायदों का मुकम्मल होना है और विशेष रूप से यह परिभाषा शाहजंगी, कबीरपुर, सन्हौला, कसाई टोला, फकरतकिया, पीपरपांती, तांती टोला, साहेबगंज कंपनीबाग के बीड़ी रौलिंग पापड़, टोकरी निर्माण जैसे कार्य में संलग्न श्रमिकों के लिए सत्य प्रतीत होती है। इनके लिए विकास के मायने कल भी यही थे और कमोबेश आज भी यही है।

अब प्रश्न यह उठता है कि भारत के **40 करोड़** लोग जो **प्रतिदिन 1 अमरिका डालर** के नीचे जीवन गुजर-बसर कर रहे हैं, **12 करोड़ लोग** जिन्हें पीने का स्वच्छ पानी नसीब नहीं है, **69 करोड़ लोग** जिन्हें सेनिटेशन सुविधा मुहैया नहीं है, **10 करोड़** कमसीन बच्चे जो अपने पारिवारिक आर्थिक दबाव के कारण खतरनाक व अति खराब दशा में कार्य करने को विवश हैं और इस स्थिति का सामना करने वाले जिन लोगों का संबंध **31 करोड़** असंगठित क्षेत्र के श्रमिकों से है। क्या इस श्रेणी के लोगों को वर्तमान अर्थव्यवस्था दो वक्त की रोटी, सर छुपाने के लिए छत, शरीर को ढंकने के लिए वस्त्र दे सकने में

समर्थ है या नहीं और नहीं तो इसमें पुनर्निर्माण व पुनर्रचना की आवश्यकता है और यदि हो तो किस सीमा तक।

क्योंकि बाजारीकरण का तामझाम व लाभ, **पीजा बर्जर संस्कृति वाली** मेट्रोपोलियन व काँसमोपोलिटन शहर तक ही पहुंच सकी है। गोराडीह, सन्हौला, गोगरी, पीरपैंती, ईटहरी, पुरैनी, नसरतखनी, नाथनगर जैसे इलाके, जहां देश की 70% से अधिक आबादी रहती है, वहां आज भी अधिकांश **औसत कारीगर** के सामने **सत्तू-लिट्टी और सूखी-रोटी चटनी** के अलावा कोई दूसरा विकल्प 1991 के आर्थिक सुधार के बाद भी नहीं है। ऐसी स्थिति में व्यापक स्तर पर दक्षिण एशिया एवं सूक्ष्म स्तर पर बैजानी, हुसैनाबाद, अलीगंज, साहेबगंज, बद्रे आलमपुर, रेसालाबाग जैसे इलाकों के लिए स्थायी विकास एक **'मृगतृष्णा'** बन गई है। **विकास की प्यासी यह जनता कल भी प्यासी थी, आज भी प्यासी है और यही स्थिति रही तो लगता है भविष्य में भी प्यासी ही रहेगी।**

इस खण्ड में किए गए तथ्यों के विश्लेषण से हम नतीजे पर पहुंच सकते हैं कि वर्तमान अर्थव्यवस्था यदि अपने स्थायी विकास के लक्ष्य को प्राप्त करना चाहती है तो एक सीमा तक इनमें पुनर्रचना के प्रश्न पर पुनर्विचार की आवश्यकता है। अन्यथा **पीजा संस्कृति** एवं **सत्तू-लिट्टी संस्कृति** के बीच की खाई को पाटना मुश्किल ही नहीं असंभव हो जाएगा।

4.1 भारत में बीड़ी उद्योग (Beedi Industry in India)

वर्ष 1999-2000 में भारत के संगठित क्षेत्र में 7 प्रतिशत (2.8 करोड़) एवं असंगठित क्षेत्र में 93 प्रतिशत (37 करोड़) श्रमिक कार्यरत थे। (राष्ट्रीय नमूना सर्वेक्षण, 2000)। प्रथम राष्ट्रीय आयोग (1969) ने असंगठित क्षेत्र के श्रमिका को कार्यशक्ति का वह भाग माना, जो आपके सामान्य उद्देश्य को पूरा करने के लिए कुछ मजबूरियों व बाधाओं के कारण संगठित होने में असक्षम होते हैं। असंगठित क्षेत्र वह क्षेत्र है जिसमें रोजगार का आकस्मिक स्वरूप, उपेक्षा व निरक्षरता, प्रतिष्ठानों का छोटा व बिखरा स्वरूप हो तथा नियोजक अत्यधिक शक्तिशाली होते हैं। आयोग ने असंगठित क्षेत्र के श्रमिकों में **10 प्रकार के श्रमिकों को चिह्नित** किया है, जिसमें ठेका श्रमिक एवं कंस्ट्रक्शन श्रमिक, आकस्मिक श्रमिक, लघु उद्योग में लगे श्रमिक, हैन्डलूम एवं पावरलूम बुनकर, **बीड़ी एवं सिगार कारीगर**, दुकान एवं व्यावसायिक प्रतिष्ठान में लगे श्रमिक, भंगी एवं मेहतर, चमड़े कार्य में लगे श्रमिक आदिवासी कामगार, अन्य असुरक्षित श्रमिक को शामिल किया गया था।

भारत के असंगठित क्षेत्र के 37 करोड़ श्रमिकों में 60% (24 करोड़) कृषि में, 10% (4 करोड़) विनिर्माण कार्य में, 9.3% (3.7 करोड़) व्यापक ट्रांसपोर्ट,

संचार एवं सेवा कार्य में लगे हैं (भारत, 2003)। संसार के 120 देशों में प्रतिवर्ष **60 लाख टन तंबाकू** का उत्पादन होता है। तंबाकू, बीड़ी, सिगार, खैनी, गुल, गुटका, हुक्का, जर्दा आदि में प्रयुक्त होने वाला प्रमुख **कच्चा सामग्री** (Raw Material) है। तंबाकू के कुल विश्व उत्पादन का 80 प्रतिशत अकेले **विकासशील देशों** द्वारा किया जाता है। तंबाकू उत्पादक प्रमुख देश हैं–**ब्राजील** (द. अमरीका), **चीन, भारत** (एशिया) **अमरीका** (उ. अमरीका) एवं **जिम्बाब्वे** (अफ्रीका)। साथ ही साथ तंबाकू उपयोग के खिलाफ संघर्ष करने वाले संगठनों में बड़ी संख्या में लोगों को रोजगार प्राप्त है (**श्रमिक दुनिया 2003**)।

तालिका सं. 4.0: असंगठित क्षेत्र में रोजगार (2003)

विवरण	कृषि	विनिर्माण कार्य	व्यापार-संचार	कंट्रक्शन	अन्य	कुल
संख्या (करोड़ में)	23.70	4.1	3.7	1.7	6.50	36.70
संख्या (प्रतिशत में)	60	10	9.3	4.6	16.50	100

स्रोत–भारत, सूचना एवं प्रसारण मंत्रालय, भारत सरकार, नई दिल्ली, 203, पृ. 642।

तालिका सं. 4.1: प्रमुख तंबाकू उत्पादक देश (2003)

क्षेत्र	दक्षिण अमरीका	एशिया	उ. अमरीका	अफ्रीका
देश	ब्राजील	चीन, भारत	अमरीका	जिम्बाब्वे

स्रोत–श्रम की दुनिया, आईएलओ पत्रिका, जनेवा, 2003, पृ. 16।

जहाँ तक भारतीय अर्थव्यवस्था का प्रश्न है–तंबाकू उद्योग यहां के **2.6 करोड़** लोगों (*पायोनियर*, 1999) को इंडियन टोबैको कंपनी (आई टी सी) जैसे–राष्ट्रीय प्रतिष्ठान, चौबे तंबाकू फैक्टरी, भागलपुर जैसे स्थानीय प्रतिष्ठान के माध्यम से तथा पुरैनी, खीरी बांध, जमनी, जबीबपुर, शाहजंगी, गोराडीह, सन्हौला, कुर्बान, खरीदी टोला, हुसैनाबाद जैसे कसबाई व ग्रामीण परिवारों (**House holds**) को यहां के '**बीड़ी कमीशनदार**' के माध्यम से रोजगार मुहैया कराती है। इसमें से भी कई गांव-टोला यथा कुरबान, खरादी टोला, खीरी बांध, मुखड़ा का आर्थिक विकास व समृद्धि तो पूरी तरह से **बीड़ी रौलिंग** (**Beedi Rolling**) कार्य से जुड़ा हुआ है, क्योंकि आज भी यहां की 70-80 प्रतिशत आबादी मुख्य रूप से इसी कार्य को अपने पेट का आधार बनाए हुए हैं। यदि सरकारी आंकड़ों पर भरोसा किया जाए, जिस पर '**कम अनुमान**' (**Under-estimation**) का आरोप है, तो इसके अनुसार 45 लाख (श्रम मंत्रालय, 2000) लोगों के जीविका का साधन तंबाकू क्षेत्र है। यद्यपि असंगठित क्षेत्र द्वारा प्रदान किये जाने वाले कुल

रोजगार का (तंबाकू क्षेत्र) मात्र 1 प्रतिशत (गैर-सरकारी आंकड़ों को लें तो 6 प्रतिशत) रोजगार प्रदान करता है। सरकारी अथवा गैर-सरकारी आंकड़े चाहे जो कहें यह क्षेत्र लगभग **2 से 5 करोड़** लोगों (औसत परिवार के सदस्यों की संख्या 5) के रोटी का आधार है। **लिंगानुसार वितरण** (Sex-wise Analysis) में देखें तो तंबाकू उद्योग में 62 प्रतिशत महिलाएं (28 लाख सरकारी आंकड़ों के अनुसार) महिलाएं एवं 38 प्रतिशत (17 लाख) पुरुष कारीगर (कामगार) हैं। आयुवार वितरण (Age-wise Analysis) को देखें तो देश के तंबाकू क्षेत्र में लगभग **10 प्रतिशत बच्चे** कार्यरत हैं।

श्रेणीवार वितरण (**Categories Analysis**) देखें तो 76 प्रतिशत (34 लाख, सरकारी आंकड़ानुसार) श्रमिकों को रोजगार अकेले बीड़ी निर्माण से मिलता है (**एन.एस. एस., रपट**)। भारत जैसे गरीब देश में **तंबाकू सेवन का मुख्य लोकप्रिय माध्यम बीड़ी है** और यही वजह है कि देश में बीड़ी का बाजार तंबाकू सेवन के अन्य किसी माध्यम यथा सिगार, गुल, गुटका, खैनी आदि से अधिक है (**उपभोक्ता एवं रोजगार के संस्था के दृष्टिकोणों से**)। बीड़ी तैयार करने वाले एवं इसका उपभोग करने वाले भी समाज के सबसे नीचे स्तर पर जीवन गुजर बसर करने वाले भारतीय हैं। तंबाकू क्षेत्र के प्रति आसान समझ पैदा करने के लिए इसे तीन क्षेत्रों एवं पुनः तीन-तीन उपक्षेत्रों में बांटा जा सकता है। **प्रथम श्रेणी में खेती** एवं **प्रसंस्करण** जिसके तीन उपक्षेत्र हैं–तंबाकू, तेन्दू पत्ता बागवानी, **दूसरी श्रेणी में निर्माण कार्य** (Manufacturing process) है जिसके अंतर्गत बीड़ी, सिगार, गुल, पान-मसाला निर्माण का कार्य किया जाता है। **तीसरी श्रेणी** में तैयार काल को बाजार में **बेचने** का कार्य थोक एवं खुदरा बीड़ी व सिगार व्यापारियों के माध्यम से किया जाता है। प्रथम, दूसरी एवं तीसरी श्रेणी में क्रमशः 5%, 80%, एवं 15% लोग रोजगार में लगे हुए हैं।

तालिका सं. 4.2: तंबाकू क्षेत्र में श्रेणीवार रोजगार

(प्रतिशत में)

विवरण	खेती प्रसंस्करण		निर्माण कार्य				व्यापार		कुल
	बागवानी	कच्चा तंबाकू पत्ता	बीड़ी	सिगार	गुल	पान-मसाला	थोक	खुदरा	
पुरुष	8	1	46	2	2	1	4	36	100
महिला	2	1	91	1	1	1	0	3	100
कुल	4.2	1.1	76.4	1.1	1.3	0.85	0	15.70	100

स्रोत–एन.एस.एस.ओ., 50वां राउंड, नई दिल्ली, 1994।

बीड़ी निर्माण का कार्य भारत के विचित्र प्रांतों में फैला हुआ है। किंतु देश के **6 प्रांत** बीड़ी निर्माण सघनता वाले प्रांत हैं। बीड़ी श्रमिक प्रांतों की संख्या के दृष्टि से **बिहार का स्थान छठा** है।

तालिका सं. 4.3: भारत में राज्यवार बीड़ी श्रमिकों का वितरण

प्रांत	म.प्र.	तमिलनाडु	आ.प्र.	प.बंगाल	उ.प्र.	बिहार	कर्नाटक	महारष्ट्र	उड़ीसा	केरल	कुल
संख्या (लाख में)	6.60	7.21	6.0	4.75	4.50	3.91	3.60	2.56	1.60	1.36	42.74
संख्या (प्रतिशत में)	15.4	14.5	14.0	11.1	10.5	9.0	8.40	5.99	3.7	3.7	100

स्रोत–वार्षिक प्रतिवेदन, श्रम मंत्रालय, भारत सरकार, नई दिल्ली, 1996–97, पृ. 75।

15 नवंबर, 2000 को विभाजन के उपरांत बचा और **37 जिलों, 533 प्रखंडों**, **130 शहरों** एवं **45 हजार से अधिक गांवों** वाला **'शेष बिहार'** एक ऐसा बिहार है, जहां कि 85 प्रतिशत आबादी आज भी गांव में बसती है। यहां की 50%, आबादी आज भी निर्धन है, निरक्षर है। कृषि व ग्रामीण आधारित अर्थव्यवस्था वाले बिहार की निर्धन व बुनियादी सुविधाओं से वंचित घनघोर अभाव में गुजर-बसर करने वाली जनता **बड़ी तादाद** मे मुख्य रूप से जमुई, नालंदा, भागलपुर, बेगूसराय, समस्तीपुर, मुंगेर आदि में बीड़ी निर्माण में संलग्न है (श्रम विभाग, पटना, 2002)। इसके अतिरिक्त आधा दर्जन बिहार के जिले

बिहार

ऐसे हैं जिसे श्रम विभाग बिहार सरकार ने अपने सर्वेक्षण में **छोटे पैमाने** पर बीड़ी कार्य वाले जिले के रूप में चिह्नित किया है ये जिले हैं–जहानाबाद, सिवान, चम्पारण, बांका, दरभंगा, मधुबनी (**श्रमायुक्त, बिहार**, 1997)।

बिहार

तालिका सं. 4.4: बिहार के बीड़ी कार्य संकेन्द्रित जिले एवं प्रखण्ड

क्रम संख्या	जिला	प्रखण्ड की संख्या	प्रखण्ड
1.	जमुई	4	झाझा, गिद्धौर, खैरा, जमुई
2.	नालन्दा	2	बिहार शरीफ, नूरसराय
3.	भागलपुर	3	जगदीशपुर, सन्हौला, गोराडीह
4.	बेगूसराय	2	बरौनी, बेगूसराय

स्रोत–वार्षिक प्रतिवेदन, श्रम नियोजन विभाग, बिहार, 2004, पृ. 4।

बिहार में बीड़ी कारीगरों की सरकारी संख्या गैर-सरकारी संख्या से तुलनात्मक रूप से कम आंकी गई प्रतीत होती है, क्योंकि जहाँ श्रम मंत्रालय, भारत सरकार के अनुसार बिहार में बीड़ी कारीगरों की संख्या लगभग **4 लाख** बतायी गई है, वहीं बिहार राज्य **बीड़ी मजदूर संघ**, के अनुसार बिहार में यह संख्या **8 लाख** के आस-पास है, जिसमें 50%, **केवल बच्चे एवं महिलाएं** हैं (**समाज कल्याण**, 1999)। जबकि **खैरा प्रखण्ड** के यूनियन महासचिव के अनुसार अकेले इस प्रखण्ड में बीड़ी रोलिंग कार्य में **1 लाख** लोग कार्यरत हैं। स्पष्ट है इस समस्या के संदर्भ में एक महत्वपूर्ण कठिनाई है सरकारी एवं गैर-सरकारी अनुमानों में बीड़ी कारीगरों की संख्या में फासला काफी बड़ा होना। इससे बीड़ी कारीगरों के सरकारी आंकड़ों के विश्वसनीयता पर प्रश्न चिन्ह लगना स्वाभाविक ही है।

बिहार प्रान्त एवं इसके बीड़ी बहुलक जिलों एवं प्रखण्डों में कारीगरों की **सही संख्या की गणना** आज भी श्रम विभाग, बिहार सरकार के लिए **एक चुनौतीपूर्ण कार्य** बना हुआ है, जिसकी उपेक्षा सरकार द्वारा लगातार की जा रहा है, और यदि नहीं तो क्यों नहीं ग्राम-प्रखण्ड-जिला स्तर पर बीड़ी कारीगरों की वास्तविक संख्या सरकार के पास उपलब्ध हो पा रही हैं। जो संख्या सरकार के पास उपलब्ध है वह वास्तविक संख्या से इतनी कम हैं कि इसने अपनी विश्वसनीयता ही खो दी है और इस आधार पर इस **समस्या की व्यापकता, विस्तार एवं गहराई का मापन कठिन** है।

भागलपुर जिला में बीड़ी श्रमिक

बिहार में बीडी कार्य संकेन्द्रित जिलों में **भागलपुर का तीसरा स्थान** है। भागलपुर के 16 प्रखण्डों में मुख्य रूप से जगदीशपुर प्रखण्ड, गोराडीह प्रखण्ड एवं सन्हौला प्रखण्ड में यह निर्धन, अशिक्षित एवं आम सुविधाओं से वंचित ग्रामीण द्वारा बड़े पैमाने पर किया जाता है।

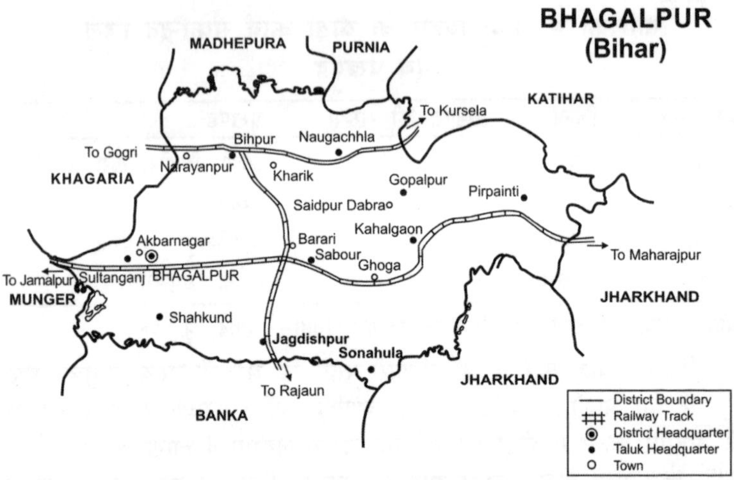

तालिका सं. 4.5: भागलपुर जिले के बीड़ी कार्य संकेन्द्रित ग्राम पंचायत

क्रम संख्या	प्रखण्ड	ग्राम पंचायत
1.	जगदीशपुर	1. उत्तरी पुरैनी 2. द. पुरैनी 3. खीरी बांध 4. जमनी 5. शाहजंगी 6. हबीबपुर, 7. इमामपुर
2.	गोराडीह	1. इस्तु 2. माछीपुर 3. पीथना
3.	सन्हौला	1. जमशी 2. आनंदपुर 3. बघमरा
4.	नाथनगर	1. कबीरपुर 2. नूरपूर

स्रोत–लेखक के सर्वेक्षण पर आधारित, 2005।

इन चर्चाओं से भारत के बीड़ी उद्योग के फैलाव, किस राज्य में इस कार्य की सघनता जैसी संबंधित बातों के विषय में एक धारणा बनती है। अब महिला बीड़ी श्रमिकों के विभिन्न पहलूओं को समझने की आवश्यकता है। जिससे इस क्षेत्र में लगे महिला श्रमिकों की स्थितियों से हम अवगत हो सकते हैं।

4.2 भारत में महिला बीड़ी श्रमिक (Women Beedi Workers in India)

"तंबाकू पहले कभी इतना विवादास्पद नहीं हुआ, जितना आज है। इस उद्योग से संबद्ध बहुत से लोगों के लिए रोजगार में स्थिरता व गिरावट चिंता का विषय है, खासकर सर्वाधिक संवेदनशील समूहों, जैसे महिलाओं, बच्चों तथा जातीय अल्पसंख्यकों के लिए, जो जीवन यापन के लिए तंबाकू उद्योग पर निर्भर है।"

–**हुआन सोमाविया** (आई.एल.ओ. महानिदेशक)

महिलाओं के प्रति रूढ़िवादी एवं परंपरागत सोच ने 20वीं सदी के आरंभिक दशक तक स्त्री को पिता, पति एवं पुत्र का **"आश्रिता"** मानते हुए उसे मुख्य रूप से घर की चहारदीवारी तक सीमित रखा। खाना बनाना, बच्चों, पति एवं बुजुर्गों की देखभाल करना जैसी परंपरागत भूमिका की गिरफ्त में उलझी महिलाओं के लिए कुछ अपवादों एवं उदाहरणों को छोड़कर कोई अन्य **गैर घरेलू भूमिका** न के बराबर थी। हाल के कुछ दशकों से महिलाओं ने बड़ी तादाद मे घरेलू दायित्वों के अतिरिक्त कारखानों, बागानों, खादानों, सरकारी कार्यालय, छोटे एवं बड़े पैमाने के उद्योगों, विनिर्माण, कंस्ट्रक्शन कार्यों एवं असंगठित क्षेत्र के पापड़, कालीन, जरी, ईंट, भट्ठा, सिल्क, इम्ब्रोडरिंग, टैलरिंग, बीड़ी निर्माण कार्य में **एक श्रमिक की नई भूमिका** (New role as workers) के रूप में अपनी पहचान बनाना शुरू कर दिया। महिलाओं की इस नई भूमिका का जन्म इनके प्रति बदले हुए सामाजिक सोच, कमजोर पड़ते रूढ़िवादी दृष्टिकोण पनपती नई आर्थिक संस्कृति एवं परिवार पर बढ़ते हुए आर्थिक दबाव का परिणाम है। आर्थिक जगत में महिलाओं के इस प्रवेश ने सूक्ष्म स्तर (Micro level) पर परिवार निर्माण एवं व्यापक स्तर (Macro level) पर राष्ट्र निर्माण को गति प्रदान की।

मुख्य रूप से दो प्रमुख कारण किसी भी बुद्धिजीवी, शिक्षाविद एवं शोधकर्ता का ध्यान आर्थिक रूप से सक्रिय महिला श्रमिक की ओर आकृष्ट कर लेते हैं। **पहला** देश के संगठित एवं असंगठित क्षेत्रों में महिला श्रमिकों की **कम संख्या** (पुरुष श्रमिकों से आधा) अर्थात आर्थिक क्षेत्रों में **निम्न महिला कार्य सहभागिता दर** (Low work participation rate) का होना। हमारे देश में पुरुष एवं महिला कार्य सहभागिता में **26 प्रतिशत** का लैंगिक अंतर (Gender gap) है। यह दर बिहार प्रांत में 29 प्रतिशत है (आर्थिक सर्वेक्षण, 2003)। **दूसरा** असंगठित क्षेत्रों जैसे–कालीन, बीड़ी, पापड़, जरी, ईंट, भट्ठा, इम्ब्रोडरिंग आदि कार्यों में महिला श्रमिकों का अत्यधिक **आर्थिक, शारीरिक, मानसिक एवं यौन शोषण** (Economic, physical, mental and sexual exploitation) होता है। द्वितीय राष्ट्रीय श्रम आयोग (2001) ने भी माना कि असंगठित क्षेत्र में कार्यरत महिला श्रमिकों का आर्थिक शोषण होता है, जिसमें उनको मनमाने ढंग से न

केवल **कच्चे सामग्री** की नियोजक व ठेकेदारों द्वारा कम आपूर्ति की जाती है बल्कि **मजदूरी** भी कम दी जाती है, जिसके कारण इनकी मेहनत का अंश राष्ट्रीय अर्थव्यवस्था में बहुत कम दृश्य होता है। देश के 40 करोड़ श्रमिकों में 27.4 करोड़ (69 प्रतिशत) पुरुष एवं 12.4 करोड़ (31 प्रतिशत) महिला श्रमिक हैं (भारत, 2003)। मौटे-तौर पर श्रम शक्ति को संगठित एवं असंगठित दो वर्गों में विभाजित किया जाता है। श्रमशक्ति का अधिकांश हिस्सा लगभग 93 प्रतिशत (37 करोड़) असंगठित क्षेत्र एवं मात्र 7 प्रतिशत (2.79 करोड़) संगठित क्षेत्र में कार्यरत है। असंगठित क्षेत्र में 25.11 करोड़ (68 प्रतिशत) पुरुष एवं 11.89 करोड़ (32 प्रतिशत) महिला श्रमिक हैं। 12.4 करोड़ महिलाओं में 85 प्रतिशत ग्रामीण एवं 15 प्रतिशत शहरी क्षेत्र में कार्यरत हैं। क्षेत्रानुसार वितरण देखा जाये तो महिला श्रमिकों की कुल संख्या का 96 प्रतिशत असंगठित क्षेत्र में संलग्न है। द्वितीय श्रम आयोग (2001) ने जिन 10 विनिर्माण कार्य को चिह्नित किया है, जिनमें सबसे अधिक महिला श्रमिकों का संकेन्द्रण है। उसमें तंबाकू क्षेत्र सबसे शीर्ष पर है। इसके अतिरिक्त महिला श्रमिक संकेन्द्रित विनिर्माण क्षेत्र है—सूती वस्त्र, मशीन, यंत्र एवं पुर्जा, दियासलाई, आतिशबाजी, मिट्टी-ग्लास, सीमेंट, लोहा एवं स्टील, ड्रग्स एवं मेडीसन, बेकरी एवं अनाज मिल्स तथा गारमेंट निर्माण कार्य।

देश में तंबाकू सेवन का प्रमुख माध्यम बीड़ी, सिगार, गुटका, खैनी, गुल, हुक्का, जर्दा आदि है। भारत में तंबाकू क्षेत्र में लगभग 2.6 करोड़ श्रमिक (*पायोनियर*, 1999) है। राष्ट्रीय नमूना सर्वेक्षण के अनुसार तंबाकू क्षेत्र में 76 प्रतिशत लोगों को रोजगार अकेले बीड़ी निर्माण उद्योग प्रदान करता है। गृह आधारित (Home based) होने के कारण देश के **45 लाख** बीड़ी श्रमिकों में बीड़ी निर्माण में **76 प्रतिशत (34 लाख**) महिलाएं कार्यरत हैं। जबकि बीड़ी श्रमिक संगठन एवं गैर सरकारी संगठनों के अनुसार वास्तव में बीड़ी श्रमिकों की संख्या कई गुणा अधिक है। बीड़ी (रौलिंग) कार्य में बड़ी तादाद में महिलाओं की संलग्नता इस क्षेत्र में इनके संकेन्द्रण की ओर इशारा करती है।

गृह आधारित कार्य में महिला श्रमिकों का संकेन्द्रण (Concentration of Women in Home-based Work)

महिला बीड़ी श्रमिकों की सामजिक, रोजगार आर्थिक, स्वास्थ्य संबंधी स्थितियां अत्यंत दयनीय एवं चितंनीय है। गृह आधारित कार्य होने के कारण महिला बीड़ी कारीगरों का संगठित होना एक अति कठिन कार्य होता है, जिसके कारण इस कार्य में अधिकांश महिलाएं अत्यंत दयनीय जीवन जीने हेतु अभिशप्त हैं। प्राय: देखा गया है कि जिन समुदायों के सांस्कृतिक परंपरा में महिलाओं के लिए पर्दा एवं एकांतता पर जोर है, उन समुदायों में महिलाओं के लिए बीड़ी

निर्माण जैसी गृह आधारित कार्य को ही **'सामाजिक स्वीकृति'** (Social approval) मिलती है। वस्तुतः बीड़ी निर्माण जैसे गृह आधारित कार्य **अनुत्पादक एवं उत्पादक कार्य** (Unproductive and productive work) के बीच अनुकूलता व संतुलन उत्पन्न करता है (रत्ना एवं रूपिंदर, 1999)। निर्धन मुस्लिम परिवार की महिलाएं अपने घरेलू श्रम का अधिकतम उपयोग के लिए बीड़ी रौलिंग कार्य के अवसर को स्वीकार लेती है। परिवार के महिला श्रम का उपयोग **'पारिश्रमिकपूर्ण अवसर की उपलब्धता'** पर निर्भर करती है। इसके अलावा महिलाएं स्थापित रीति-रिवाज के खिलाफत कर दूसरे गैर-घरेलू कार्य को स्वीकारने की स्थिति में नहीं होती है (जरीना, 1980)। 1980 के दशक में जब बीड़ी रौलिंग कार्य कारखाने के भवन से कारीगर के घर पर स्थानांतरित हो गई तब इस कार्य में **श्रमशक्ति के महिलाकरण** (Femanization of labour force) होने में यह मददगार साबित हुई (झावला, धवन एवं महाजन, 1985)। बीड़ी कंपनी द्वारा यह स्थानांतरण विधान द्वारा बीड़ी कारीगरों के लिए निर्धारित **सामाजिक सुरक्षा** (Social security) एवं अन्य कानूनी उलझनों से बचने के उद्देश्य से किया गया था। यद्यपि महिलाएं अपनी पारिवारिक आर्थिक दबाव के कारण इस कार्य में लग तो जरूर जाती हैं लेकिन इससे उनके जीवन में एक और संघर्ष का सामना करना जुड़ जाता है, जिसकी कीमत अपनी नींद, आराम, फुरसत के पल आदि को गंवा कर चुकानी पड़ती है (मीरा, 1998)।

1. परिचय पत्र (Identity Card)

देश के **31 प्रतिशत (14 लाख)** बीड़ी श्रमिकों को परिचय पत्र (Identity Card) निर्गत नहीं हो पाया है (श्रम मंत्रालय, 1997)। इसका दुर्भाग्यपूर्ण पहलू यह है कि पुरुष श्रमिकों की तुलना में कई गुणा अधिक महिला बीड़ी कारीगर स्थानीय बीड़ी चिकित्सालय, श्रम मंत्रालय द्वारा जारी परिचय पत्र से वंचित हैं। मुस्लिम समुदाय में **पर्दा प्रथा** के कारण भी महिलाएं अपने नाम का परिचय पत्र नहीं बनवा पाती हैं (बागची एवं मुख, 1996)। इसका दुष्परिणाम यह होता है कि इन परिचय पत्र विहीन महिला बीड़ी श्रमिक को श्रम मंत्रालय, भारत सरकार द्वारा प्रदान की जाने वाली मुफ्त चिकित्सा सुविधा एवं कल्याण संबंधी सुविधाओं से वंचित हो जाना पड़ता है। इस प्रकार वो अपनी **टी.बी., अस्थमा, साइटिका, कमर के हड्डी में पानी, नेत्र दोष** संबंधी रोग का मुफ्त इलाज सरकारी बीड़ी डिस्पेंसरी में नहीं करवा पाती हैं। इस कार्ड को निर्गत करवाने में कई बार इन महिलाओं को संबंधित श्रम कार्यालय एवं श्रमिक संघ के नेता की मुट्ठी भी गर्म करनी पड़ती है।

2. कच्चे सामग्री की आपूर्ति (Supply of Raw Material)

अंतर्राष्ट्रीय श्रम संगठन (2003) ने अपने अध्ययन में पाया है कि इन महिला बीड़ी कारीगरों को **बिचौलिया** (ठेकेदार, एजेंटी, वेंडर) द्वारा तैयार करने के लिए कच्ची सामग्री की कम आपूर्ति की जाती है। इन श्रमिकों को **1000 बीड़ी रौल करने हेतु 800 ग्राम तेन्दू पत्ता, 300 ग्राम तंबाकू** एवं **एक लच्छा सूती धागा** मिलना चाहिए किन्तु इन बिचौलियों द्वारा इन सामग्री की प्राय: अपर्याप्त मात्रा में आपूर्ति की जाती है। महिला बीड़ी कारीगरों को प्राय: इन बिचौलियों के घर पर कम कच्चे सामग्री की आपूर्ति की शिकायत करते हुए देखा जा सकता है। ठेकेदार से पर्याप्त मात्रा में कच्चे सामग्री की आपूर्ति करने के लिए दबाव बढ़ाने पर कारीगर को काम मिलना भी बंद हो जाता है।

गरीबी की गर्त में गिरी इन महिला कारीगरों के सामने ठेकेदार से कम मात्रा में कच्चे सामग्री को स्वीकारने के सिवाए कोई विकल्प ही नहीं होता है। इस अपर्याप्त आपूर्ति को महिला कारीगर ऊँचे मूल्य पर कच्ची सामग्री खरीद कर पूरा करती है। ऐसा नहीं करने पर इन महिला कारीगरों के मजदूरी से इसी अनुपात में ठेकेदार द्वारा कटौती कर ली जाती है। इसलिए महिलाएं मजदूरी में कटौती एवं काम नहीं मिलने के भय से खुद ही इस कमी को पूरा करती है, जो उन्हें अपने बटुए से लगाना होता है। इसके अतिरिक्त ठेकेदारों द्वारा तैयार बीड़ी को बड़े पैमाने पर **खराब गुणवत्ता** (Bad quality) **के नाम पर छांट** दिया जाता है। इसे वह लेने से अस्वीकार कर देता है। इस छांटे गये तैयार बीड़ी की मजदूरी महिलाओं को नहीं मिल पाती है। साथ ही साथ छांटे गये बीड़ी की संख्या के अनुपात में अगले दिन के लिए कच्चे सामग्री से कटौती भी कर ली जाती है।

3. मजदूरी (Wages)

बीड़ी निर्माण कार्य में लगे बीड़ी कामगार की न्यूनतम मजदूरी राज्यानुसार भिन्न-भिन्न होती है। श्रम नियोजन विभाग, **बिहार सरकार के अधिसूचना संख्या 3264/2004** के अनुसार प्रति हजार **बीड़ी रौलिंग** (Beedi rolling) की न्यूनतम मजदूरी 52 रुपया है किंतु वास्तव में इनको न्यूनतम मजदूरी से 30 **प्रतिशत** तक कम मजदूरी प्राप्त होती है (रवि एवं रागिनीदीप, 2005)। महिला बीड़ी श्रमिकों की मजदूरी संबंधी तीन प्रकार की समस्याओं का सामना करना पड़ता है (आईएलओ, 2003; रवि एवं रागिनीदीप, 2005)–(i) **न्यूनतम मजदूरी** दूसरे काम की तुलना में बीड़ी रौलिंग में कम होना, (ii) सरकार द्वारा निर्धारित न्यूनतम मजदूरी अधिसूचित तिथि से नहीं मिलना, (iii) न्यूनतम मजदूरी एवं अन्य सुविधाओं की मांग करने पर इसके लिए आवाज उठाने पर बीड़ी कंपनी मालिक द्वारा अपने स्थानीय बीड़ी **गोदाम को हटाकर** दूसरे **आर्थिक रूप से पिछड़े**

क्षेत्र में स्थानांतरित कर देते हैं। इसके अतिरिक्त मनमाने ढंग से औसतन **महीने में 10 से 15 दिन** काम नहीं देते हैं, इस वजह के साथ कि उनका पिछला तैयार बीड़ी माल नहीं बिका है (रवि एवं रागिनीदीप, 2005), जिससे इन निर्धन **बीड़ी श्रमिकों के सामने भूखों मरने की नौबत आ जाती है।**

4. रोजगार माध्यम (Employment Media)

देश के 75 प्रतिशत बीड़ी श्रमिकों को ठेकेदारों एवं बिचौलियों के माध्यम से तथा 25 प्रतिशत श्रमिकों को खुद (Direct) से बीड़ी रौलिंग का काम प्राप्त होता है (सिद्धान्त, 2004)। बिहार, आंध्र प्रदेश, मध्य प्रदेश तथा उत्तर प्रदेश जैसे प्रान्तों में यह कार्य अधिकांश स्थितियों में **ठेकेदार** (Middle man) द्वारा ही प्रदान किया जाता है।

5. रोजगार में प्रवेश वक्त आयु (Age at the Time of Entering in Employment)

बीड़ी रौलिंग का कार्य हुनर व कुशलता पर आधारित होने के कारण अधिकांश महिलाएं प्रायः अपने **बाल्यावस्था** (Childhood) में और कई बार तो **4 वर्ष** की उम्र से बीड़ी रौलिंग के कार्य से जुड़ या जोड़ दी जाती है (धरमलिंगम, 1987)। पचास प्रतिशत महिलाएं 5-10 एवं अन्य पचास प्रतिशत महिलाएं 10-15 वर्ष की आयु से इस कार्य से जुड़ जाती हैं। इससे महिलाएं वयस्क होने तक **सहायक बीड़ी श्रमिक** (Helping beedi worker) के रूप में मुख्य बीड़ी कारीगर के संयुक्त खाता में ही काम करती है। प्रायः मां अपनी बेटियों को यह हुनर सिखाती हैं। यह **'हुनर स्थानांतरण'** इसलिए भी संभव हो पाता है कि इससे इन निर्धन परिवारों को अपने आर्थिक दबाव को एक सीमा तक कम करने का अवसर मिल जाता है। इस कार्य में महिलाएं परंपरागत रूप से लगी होती है।

6. कार्य एवं जीवन स्थिति (Work and Life Conditions)

बीड़ी कार्य में लगी महिलाओं की कार्य एवं जीवन स्थितियां, सौदेबाजी क्षमता पुरुष श्रमिकों की तुलना में और भी कमजोर होती हैं। न तो नियोजक और न ही ट्रेड यूनियन महिलाओं को श्रमशक्ति का एक महत्वपूर्ण अंग मानते हैं। क्योंकि वे देखते हैं कि व्यावहारिक जीवन में गृह आधारित कार्य को छोड़कर बाहर दूसरे कार्य को करने के लिए वह पूरी तरह से स्वतंत्र नहीं होते हैं। इस कार्य में लगी महिला श्रमिकों में **निम्न गतिशीलता** (Low mobility), निम्न आर्थिक स्थिति एवं अत्यधिक निर्धनता के लक्षण दृश्य होते हैं। इनके इस कमजोर आर्थिक स्थिति का प्रमुख कारण निम्न **मजदूरी, कमजोर, सौदेबाजी क्षमता, वैकल्पिक रोजगार का अभाव** होना है (प्रसाद एवं अनुराधा, 1985)। क्योंकि

ये वैसे श्रमिक हैं जिनके पास रोजगार का कोई दूसरा विकल्प नहीं होता है। कम मजदूरी मिलने एवं **अत्यधिक शोषण होने पर भी जिंदा रहने के लिए ये महिलाएं बीड़ी रौलिंग का काम** करती हैं। इनके जीवन स्थितियों को नजदीक से देखने से ऐसा प्रतीत होता है–**मानो ये कल भी भूखे थे, आज भी भूखे हैं और यही स्थिति बनी रही तो भविष्य में भी भूखे रहेंगे।** जीवन की गुणवत्ता के नाम पर न तो इनको खाने के लिए पोषाहार युक्त भोजन नसीब है, न पीने का स्वच्छ जल, न शौचालय की समुचित व्यवस्था है, न स्नान करने को स्नानागार, न सड़क की सुविधा है, न बिजली की रोशनी। पेट की मार ने इनके बच्चों को किताब व गुड्डे-गुड्डियों की जगह तंबाकू व तेन्दू पत्ते से खेलने को मजबूर कर दिया है। अधिकांश महिला बीड़ी श्रमिक गरीबी रेखा के नीचे जीवन यापन करने के कारण प्राय: **शौचालय विहीन, एक कोठरी वाले कच्चे मकान** में रहती हैं। (राजशेखर, 2002; श्रवण, 2002; रवि एवं रागिनीदीप, 2005)।

7. शैक्षिक स्थिति (Educational Status)

बीड़ी रौलिंग कार्य में लगी महिला श्रमिकों में उच्च अशिक्षा (High illiteracy rate) दर पाया गया है। देश की 60 प्रतिशत महिला बीड़ी श्रमिक अशिक्षित हैं। भारत में **बिहार** वह प्रांत है जहां सर्वाधिक लगभग 91 प्रतिशत बीड़ी महिला श्रमिक अशिक्षित हैं। जबकि आंध्र प्रदेश, मध्य प्रदेश, तमिलनाडु में यह दर क्रमश: 86 प्रतिशत, 78 प्रतिशत, 42 प्रतिशत है। केरल एक मात्र ऐसा प्रांत है जहां सभी महिला बीड़ी श्रमिक शिक्षित हैं (श्रम मंत्रालय, 1996)।

8. स्वास्थ्य स्थिति (Health Status)

गृह आधारित काम होने के अपने फायदे एवं नुकसान होते हैं। इसका प्रतिकूल प्रभाव न केवल महिला श्रमिक पर बल्कि उसके परिवार के संपूर्ण सदस्यों पर पड़ता है (रत्ना एवं रूपिंदर, 1999, आई.एल.ओ., 2003)। दिन-रात तम्बाकू के साये में रहने के कारण **निकोटिन का जहर** इन श्रमिकों के **फेफड़ों को धीरे-धीरे गलाना** शुरू कर देता है। तंबाकू की तेज गंध की झांस इनके फेफडों को बुरी तरह झुलसा देती है। फलत: तंबाकू के तेज गंध व निकोटिन के जहरीले प्रभाव छोटे एवं बंद कमरों में लंबे समय से काम करने वाली इन महिलाओं को **टी.बी., अस्थमा, ब्रोनकाइटिस, साइटिका, अधिक मासिक स्राव, अनिमिया, नेत्रदोष, सिरदर्द, कमर झुक जाना, कमर की हड्डी में पानी बन जाना** जैसी बीमारियां अपना आसान शिकार बना लेती हैं (आई.एल. ओ., 2003)। इनके व्यावसायिक रोगों के इलाज के लिए स्थानीय चिकित्सालयों से चिकित्सा सुविधा प्राप्त ना होना तथा अपर्याप्त होना इनके बीमारी को अति गंभीर बना देती है।

बीड़ी महिला श्रमिक एवं उनके परिवार के सदस्य प्रायः **स्वास्थ्य, शिक्षा, प्रसव-सुविधा, सामूहिक बीमा, खेलकूद, मकान** आदि सुविधा की मोहताज होते हैं। विशेषकर बालिकाओं को शिक्षा से वंचित रहना पड़ता है। प्रति हजार बीड़ी उत्पादन पर केन्द्र सरकार **2 रुपया शेष बीड़ी मालिक** से लेती हैं, जिसका उपयोग केन्द्रीय श्रम मंत्रालय, अपने बीड़ी चिकित्सालय, बीड़ी अस्पताल के माध्यम से मुफ्त चिकित्सा सेवा सुविधा जरूरतमंद श्रमिकों एवं उसके परिवार के सदस्य को प्रदान करती है।

9. सामाजिक सुरक्षा (Social Security)

कर्मचारी भविष्य निधि अधिनियम, 1952 के अंतर्गत महिला बीड़ी श्रमिकों की मजदूरी से 10 प्रतिशत की दर से इस कोष के लिए कटौती अनिवार्य है। लेकिन वास्तव में इससे संबंधित कई समस्याओं का सामना इन श्रमिकों को करना पड़ता है। आई.एल.ओ. का कहना है कि **कई बार बीड़ी ठेकेदार व नियोजक इस कटौती को भविष्यनिधि में जमा** नहीं करता है। इसके अतिरिक्त कटौती में अनियमितता, भविष्य निधि खाता का अद्यतन न करना इस कोष के भुगतान संबंधी देरी आदि का सामना करना पड़ता है। **कर्मचारी पेंशन योजना**, 1995 के तहत स्थायी रूप से अशक्त होने पर **अशक्तता पेंशन**, मृत्यु होने पर नामित को पेंशन, दो बच्चों को **अनाथ पेंशन** 25 वर्ष की आयु तक, सेवानिवृत्त होने पर पेंशन, पूर्ण एवं स्थायी रूप से अशक्त होने की स्थिति में अनाथ पेंशनभोगी आजीवन अनाथ पेंशन, भविष्य निधि कोष का 50 प्रतिशत **गृह निर्माण** के लिए ऋण, बेटा-बेटी की शादी में 50 प्रतिशत राशि कर्मचारी के इस कोष से देने का प्रावधान है। किन्तु इन श्रमिकों को ऋण-शादी, **गृह निर्माण** के लिए अन्य सुविधा वास्तव में मुश्किल से ही मिल पाती है एवं मृत्यु के उपरांत पेंशन मिलने में काफी कठिनाइयों का सामना इन कारीगरों को करना पड़ता है, जो बीड़ी श्रमिक भविष्य निधि में शामिल हैं उनके लिए केन्द्र सरकार ने 1992 से **सामूहिक बीमा योजना** शुरू की है। इसमें परिचय पत्र धारित बीड़ी श्रमिक को दुर्घटना से मृत्यु एवं स्थायी अशक्तता की स्थिति में 25,000 रुपये एवं प्राकृतिक मृत्यु एवं अस्थायी अशक्तता की स्थिति में क्रमशः 10,000 रुपये एवं 12,500 रुपये देने का प्रावधान है। लेकिन वास्तव में महिला बीड़ी कर्मचारी इन सुविधाओं का लाभ नहीं उठा पाती है।

4.3 कुर्बान गाँव का महिला बीड़ी श्रमिक (Women Beedi Workers of Kurban Village)

4 लाख आबादी वाले **भागलपुर जिले** में 20 लाख (81%) लोग गांव में तथा 4.5 लाख (19%) लोग शहरी क्षेत्र मे रहते हैं। यह जिला 16 प्रखंडों

नरायणपुर, बिहरपुर, खरीफ, नवगछिया, रंगरा चौक, गोपालपुर, पीरपैंती, कहलगांव, इस्माईलपुर, सबौर, सुल्तानगंज, शाहकुंड, गोराडीह, जगदीशपुर तथा सन्हौला में बंटा है। राष्ट्रीय स्तर पर **'सिल्क सिटी'** के रूप में ख्याति प्राप्त भागलपुर की अर्थव्यवस्था का मुख्य आधार सिल्क निर्माण कार्य के बाद बीड़ी निर्माण, (बीड़ी रौलिंग) है। भागलपुर जिला में मुख्य रूप से 1030 हैण्डलूम, 5230 सिल्क निर्माण, 250 बीड़ी निर्माण, 97 तेल मिल्स, 70 प्रिंटिंग प्रेस, 40 साबुन उद्योग हैं जिसमें क्रमशः 20, 504, 8840, 150, 22, 640, 2000, 870, 400 कामगार इन कार्यों में लगे हैं। इसके अतिरिक्त आटा-चक्की, प्लास्टिक कारखाना, चूना मिल्स, रेडिमेड गारमेंट्स, आयुर्वेदिक दवा, ऊडेन फर्निचर, केमिकल गुड्स, इलेक्ट्रीकल गुड्स, दाल मिल्स, स्टील ट्रंक सूटकेस, एल्युमीनियम गुड्स, रबर इंडस्ट्रीज, होजरी, इम्ब्रोडरिंग, अगरबत्ती, फिशिंग, कोल्ड स्टोरेज, बोन मिल एवं फर्टिलाइजर, जर्दा, मोमबत्ती, इंक आदि के छोटे-मोटे पैमाने पर उद्योग धंधे हैं।

स्पष्ट है कि भागलपुर जिले की अर्थव्यवस्था में कृषि एवं सिल्क के बाद सबसे ज्यादा लोगों को रोजगार प्रदान करने वाला क्षेत्र-**बीड़ी निर्माण उद्योग** है। जो भागलपुर जिले के ग्रामीण एवं आंशिक रूप से शहरी अर्थव्यवस्था से जुड़े 23 हजार लोगों के रोटी का एकमात्र माध्यम है। **भागलपुर जिले** में बीड़ी रौलिंग (मोड़ना) का कार्य मुख्य रूप से कुर्बान, खीरी बाँध, नुरपुर, खरादी टोला, हबीबपुर, चमेली चक्र, रेसाला बाग, पंखा टोली, शाहजंगी, खिलाफत नगर, मंसूरी टोला, बद्रेआलमपुर, इस्लामपुर, मोहीउद्दीनपुर, तातारपुर, भतुआ बाड़ा टोला, मांछीपुर, राजपुर, हुसैनाबाद, गणीचक, इमामपुर, चदरिया, काजीचक, मौलानाचक, सकउल्ला चक, कबीरपुर, साहेबगंज, इस्तु, पीथना आदि क्षेत्रों में बड़े पैमाने पर होता है। इसमें से कई गाँव एवं टोले व मोहल्ले तो ऐसे हैं जहां की बहुसंख्यक आबादी द्वारा बीड़ी बनाने का कार्य यदि नहीं किया जाए तो **दूसरे कार्य के अभाव में इन्हें भूखों मरना पड़ सकता** है, क्योंकि **गुमनाम भारत** के इस हिस्से की अति निर्धन जमात के सामने दो वक्त की रोटी के जुगाड़ के लिए दूसरा कोई वैकल्पिक रोजगार है ही नहीं। इसलिए ये विवश होकर वैकल्पिक रोजगार के अभाव में ठेकेदारों एवं बीड़ी कंपनियों द्वारा अत्यधिक आर्थिक, मानसिक, शारीरिक शोषण करने के बावजूद भी वहां काम करने के लिए बाध्य हैं।

जगदीशपुर प्रखंड के 4.71 लाख की आबादी (भागलपुर की जनसंख्या का 20%) का 76% (3.50 लाख) हिस्सा शहरी एवं 24% (1.21 लाख) ग्रामीण हैं। जिसमें बच्चों की जनसंख्या लगभग 16% (73 हजार)। जबकि यहाँ 56% आबादी साक्षर है (भारत की जनगणना, 2001)। यह प्रखण्ड पूर्वी भारत में **कतरनी चावल एवं चूरा** के लिए प्रसिद्ध है। जगदीशपुर प्रखण्ड को भागलपुर के 'सोलह प्रखंडों' में से एक ऐसे प्रखंड के रूप में देखा जा सकता है, जहां

समूचे जिले में सबसे बड़ी तादाद में लोगों की रोटी का आधार बीड़ी रौलिंग का कार्य है। इस प्रखंड में अनुमानतः 40 हजार (जगदीशपुर प्रखंड की जनसंख्या का 10%) बीड़ी कार्य में लगे हैं। जिसमें 60% (24 हजार) महिला कारीगर एवं 20% (8 हजार) बालिकाएं लगी हुई हैं। इस प्रखंड के सात ग्राम पंचायत जगदीशपुर के 90%, **बीड़ी रौलिंग संकेन्द्रित ग्राम पंचायत** है। वस्तुतः ये सात ग्राम पंचायत भागलपुर जिला के मुख्य बीड़ी रौलिंग पॉकेट है और वास्तव में **सरकारी सामाजिक सुरक्षा** का लाभ बड़े पैमाने पर इन चिंहित क्षेत्रों को पहुंचाने की आवश्यकता है।

कुर्बान गांव जगदीशपुर प्रखंड के **जमनी ग्राम पंचायत** का प्रमुख बीड़ी निर्माण संकेन्द्रित गांव है। गांव के बीड़ी कारीगर **मो. कासिम आलम** के अनुसार किसी पाक कार्य के लिए अपनी जान न्यौछावर कर देने का अर्थ ही कुर्बान है। यह गांव त्याग का गांव है। कुर्बान गांव संत टेरेसा स्कूल एवं पुराने भागलपुर आकाशवाणी केन्द्र के नजदीक स्थित है। यह गांव निम्नलिखित कारणों से अपनी ओर आकृष्ट करता है–

(1) यह गांव शत-प्रतिशत मुस्लिम समुदाय का गांव है, (2) इस गांव में शत-प्रतिशत मुस्लिम समुदाय के उच्च श्रेणी के शेख शाखा के लोग रहते हैं, (3) इस गांव की अधिकांश आबादी निरक्षर है, (4) अधिकांश बच्चे अक्षर ज्ञान से वंचित हैं, (5) गांव के ग्रामीण बड़ी संख्या में बीड़ी बनाने के कार्य में लगे हैं, (6) गांव की अर्थव्यवस्था का प्रमुख आधार बीड़ी तथा कृषि है, (7) भागलपुर स्टेशन एवं शहरी क्षेत्र से बिल्कुल नजदीक है, तथा (8) गांव का विभिन्न बुनियादी सुविधा से वंचित एक अलग-थलग गांव है।

इन तमाम चुभने वाली तथ्यों की सच्चाई का बखान कुर्बान गांव के बीड़ी श्रमिकों के सामाजिक-आर्थिक स्थितियों से संबन्धित सर्वेक्षण से पता चलता है। यह गांव 200 परिवार (हाउसहोल्ड) का गांव है। यहां की आबादी लगभग 2000 है। वोटर लिस्ट के अनुसार 18 या उससे अधिक उम्र के 700 वोटर हैं। औसतन प्रति परिवार का आकार 10 था, जबकि प्रति परिवार बच्चों की औसत संख्या 6 थी। गांव में सबसे बड़ी आबादी बच्चों की है, जो लगभग 1200 के आसपास है जबकि कुर्बान गांव के प्राथमिक विद्यालय के प्रथम वर्ग से पांचवी वर्ग में मात्र 200 बच्चे नामांकित है। इस गांव में 95 प्रतिशत लोग कच्चे मकान, झौपड़ियों में किसी तरह से शरद, जेठ, बरसात ऋतु में अपना सिर छुपा लेते हैं। कई ग्रामीण जिसमें बीड़ी कारीगर भी शामिल हैं प्लास्टिक के घेराबंदी कर, फूस वाले मकान में किसी तरह से अपने चलते-फिरते जिंदा लाश को थोड़ी देर के लिए आराम दे लेते हैं।

इस गांव की अर्थव्यवस्था का मुख्य आधार बीड़ी तैयार करना है। लगभग 90% (180 घरों में) बीड़ी निर्माण का कार्य पुरुष, महिलाओं एवं बच्चों द्वारा होता है। 10 से 20 घरों को छोड़कर प्रत्येक घर में बीड़ी रौलिंग का कार्य होता है। शेष परिवार के लोग राजमिस्त्री, खेती, वेल्डिंग, रिक्शा चलाना, दूध, हैण्डलूम, लेथ मशीन, पशुपालन, मजदूरी, मछली पालन, रफूगरी, बुनकर, रंगेज, सिलाई आदि में लगे हुए हैं। बीड़ी बनाने में बड़े पैमाने पर महिलाएं एवं बालिकाएं लगी हैं। बीड़ी कारीगरों के अनुसार इस कार्य में उनके परिवार के लगभग सभी सदस्य श्रम विभाजन सिद्धान्त के आधार पर लगे होते हैं, चाहे वे महिलाएं हो या बच्चे। कोई तेन्दू पत्ता फर्मा पर रखकर काटता है, कोई इनके छोटे-छोटे टुकड़े को सुखाता है, कोई इसे इकट्ठा करता है और फिर मुख्य कारीगर एक सूप में कटे हुए तेन्दू पत्ता, तंबाकू (सूखा), धागा, फंसना के साथ बीड़ी रौलिंग कार्य प्रारम्भ करते हैं। बीड़ी बनाने में प्रायः प्रत्येक सदस्य और कम से कम पति, पत्नी, बेटी तो अवश्य संलग्न होती हैं। चाहे वे महिला हो या बच्चे।

महिला एवं बालिका श्रमिक की संलग्नता

बीड़ी बनाना गृह आधारित कार्य होने के बावजूद गांव के मुख्य पुरुष कारीगर महिलाओं एवं बच्चों के इस कार्य में संलिप्तता की सच्चाई बताने से परहेज करते हैं। बीड़ी कारीगर इस बात से इत्तेफाक रखते हैं कि महिलाएं व्यापक रूप से एवं बालिकाएं आंशिक व महत्वपूर्ण रूप से बीड़ी बनाने के कार्य में इनके कंधे से कंधे मिलाकर साथ मात्र इसलिए देती हैं कि घर के चूल्हे की आग ठंड न पड़ जाए। अन्यथा पूरे के पूरे परिवार को भूखों मरने से कोई नहीं बचा सकता है। **पेट की आग** के खिलाफ समूचे परिवार को **आर्थिक लाचारी** में मोर्चा लेना पड़ता है।

यहां बड़ी तादाद में महिलाएं एवं बच्चे कारीगर (सहायक/पोट्टा) द्वारा तैयार बीड़ी **वयस्क पुरुष कारीगर/(मुख्य कारीगर)** जो प्रायः पिता या पति होते हैं, के कार्ड पर कमीशनदार के घर प्रायः शाम में इन्हीं महिलाओं या बच्चों या खुद मुख्य कारीगर द्वारा पहुंचाया जाता है। पुरुष कारीगर के साथ-साथ महिलाओं को कंपनी के कमीशनदारों द्वारा बीड़ी रौलिंग का कार्य इसलिए नहीं दिया जाता है कि वह यह काम नहीं करना चाहती है या वह पुरुषों से बेहतर ढंग से बीड़ी तैयार नहीं कर सकती। बल्कि कुछ कानूनी प्रावधानों से बचने के लिए महिलाएं एवं बच्चों को काम नहीं दिया जाता।

यहां दो प्रश्न व्यवस्था के सामन उठ खड़े होते हैं। पहला, क्या कुर्बान गांव की महिलाओं को एक श्रमिक के रूप में **काम का अधिकार** (Right to work) नहीं है? और यदि है तो इनके द्वारा काम करने पर, तैयार बीड़ी को

निकृष्ट या निम्न गुणवत्ता वाला बताकर उन्हें यह काम केवल इसलिए कानूनी रूप नहीं दिया जाता क्योंकि एक श्रमिक के रूप में महिला कारीगर को मातृत्व हित लाभ की सुविधाओं को देना होगा। वास्तव में इसी कानूनी सुविधा को देने से बचने के लिए महिलाओं को ठेकेदार/बीड़ी कंपनी यह काम तकनीकी रूप से नहीं देती है। जो वास्तव में दुर्भाग्यपूर्ण बात है। ऐसा कर कंपनी महिलाओं को काम के अधिकार से वंचित कर देती है। इस स्थिति में बीड़ी रौलिंग क्षेत्र में महिलाओं के साथ बीड़ी कंपनी द्वारा किए जाने वाले भेदभाव को भारत सरकार द्वारा सामान्य रूप से एवं स्थानीय भागलपुर जिला प्रशासन द्वारा विशेष रूप से दूर करना आवश्यक है। जिससे असंगठित क्षेत्र की महिला श्रमिकों को प्रसूति-हित लाभ अधिनियम 1961 के अंतर्गत दिये जाने वाली सुविधा देने के भय से बीड़ी कंपनी महिलाओं को काम नहीं देने की प्रथा समाप्त किया जा सके।

दूसरे, बाल श्रम अधिनियम, 1986 द्वारा बच्चों के खतरनाक एवं गैर खतरनाक काम के नियोजन पर रोक तो अवश्य लगानी चाहिए। लेकिन बाल श्रम समस्या से निजात पाने के लिए साथ-साथ इन बाल श्रमिक परिवार पर पड़ने वाले आर्थिक दबाव को एक सीमा तक कम करने का प्रयास सरकार एवं समाज की प्राथमिकता के विषय-वस्तु में होनी चाहिए। अन्यथा कानूनी एवं तकनीकी रूप से कुर्बान जैसे हजारों-हजार गांव में बाल श्रमिक सरकारी रिर्पोटों व दस्तावेजों में तो नजर नहीं आयेंगे। किन्तु वास्तव व व्यवहार में उनके संलिप्तता को इन कार्यों में हम रोक पाने में पूरी तरह से असमर्थ व असफल रहेंगे। 1977-80 के बीच जब बीड़ी रौलिंग का काम **गोदाम व कारखानों** से **सामाजिक सुरक्षा, वेतन अधिनियम** के दायरे से फंसने से बचने के लिए कारीगर के घर स्थानांतरित हो गया, तो यहां के गरीब ग्रामीणों के सामने अपने आर्थिक दबाव को कम करने के लिए बच्चों को गांव की पाठशाला भेजने की जगह बीड़ी रौलिंग पर लगाना बाध्यता हो गई है, जो उन्हें पूरक आय प्रदान कर सके। शायद यही वजह है कि यहां के प्राथमिक विद्यालय में मात्र 200 छात्र नामंकित हैं और बहुत बड़ी तादाद में बच्चे सरकारी पाठशाला के मुफ्त शिक्षा का भी लाभ प्राप्त नहीं कर पर रहे हैं। कुर्बान गांव के बीड़ी कारीगरों के सर्वेक्षण से मुख्य रूप से इस कार्य से सबंधित कई प्रकार की समस्या उभर कर आयी। जिसका समाधान संतुलित एवं स्थायी विकास के लिए स्थानीय श्रम विभाग, बीड़ी कम्पनी, स्थानीय समाज, गैर-सरकारी संस्था को निकालना होगा।

1. कच्ची सामग्री आपूर्ति संबंधी स्थिति

कुर्बान गांव के शत-प्रतिशत बीड़ी कारीगरों के तेन्दू पत्ता एवं तंबाकू (सूखा) का कमीशनदार द्वारा अपर्याप्त आपूर्ति की बात स्वीकारी। बीड़ी कारीगर की सबसे

बड़ी लड़ाई सरकार द्वारा निर्धारित मात्रा में कच्चे माल की आपूर्ति की है। जो कमीशनदार को बीड़ी कम्पनी से मिलती है। जिसे उन्हें बीड़ी कारीगरों में वितरित करना होता है। इस गांव के कारीगर **एस. नसरूद्दीन एण्ड सन्स बीड़ी कम्पनी, कोलकत्ता** के लिए बीड़ी तैयार करते हैं। जिसका भागलपुर में कच्ची सामग्री का **गोदाम खीरी बांध**, तातारपुर (मुख्य गोदाम) तथा पुरैनी में है। बीड़ी-कमीशनदार (ठेकेदार, बिचौलिया, एजेंट) के घर पर बीड़ी कारीगरों द्वारा प्रायः तेन्दू पत्ते के लिए हंगामा होते देखा जाना आम-सी बात है। यह दृश्य कमीशनदार के घर पर प्रायः देखा जा सकता है। तेन्दू पत्ता संबंधी दो प्रकार की समस्या सर्वेक्षण के दौरान दृश्य हुई–**पहली** यह कि इन कारीगरों को सरकार द्वारा निर्धारित (तेन्दू पत्ता 800 ग्राम, तंबाकू 300 ग्राम) प्रति हजार कच्ची सामग्री कमीशनदार से नहीं मिलता है। प्रायः शत-प्रतिशत कारीगरों ने माना कि उन्हें सरकार द्वारा निर्धारित प्रति हजार कच्ची सामग्री नहीं दी जाती है। इन बीड़ी कारीगरों को 1000 बीड़ी बनाने के लिए प्रायः 650 ग्राम तेन्दू पत्ता कमीशनदार द्वारा प्रदान की जाती है।

दूसरी, प्रति हजार बीड़ी कारीगरों को कम मात्रा में दी जाने वाली तेन्दू पत्ता में औसत 50-100 ग्राम पत्ता प्रायः खराब निकल जाता है। तेन्दू पत्ता का खराब निकलना एक स्वाभाविक सी बात है। क्योंकि यह पत्ता प्रायः पलामू, साहेबगंज, सतना, रायगढ़, मिर्जापुर, गोड्डा, दुमका, गया, बिहारशरीफ, जमुई आदि से बंडल के रूप में आता है। आने के क्रम में लगने वाला समय और वातावरण संबंधी कारणों से तेन्दू पत्ते में कुछ खराबी होने की प्रक्रिया प्रारम्भ हो जाती है। अब कारीगर को अच्छे पत्ते का बंडल मिलना उसके भाग्य पर निर्भर रहता है, क्योंकि कमीशनदार द्वारा जो बंडल उन्हें दिया जाता है, उसे उन्हें स्वीकारना होता है। अन्यथा काम छोड़ दो की धमकी। इस स्थिति में कुर्बान गांव के बीड़ी कारीगर सामग्री की कम आपूर्ति एवं खराब किस्म से होने वाली कमी दोनों की भरपाई कारीगर खुद के बटुए से करनी होती है। क्योंकि इसके अलावा उनके पास कोई उपाय नहीं है। उनके ऐसा करने से कारीगर मजदूरी में कटौती, आगे के काम में कच्ची सामग्री में कटौती एवं कमीशनदार से फिजूल के बहसबाजी से बच जाते हैं। खुद को और परिवार को जिंदा रखना है तो ऐसा समझौता जिंदगी के लिए करना ही होगा। इस प्रकार यदि इस कच्ची सामग्री पर 4-6 रुपये की भरपाई को घटा दें तो प्रति कारीगर 1000 बीड़ी बनाने पर उन्हें मात्र 29.75-27. 75 रुपया नकद प्राप्त होता है।

2. मजदूरी संबंधी स्थिति

कुर्बान गांव के मो. गाजी, कमरूद्दीन, सफी आलम, इजहार, गुलाम, वारिस, निसार, अफसार, शहबाज, करीम, शागीर, मुख्तार, इलियास, सज्जाद, शब्बीर,

वसीम, तासिम आदि बीड़ी कारीगरों ने सामान्य रूप से कच्चे सामग्री के बाद कम मजदूरी को अपनी दूसरी प्रमुख समस्या माना। यहां के बीड़ी कारीगर अपने लहू को बीड़ी कम्पनी के लिए पसीने के रूप में बहाने के बाद भी प्रति हजार 33.75 (नकद) एवं 3.38 (10% प्रोविडेंट फंड में जमा) रुपया मात्र प्राप्त होता है अर्थात् कुल 37.00 रुपया। श्रम नियोजन विभाग, **बिहार सरकार की अधिसूचना संख्या 3436/2004** के अनुसार प्रति हजार बीड़ी रौलिंग के लिए न्यूनतम मजदूरी **52** रुपया वर्ष **2004** को ही निर्धारित की गई। किन्तु यह कितना दुर्भाग्पूर्ण है कि 14-15 घंटे मेहनत करने के बाद भी इन बीड़ी कारीगरों को सरकार द्वारा निर्धारित न्यूनतम मजदूरी नहीं मिल पा रही है। कमोबेश यह स्थिति **भागलपुर प्रमंडल** (बिहार एवं देश) के तमाम बीड़ी कारीगरों की किस्मत बन गई है, जिन्हें आज अपने मुकद्दर को बदलने वाले फरिश्ता का बेसब्री से इंतजार है।

बीड़ी बनाना जिन कारीगरों के जीवन का मकसद बन गया है, सुबह के पांच बजे से देर रात मोमबत्ती की लौ में अपनी सारी ऊर्जा झोंकने के बाद भी इन किस्मत के मारो को न तो उनको उनकी **वाजिब मजदूरी** और न ही **इतनी मजदूरी** मिल पाती है की वे अपने और अपने परिवार के पेट की आग को बुझा सकें। कई बार इन बीड़ी कारीगरों के परिवारों को पानी पीकर ही गुजार देना पड़ता है। औसतन इस गांव के बीड़ी कारीगर **1000-1500 बीड़ी** बना लेते हैं, जिसकी मजदूरी 33.75 से 51 रुपये के बीच होती है। इन बीड़ी कारीगरों का दुख यह है कि मात्र 8 घंटे जन-मजदूर के रूप में बालू और ईंट वाले भी 70 रुपये मजदूरी पाते हैं जबकि ये बीड़ी कारीगर न केवल अपना बल्कि अपने परिवार के तमाम सदस्यों का पसीना बहाने करने के बाद भी जन-मजदूरों के आधे के बराबर मजदूरी पाते हैं। सारा जमाना बदल गया है। पिछले एक दशक में विशेषकर 1991 से देश के महानगर एवं बड़े नगरों में **बर्गर-पिजा-संस्कृति** देखने को मिल रही है। जिसने मेट्रोपोलियन सिटी, इंडस्ट्रीयल सिटी एवं कोसमोपोलिटन सिटी में समृद्धि के कुछ छीटों से इनको सराबोर कर दिया है। लेकिन देश के इस निचले पायदान के ग्रामीणों की किस्मत में अब भी वही **लिट्टी-सूखी रोटी संस्कृति** ही लिखी है जिसमें उन्हें अपने शरीर का कतरा-कतरा बहाने के बाद भी दो वक्त की सूखी रोटी व चटनी भी बेमुश्किल नसीब हो पाती है।

3. रोजगार की स्थिति

इसके अतिरिक्त पिछला स्टॉक नहीं बिकने के नाम पर बीड़ी कंपनी द्वारा औसतन 15 दिन काम नहीं मिल पाता। अधिकांश कारीगर मानते हैं कि प्रतिदिन इस क्षेत्र में रोजगार की संभावनाएं घटती जा रही हैं। साथ ही इनमें से अधिकांश कारीगरों ने माना कि यदि उन्हें दूसरा कोई रोजगार मिल जाए तो इस कार्य को

छोड़ सकते हैं। जब इनके पास कोई काम नहीं होता है तो वे मजदूरी का काम मिलने पर प्रायः इस काम को स्वीकार लेते हैं। अंतर्राष्ट्रीय स्तर पर बहुराष्ट्रीय कंपनी के नए-नए ब्रांड एवं तंबाकू विरोधी आंदोलन से पैदा हुई तंबाकू सेवन के विरुद्ध जागरूकता बीड़ी क्षेत्र में रोजगार के अवसरों को दिन-प्रतिदिन संकुचित एवं क्षीण करती जा रही है। इससे इन बीड़ी कारीगरों के सामने अपने अस्तित्व को बचाने का संकट एक चुनौती बनकर उनके सामने हिमालय पहाड़ की तरह खड़ा है। कारीगरों द्वारा यह कार्य औसतन 15 वर्षों से किया जा रहा है। अधिकांश बीड़ी कारीगरों ने माना कि यह कार्य उन्होंने स्वयं प्राप्त किया है। कुछ लोगों का मानना था कि उन्हें यह काम रिश्तेदार और कमीशनदार के माध्यम से प्राप्त हुआ है।

4. स्वास्थ्य संबंधी स्थिति

तंबाकू के साए में रात-दिन अपनी जिंदगी गुजारने के कारण तंबाकू के निकोटीन का जहर इनके फेफड़ों को धीरे-धीरे गलाना शुरू कर देता है। तंबाकू के गंध की फांस इनके फेफड़ों को बुरी तरह से प्रभावित करता है। तंबाकू की तेज फांस एवं निकोटीन के कारण 15 से 20 साल बाद ये अस्थमा, टी.बी. जैसे खतरनाक रोग के शिकार हो जाते हैं। इसके अतिरिक्त 12 से 14 घंटे बैठकर लगातार बीड़ी रौलिंग करने से यहां के कई बीड़ी कारीगर साइटिका, ब्रोनकाइटिस, पीठ में दर्द, सीने में दर्द, नजर में धुंधलापन, रीढ़ की हड्डी में दर्द, कमर झुक जाना जैसे बीमारी से ग्रसित थे। अस्थमा से इमरान, नाको, नसीम, चांद, अमीना, टी.बी. से मोजाहिद, जीना पीड़ित थीं। जबकि सद्दिन एक आंख की रोशनी खो चुकी थी। युसूफ को एक आंख से धुधला दिखाई पड़ता है आदि-आदि।

एक बार इन **व्यावसायिक रोगों** की गिरफ्त में आने के बाद ये कारीगर 10 से 15 साल बाद मात्र 500 से 600 बीड़ी ही बना पाते हैं। इस प्रतिकूल स्थिति में जबकि इन कारीगरों को अपने इलाज एवं परिवार के बढ़ते खर्चे के लिए अधिक आमदनी की जरूरत होती है, उसी समय उनकी आय इस घातक बीमारी के कारण घट जाती है। और फिर दौर शुरू होता है–**अल्लाह से शरीर मुक्ति की गुजारिश**। इस स्थिति में कारीगर हर दिन जान बखशने की जगह अल्लाह से मौत मांगते हैं। जिस कारीगर के पास कपड़ा खरीदने का पैसा न हो, जो ठंड से बचने के लिए लकड़ियां इकट्ठा कर आग जलाकर बैठा है, कच्चा मकान भी नहीं रहने पर, प्लास्टिक के घेरे से अपना आशियाना बनाए बैठा है–वे टी.बी., दमा, साइटिका जैसे घातक बीमारियों के इलाज के सिवाए खुदा से मौत-मौत-मौत मांगने के अलावा और कुछ भी खर्च करने की स्थिति में नहीं रहते है। वे जिंदगी को घसीट-घसीटकर जीने से बेहतर मौत की आस

लगाए बैठे होते है। चिकित्सा सुविधा के अभाव में नर्क बनी जिंदगी से बीड़ी कारीगर पूरी तरह से निराश हो जाते हैं।

5. सामाजिक सुरक्षा की स्थिति

सरकार से सामाजिक सुरक्षा सुविधाएं प्रायः उन बीड़ी कारीगरों को मिलता है जिनके पास **श्रम विभाग** द्वारा जारी परिचय पत्र (**Identity card**) होता है। इस कार्य के होने से उन्हें बीड़ी कारीगर डिस्पेंसरी, भागलपुर से मुफ्त में व्यावसायिक रोगों एवं अन्य बिमारियों के लिए चिकित्सा सुविधा, मुफ्त दवाई एवं श्रम विभाग, भागलपुर द्वारा इनके बच्चों को पढ़ाई के लिए मेधाछात्रवृत्ति, गृह निर्माण हेतु सहायता व अन्य कल्याण सुविधाएं प्रदान की जाती हैं। सामाजिक सुरक्षा के अंतर्गत इनको प्रोविडेंट फंड सुविधा देय होते हैं। कर्मचारी पेंशन योजना, 1995 के अंतर्गत पेंशनभोगी को सेवानिवृत्ति पर आजीवन पेंशन, स्थायी रूप से अशक्त या अक्षम होने पर अशक्तता पेंशन, सदस्य की मृत्यु होने पर नामित व्यक्ति को आजीवन या पुनर्विवाह तक जो भी पहले हो, तक पेंशन, विधवा या विधुर पेंशन के साथ-साथ 25 वर्ष की आयु तक दो बच्चों को अनाथ पेंशन, पूर्ण एवं स्थायी रूप से आशक्त होने की स्थिति में अनाथ पेंशन भोगी को आजीवन पेंशन मिलती है। इस स्थिति में उन पर एक समय पर दो बच्चों वाली स्थिति लागू नहीं होती है। अविवाहित कारीगर की मृत्यु होने पर उनके द्वारा नामित व्यक्ति को और नामित नहीं करने पर पिता/माता को पेंशन देय होती है। परिवार/नामित/अभिभावक पेंशन के लिए न्यूनतम सदस्यता केवल एक माह का अंशदान होता है। किन्तु भविष्य निधि की कटौती व उनकी सुविधाएं कुर्बान गांव के कारीगर तो पा रहे हैं किन्तु बड़े पैमाने पर यहां के कारीगरों को परिचय-पत्र निर्गत नहीं है जिससे वे इस सुविधा का लाभ पाने से वंचित हैं। इस स्थिति में वे सरकार द्वारा प्रदान की जाने वाली विभिन्न सामाजिक सुरक्षा सुविधाओं का लाभ उठाने में असफल हैं।

6. सामाजिक स्थिति

कुर्बान गांव के बीड़ी कारीगरों की जीवन स्थितियों को ननजदीक से देखने से ऐसा प्रतीत होता है–मानो ये कल भी भूखे थे, आज भी भूखे हैं और यही स्थिति बनी रही तो भविष्य में भी भूखे रहेंगे। इन कारीगरों की आंखें स्वयं एवं बच्चों के अंधकारमय भविष्य की चिंता में मानो धंस सी गई हो। जीवन की गुणवत्ता के नाम पर न तो इनको खाने के लिए पोषाहारयुक्त भोजन नसीब हैं, न पीने का स्वच्छ पानी है, न शौचालय की समुचित व्यवस्था है, न सड़क, न बिजली, न सामुदायिक भवन। पेट की मार उनके बच्चों को शिक्षा से मरहूम कर देती है। ऐसा प्रतीत होता है मानो आज भी वे एक **'अंधकार युग'** में जीवन गुजर-बसर कर रहे हों। यहां के अधिकांश बीड़ी कारीगर शौचालय विहीन,

बिजली विहीन, एक कमरे वाले कच्चे मकान में रह रहे हैं। सोने के लिए खटिया, चौकी या चारपाई हैं मात्र इनके पास पलंग की सूरत उसने कभी देखी नहीं। इन कारीगरों द्वारा नशा सेवन में मुख्य रूप से बीड़ी, खैनी, पान, गुटका, ताड़ी का प्रयोग किया जाता है। इन बीड़ी कारीगरों के परिवार का औसत आकार सात था। पीने के पानी के नाम पर गांव में 3 सरकारी, 7 निजी कुआं तथा 7 सरकारी चापाकल है जबकि शत-प्रतिशत घरों में खुद की पानी की व्यवस्था नहीं है। यहां के अधिकांश बीड़ी कारीगर अशिक्षित थे। जबकि कुछ बीड़ी कारीगर को अक्षर ज्ञान था।

7. ऋणग्रस्तता एवं मनोरंजन संबंधी स्थिति

कुर्बान गांव के ये कारीगर प्रायः कर्ज में डूबे। जो बीमारी, घर बनाने, बेटी का विवाह, मवेशी लेने, नया धंधा करने आदि के लिए ऋण लेते हैं। उन्हें हबीबपुर बैंक, अलीगंज के लोगों से, रिश्तेदार से ऋण प्राप्त होता है। निजी लोगों द्वारा इन्हें 5 रुपये सैंकड़ा सूद पर ऋण लेना पड़ता है। मनोरंजन के लिए अधिकांश कारीगर लोगों से बातचीत, सामुहिक गाना गाकर अपना मनोरंजन करते हैं। कुछ कारीगरों के पास रेडियो, एवं टेपरिकार्डर है तथा हसीम एवं फैयाज ऐसे बीड़ी कारीगर है जिनके पास टी.वी. है जिन्हें वे बैटरी से चलाते है। आश्चर्यजनक रूप से बहुत कम कारीगर ऐसे है जो गांव के विकास कार्य में गांव के मुखिया से असंतुष्ट है। ऐसा इसलिए शायद वे अपने मुखिया के खिलाफ कुछ बोलना नहीं चाहते है। ये कारीगर मानते हैं कि गांव बुनियादी सुविधाओं में प्राथमिकता के अनुसार सामुदायिक शौचालय जिसमें महिलाओं के लिए अलग शौचालय, स्वच्छ जल हेतु पर्याप्त मात्रा में चापाकल एवं कुआं, सड़क, सामुदायिक भवन के साथ-साथ बेहतर आंगनबाड़ी, बालबाड़ी केन्द्र तथा प्राथमिक चिकित्सा सुविधा केन्द्र होना चाहिए। गांव के उत्थान के लिए ये चाहते हैं कि गांव में नए-नए रोजगार लगने चाहिए, बेहतर काम धंधा मिलना चाहिए।

8. श्रम अधिनियम एवं बीड़ी यूनियन संबंधी स्थिति

कुर्बान गांव के अधिकांश बीड़ी कारीगर बीड़ी यूनियन, उसकी गतिविधि से प्रायः अनभिज्ञ थे। इसलिए वे भागलपुर बीड़ी यूनियन के सदस्य नहीं बन पाए थे। और शायद वे बीड़ी यूनियनों की उपलब्धि को बता पाने में असमर्थ थे। श्रमिक संघ अधिनियम 1926, मजदूरी अधिनियम 1936, न्यूनतम मजदूरी अधिनियम 1948, कर्मचारी प्रोविडेंट फंड अधिनियमों 1952 से पूर्णतः अनभिज्ञ थे और माना कि इन अधिनियम को पहली बार सुन रहे थे और तो और बीड़ी सिगार अधिनियम 1976 के बारे में वे पूरी तरह से अनजान थे।

4.4 वर्तमान अर्थव्यवस्था का विकल्प (Option of Present Economy)

इन स्थितियों में बीड़ी क्षेत्र से जुड़े कारीगरों को 'बीड़ी कारीगर' के रूप में मजबूती प्रदान करने की तुलना में इस क्षेत्र के ऊपर होने वाले संक्रमण से कैसे बचाया और वहां से कैसे निकाला जाए ये ज्यादा जरूरी है। साथ ही साथ जो लोग इस कार्य में बच जाते हैं उसके कार्य स्थितियों एवं आय सुरक्षा में बढ़ोत्तरी लाना भी आवश्यक है। इसके लिए आवश्यक है कि कुर्बान गांव के बीड़ी कारीगरों के सशक्तिकरण (Empowerment) एवं सहायता के लिए दो प्रकार के कार्यक्रम चलाए जा सकते हैं।

सर्वप्रथम इन कारीगरों के लिए **नए-नए रोजगार** के लिए **प्रशिक्षण कैम्प** एवं **संबंधित कार्यक्रम** चलाए जा सकते हैं। जिसके अन्तर्गत इन कारीगरों को पशुपालन, मधुमक्खी, मत्स्य पालन, मखाना, आम, केला की खेती, फूलों की खेती (कलकत्ता-बनारस-बंगलौर तर्ज पर), बेहतर व्यावसायिक फसल एवं सब्जी उगाना व मुनाफा के साथ बेचना, रिसाइकलिंग व कागज के सामान तैयार करना, सत्तू-चूड़ा तैयार करना, खाद्य प्रसंस्करण जैसे न्यूनतम हुनर आधारित कार्यों का **व्यावसायिक-प्रशिक्षण** दिया जाना शामिल हो सकता है। जो यहां के ग्रामीण बीड़ी रौलिंग आधारित अर्थव्यवस्था के विकास में एक महत्वपूर्ण भूमिका निभा सकती है। यद्यपि इसके लिए ग्रामीण अर्थव्यवस्था विकास **विशेषज्ञ की सलाह** महत्वपूर्ण होगी। इसके उपरांत संभवतः ये बीड़ी कारीगर पहले से बेहतर आर्थिक स्थिति में हो सकेंगे। इसके साथ-साथ इन बीड़ी कारीगरों में **उद्यमिता विकास** (Enterpreneurship development) तथा **क्षमता विकास** (Capacity building) हेतु प्रशिक्षण कुर्बान गांव में एक महत्वपूर्ण कदम हो सकता है।

वर्तमान में जितनी भी पार्टियों की सरकारें देश के विभिन्न प्रान्तों में हैं, चाहे तो **पूंजीवादी**, **समाजवादी**, **वामपंथी**, **धर्मनिरपेक्षतावादी** विचारधारा पर आधारित है, उनकी सरकारों की क्षमता से परे हैं कि वे अपने प्रांत-जिला-प्रखंड-ग्राम-पंचायत-गांव के सभी या अधिकांश लोगों को रोजगार. दे सके। इस कटु सत्य का उदाहरण वामपंथी सरकार का **पश्चिम बंगाल** की वामपंथी सरकार, व उत्तर प्रदेश की बहुजन समाजवादी सरकार, कर्नाटक की धर्मनिरपेक्ष सरकार, गुजरात, राजस्थान, मध्य प्रदेश की हिन्दुपंथी सरकार उदाहरण है। इसलिए विभिन्न विचारधाराओं पर आधारित वाली सरकारों को रोजगार सृजन के रणनीति में बदलाव लाते हुए लोगों में हुनर व कौशल का सृजन, प्रशिक्षण कार्यक्रम के माध्यम से करना आवश्यक है। जिससे इन असंगठित क्षेत्र के 37 करोड़ बीड़ी, पापड़ निर्माण में लगे श्रमिकों के अंदर वर्तमान के समय के अनुरूप क्षमता का सृजन व विकास किया जा सके। साथ ही साथ छोटे स्तर पर (गांव के मंडी)

ये अपने प्रशिक्षित हुनर व सीखे हुए कौशल को बाजार में बेच सके। इसके लिए भी सरकारी एवं गैर-सरकारी स्तर पर यथासंभव समर्थन की भी आवश्यकता है। क्योंकि प्रशिक्षण देने व प्राप्त करने से ज्यादा आवश्यक है इनके सीखे हुए हुनर व कौशल की मार्केटिंग (Marketing)। दूसरे ग्रामीणों के लिए रोजगार के अन्य विकल्प को तलाशना एवं नए रोजगार का सृजन करना भी सरकारी, गैर सरकारी संस्था एवं समाज की जिम्मेदारी होनी चाहिए।

वस्तुतः सूक्ष्म स्तर पर अर्थात कुर्बान जैसे गांव स्तर पर, टोला स्तर पर जब तक विकास का बीजारोपण नहीं किया जाएगा, उसे स्थापित, समर्पित, संपोषित एवं स्थिर नहीं किया जाएगा, तब तक व्यापक स्तर पर (राष्ट्र-प्रांत स्तर) विकास व स्थायी विकास की बातें करना, उसके लिए प्रयास करना वास्तविकता व वास्तविक विकास के रास्ते से मुख मोड़ना होगा। संसार के विभिन्न देशों द्वारा विकास के विभिन्न मॉडल को अपनाया गया है–**पूंजीवादी मॉडल**, **मिश्रित अर्थव्यवस्था मॉडल**, **समाजवादी कम्युनिस्ट मॉडल**। विभिन्न विकास मॉडल के अपने गुण-अवगुण व अपनी सीमाएं है। जो देश के आर्थिक विकास के चरण के स्थिति की आधार पर उनके लिए अनुकूल व प्रतिकूल है। प्रोद्यौगिकी विकास व आर्थिक विकास के उन्नत चरण में पहुंचे देश **पूंजीवादी-उपभोक्तावादी-बाजारवादी मॉडल** के हिमायती हैं। ऐसे देशों की संख्या संसार में अधिक है। जबकि समतामूलक मूल्यों में आस्था रखने वाले देश **समाजवादी-कम्युनिस्ट विकास मॉडल** के हिमायती है। यद्यपि ऐसे देशों की संख्या संसार में नाम मात्र है और कम्युनिस्ट विकास मॉडल की अंतिम प्रयोगशाला **चीन एवं क्यूबा** भी नष्ट होती दिख रही हैं और पूंजीवाद का बीज अपना आकार बड़ी तेजी से इन देशों में ग्रहण करता जा रहा है।

देश के आर्थिक विकास और स्थायी विकास के लिए देश के आर्थिक विकास के चरण सामाजिक-सांस्कृतिक स्थितियों के गहन अध्ययन करना चाहिए। इसके उपरांत एक **विशुद्ध स्वदेशी विकास मॉडल** को विकसित करने की संभावना को तलाशना ज्यादा परिणाम सिद्ध हो सकता है। ऐसी स्थिति में

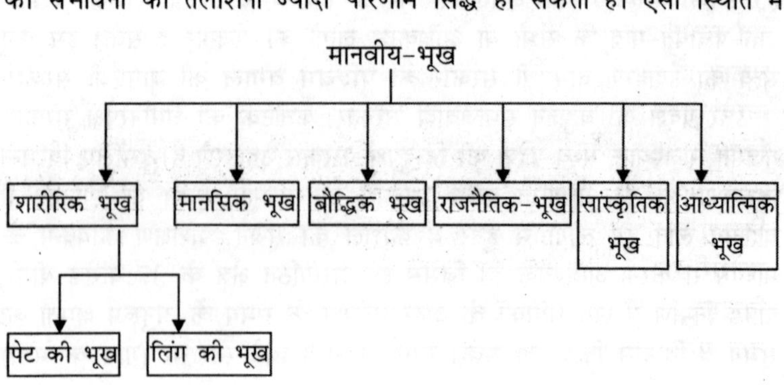

देश की अर्थव्यवस्था के पुनर्रचना हेतु अन्य किसी वाद से ज्यादा **गांधीवादी** एवं **नेहरूवादी** विकास मॉडल में विद्यमान संभावनाओं पर पुनर्विचार की आवश्यकता है और इससे एक ऐसा समेकित मॉडल विकसित करने की दिशा में प्रयोग करके देखा जाना चाहिए। **भारत** के स्थायी विकास के लक्ष्य को क्या **गांधीवादी मॉडल और नेहरूवादी मॉडल** से प्राप्त किया जा सकता है? इस पर विचार कर संभावनाओं को पुनः तलाशने की आवश्यकता है। क्योंकि ये मॉडल आम आदमी के विकास, समृद्धि, उत्थान से ज्यादा करीब है न कि **अमेरिकन मॉडल, जापानी मॉडल, चीनी मॉडल**। और यदि कोई एक मॉडल ही सभी देशों, सभी परिस्थितियों के लिए सफल और बेहतर होती तो तीनों देशों द्वारा अपना-अपना विकास मॉडल विकसित करने की क्या आवश्यकता थी?

II. सेक्स-वर्कर (Sex-Worker)

> "A prostitute is one who openly abandons her body to a number of men without choice for money."
>
> —Havelock Ellis, *Sex in Relations to Society*, 6

संसार का शायद ही कोई ऐसा समाज होगा जहाँ सामाजिक सदस्य समाज द्वारा स्थापित संस्थाओं यथा–परिवार, कुटुम्ब, नातेदारी, जाति, विवाह के नियमों का उल्लंघन न करते हों। सामान्य रूप से समाज ने परिवार, जाति, विवाह जैसी संस्थाओं का निर्माण ही इसलिए किया है कि मनुष्य के हर प्रकार के '**भटकाव**' को रोका जा सके। संभवतः शायद इसी वजह से समाज ने प्रत्येक संबंधों की एक '**लक्ष्मण-रेखा**' या हम कहें **Line of control** (नियंत्रण-रेखा) खींच दी है। समाज का सदस्य उस रेखा को पार न करे अर्थात **समाजिक नियमों**-परिनियमों, मर्यादाओं, परम्पराओं का उल्लंघन न कर सकें। समाज अपने इस नियमों के माध्यमों से **मानवीय व्यवहार** को नियंत्रित एवं विनियमित (Control and regulation of the human behaviour) करता है। यदि समाज ऐसे नियम न बनाये, **पाबन्दियां** (Restrictions) न लागू करे, नियंत्रण न रखे तो समाज एवं **सामाजिक संबंध** (Social relations) अस्त-व्यस्त हो जाते हैं। सारी बातें बेकाबू हो जाए। कोई किसी के नियंत्रण में रहे। सोने के समय में लोग काम करने जायेगे, काम करने के समय सोयेंगे, तो सामाजिक संबंधों एक तेजी से बिखराव आने लगेंगे। शायद समाज ने अपने **परम्परागत सिद्धान्त** (Trial and error) एवं **वैज्ञानिक सिद्धान्त** (Cause and effects) के आधार पर यह निष्कर्ष निकाला होगा कि समाज को व्यवस्थित रखने के लिए परिवार, विवाह, नातेदारी संबंधी सामाजिक नियम की आवश्यकता है ताकि लोगों के संबंधों के बिखराव, अव्यवस्तता एवं उथल-पुथल को रोका जा सके। अन्य संस्थाओं की तरह संसार के प्रत्येक समाज ने विवाह (Marriage) जैसी महत्वपूर्ण संस्था की

स्थापना मानव के विवाह एवं विवाहोत्तर संबंध (**Post marital relations**) को नियंत्रित करने के लिए किया। समाजशास्त्री मानवशास्त्रियों, मनोवैज्ञानिकों एवं अन्य शाखाओं के विद्वानों ने माना है कि समाजिक प्राणियों की दो तरह की भूख होती है। एक का संबंध **पेट** (**Stomach**) से एवं दूसरे का **लिंग** (**Sexual organ**) से होता है। यदि हम मानवी भूख को व्यापक अर्थ में देखें तो इसके कई रूप हमें नजर आऐंगे। जो इस प्रकार हो सकते हैं–

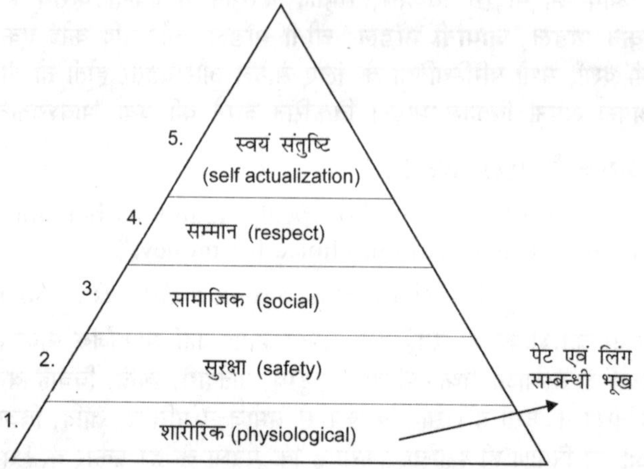

संसार के विख्यात मनोवैज्ञानिक **अब्राहम-मास्लो** (**A. Maslow, 1943**) ने अपने लोकप्रिय लेख "A theory of human motivation" में आवश्यकता सोपान सिद्धान्त (**Need hierarchy theory**) को प्रतिपादित किया। उन्होंने बताया मानव अपनी प्राथमिकता के अनुसार आवश्यकताओं की पूर्ति करता है। उसकी मानवीय आवश्यकता-श्रेणी में प्रथम आवश्कता को उन्होंने 'शारीरिक आवश्यकता' (**Physiological need**) कहा। उसमें भोजन, वस्त्र, आवास, निद्रा, सेक्स, प्यार आदि आवश्यकताएं आती है।

सामाजिक वैज्ञानिक मानते हैं कि मानव सर्वप्रथम अपनी इन्हीं आवश्यकताओं की पूर्ति के प्रयास करता है। इसके पूर्ति उपरांत उतरोत्तर आगे की आवश्यकताओं को संतुष्ट करने के प्रयास करता है। जब उसके आवश्यकताओं की पूर्ति एवं संतुष्टि सामाजिक नियम के दायरे में नहीं होती तो वह इसका उल्लंघन कर **'यौन-संतुष्टि'** (**Sexual satisfaction**) के लिए वेश्यागमन या सेक्स वर्कर से संबंध स्थापित करता है।

प्राय: संसार के अधिकांश देशों में **सेक्स वर्क** (Sex work) या **वेश्यावृत्ति** (Prostitution) को कानून के दायरे में लाकर इस प्रकार के **वृति** (Occupation) को **गैर-कानूनी** घोषित किया है। संसार के अधिकांश देशों में इस वृत्ति के विरुद्ध

कानून होने के बावजूद संसार के प्राय: अधिकांश देशों में 'देह व्यापार' जो कई अरब डॉलर का बाजार (Market) है, तेजी से फल-फूल रहा है। साथ ही साथ इसके एक और खतरनाक अर्थ हमारे सामने निकलते हैं जैसे बालश्रम, दहेज, अश्लील व्यापार की भाँति वेश्यावृत्ति को भी **'सामाजिक अनुमोदन'** (Social approval) नहीं है। अर्थात् समाज ने इसे कुछ हद तक खारिज कर दिया है। तब ही तो लाखों नहीं करोड़ों की संख्या में महिलाएं सेक्स वर्कर एवं अन्य रूपों में इस कार्य से अपना और अपने परिवार का रोजी-रोटी चलाती हैं। **मर्द-प्रभुत्व मानसिकता (Male dominent thinking)** वाले समाज ने अपने काम की भूख से इस बाजार को सींचा है। फलत: हालात के भंवर में फंसी महिलाएं जिनकी **एकमात्र पूंजी 'देह'** होती है (पुरूष मानसिकता से उत्पन्न) वे मर्दों के लिए **'भोग्या'** बनने के लिए तैयार हो जाती है–कुछ कागज के टुकड़ों के लिए।

राष्ट्रीय एवं अंतर्राष्ट्रीय सस्थाओं (आईएलओ, यूनिसेफ, डब्ल्यूएचओ आदि) के रिपोर्टों में ये तथ्य उभर कर आए हैं कि संसार के अधिकांश–देशों अफगानिस्तान, अल्जीरिया, अंगोला, ऑस्ट्रेलिया, बांग्लादेश, ब्राजील, कम्बोडिया, कनाडा, चीन, हॉगकाग, डेनमार्क, मिस्त्र, फ्रांस, जर्मनी, भारत, थाईलैण्ड, जापान, रूस, अमेरिका, इंग्लैण्ड, पुर्तगाल आदि में **सेक्स इंडस्ट्री (Sex industry)** में बड़े पैमाने पर महिलाएं एवं बालिकाएं इस कार्य में संलग्न है।

किसी भी समाज में महिलाएं जो देह व्यापार से जुड़ी होती हैं, इससे अपना गुजर-बसर करती हैं, इनके कई रूप होते हैं। जिस समाज में इसे जिस तरह से देखा जाता है यह उस रूप में विकसित हो जाती हैं। कानून एवं समाज का शिकंजा जितना सख्त होगा वहां यह अधिकांशत: गुप्त में चलती रहेगी। जिस समाज में इस पर ज्यादा बंधन नहीं होगा वहां यह उन्मुक्त रूप से चलेगी। जहां धर्म इसे जिस रूप में समर्थित (Support) करेगी वहां यह उस रूप (**देवदासी**) में प्रचलित हो जाएगी।

वेश्याओं के विभिन्न नाम

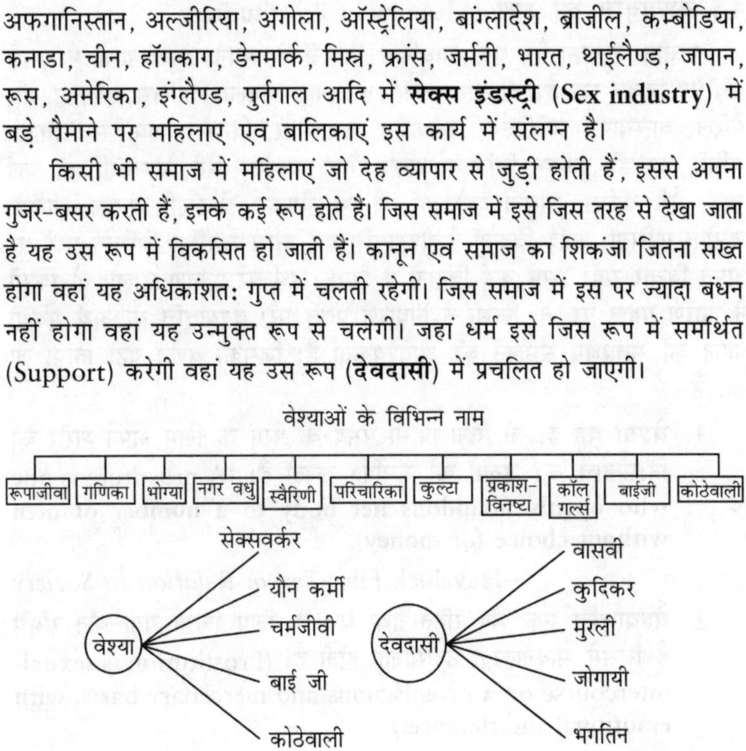

वेश्याओं की श्रेणियां (Categories of Prostitutes)

- प्रत्यक्ष वेश्याएं (Overt prostitutes)
  1. वंशानुगत वेश्याएं (Heriditary prostitutes)
  2. प्रथागत वेश्याएं (Customary prostitutes)
- गुप्त वेश्याएं (Clandestine prostitutes)
  1. कॉल गर्ल्स (Call girls)
  2. समर्पित वेश्याएं (Prostitutes dedicated to religion)
  3. रखैल (Concubines)
  4. शोषण की शिकार (Victims of exploitation)
  5. वासना पीड़ित वेश्याएं (Prostitutes with strong sex-urge)
  6. विलाप्रिय वेश्याएं (Prostitutes with love for luxury)
  7. निर्धनता की शिकार (Victims of poverty)

4.5 वेश्यावृत्ति का अर्थ (Meaning of Prostitution)

प्राचीन मध्यकालीन एवं आधुनिक विद्वानों ने अपने प्रमुख ग्रंथों में इससे संबंधित विचार रखे हैं। जी.आर. स्कॉट, कलिनार्ड, हैवलॉक एलिस, इलियट और मेरिल, वात्स्यायन, कौटिल्य, बलैकमैन, फ्लेक्सनर, किंग्स्ले, राष्ट्र संघ विशेष समिति, एस.डी. पुनेकर, विलियम डब्ल्यू सैंगर, माण्टेंग्यू, मैरो, लाम्ब्रॉसों, डॉ. बाई जार्ड, मैरी थीरिस, सीमोन दबोउवार, जे.एच. गैगनान, वेन्डीली, ए.एल. वाशम, जोसेफ गाथिया, आदि विद्वानों ने वेश्यावृत्ति एवं उससे संबंधित विभिन्न पक्षों पर अपने विचार रखे। इसमें कई विद्वानों ने इसके अर्थ पर प्रकाश डाला, तो किसी ने कारण पहलू पर, तो किसी ने निवारण पहलू पर। वेश्यावृत्ति के अर्थ संबंधी पहलू को सर्वप्रथम समझने की आवश्यकता है। जिसका वर्णन यहां किया जा रहा है–

1. **वेश्या** वह है, जो बिना किसी पसंद के पैसों के लिए अपने शरीर को निःसंकोच कई पुरुषों को समर्पित करती है। (A prostitute is **one who openly abandons her body to a number of men without choice for money**).

   —Havelock Ellis, *Sex in Relation to Society*

2. **वेश्यावृत्ति** एक भेद रहित तथा धन के लिए किया गया यौन संबंध है जिसमें भावनात्मक उदासीनता होती है। (Prostitution is sexual-intercourse on a promiscuous and mercenary basis, with emotional indifference.)

   —Climard, *Sociology of Deviate Behaviour*

3. वेश्यावृत्ति किसी स्त्री द्वारा अपने शरीर को नकद या प्रभार में भाड़े पर स्वच्छंद यौन-समागम के लिए अर्पित करने की क्रिया है। (Prostitution is the act of a female offering her body for promiscuous *sexual intercourse* for hire, either in money or kind.)

—The Suppression of Immoral Traffic in Women and Girls Act, 1956

4. वे महिलाएं वेश्याएं हैं, जो अपने शरीर को यौन-क्रियाओं के प्रयोग के लिए **बेचती** है तथा इसे **व्यवसाय** बना लेती है। (Those women are prostitutes who **sell their bodies** for the exercise of **sexual acts** and make of this a **profession.**)

—Bonger

5. कोई भी व्यक्ति (पुरुष या स्त्री) है, जो किसी के (आर्थिक या अन्य प्रकार) लाभ के उद्देश्य से अथवा अन्य किसी प्रकार के व्यक्तिगत संतुष्टि के लिए पूर्णकालिक या अंशकालिक व्यवसाय के रूप में, कई व्यक्तियों के समान्य या असमान्य यौन-संबंध बनता है चाहे उसके लिंग के हों या विपरीत लिंग के। (A prostitute is an individual (male or female) who for some kind of reward (monetary or otherwise) or for some other form of personal satisfaction and as a part or full time profession, engages in normal or abnormal sexual intercourse with various persons who may be of the same sex, or the opposite sex to the prostitute.)

—G.R. Scot, *A History of Prostitution*

इस प्रकार हम देखते हैं कि विभिन्न विद्वानों ने वेश्यावृत्ति को अपने-अपने नजरिए से परिभाषित करने का प्रयास किया है। इन तमाम परिभाषाओं में कुछ-कुछ तत्व अवश्य हैं जो एक-दूसरे को थोड़ा सा भिन्न करती हैं। दूसरे, राष्ट्रों में कोई वेश्यावृत्ति तभी हो सकती है जब ये सारे तत्व उसमें मौजूद हों। किसी चिकित्सक द्वारा बुखार से पीड़ित रोगी को बुखार के लक्षण का आधार कहा जाता है कि इन्हें वायरस, मलेरिया, डेंगू, मेनाजयटीस आदि हैं। जैसे लक्षण होंगे वैसा बुखार रोगी को घोषित किया जाएगा। यही लक्षण मलेरिया बुखार से पीड़ित रोगी को अन्य बुखार के रोगी से अलग करता है। ठीक उसी प्रकार कोई भी वृति में ऊपर में बताई परिभाषाओं के लक्षण होंगे तो वह वृति वेश्यावृत्ति होगी। ये लक्षण निम्नलिखित हैं–

1. शरीर का समर्पण (**Surrender of body**)
2. अवैध यौन-संबंध की स्थापना (Establishment of **illicit sexual intercourse**)

3. देह समर्पण धन या वस्त्र प्राप्ति हेतु (**Surrender of body** for **money** or kind)
4. यौन संबंध एमलिंगी या विषमलिंगी के साथ (Sexual intercourse with same sex or opposite sex)
5. यौन संबंध यौन संतुष्टि प्राप्ति हेतु (Sexual intercourse for **sexual satisfaction**)
6. भावनात्मक उदासीनता (Emotional **indifference**)
7. कई लोगों क साथ यौन संबंध (Sexual intercourse with **various persons**)
8. पेशे के रूप में अपनाना (Adopt as **profession**)
9. अंशकालिक या पूर्णकालिक पेशा रूप में (Adopt as part time or full time profession)

इसे इस रेखाचित्र से समझा जा सकता है–

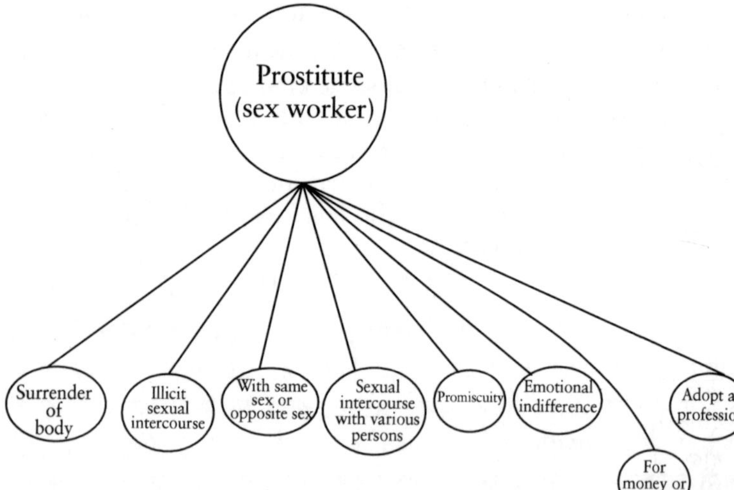

विभिन्न विद्वानों एवं संबंधित अधिनियमों में वेश्यावृत्ति की परिभाषा से स्पष्ट होता है कि–"वेश्यावृत्ति कुछ विशेष लोगों द्वारा अपनाया गया ऐसा पेशा है, जिसमें अपनाने वाला व्यक्ति स्वेच्छा से अपना शरीर दूसरे पक्ष को चाहे वह **समलिंगी** हो या **विषमलिंगी** हो, को यौन-संबंध स्थापित करने के लिए धन व वस्तु या दोनों प्राप्त करने के लिए समर्पित करता है।" जिस प्रकार **भिखारियों के पास कोई पसंदगी और नापसंदगी नहीं होती है** (Beggars have no

choice) उसी प्रकार प्रायः इसे पेशा को अपनाने वाले भी स्वच्छंद यौन-संबंध बिना किसी पसंदगी (Choice) या भेदभाव के स्थापित करने को तैयार होता है। इनके द्वारा 'देह समपर्ण' की केवल एक प्रमुख शर्त होती है–धन प्राप्ति और कभी-कभी वस्तु प्राप्ति।

4.6 वेश्यावृत्ति के प्रकार (Types of Prostitution)

चाइल्ड ट्रैफिकिंग इन वेस्ट एण्ड सेंट्रल अफ्रीका (1999), एंड्रयू (2000), बंग्लादेश वीमेनस लायरस एसोसिएशन–सलमान अली (1998), कॉलिशन, एगेन्स्ट ट्रैफिकिंग इन वीमेन-सेक्स इंडस्ट्री रिपोर्ट (1997) कॉलिशन एगेन्स्ट ट्रैफिकिंग इन वीमेन–एशिया पेसिफिक–ट्रैफिकिंग इन वीमेन एवं प्रास्टीट्यूशन इन द एशिया पैसिफिक (1996), इन द चाइल्ड प्रास्टीटयूशन, स्वीडन (1996), ह्यूमन राइट्स वाच, वर्ल्ड रिपोर्ट (2000), आईएलओ, इयरबुक ऑफ लेबर स्टैटीट (2001), जरमी सीबुक द लिटिल मेडस ऑफ ढाका (1999), जून केनसील्ड फॉर सेक्स (1998), रदा बरनेन, यूनिसेफ–द इश्यू ऑफ डॉमेसटिक लेबर P05 ट्रैफिकिंग इन वेस्ट एण्ड सेंट्रल अफ्रीका (1998), यूनाईटेड स्टेट ऑफ स्टेट (2002) आदि रिपोर्टों एवं विद्वानों द्वारा किए अध्ययनों ने स्पष्ट किया है। **वैश्यावृत्ति विश्वव्यापी समस्या है (Prostitution is a Universal Problems)**। संसार में सेक्स ने एक इंडस्ट्री का रूप ले रखा है। संसार के **वेश्यालयों** की संख्या लाखों में होगी। इस सेक्स इंडस्ट्री में कई अरबों रुपयों का कारोबार होता है जिसे स्थानीय पुलिस प्रशासन, राजनीतिक आला-अफसर, नौकरशाह, अन्य गणमान्यों का संरक्षण प्राप्त होता है। जिसके बदले उन्हें लाखों-लाखों की मोटी कमाई होती है। सेक्स के इस **बाजार** में **देह**, **आयु** एवं **सुन्दरता** की कीमत लगती है। ये तीनों बातें जिसमें हैं उनकी अच्छी आमदनी हो जाती है। लेकिन एक बहुत बड़ी रकम **बिचौलिये** एवं **संरक्षक** ही हजम कर जाते हैं। बावजूद इसके अपनी आर्थिक एवं गैर-आर्थिक परिस्थितियों के दबाव के कारण इस बाजार से अपने पैर नहीं निकाल पाती। कानून एवं सामाजिक दृष्टि से इस व्यवसाय एवं इसमें लगे लोगों को **'हेय दृष्टि'** से देखा जाता है। लेकिन हालात का मारा इंसान जिसकी एकमात्र पूंजी 'देह' ही बची है वह बाजार में इसके सिवा कुछ बेच भी नहीं सकता। इस संदर्भ में विश्वविख्यात महिलाओं के ऊपर लिखने वाली लेखिका–**सिमोन दबोउवार** का मानना है–

"वेश्या की स्थिति **बलि के बकरे** जैसी है। पुरुष उसके साथ **व्यभिचार** करता है और फिर उसे **बहिष्कृत** कर देता है। वेश्या चाहे पुलिस की देखरेख में काम करे या पुलिस से छिपकर उसे हमेशा **अछूत** की तरह ही देखा जाता है।"

–**सिमोन दबोउवार**, *The Second Sex*

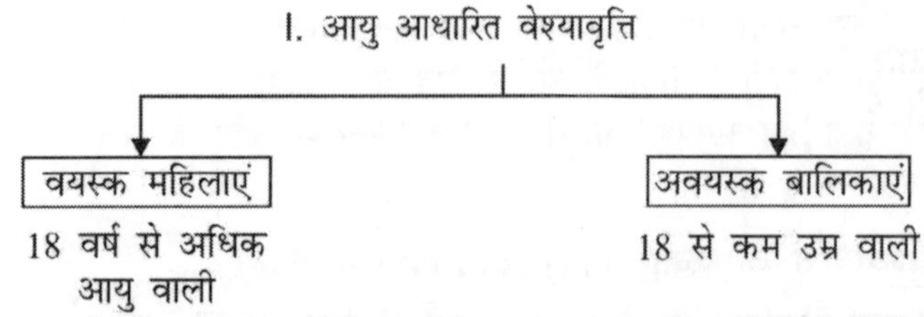

विश्व के अधिकांश देशों में **कम उम्र से अधेड़ उम्र** तक की महिलाएं इस व्यवसाय में करोड़ों की संख्या में जुड़ी हैं। आयु को यदि आधार बनाया जाए तो मुख्य रूप से दो श्रेणी की महिलाएं इस पेशे से जुड़ी हैं।

इस पेशे में मुख्य रूप से कम उम्र वाली बालिकाओं एवं महिलाओं की मांग किंतु, कई पश्चिमी देशों एवं कुछ पूरब देशों में पुरुष को भी महिलाओं द्वारा इस कार्य के लिए बुक किया जाता है। इस प्रकार लिंग के आधार पर वेश्यावृत्ति की श्रेणी इस प्रकार हैं–

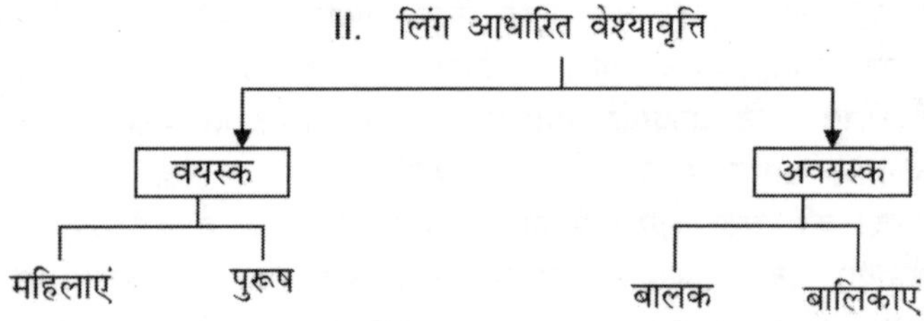

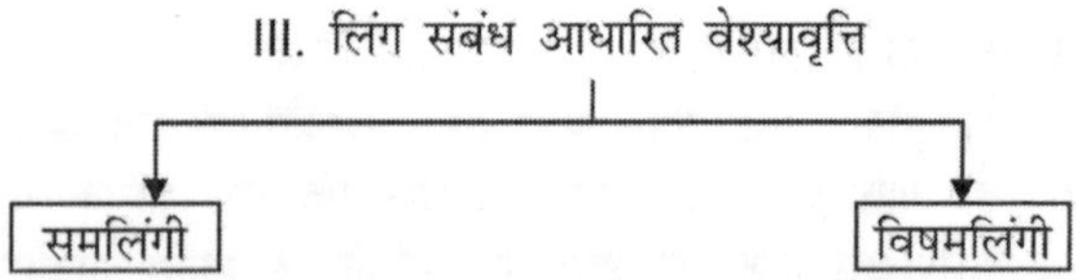

स्पष्ट है वेश्यावृत्ति में लगे लोगों की कई श्रेणियां हैं जो इस प्रकार हैं–

1. 18 वर्ष से ऊपर आयु वाली महिलाओं एवं पुरुष वेश्यावृत्ति;
2. 18 वर्ष से नीचे आयु वाली बालिका एवं बालक वेश्यावृत्ति;
3. समलिंगी वेश्यावृत्ति;
4. विषमलिंगी वेश्यावृत्ति; तथा
5. समलिंगी एवं विषमलिंगी वेश्यावृत्ति।

4.7 संसार में वेश्यावृत्ति (Prostitution in the World)

तालिका सं. 4.6: संसार में बाल-वेश्यावृत्ति, 2000

(संख्या लाख में)

क्र.सं.	क्षेत्र	संख्या	प्रतिशत
1.	एशिया प्रशांत	5.90	33.0
2.	लैटिन अमेरिका एवं कैरेबियन	7.50	41.0
3.	अफ्रीका	0.50	03.0
4.	ट्रांजिशन अर्थव्यवस्था	0.03	0.3
5.	विकसित अर्थव्यवस्था	4.20	23.0
	संसार	18.13	100.0

स्रोत–एवरी चाइल्ड काउंट्स, आई.एल.ओ., 2002, टेबल सं. 9–10।

आईएलओ के नवीनतम रिपोर्ट एवं कन्वेंशन–**एवरी चाइल्ड काउंट्स**, **फ्यूचर विदाउट चाइल्ड लेबर**, **कन्वेंशन सं. 182–द वर्स्ट काम ऑफ चाइल्ड लेबर** में बाल-वेश्यावृत्ति से संबंधित महत्वपूर्ण डाटा प्रस्तुत करने के साथ-साथ इसके उन्मूलन के उपाय बताए गए। इसके अतिरिक्त विश्व-बिरादरी को इसे प्रतिबंधित करने का आग्रह किया गया। इस रिपोर्ट के अनुसार **5 से 17** आयु-समूह के **18 लाख बच्चे** संसार के विभिन्न देशों में सेक्स वर्कर के रूप में अपना गुजर-बसर करने को बाध्य हैं। इससे **सर्वाधिक बच्चे** (41%) प्रतिशत **लैटिन अमेरिका एवं कैरेबियन** क्षेत्र में इस पेशे से जुड़ी हैं। दूसरे स्थान

तालिका सं. 4.7: संसार में बाल-तस्करी, 2000

(संख्या लाख में)

		बाल-तस्करी	
क्र. सं.	क्षेत्र	संख्या	प्रतिशत
1.	एशिया प्रशांत	2.5	21
2.	लैटिन अमेरिका एवं कैरेबियन	5.5	46
3.	अफ्रीका	2.0	16
4.	ट्रांजिशन अर्थव्यवस्था	2.0	16
5.	विकसित अर्थव्यवस्था	1.31	2
	संसार	12.00	100

स्रोत–एवरी चाइल्ड काउंट्स, आई.एल.ओ., 2002, टेबल सं. 9–10।

पर **एशिया** प्रशान्त क्षेत्र तथा तीसरे स्थान पर विकसित अर्थव्यवस्था वाले देश हैं। सबसे महत्वपूर्ण तथ्य विकसित अर्थव्यवस्था से प्रतीत होती है क्योंकि यहाँ लगभग **4.20** लाख बच्चे (मुख्य रूप से बालिकाएं) सेक्स इन्डस्ट्री से जुड़ी हैं। इसके विपरीत **अफ्रीका** जैसा अविकसित श्रेणी वाले क्षेत्र में यह पेशा उतना फलता-फूलता नहीं दिखता क्योंकि यहाँ मात्र 3 प्रतिशत कुल बाल सेक्स वर्कर बच्चे इस कार्य से जुड़े हैं। अर्थात् 100 में से मात्र 3 बाल सेक्स वर्कर का संबंध अफ्रीका महादेश क्षेत्र से है।

विश्व में आईएलओ की रिपोर्ट के अनुसार सर्वाधिक (7.5 लाख) बाल-वेश्याओं की संख्या **लैटिन अमेरिका** एवं कैरेबियन क्षेत्र में, साथ ही साथ बाल-तस्करी में भी यह क्षेत्र अब्बल है। यहां संसार के 12 लाख बच्चों में 5.5 लाख (46%) बच्चों का तस्करी, वेश्यावृत्ति, अश्लील कार्यों, ब्लू फिल्म, अन्य कार्यों के लिए होता है। वही विकसित अर्थव्यवस्था वाले देशों में बाल-तस्करी का प्रतिशत सबसे निम्न (1.31%) है। किन्तु फिर इन क्षेत्रों में 1.31 लाख बच्चों की तस्करी इन कार्यों के लिए तो होती ही है। थाईलैण्ड में 1996 से बाल-वेश्यावृत्ति को गैर-कानूनी घोषित कर दिया है बावजूद इसके **थाईलैण्ड** में विभिन्न देशों से बच्चों की तस्करी इन कार्यों के लिए की जाती है। आस्ट्रिया, फ्रांस, इजराइल, हालैंड, स्विटजरलैंड, मैक्सिको जैसे 176 देशों में वेश्यावृत्ति को कानूनी मान्यता है।

तालिका सं. 4.8: संसार में बाल-तस्करी के मूल देश एवं लक्षित देश

क्र. सं.	मूल देश/क्षेत्र (जहां से भगाया जाता है)	अस्थायी पड़ाव	लक्षित देश (जहां के लिए तस्करी की जाती है)
1.	ब्राजील, मैक्सिको, कोलंबिया, एशिया	यूरोप, जापान, चीन	अमेरिका, कनाडा, यूरोप, जापान, इजराइल, इग्लैंड
2.	पूर्वी यूरोप, दक्षिण अमेरिका, नाइजीरिया, थाईलैंड, वियतनाम, श्रीलंका, भारत, तुर्की, रोमानिया, चीन, कांगो, अंगोला, कोलंबिया, एकवाडोर		इंग्लैंड
3.	चीन, कोरिया, रूस		थाईलैंड, कनाडा
4.	नेपाल, बंगलादेश		भारत
5.	रूस, उक्रेन, मालदीव	यूथोपिया	लेबनान

स्रोत–ग्लोबल रिपोर्ट ऑन द वर्स्ट फाम ऑफ चाइल्ड लेबर, 2002।

संसार के कई देश ऐसे हैं जहां परिवार अपने गरीबी और अन्य कारणों से महिलाओं एवं बालिकाओं की तस्करी हेतु बाध्य होते हैं। इन देशों की चर्चा ऊपर के तालिका सं. 4.8 में की गई है।

तालिका सं. 4.9: संसार में बाल-तस्करी एवं बाल-वेश्यावृत्ति में लगे बच्चों की संख्या

क्र.सं.	देश	बाल-तस्करी*	बाल-वेश्यावृत्ति*
1.	आस्ट्रेलिया	—	3,000
2.	बंगलादेश	13,220	20,000
3.	बर्मा	2,00,000	—
4.	कनाडा	—	10,000
5.	चीन	1,43,000	5,00,000
6.	कोलंबिया	—	25,000
7.	जर्मनी	20,000	—
8.	भारत	3,00,000	500,000
9.	इंडोनेशिया	—	4,00,000
10.	नेपाल	30,000	7,000
11.	पाकिस्तान	—	40,000
12.	दक्षिण अफ्रीका	30,000	—
13.	श्रीलंका	12,000	20,000
14.	थाईलैंड	2,00,000	35,000
15.	यूनाईटेड किंगडम	1,500	5,000
16.	यूनाईटेड स्टेट ऑफ अमेरिका	50,000	6,00,000
17.	वियतनाम	15,000	7,000
18.	वेनजुअला	—	40,000
19.	यूक्रेन	1,00,000	1,00,000

स्रोत– आउट ऑफ द सेडो, ग्लोबल रिपोर्ट ऑन द वर्स्ट फार्मस ऑफ चाइल्ड लेबर, 2002।

नोट–*अद्यतन अनुमानित संख्या प्रदर्शित।

संसार के भारत, बर्मा, चीन, थाईलैंड, अमेरिका, यूक्रेन जैसे देशों में बाल-तस्करी के मामले बड़े पैमाने पर पाए गए। जबकि बाल-वेश्यावृत्ति के मामले व्यापक स्तर पर चीन, भारत, इंडोनेशिया, अमेरिका, यूक्रेन आदि में पाए गए।

तालिका सं. 4.10: संसार में कौमार्य भंग होने की आयु

क्र.सं.	देश/शहर	कौमार्य भंग होने की औसत आयु
1.	अमेरिका	16 वर्ष
2.	ब्रिटेन	19.6 वर्ष
3.	भारत	20.3 वर्ष
4.	दिल्ली	18 वर्ष
5.	चेन्नई	19 वर्ष
6.	भुवनेश्वर	20 वर्ष
7.	मुंबई	17.6 वर्ष
8.	बंगलौर	17.9 वर्ष

स्रोत– (i) डयुरेक्स ग्लोबल सेक्स सर्वे, 2001।
(ii) सेंटर फॉर स्टडीज इन सेक्युअल हेल्थ।

देश जितना विकसित वहाँ कौमार्य भंग होने की आयु उतनी कम अर्थात् उन देशों में लोग बहुत कम उम्र में ही यौन संबंध स्थापित कर अपना और दूसरे का कौमार्य भंग कर देते हैं। संसार का नेतृत्व करने वाला अमेरिका में औसत आयु 16 वर्ष है जबकि ब्रिटेन में यह आयु 19.6 है। यदि बात शहरों के संदर्भ में जो शहर जितना एडवांस वहां कौमार्य भंग तुलनात्मक रूप से कम उम्र में। इसका अच्छा उदाहरण **भारत** के एडवांस शहर दिल्ली, मुंबई, बंगलौर आदि हैं जहाँ भारत के औसत कौमार्य आयु 20 वर्ष से कम ही आयु में कौमार्य भंग होता है। जो वेश्यावृत्ति की प्रत्यक्ष रूप से प्रोत्साहित (लाचार महिलाएं) करता है।

तालिका सं. 4.11: संसार में 18 वर्ष में महिला विवाह प्रस्थिति

क्र.सं.	देश	महिला विवाह प्रतिशत
1.	भारत	57
2.	बंगलादेश	73
3.	मध्य अफ्रीका गणराज्य	57
4.	घाना	38
5.	इंडोनेशिया	31
6.	कोलंबिया	26
7.	ब्राजील	24
8.	फिलीपींस	14
9.	फ्रांस	11
10.	जर्मनी	3

स्रोत–एलन गचमैचर इंस्टीट्यूट, 1998, न्यूयार्क।

संसार में आर्थिक रूप से पिछड़े देशों में 18 वर्ष की आयु में विवाह का प्रतिशत अधिक है। जिसके कई कारण हैं। उसमें से एक प्रमुख कारण तो आर्थिक ही है। लोग बच्चियों को एक आर्थिक दायित्व मानते हैं और जल्द से जल्द इससे निपटारा चाहते हैं। यद्यपि आयु एवं वेश्यावृत्ति के सह-संबंधी निष्कर्ष नहीं है। फिर भी अधिक आयु में विवाह एक सीमा तक इसे प्रोत्साहित करता है।

तालिका सं. 4.12: भारत में विवाहेत्तर सेक्स संबंध

(प्रतिशत में)

क्र. सं.	प्रांत	विवाहेत्तर सेक्स संबंध का प्रतिशत
1.	आंध्र प्रदेश	13.2
2.	बिहार	7.2
3.	दिल्ली	–
4.	हरियाणा	4.9
5.	कर्नाटक	4.2
6.	केरल	5.7
7.	गोवा	8.2
8.	राजस्थान	2.5
9.	पंजाब	6.1
10.	जम्मू एवं कश्मीर	7.2
11.	पश्चिमी बंगाल	2.2
12.	मध्य प्रदेश	9.2
13.	गुजरात	9.1
14.	उत्तर पूर्वी राज्य	8.9
15.	उड़ीसा	2.6
16.	मणिपुर	2.6
17.	हिमाचल प्रदेश	3.1

स्रोत– नेशनल बेसलाइन जनरल पॉपुलेशन विहेवियरल सैबलैंस सर्वे 2001 तथा ओ.आर.जी.सी.एस.आर., 2001।

विभिन्न संगठनों एवं संस्थाओं द्वारा **'विवाहेत्तर सेक्स संबंध'** कराए गए सर्वेक्षण में कई चौकाने वाले तथ्य उभर कर आए। भारत के जिन प्रांतों में इससे संबंधित कठोर **सामाजिक अंकुश** है वहां यह प्रतिशत निम्न है। इसके विपरीत जहां सामाजिक अंकुश ढीले-ढीले हैं, जहां खुलापन ज्यादा है वहां यह प्रतिशत

अधिक है। यह प्रतिशत सबसे अधिक दक्षिण भारत के **साईबर पॉकेट** के रूप में विकसित होने वाले प्रांत **आंध्र प्रदेश** में है। जबकि सबसे कम पश्चिमी बंगाल, राजस्थान, उड़ीसा, मणिपुर में है। **नेशनल एड्स कंट्रोल ऑर्गेनाइजेशन** (NACO) के हाल के विवाहेत्तर सेक्स संबंध पर किए गए सर्वेक्षण से उभर कर आए तथ्यों के अनुसार पुरुषों की खासी दिलचस्पी इस प्रकार के संबंधों में होती है। जो महिलाओं की दिलचस्पी का 600 प्रतिशत अधिक होता है। जहां महिलाओं में प्रतिशत मात्र 2.0 था। वही पुरुषों में ऐसे संबंधों के प्रति दिलचस्पी का प्रतिशत 11.6 पाया गया। औसतन भारत में 6.6 प्रतिशत व्यक्ति विवाहेत्तर सेक्स संख्या (**Post-marriage sexual relations**) था। यह मानवीय प्रवृत्ति वेश्यावृत्ति के व्यवसाय को फलने-फूलने मे महत्वपूर्ण भूमिका निभाता है।

4.8 भारत में सेक्स वर्कर (Sex Workers in India)

दक्षिणी-एशिया में बंगलादेश, भारत, नेपाल, पाकिस्तान में इस पेशे से जुड़ी महिलाओं की संख्या अच्छी खासी है। भारत के ग्रामीण क्षेत्रों के साथ देश के महानगरों एवं नगरों में इन सेक्स वर्करों की संख्या एक अनुमान के अनुसार **35 लाख** से भी अधिक है। जिसमें अकेले **कॉल गर्ल्स** की संख्या 10 लाख से कम नहीं है। भारत में **कोलकत्ता, बनारस, दिल्ली, कानपुर, मुम्बई, बंगलौर, हैदराबाद, मुजफ्फरपुर, पटना, भोपाल, जयपुर** आदि प्रमुख नगरों में इन सेक्स वर्करों का प्रमुख संकेन्द्रण हैं। सड़क बढ़ती गई, यातायात के साधन बढ़ते गए, नगर विकसित हो गए साथ ही साथ व्यवसाय भी फैलता गया। भारत में अधिकांशतः महिलाएं एवं बालिकाएं इस पेशे से जुड़ी हैं। देह व सेक्स की मंडियां अपनी खपत के हिसाब से पूर्ति कारक (**Supply factor**) की व्यवस्था करती है। भारतीय श्रम बाजार की एक प्रमुख विशेषता सेक्स मंडी के संदर्भ में भी सही है–**माँग से ज्यादा देह की आपूर्ति**। ज्यादा संख्या में यौनकर्मी की उपस्थिति इनके **सामूहिक सौदेबाजी क्षमता** (**Collective bargaining capacity**) को कमजोर कर देता है। देश की जिस मंडी में इसकी आवश्यकता होती दलालों के माध्यमों से प्रायः गरीब एवं जरूरत मंद परिवार को देह सेक्स बाजार में उतार दिया जाता है। उस दिशा में देश के गरीब तबकों यथा–अल्पसंख्यक, आदिवासी, अनुसूचित जाति, पिछड़ी जातियों से शरीर का खेप त्वरित गति से पहुंचा दिए जाते हैं। **बाजारवाद** (**Marketization**) ने महिलाओं के अश्लील ढंग से परोसने को एक 'तकनीक' के रूप में विकसित कर देह के मंडी के फलने–फूलने के रास्ते को और मजबूत बना दिया है। **बाजारवाद का सिद्धान्त 'लाभ'** (**Profit**) पर आधारित होता है इसलिए बाजार में देह को एक वस्तु मानते हुए इसकी पूरी तरह से जांच-पड़ताल निरीक्षण कर सौदा किया जाता है।

सभ्यता के साथ इसके तरीके और ठिकानों में बदलाव आया। पहले कुछ **प्रतिबंधित क्षेत्रों (रेड लाइट एरिया)** में इन्हें कार्य की इजाजत थी। समाज एवं कानून के बढ़ते बंदिशों ने लाखों **ब्यूटी पार्लर-मसाज सेंटर** को इस कार्य का नया ठिकाना बना दिया। वीयर वार के बंद होने के बाद बार गर्ल ने अपना-अपना नया ठिकाना खोल लिया। कानून की बंदिश के कारण **गुप्त वेश्यावृत्ति का एक कोढ़** समाज में फैलता जा रहा है। एक अनुमान के अनुसार देश में **रेड लाइट एरिया** की संख्या एक हजार से भी अधिक है। इन एरियाओं में कोठों की संख्या 3 लाख से अधिक है जबकि वेश्याओं की संख्या 23 लाख से अधिक है। साथ ही साथ इनके बच्चों की संख्या 42 लाख है। जबकि इसके अतिरिक्त काल गर्ल्स की संख्या 10 लाख है। यूनिसेफ प्रतिनिधि **डॉ. जॉन ई. रोड** के अनुसार भारत में लगभग 9 लाख से अधिक संख्या में वेश्याएं हैं। जो मुख्य रूप से देह-व्यापार से जुड़ी हैं। जबकि एक अनुमान के अनुसार भारत में **9 करोड़ वेश्याएं हैं** (द पायोनियर, 14 दिसम्बर, 1999) इसमें 25% लोग 18 वर्ष आयु (अवयस्क) से नीचे के हैं (देखे तालिका सं. 4.13)। जबकि 61 प्रतिशत समाज के सबसे कमजोर वर्गों से संबंधित हैं।

तालिका सं. 4.13: भारत में सेक्स वर्कर

क्र.सं.	विवरण	प्रतिशत
1.	18 वर्ष से कम उम्र वालों की संख्या	25%
2.	18 वर्ष या उससे अधिक आयु वालों की संख्या	75%
3.	इस पेशे से जुड़ी इस देश की निवासी	90%
4.	बंगलादेश से आकर इस पेशे में जुड़ी	5%
5.	नेपाल से आकर इस पेशे से जुड़ी	5%
6.	अनुसूचित जाति, जनजाति, पिछड़े वर्ग से	61%
7.	अन्य जातियों के	39%

स्रोत– सिचुएशन रिपोर्ट, इंडिया (1998) 'ट्राफिकिंग ऑफ चिल्ड्रन फॉर प्रास्टीच्यूशन', न्यू कान्सेप्ट, नई दिल्ली।

भारत के नजदीक एवं तुलनात्मक रूप से गरीब देशों–नेपाल, बंगलादेश, पाकिस्तान, बर्मा, श्रीलंका से लाखों की संख्या में महिलाओं एवं बच्चियों की तस्करी सेक्स कार्यों के लिए होती है। जिसे कई **रिपोर्टों** ने सत्यापित किया है। इसमें नेपाल एवं बंगलादेशियों का प्रतिशत 10 है।

तालिका सं. 4.14: भारत के सेक्स वर्करों का आयुगत अनुपात

क्र.सं.	विवरण	प्रतिशत
1.	12 वर्ष से कम आयु की	15
2.	12–20 आयु की	30
3.	20–30 आयु वाली	40
4.	30 से ऊपर	15

स्रोत–एशियन ऐज, 1994।

सेक्स वर्कर का आयुवार स्थिति

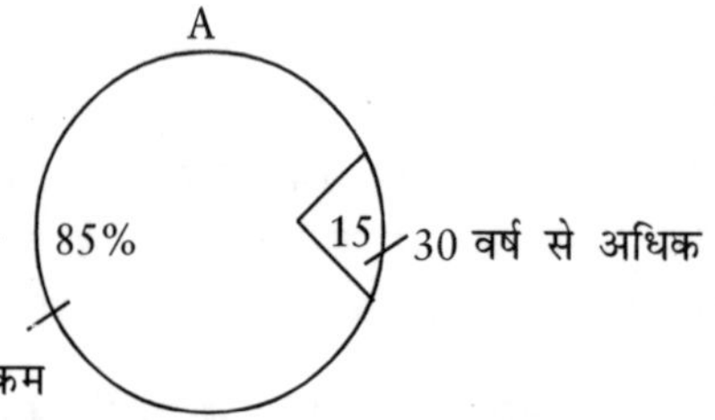

आयुगत सेक्स वर्करों का विश्लेषण करें तो हम पाते हैं कि 30 वर्ष से कम आयु वाली 85 प्रतिशत तथा 30 वर्ष से अधिक आयु वाली 15 प्रतिशत सेक्स वर्कर हैं।

4.9 वेश्यावृत्ति के कारण (Causes of Prostitution)

अन्य सामाजिक बुराई की तरह वेश्यावृत्ति के कोई कारण नहीं बल्कि कई कारण हैं। इसे आंतरिक-बाहरी, आर्थिक गैर-आर्थिक या अन्य कारण के रूप में देखा जा सकता है। कारणों की शृंखला किसी महिला या बालिकाओं को देह व्यापार के दल-दल में धकेल देती है। **फ्लेक्सनर** ने Prostitution in India में ठीक ही कहा–"**कोई भी एक परिस्थिति अकेले घातक नहीं होती। प्रभावों और संबंधों के जटिल लच्छे की पूरी तरह सुलझाया नहीं जा सकता।" सीमोन** द बाउवार, डॉ. बाईजार्ड, मैरो, ज्यापाल सार्न, फ्लेक्सन किंग्स्ले डेविल, एडवर्ड, ग्लोवर, एस.डी. पुनेकर, लौंड्रेस, विलियम डब्ल्यू सैंगर, इक्वीनास, सेंट आगस्टाइन, वेन्डली, जे.एच. गैगनॉन आदि विद्वानों इसके कारण चर्चा की है। जिसका संक्षेप में यहां वर्णन किया जा रहा है।

वेश्यावृत्ति के कारण

आर्थिक कारण

1. गरीबी
2. आर्थिक पर निर्भरता
3. आर्थिक विषमता
4. मंहगाई
5. भौतिकवादी एवं उपभोक्तावादी संस्कृति
6. लाभकारी पेशा

सामाजिक एवं सास्कृतिक कारण

1. पारिवारिक बिखराव
2. पारिवारिक कलह
3. परिवार का आकार
4. अशिक्षा
5. सामाजिक प्रथाएं
6. अश्लीलता युक्त मनोरंजन माध्यम
7. उन्मुक्ता प्रधान फैशन संस्कृति
8. खराब संगत
9. अनैतिक पर्यावरण
10. नगरीकरण एवं उद्योगीकरण

मनोवैज्ञानिक कारण

1. असमान्य कामुकता
2. असमान्य मानसिक स्थिति
3. प्रेम में धोखा
4. पुरुष मन को भटकाव

सीमोन ने भी (248-50) वेश्यावृत्ति के कई कारणों की चर्चा की है। जो इस प्रकार है–

1. वेश्याओं का **मानसिक विकास** (Mental Development) औसत स्त्रियों से कम होता है। कुछ स्त्रियाँ बहुत कमजोर दिमाग की होती हैं। फलतः स्वाभाविक रूप से कमजोर दिमाग वाली स्त्रियां ऐसे पेशे को स्वीकार करती हैं, जिसमें **'विशेष शिक्षा'** (Special Education) की आवश्यकता न हो। अधिकांश वेश्याएं औसत बुद्धि की होती हैं यद्यपि कुछ अत्यन्त बुद्धिमान भी होती हैं।
2. विश्व में आज जहां **बेकारी** की समस्या (Problems of unemployment) बड़ी विकराल है, स्वाभाविक सी बात है लोग किसी ऐसे धंधे को अपनाएंगे जो कि **सहजता** (Conveniently) मिल जाए। न कि इसलिए अपनाते हैं कि वे किसी शारीरिक दोष या वंशगत कारण (Physical Faulty) के शिकार हैं।
3. **फौज एवं पुलिस** जब तक रहेंगे तब तक वेश्यावृत्ति भी रहेगी।

4. स्त्रियां **आर्थिक कारणों** से वेश्यावृत्ति अपनाती हैं। पुरुष की इच्छा उन्हें इस पेशे की ओर प्रवृत्त नहीं करती।
5. दोष न स्त्री का न उनके खून का है। वास्तव में दोष तो उस समाज (Social factor) में है जहां अधिकांश महिलाओं को यह पेशा मुख मोड़ने लायक नहीं लगता।
6. घरेलू नौकरानियों को **पारिवारिक दासता** और **मालिक** के कामुकता के शिकार ने भी इस रास्ते की तरफ उन्हें धकेला है।
7. अधिकांश स्त्रियां **ग्रामीण** पृष्ठभूमि की होती हैं जो बड़े शहरों में जाकर यह कार्य करती हैं। जहां उसके मार्ग में नैतिकता की सिद्धांत भी नहीं आती।
8. इस कार्य में उसके **आसपास के लोग**–मोहित करने वाला व्यक्ति, ऑफिस, दुकान, बचपन का साथी, सेवक आदि लाने में अपनी भूमिका निभाते हैं।
9. माता-पिता कई कारणों से उन्हें इसमें प्रवेश करा देते हैं।
10. **त्यागी गई स्त्रियां** भिक्षावृत्ति और फिर वेश्यावृत्ति अपना लेती हैं।
11. काम छूट जाने, परिवार का बड़ा आकार व उसका पालन-पोषण एवं बीमारी के कारण भी यह पेशा अपनाती हैं।
12. **युद्ध-काल** में वेश्यावृत्ति बढ़ती है।
13. कई बार अपने आप में इजाफा करने के लिए भी वेश्यावृत्ति की जाती है।

सेक्स इंडस्ट्री (Sex industry) में प्रवेश करना एक सामान्य स्थिति का सामना करने वाली महिलाओं द्वारा नहीं किया जाता। बल्कि इस संदर्भ में दो महत्वपूर्ण कारक ऐसे हैं, जो समाज के सदस्य को इस पेशे को अपनाने को बाध्य करते हैं–(1) **आर्थिक गरीबी** (Economic poverty), (2) **सांस्कृतिक गरीबी** (Cultural poverty) आर्थिक गरीबी का संबंध मूलतः धन या आर्थिक दबाव की स्थिति है। जब सांस्कृतिक गरीबी का संबंध उस समाज विशेष के संस्कृति संबंधी मूल्य को आई गिरावट या अवमूल्यन से है। विकसित राष्ट्र, विकसित शहर, औद्योगिक समाज, महानगर जहाँ **उपभोक्तावादी संस्कृति** पूरी तरह हावी होती है। जहाँ फैशन स्वच्छन्द वातावरण हो, वहाँ समाज का मूल्य, जीवन-शैली अलग ही होती है। वहाँ बहुत सारी जरूरतें अनावश्यक रूप से बढ़ती जाती हैं। बहुत सारी आवश्यकता से अनावश्यक रूप से समाज में थोप दी जाती हैं। इसके बिना भी काम चल सकता है। फलतः लोग अपनी आवश्यकताओं को पूरा करने के लिए गलत रास्ते का चयन करते है। इसमें गरीबी से परेशान महिलाएं भी जो रेड लाईट एरिया (**Red Light Area**) में जिस्मफरोशी का धंधा करती

हैं। वही दूसरी ओर छोटी-मोटी मॉडल से लेकर अच्छे घर की लड़कियाँ आदि काल गर्ल्स में शामिल होती हैं। उनका कोई एक स्थान नहीं होता, ठिकाना बदलते रहते हैं। कई बार ग्राहक के घरों-हवेलियों तक ही वे पहुँच जाती हैं। उनकी समस्या घनघोर गरीबी से मुक्ति पाना नहीं होता। बल्कि हाई-फाई जीवन-शैली मेटेंन करना होता है। डिस्को, क्लब, बार, बाया शरीर दर्शन, पीजा-बर्गर संस्कृति सारे पुराने मूल्यों को तोड़ते हुए उसे इस रास्ते की ओर मुखातिब करती हैं। ये मूल्य **'यूज एण्ड थ्रो'**, **'पे देम एण्ड इज्वाय'** पर आधारित होते हैं। इस हालत के दलदल में फंसने के बाद इन्हें होश आता है और कई इसे एक अच्छा आय का माध्यम मानती हैं। फलतः वह इसे आगे भी जारी रखती हैं।

किंग्स्ले डेविस ने अपने अध्ययन में पाया कि बड़ी तादाद में वेश्याओं का मानसिक स्तर सामान्य जनता के मानसिक स्तर से निम्न था। जिसे सीमोन ने भी अपनी पुस्तक *The Second Sex* में इस बात को जोर देकर कहा था। **एडवर्ड ग्लोवर** के अनुसार पुरुष मित्र स्त्रियों को उसकी बेवफाई, प्रतिरोध के लिए इस रास्ते पर लाकर खड़ा करते हैं। कांगा, पुनेकर, सीमोन, डॉ. बाई बार्ड, आदि विद्वानों के अनुसार महिलाओं द्वारा इस पेशे को अपनाने का एक बहुत बड़ा कारण उनकी **गरीबी** है। जबकि प्रावेन्सन ऑफ प्रास्टिच्यूशन पर गठित **लीग ऑफ नेशन्स** की विशेष समिति ने निर्धनता एवं कठिनाइयों की जगह धन और शक्ति कारक को वेश्यावृत्ति के लिए ज्यादा महत्वपूर्ण माना है। कई बार **घरेलू पर्यावरण** में अनैतिकता का रंग ज्यादा बढ़ने लगता है तो परिवार के सदस्य इस तरफ मुखातिब होने लगते हैं। कई स्थितियों में परिवारिक टूट-बिखराव इस रास्ते की तरफ महिलाओं को ले जाता है।

उद्योगीकरण, शहरीकरण, नया परिवेश, अकेलापन, परम्पराएं, सामाजिक व आर्थिक असमानता आदि ऐसे कई कारण हैं जो इस पेशे को चिरस्थायी बनाती है। समाज की सोच जैसी होगी समाज का स्वरूप उस तरह विकसित होगा। वेश्यावृत्ति एवं वेश्याओं से संबंधित सोच पर हम जरा गौर फरमाएं।

> **"एक महल में गंदी नाली की जो स्थिति हैं वही स्थिति समाज में वेश्याओं की है। नाली को बंद कर दीजिए तो आप पायेंगे कि पूरा इलाका दुर्गंध से भर गया।"**
>
> –पादरी इक्वीनास (**सीमोन**, *The Second Sex*)

> **"यदि समाज से वेश्यावृत्ति को निकाल दीजिए तो सारा संसार वासना से भर जाएगा।"**
>
> –सेंट आगस्टाइज

यदि इस प्रकार के ख्यालात होंगे तो समाज में यह कोढ़ तो बढ़ने वाला ही देवदासी के रूप चाहे अन्य रूप में। यद्यपि इस सोच में समय के साथ परिवर्तन दिखाई रहा है।

4.10 वेश्यावृत्ति के प्रभाव (Effects of Prostitution)

अरबों डालर के इस कारोबार में करोड़ों वेश्याएं, ग्राहक, दलाल, छोटे-छोटे अन्य सहायक लोग संबंधित धंधे वाले लोग जुड़े हैं इसलिए इस बाजार से होने वाले फायदे नुकसान का प्रभाव अकेले वेश्याओं पर नहीं बल्कि इससे जुड़े सभी लोगों पर पड़ेगा। किसी पर कम किसी पर अधिक किन्तु प्रभावित सभी होंगे क्योंकि इस कारोबार में वेश्याएं पूरे श्रृंखला की तो एक कड़ी मात्र हैं, न कि पूरी श्रृंखला।

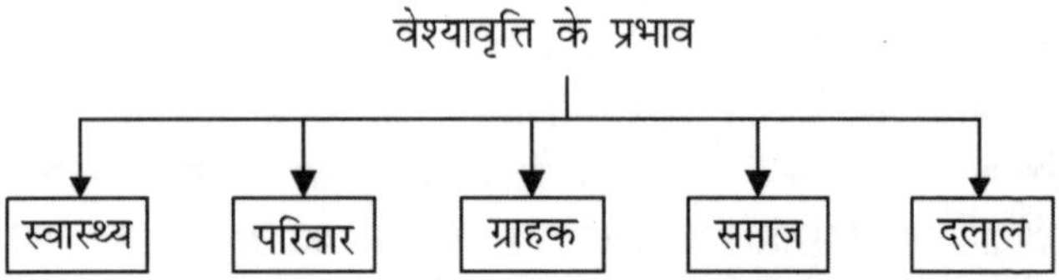

सर्वप्रथम सेक्स वर्कर के स्तर पर देखें कि इन्हें व्यक्तिगत एवं परिवार स्तर पर क्या कीमत चुकानी पड़ती है। ध्यान से देखें तो हम पाते हैं कि इस अनैतिक एवं गैरकानूनी पेशे में सेक्स वर्कर की **कई चीज पर दांव** पर लगी हैं। इसमें प्रमुख है–उनका खुद का **स्वास्थ्य** एवं **परिवार**। स्वास्थ्य के पहलू पर चर्चा करें तो विभिन्न लोगों के साथ यौन संबंध स्थायी होने से कई प्रकार के **यौन-रोग–एड्स**, **गोनेरिया**, उपदेश, **प्रमेह** एवं अन्य रोग–**ग्लीट**, **डिसूरिया**, **अति-स्त्राव** आदि। साथ ही साथ बराबर शराब, सिगरेट अन्य नशा-सेवन करने, अस्वास्थ्यप्रद स्थितियों, खतरे के माहौल में रहने से कई प्रकार के शारीरिक एवं मानसिक रोग का ये शिकार हो जाती हैं। इसमें वर्तमान में सबसे खतरनाक रोग **एड्स** है। इसमें रोगी की शरीर के अन्दर बनी **सुरक्षा प्रणाली** पूरी तरह से कमजोर एवं अंततः नष्ट हो जाती है। अकेले भारत में ऐसे रोगियों की संख्या **50 लाख** से अधिक है और भविष्य में इसमें बड़े पैमाने पर बढ़ने की संभावना अध्ययनों में व्यक्त की जा रही हैं। वहीं संसार में **4 करोड़ से अधिक एड्स** से पीड़ित रोगियों की संख्या है।

परिवार एवं नैतिक को मापदण्ड बनाए तो हम देखते हैं कि ऐसे परिवार में बड़ी तेजी से टूट-बिखराव देखने को मिलते हैं। इसे परिवार की लड़कियों का **विवाह** बहुत मुश्किल हो जाता है। जो गुप्त रूप से इस कार्य को करती हैं और जिस दिन इसका पर्दाफाश होता है उस दिन से वह परिवार समाज में किसी को मुँह दिखाने लायक नहीं रह जाता है। परिवार की भूख-शांति सब

समाप्त हो जाती है। परिवार पर मानो भूचाल आ जाता है। इनसे **'सामाजिक बहिष्कार'** देश को झेलना पड़ता है। सामाजिक बहिष्कार-**सामाजिक तिरष्कार** इनकी नियति बन जाती है। अत: **वेश्यागामी परिवार** पूरी तरह तबाह और बर्बाद हो जाता है। फलत: मारपीट, आत्म-हत्या, गाली-गलौज की घटनाएं घटित होती रहती हैं।

ग्राहक, दलाल, संरक्षक, बिचौलिये से सभी कहीं न कहीं इस प्रकार के दुष्प्रभाव का शिकार होते हैं। सर्वप्रथम **ग्राहक** को यौन संबंधी रोगों का सामना करना पड़ता है। जिसमें सबसे खतरनाक तो एड्स है। इस प्रकार का अनैतिक यौन संबंध के आदि लोग अपने घर-परिवार को विपत्ति में डाल अपना रुपया-पैसा, जमीन-संपति सब इस पर बर्बाद कर लेते हैं। कई बार चोरी, डकैती, हत्या या संपत्ति गिरवी रख, अपहरण कर इस कार्य पर पैसा खर्च कर अपने और परिवार को मुसीबत में डाल देते हैं। इस कार्य से जुड़े **बिचौलियों** को भी समाज कभी अच्छी निगाहों से नहीं देखता। साथ ही साथ वे भी कई प्रकार के गलत आदतों के शिकार होते हैं। विरोध, दुश्मनी, असुरक्षा के इस माहौल में कई बार इन्हें अपने जीवन से हाथ धोना पड़ता है। समाज एवं आस-पड़ोस पर इसका क्या प्रभाव पड़ता है इसकी चर्चा करते हुए।

4.11 वेश्यावृत्ति नियंत्रण के उपाय (Measures of Controlling the Prostitution)

सीमोन का मानना है-**पुरुष बड़ी चालाकी से पत्नी से पवित्र बनी रहने की शपथ ग्रहण करवा लेता है।** पर वह स्वयं इस सामाजिक व्यवस्था से संतुष्ट नहीं दिखायी पड़ता। **बात चाहे जो हो वेश्यावृत्ति की काली छाया परिवार पर मंडराती रही है।** प्राचीन काल से अब तक इस पर नियंत्रण पाने के लिए विभिन्न प्रकार के उपाय किये। राज्य का नियंत्रण जिसके हाथों में होता है उन पर इस बीमारी को नियंत्रित करने की जिम्मेदारी होती है।

वेश्यावृत्ति नियंत्रण के दो प्रकार के उपाय समाज एवं सरकार द्वारा अपनाए जाते हैं। एक तो समस्या के उत्पन्न होने पर उस पर नियंत्रण कायम करता है और दूसरे उपाय के तहत समाज में ऐसे वातावरण को तैयार करने के प्रयास किए जाते हैं जिससे यह समस्या उत्पन्न ही नहीं। दूसरे शब्दों में समाज के सदस्य इस पेशे को अपनाए ही न हो। विभिन्न काल में राजा (शाम को) अपने अधिकारियों के माध्यम से इसे नियंत्रित करने का उपाय करवाने की व्यवस्था करवाते थे। कानून, परम्परा, सामाजिक नियम आदि के माध्यम से इसे सीमित करने के प्रयास हुए। खासकर **20वीं** सदी में अन्तर्राष्ट्रीय स्तर **यू.एन.ओ.** के विभिन्न एजेन्सियों के माध्यम से इस प्रकार अंकुश लगाने के प्रयास अब तक

वेश्यावृत्ति नियंत्रण के उपाय

अंतर्राष्ट्रीय स्तर पर

1. अनैतिक निवारण संघ, 1875
2. श्वेत दास-व्यापार-दमन, 1904 (पेरिस)
3. पूर्ण आयु वाली महिलाओं का व्यापार दमन, 1910
4. महिला एवं बालक व्यापार दमन, 1931
5. संयुक्त राष्ट्र संघ का अनैतिक व्यापार संबंधी कन्वेंशन, 1933
6. संयुक्त राष्ट्रसंघ का 1937 का कन्वेंशन (वेश्यागृह उन्मूलन), 1947 में क्रियान्वयन
7. मानव तस्करी तथा शोषण या अन्यों का वेश्यावृत्ति दमन संबंधी कन्वेंशन, 1949- संयुक्त राष्ट्र संघ

राष्ट्रीय स्तर

स्वतंत्रता पूर्व

1. 1668, 1669, 1677 में वेश्यावृत्ति संबंधी नियम
2. भारतीय दण्ड संहिता, 1860
3. संक्रामक रोग अधिनियम, 1868
4. दण्ड प्रक्रिया संहिता, 1898
5. संरक्षक एवं प्रतिपाल्य अधिनियम, 1890
6. प्रेसिडेंसी टाउन एवं जिला अधिनियम
7. वेश्यावृत्ति एवं यौन-रोग संबंधी-ब्रिटिश हाउस ऑफ कॉमन्स, 1982
8. पूर्वी बंगाल एवं असम विकृतग्रह अधिनियम, 1907
9. छावनी अधिनियम
10. प्रांतीय अनैतिक व्यापार दमन अधिनियम–बंबई 1923, मद्रास 1930, बंगाल 1933, उत्तर प्रदेश 1933, पंजाब 1935, मैसूर 1936
11. प्रांतीय देवदासी प्रथा नियंत्रण अधिनियम–बंबई 1934, मद्रास 1947

स्वतंत्रता प्राप्ति उपरांत

(क) **उपचार संबंधी उपाय**

1. प्रांतीय अनैतिक व्यापार दमन अनियमन –बिहार 1948, म.प्र. 1953, सौराष्ट्र 1952, हैदराबाद 1952, अजमेर 1953
2. अनैतिक व्यापार (निवारण) अधिनियम, 1956
3. महिलाओं एवं बालिकाओं के लिए अल्पाहार गृह

(ख) **निवारण संबंधी उपाय**

1. गरीबी उन्मूलन
2. बेरोजगारी उन्मूलन
3. परिवार परामर्श केन्द्र
4. विवाह पूर्व परामर्श केन्द्र
5. यौन-शिक्षा
6. कुरीतियों पर रोक
7. वेश्याओं का सामाजिक समायोजन
8. वैकल्पिक रोजगार सृजन

जारी हैं। राष्ट्रीय एवं अंतर्राष्ट्रीय स्तर पर अनैतिक देह व्यापार एवं यौन संबंधों पर रोक लगाने के उपाय किए गए हैं। इसके अतिरिक्त इनके **पुनर्वास** एवं **सामाजिक समायोजन** (Social Adjustment) के प्रयास जारी हैं। जितने भी कानून बने सभी का उद्देश्य इस अनैतिक व्यापार पर अंकुश लगाना था। साथ ही **निवारणात्मक उपाय** के तहत यौन शिक्षा, गरीबी-बेरोजगारी उन्मूलन कार्यक्रम, सामाजिक कुरीतियां आदि के माध्यम से इस पर नियंत्रण संभव है। इसे इस बात

पर ध्यान देना चाहिए कि यदि इस प्रकार की स्थितियाँ समाज में रहती हैं तो वह समाज के हक में नहीं होती। इसके लिए समाज प्रभुत्व ही जिम्मेदार माने जाते हैं। कहते भी हैं–

"गुलिस्ता में अगर फलों का कत्ले आम होता है
सबब चाहे कुछ भी हो, बागवां बदनाम होता है।"

III. बालिका श्रमिक (Girl Child Labour)

"भूख खा रहे, पी रहे, ये अपनी ही प्यास।
भोली सांसें ढो रही, जीवन की संत्रास।।
चिथड़े पहने काम पर, जाने को तैयार।
देर न कर ओ धीरूआ, पड़ जाएगी मार।।
कलम एक वरदान है, यह भट्टी अभिशाप।
पापा! भट्टी में हमें, नहीं जलाओ आप।।
प्लास्टिक, लोहा, कॉच या, पत्थर लेकर हाथ।
गढ़े खिलौने बालपन, खेले बुढ़े हाथ।
बच्चे भूले देश के परियों का संसार।।"

–राम स्नेही लाल शर्मा 'यायावर'

संसार के प्रत्येक समाज की सबसे **महत्वपूर्ण संपदा** (important assets) संभवतः उनके समाज के सदस्य होंगे। जिसे हार्वड विश्वविद्यालय के सामाजिक वैज्ञानिकों ने **मानव पूंजी** (Human capital) की संज्ञा दी है। वृक्ष की बात चले तो पौधे के महत्ता को कैसे भुलाया जा सकता है। क्योंकि आज के नन्हे-मुन्ने कोमल पौधे ही तो कल के फल-फूल देने वाले विशाल वृक्ष का रूप धारण करते हैं। **बीज से ही तो वट-वृक्ष का सृजन संभव है। बीज यदि दूषित हो खराब हो, पौधे अपने आरंभिक चरण में हालात के थपेड़ों से हताहत हुए हों तो वो कैसे एक मजबूत वृक्ष का आकार गृहण कर पाएगा?** क्या ये सारी बातें मानव समाज के विषय में भी सही प्रतीत नहीं होतीं? जिन गुणों-विशेषताओं का प्रतिनिधित्व आज का मानव समाज कर रहा है क्या वे हमारे भूतकाल के परिश्रम एवं प्रयास का प्रतिफल नहीं है? डिजिटल क्रांति, सूचना क्रांति उपग्रह क्रांति में प्रवेश चुकी इस सभ्य एवं विवेकशील समाज को क्या इस पर भी तर्क-वितर्क करना है कि स्वस्थ बच्चे हंसते बच्चे हमारे राष्ट्र के विकास के इमारत की मजबूत ईंटें हैं? क्या अब भी इस पर बहस की गुंजाइश है कि हंसता बचपन ही हंसता राष्ट्र दे सकता है? अपने बच्चों के बचपन को सींचने वाले राष्ट्रों यथा **जापान**, **जर्मनी**, इजराइल, स्वीडन, नार्वे, अमेरिका ने आज विकास के सम्पूर्ण क्षेत्रों में महत्वपूर्ण सफलताएं हासिल की हैं। भविष्य के बीज को

वर्तमान के गर्भ में सही ढंग से सींचने से ही हमें उपेक्षित परिणाम मिलते हैं और उसे करके ही हमें ऐसे परिणामों की आशा करनी चाहिए। भविष्य में अच्छी आकृति वर्तमान के साँचे से ही निकलती है। **कमजोर बच्चे कमजोर राष्ट्र** का प्रतिनिधि करते हैं। संभवतः संसार के प्रायः सभी राष्ट्रों को इस सच्चाई को समझना एवं इसे तवज्जो देना शुरू किया है।

समाज के एक हिस्से में विद्यमान **'मुनाफाखोरी की आग' बच्चों के बचपन को दीमक** की तरह चाट जाता है। **बाजारवाद का क्रूर आदर्श है–मुनाफा**। अब इसके और केवल इसके रहते तो गरीब परिवारों के बच्चों के बचपन को तो हताहत होना ही है। बच्चे बालक हो या बालिका **श्रम की मंडी** में उसे आर्थिक व अन्य विवशताओं के कारण बिकना ही तो है। जैसी उसकी सौदेबाजी क्षमता होगी और जिस स्तर की उसकी लाचारी होगी वैसी उसकी मजदूरी तय हो जाएगी। यह काम संविधान एवं कानून में बच्चों के लिए वर्जित है, ऐसे मालिक को नहीं करवाना चाहिए, इसे बच्चों का नहीं करना चाहिए, माता-पिता को उन्हें इस उम्र में पढ़ाना चाहिए, बच्चों का नियोजन कहीं न हो, इसे श्रम अधिकारियों की फौज को देखना और रोकना चाहिए, समाज को हाथ पर हाथ रखके बैठना नहीं चाहिए, नौकरशाह को अपना काम पूरी ईमानदारी से निभाना चाहिए, कल्याण अधिकारी को कल्याण सुविधाएं पूरी-पूरी इन बच्चों तक पहुंचानी चाहिए, राजनेताओं को तो खामोश नहीं बैठना चाहिए, बुद्धिजीवियों को इसमें अपनी भूमिका निभानी चाहिए आदि-आदि बातें केवल सलाह देने के लिए हैं, सेमिनार एवं सम्मेलनों में बोलने के लिए है, जो हमें लगता है एक **बौद्धिक विलासिता** के सिवाय और कुछ नहीं है। वास्तविकता के धरातल पर इन आदर्शों की कोई औकात नहीं है। किसे फुर्सत हैं ये सारी बातें सुनने की। कौन है तो आगे बढ़कर इनका हाथ थामेगा कौन है? जो इनके बचपन को लौटाएगा, यह कामकाजी कोमल उम्र वाले बच्चे **चातक** की भांति स्वाती की बूंद को पाने के इंतजार में बचपन में ही बुढ़ापा के दहलीज पर पहुंच जाते हैं। यहां बरवस **तीर्थराम शर्मा** की कुछ पंक्तियां याद आ जाती हैं–

"जहमत यहाँ उठाए कौन?
किसको यहाँ बचाए कौन?
अपने गम में डूबी दुनिया
आँख के आँसू सुखाए कौन?

सो गए बच्चे भूखे-नंगे
नींद से उन्हें उठाए कौन?
लगती है इंसान की बोली
उनको यह समझाए कौन?"

मुनाफा जब समाज का एक आदर्श बन जाए और उसके होड़ में समाज का एक बड़ा हिस्सा शामिल हो जाए, तो उस स्थिति में बाल श्रम की सामाजिक-आर्थिक बुराई पर अंकुश लगाना कठिन हो जाता है। इसका जीता-जागता उदाहरण है ये 25 **करोड़ कामकाजी बच्चे** जो संसार के अधिकांश देशों में कोई न कोई कार्य को अंजाम तक पहुँचाने के लिए मुस्तैदा है। भले ही इसके लिए उन्हें अपने बचपन और उसके सपने का गला-घोटना पड़े। जिस उम्र में इन बालक-बालिकाओं को पाठशालाओं में होना चाहिए, ये खतरनाक से खतरनाक काम में लगे होते हैं। न केवल यह तय करने की आवश्यकता है कि क्या ये कच्चे उम्र के बच्चे काली एवं **गुमनाम जिंदगी** जीऐंगे? साथ ही साथ इससे संबंधित उपायों को भी अमली जामा पहनाए जाने की आवश्यकता है, और शायद तब इन्हें हम क, ख, ग की रट लगाने की जगह श्रम बाजार के क्रूर नियमों से बचा श्रमदाता का चोंगा पहनाने से रोक सकेंगे।

अफगानिस्तान के **ऊँट खेल** (कबिलाई खेल) **थाईलैण्ड** के बदनाम इलाकों में देह व्यापार कार्य, **दक्षिण अफ्रीका** एवं यूरोप के सभ्य समाज के बच्चियों के हाथों रंग-बिरंगे खूबसूरत फूल बेचने के काम में, **ईरान** के कालीन उद्योग, **काहिरा** के चमड़े कारखानों, **कोलम्बिया** के खानों, थाईलैण्ड के कुख्यात सेक्स बाजारों, कोरिया एवं ताईवान के कपड़ा, कारखानों, **बंगलादेश** के सूती वस्त्र कारखानों, **भारत के** आतिशबाजी, माचिस, कालीन, चूड़ी-कांच, सेलग, पीतल बर्तन, चीनी मिट्टी खिलौना, बीड़ी, पापड़ कीमती रत्न, सूती वस्त्र, खेलकूद सामान आदि उद्योग बच्चे 25 करोड़ की संख्या में लगे हैं। ये बच्चे **'बचपन को मोहताज'** हैं। जो थोड़ा-सा गंभीरता से नजर दौड़ाने **यत्र-तत्र-सर्वत्र** नजर आ जाएंगे। बचपन का बचपन में ही गला घुट जाने से ये बच्चे बचपन में वयस्क जैसा व्यवहार करने लगते हैं। इनके चेहरों पर समय से पूर्व ही गंभीरता एवं परिपक्वता नजर आने लगती है। इनके चेहरे की हंसी को असमय काम के बोझ का दीमक चाट चुका होता है।

4.12 संसार में लड़कियों की जनसंख्या (Girl Population in the World)

अमेरिका, अर्जेन्टाइना, अल्जीरिया, कनाडा, ब्राजील, मेडागास्कर, मैक्सिको, जापान, जमैका, ब्रिटेन, पुर्तगाल, हंगरी, रूस, स्पेन, दक्षिण अफ्रीका, सोमालिया, इथोपिया, ईरान, इराक, भारत, चीन, सिंगापुर, इंडोनेशिया, थाईलैण्ड, पाकिस्तान, बंगलादेश, नेपाल, नीदरलैण्ड, न्यूजीलैण्ड, आदि देशों के विभिन्न कार्यों में बच्चे कार्यरत्त हैं (ग्लोवल रिपोर्ट ऑन **दी वर्स्ट फार्मस ऑफ चाइल्ड लेबर**, आई. एल. ओ., जनेवा 2002)। 600 करोड़ से अधिक आबादी वाले इस संसार की **'सबसे अनमोल सौगात'** बच्चे हैं। जिसकी आबादी लगभग **153 करोड़** (26 प्रतिशत विश्व की कुल जनसंख्या का) है। इनमें से अधिकांश बच्चों पर इस समस्या के शिकार होने की तलवार लटकी रहती है। न जाने अगला पल किस बच्चे का बचपन **'काम के आगोश'** में चला जाए। क्योंकि 153 करोड़ बच्चों में से अधिकांश का संबंध **'आर्थिक दबाव'** से गुजर रहे गरीबी में जीवन-यापन

करने वाले परिवार से होता है। वास्तव में यह एक ऐसी **'सामाजिक त्रासदी'** है जिससे संसार का शायद ही कोई देश अछूता हो। बालिका श्रमिक के प्रति स्पष्ट समझ पैदा करने के लिए सर्वप्रथम इसके **'संख्यात्मक पक्ष'** (Quantitative aspect) को समझना एवं उसके विभिन्न पक्षों को देखना आवश्यक है।

तालिका सं. 4.15: संसार में 5-17 आयु समूह के बच्चों की संख्या

(करोड़ में)

बच्चे	बाल संख्या	जनसंख्या (% में)
लड़का	78.66	51
लड़की	74.49	49
कुल	153.15	100

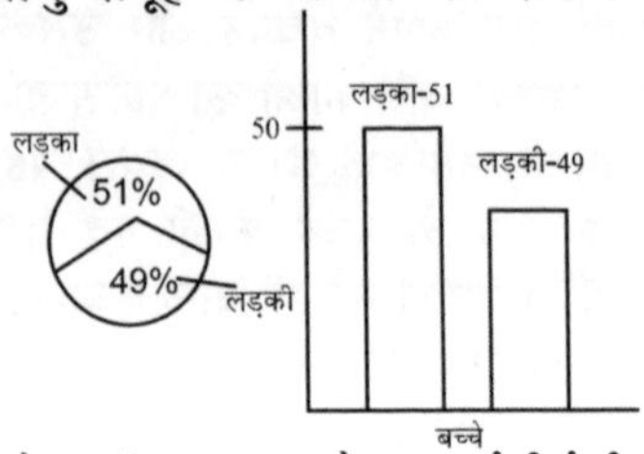

स्रोत– एवरी चाइल्ड काउंट्स न्यू ग्लोबल इस्टिमेट ऑन चाइल्ड लेबर, आई.पी.ई.सी., एस.आई.एम., ओसी, आई.एल.ओ., जनेवा, अप्रैल, 2002, पृ. 7।

यद्यपि सब-सहारा अफ्रीका, दक्षिणी एशियाई देशों में जहाँ की औसतन 35 प्रतिशत आबादी एक डॉलर प्रतिदिन आय के नीचे गुजर-बसर कर रही है (दी स्टेट ऑफ वर्ल्ड चिल्ड्रेन, यूनिसेफ 2001: 101), वहाँ यह समस्या अपने विकराल रूप में है। संसार के 74.49 करोड़ बालिकाओं की आयुगत व्याख्या करें तो हम पाते हैं कि सर्वाधिक लड़कियां 5-9 आयु समूह की हैं। संसार की विभिन्न रिपोर्ट एवं अध्ययन बताते हैं यही आयु-समूह पर काम का खतरा सबसे अधिक होता है। दूसरी प्रमुख आयु 10-14 है जिसमें बड़ी संख्या लड़कियों की है (देखें तालिका सं. 4.16)।

तालिका सं. 4.16: संसार में लड़कियों की संख्या (5-17 आयु समूह)

(संख्या करोड़ में)

आयु समूह	जनसंख्या	प्रतिशत में
5.9	29.80	40
10-14	29.13	39
15-17	16.18	21
5-17	74.49	100

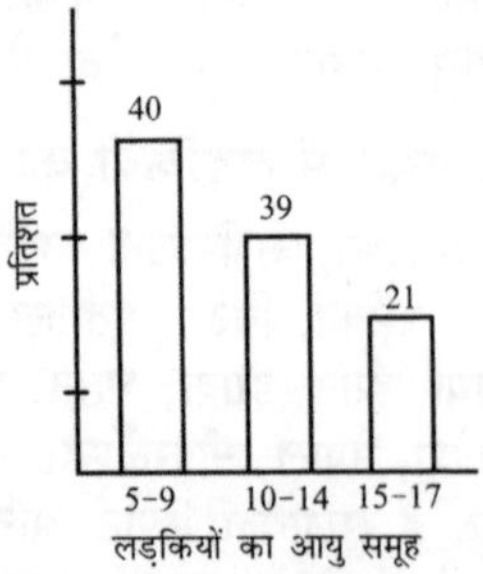

स्रोत–एवरी चाइल्ड काउंट्स, 2002, पृ. 15।

वहीं संसार के सभी क्षेत्रों (Regions) एवं देशों में बच्चों की जनसंख्या एक समान नहीं है। जो देश ज्यादा **औद्योगिक दृष्टिकोण** से विकसित हैं, शिक्षित है, जहाँ अधिकांश जनता का **जीवन स्तर** (Standard of living) उच्च है, वहां बच्चों की जनसंख्या तुलनात्मक रूप से विकासशील एवं अविकसित राष्ट्रों के तुलना में कम है। संख्या के दृष्टिकोण से जहां बच्चों की संख्या कम

होगी वहां बाल मजदूरी की संभावना कम हो जाती है। यदि **परिवार का आकार (Size of family)** बड़ा हो तो परिवार के खर्च को पूरा करने के लिए बच्चों को कई बार काम पर लगना पड़ता है। इसका प्रतिकूल प्रभाव खासकर बालिकाओं पर पड़ता है और बड़े पैमाने पर **घरेलू नौकरानियां** (Domestic servants) की भूमिका निभाने को बाध्य हो जाती हैं। संसार 153 करोड़ बच्चों में लगभग 100 करोड़ बच्चों (65%) का संबंध एशिया-प्रशांत एवं सब-सहारा अफ्रीका क्षेत्र से है। देखें तालिका।

तालिका सं. 4.17: संसार में क्षेत्रानुसार बच्चों की जनसंख्या, 2000

(करोड़ में)

क्र.सं.	क्षेत्र	बच्चों की जनसंख्या कुल				प्रतिशत*
		5–9	10–14	15–17	5–17	
1.	विकसित अर्थव्यवस्था	5.26	5.94	3.67	15.57	10.16
2.	ट्रांजिशन अर्थव्यवस्था	2.77	3.47	2.06	8.30	5.00
3.	एशिया-प्रशांत क्षेत्र	33.54	32.90	17.95	84.46	55.00
4.	लैटिन अमेरिका एवं कैरेबियन	5.44	5.37	3.32	13.93	9.00
5.	सब-सहारा अफ्रीका	8.88	7.81	4.03	20.72	13.53
6.	मध्य-पूर्व एवं उत्तरी अफ्रीका	4.42	4.37	2.37	11.16	7.29
	योग	61.01	59.93	33.20	153.14	100

स्रोत–एवरी चाइल्ड काउंट्स, 2002, टेबल सं. 2–3, पृ. 7।

नोट–*प्रतिशत गणना किया हुआ।

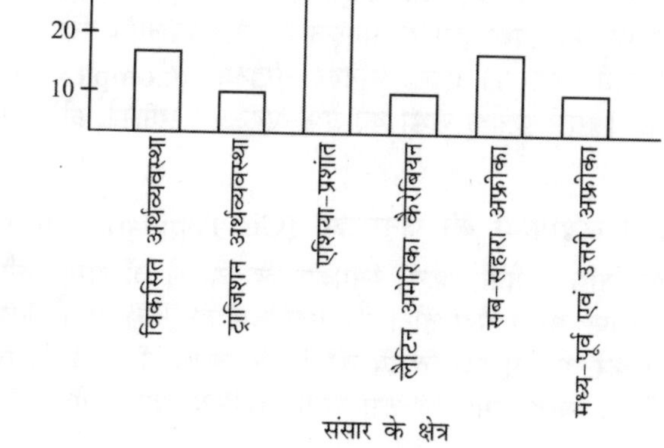

तालिका सं. 4.18: संसार के विभिन्न आयु समूह में बच्चों की संख्या

(करोड़ में)

आयु समूह	जनसंख्या	प्रतिशत
5–9	61.01	40
10–14	59.00	38
15–17	33.13	22
कुल (5–17)	153.14	100

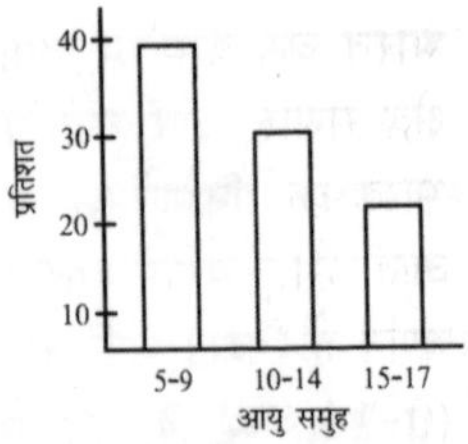

जहाँ संसार में बड़ी तादाद में बच्चे एशिया-प्रशांत क्षेत्र में है। वही यदि आयु के आधार पर इसका वर्णन करें तो 78 प्रतिशत बच्चे 5-14 आयु समूह के हैं और इसी आयु समूह में सबसे अधिक बच्चों के बाल मजदूर बनने की संभावना बनी रहती है। इन **संख्यात्मक व्याख्या** (Quantative explanation) का उद्देश्य दो तीन बिंदुओं को स्पष्ट करना है जो इस प्रकार है–

1. संसार के 600 करोड़ से अधिक जनसंख्या में **बच्चों** की आबादी **153** करोड़ (26%) है;
2. संसार के 153 करोड़ बच्चों की आबादी में **लड़कियों** की संख्या **74.49** करोड़ (बच्चों की आबादी का 49%) है;
3. 74.49 करोड़ लड़कियों में 79 प्रतिशत (51 करोड़) लड़कियां 5–14 आयु समूह की हैं;
4. संसार की क्षेत्रवार व्याख्या करें 153 करोड़ बच्चों में से 116 करोड़ (76%) का संबंध **एशिया एवं अफ्रीका** क्षेत्र से है; तथा
5. आयुवार व्याख्या से हम इस निष्कर्ष पर पहुँचते हैं कि 78 प्रतिशत बच्चे 5-14 आयु समूह के हैं।

इस प्रकार क्षेत्र, आयु, लिंगवार व्याख्या से स्पष्ट स्थिति होती है कि लड़कियों की संख्या कहाँ क्या और किस रूप में है? इससे बालिका श्रमिक से संबंधित तस्वीर को स्पष्ट रूप से समझने में मदद मिलेगी। क्योंकि कोई भी समस्या बहुत सारी बातों की एक **'जटिल शृंखला'** (Complex chain) के रूप में होती है। जिससे प्रत्येक कड़ी को एक-एक कर समझने की आवश्यकता होती है।

4.13 भारत में लड़कियों की जनसंख्या (Girl Population in India)

संसार के विभिन्न क्षेत्रों, आयु, लिंगवार व्याख्या से तो संसार की तस्वीर के प्रति एक स्पष्ट समझ पैदा होती है। वहीं हम इन क्षेत्रों में से किसी एक देश का चयन करें तो उस देश विशेष की स्थिति समझ में आती है। बात जहाँ तक भारत की है। भारत संसार के उस पॉकेट (एशिया-प्रशांत क्षेत्र) से संबंधित

है जहाँ विश्व में सबसे ज्यादा (84 करोड़) बच्चों की आबादी है। यदि एशिया-प्रशांत क्षेत्र में बच्चों की आबादी पर नजर दौड़ाएं तो पाते हैं कि **चीन**, **भारत** जैसे देश के बच्चों की विशालकाय जनसंख्या के कारण ही एशिया-प्रशांत क्षेत्र संसार के सबसे सघन बाल जनसंख्या वाले क्षेत्र के रूप में जाना जाता है। भारत के विशेष संदर्भ में बातों को देखें तो कई बातें हमारे सामने उभर कर आती हैं। नौवीं पंचवर्षीय योजना (1997-2002) के अध्याय-4 में इस बात का वर्णन है कि 2002 तक देश की कुल जनसंख्या का 33 प्रतिशत हिस्सा बच्चों (0-14 आयु) का हो जाएगा तथा देश की कुल जनसंख्या इस समय 103 करोड़ के आसपास होगी। जो बातें जनगणना 2001 में लगभग सत्य साबित हुईं। इस हिसाब से भारत में बच्चों की संख्या लगभग 33.99 करोड़ के आसपास है। जिनमें लगभग 16.66 करोड़ संख्या लड़कियों की होती है। जिसमें 10.65 एवं 20.96 प्रतिशत बालिकाएं क्रमशः 0-4 एवं 5-14 आयु समूह की हैं (देखें तालिका)

तालिका सं. 4.19: भारत में बालिकाओं की जनसंख्या (वर्षवार)

(प्रतिशत में)

वर्ष	0–4 वर्ष	5–14 वर्ष	कुल (0–14 वर्ष)
1980	14.18	25.54	39.72
1985	13.91	24.35	38.25
1990	12.85	23.15	36.00
1997	—	—	37.63
2000	10.65	20-96	31.63
2002	—	—	33.59

स्रोत– (1) इंडियन इकोनोमी स्टैटिस्टिकल ईयर बुक, 1997, पृ. 82–83।

(2) नवीं पंचवर्षीय योजना (1997-2002), अध्याय-4।

बालिका जनसंख्या प्रतिशत में अंतर (1980-2002)

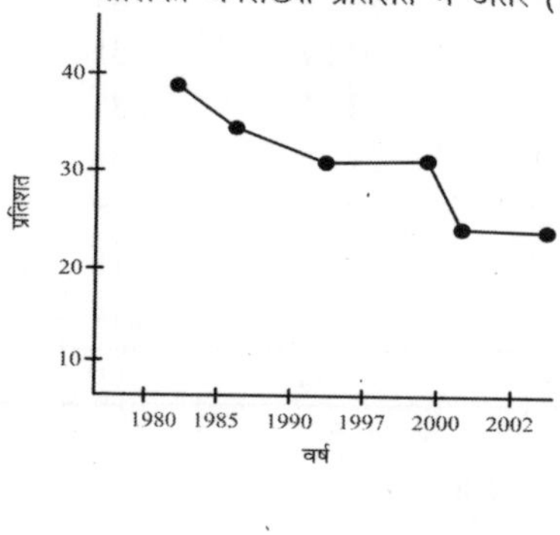

उपर्युक्त रेखाचित्र से स्पष्ट है 1980-2002 के मध्य बालिकाओं की संख्या/प्रतिशत में काफी कमी दिखती है (कुल जनसंख्या में) यह अंतर इस अवधि में लगभग 6 प्रतिशत (39.72-33.52) का है।

देश के बाद यदि **प्रांत स्तर** (State level) पर यदि इसकी व्याख्या करें तो विभिन्न राज्यों के संदर्भ में कई महत्वपूर्ण तथ्य हमारे सामने उभर कर आएंगे। हिन्दी भाषी राज्य बनाम गैर हिन्दी भाषी राज्य बालिका की संख्या/प्रतिशत में भी अंतर देखने को मिलता है। गरीबी, अशिक्षा, बुनियादी सुविधाओं, स्वास्थ्य संबंधी सुविधाओं आदि के अभाव में लड़कियों की संख्या एवं समस्या के कुछ सह-संबंध (Corelation) को निकाल सकते हैं।

तालिका सं. 4.20: भारत में राज्यवार बालिकाओं की जनसंख्या (आयु समूह 10-14), 2001

(संख्या लाख में)

क्र. सं.	राज्य	बच्चों की कुल जनसंख्या	बालिकाओं की जनसंख्या	प्रतिशत (कुल बच्चों की संख्या)	कुल बालिकाओं की संख्या का प्रतिशत
1.	राजस्थान	72.41	33.94	2.73	5.76
2.	आंध्र प्रदेश	87.33	42.25	3.40	7.17
3.	हिमाचल प्रदेश	7.05	3.43	0.28	0.58
4.	मध्य प्रदेश	77.69	36.45	2.93	6.18
5.	कर्नाटक	62.21	30.32	2.44	5.14
6.	जम्मू एवं कश्मीर	13.60	6.58	0.53	1.11
7.	झारखंड	35.35	16.82	1.35	2.85
8.	बिहार	110.63	50.93	4.10	8.64
9.	हरियाणा	26.83	12.46	1.00	2.11
10.	पश्चिमी बंगाल	95.35	46.23	3.72	7.84
11.	उड़ीसा	42.57	20.86	1.68	3.54
12.	उत्तर प्रदेश	223.10	103.24	8.31	17.51
13.	महाराष्ट्र	113.37	53.91	4.33	9.14
14.	तमिलनाडु	60.12	29.26	2.35	4.96
15.	पंजाब	28.31	13.09	1.05	2.22
16.	केरल	29.87	14.63	1.18	2.48
17.	गुजरात	56.73	26.59	2.14	4.51
	भारत	1243.05	589.52	100	100

स्रोत– जनगणना 2001, भारत सरकार, नई दिल्ली
प्रतिशत-गणना तालिका के आधार पर।

उपर्युक्त तालिका 4.20 से स्पष्ट है कि बिहार, राजस्थान, गुजरात, पश्चिमी बंगाल, महाराष्ट्र, मध्य प्रदेश, कर्नाटक आदि राज्य ऐसे हैं, जहाँ देश में कुल लड़कियों (10-14 आयु समूह) की संख्या का 5 प्रतिशत से अधिक लड़कियाँ प्रत्येक प्रांत में हैं। **उत्तर प्रदेश** देश का ऐसा राज्य है जहाँ सर्वाधिक लड़कियों (17%) की संख्या है। देश के कुख्यात उद्योग में बड़ी तादाद में बालिका श्रमिक यहाँ नियोजित हैं।

भारतीय समाज में लड़कों एवं लड़कियों में **'भेदभावपूर्ण रवैया' (Discriminatory behaviour)** आधुनिक शिक्षा, सशक्त कानून, तमाम सुविधाओं के बावजूद बदस्तूर जारी है। आखिर वे कौन से कारक हैं, जो बालिकाओं की स्थिति को बद से बदतर करती हैं, जिसके कारण उन्हें कम उम्र में कार्य, वेश्यावृत्ति, आत्महत्या का रास्ता चुनना पड़ता है। उन सारी बातों की तहकीकात तो आवश्यक है। एक अनुमान के अनुसार भारत में 1.30 करोड़ लड़कियाँ प्रतिवर्ष जन्म लेती हैं, लेकिन इनमें से **25 प्रतिशत** (33 लाख) प्रतिवर्ष काल के गाल में समा जाती हैं। लड़कियों में यह **मौत की संख्या** लड़कों से 3 लाख अधिक है। इसके अलावा **45 प्रतिशत बालिकाएं** अपना पाँचवां जन्म दिवस नहीं देख पातीं। प्रति हजार प्रतिवर्ष गांव में यह मृत्यु दर 135 एवं शहर में 85 है (यूनिसेफ, 2001)। जबकि लड़कियों की यह **मृत्यु दर (Death rate)** अमेरिका से 40 गुणा अधिक है। इनमें से 95 प्रतिशत बालिकाओं का मृत्यु कारण कुपोषण, स्वास्थ्य सुविधाओं का अभाव, अंधविश्वास, उपेक्षापूर्ण व्यवहार, माता की उपेक्षा आदि है।

कई अध्ययनों में पाया गया कि **मुम्बई** में 40 हजार भ्रूण हत्या में 99 प्रतिशत लड़कियां थीं। जबकि **जयपुर** के 30 हजार भ्रुण हत्या में यह प्रतिशत 92 प्रतिशत था जन्म के समय लड़कियाँ लड़कों से तंदरूस्त पैदा होती हैं लेकिन जन्म से 29 वर्ष तक लड़कियों की मृत्यु दर लड़कों की तुलना में अधिक होती है। कारण–माँ-बाप का लड़कों को लड़कियों से अधिक पोषण आहार देना, रोग-रोधी टीके लगवाना, चिकित्सा सुविधा देना आदि। **अल्ट्रासाउंड** एवं **एमनियो सेनटेसिस (भ्रूण के पानी का परीक्षण**) जिससे **भ्रूण में बीज लड़के का है या लड़की** का पता चल जाता है, इसने मादा भ्रूण हत्या दर को काफी बढ़ा दिया है।

इन सारी बातों की चर्चा करना आवश्यक इसलिए है कि जिस देश में 33 लाख लड़कियाँ बेहतर खान-पान एवं अच्छी स्वास्थ्य सुविधाओं के अभाव के कारण मर जाती हैं। तो बाकी बची बालिकाओं में से अधिकांश अपने जीवन को बचाए रखने के लिए काम न करे तो और क्या करे? 50 लाख बालिकाएं अपना पाँचवां जन्म दिवस केवल इसलिए नहीं देख पातीं कि कई स्थितियों में उनके माँ-पिता के पास इनको खिलाने के पर्याप्त पोषक तत्व वाले भोजन, इलाज

को पैसे नहीं होते। इन स्थितियों में कई बार इनको दूसरों के घर में बर्तन मांजने, कूड़ा बीनने, ईंट भट्टे में काम करने के अलावा विद्यालय जाने का विकल्प नहीं होता। **यूनिसेफ** की रिपोर्ट के अनुसार लड़कियों को **माँ का दूध** कम मात्रा में कम अवधि के लिए लड़कों से मिलता है। जहां गरीब परिवार में लड़के के दबाव देकर, किसी तरह व्यवस्था कर पाठशाला भेजा जाता है। तो वहीं लड़कियों को दबाव एवं डाँटकर झाड़ू लगाने, बर्तन मांजने, कपड़ा धोने, जलाने के लिए लकड़ी लाने के कार्य में लगाया जाता है। अपने ही घर में इस तरह **सौतेला व्यवहार** (**Step behaviour**) एवं कच्ची उम्र में कार्य का कार्य उसे शारीरिक एवं मानसिक रूप से तोड़ना शुरू कर देता है।

4.14 बालिका श्रमिकों की जनसंख्या (Population of Girl Child Labour)

बालिका श्रमिकों से संबंधित एक महत्वपूर्ण तथ्य है इनके संख्या से संबंधित सही-सही और पर्याप्त आंकड़ों का अभाव। यद्यपि संसार के संदर्भ में आईएलओ ने **'एवरी चाइल्डस काउंटस'** में इस समस्या को दूर करने का एक महत्वपूर्ण प्रयास किया है। जिसके माध्यम से हमें संसार में बालिका श्रमिकों की संख्या से जुड़ी आंकड़ों की जानकारी होती है। किंतु प्राय: देखा गया है कि **गैर-सरकार** संगठन, आईएलओ एवं संबंधित देश के श्रम मंत्रालय द्वारा दिए गए बालिका श्रमिकों की संख्या में एकरूपता नहीं है। स्पष्ट शब्दों में कहें सभी संस्थाओं द्वारा प्रदान किए गए आंकड़े भिन्न-भिन्न हैं। प्रत्येक देश का अपने यहां बालिका श्रमिकों का जो अनुमान है उसका तालमेल गैर-सरकारी संस्था द्वारा कराए गए सर्वेक्षण में आए आंकड़ों से भिन्न होता है और यदि हम स्पष्ट कहें तो गैर-सरकारी संस्था के आंकड़े ज्यादा संख्या बताते हैं। जबकि देश के श्रम मंत्रालय एवं अन्य सरकारी एजेंसियों द्वारा बताए गए आंकड़े काफी कम संख्या में होते हैं।

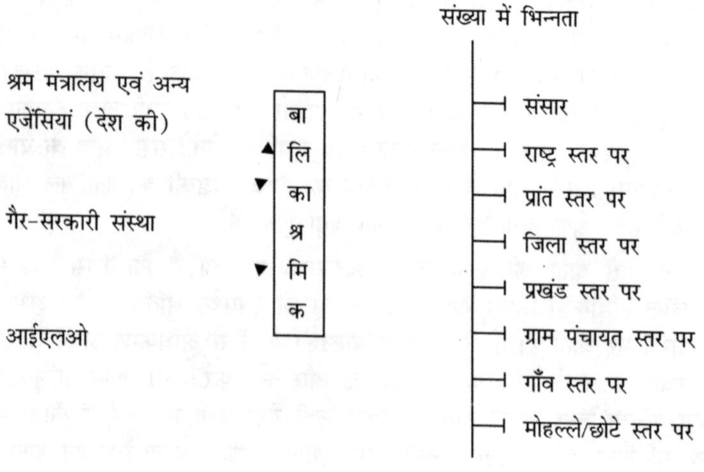

1. संसार में (In the World)

संसार में बालिका श्रमिकों की कुल संख्या लगभग **11.33 करोड़** (46%) है जो कुल बाल श्रमिकों का लगभग 40 प्रतिशत है अर्थात् संसार के प्रत्येक 100 बाल श्रमिकों में 46 बालिका श्रमिक है। जबकि 11.33 करोड़ बालिका श्रमिक में 78 प्रतिशत बालिकाओं का संबंध 5-14 आयु-समूह की बालिकाओं से है। शेष 22 प्रतिशत बालिका श्रमिक 15-17 आयु समूह की हैं। स्पष्ट है बालिका श्रमिकों का यदि आयु अनुसार विश्लेषण करें तो पाते हैं 78 प्रतिशत बालिकाओं का संकेंद्रण 5-14 आयु समूह में है। जिसे नीचे दिए गए तालिका से समझा जा सकता है–

तालिका सं. 4.21: संसार में बालिका श्रमिक, 2000

आयु समूह	संख्या (करोड़ में)	प्रतिशत (कुल बालिका श्रमिक)	प्रतिशत (कुल बाल श्रमिक)
5–11	5.34	47	22
12–14	3.51	31	14
5–14	8.85	78	36
15–17	2.48	22	10
कुल (5–17)	11.33	100	46

स्रोत–एवरी चाइल्ड काउंट्स, टेबल सं. 6–7, पृ. 22–23।

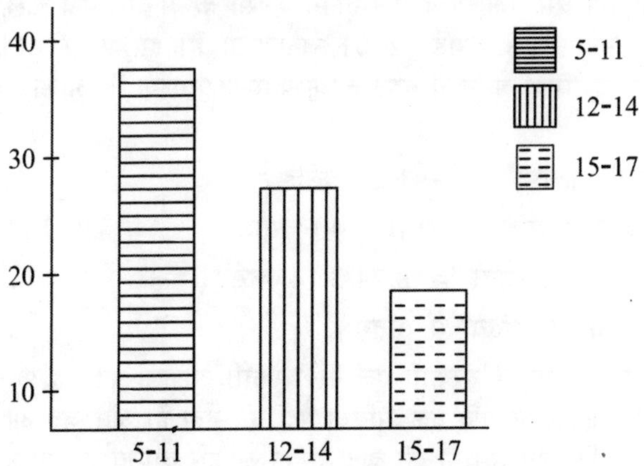

बाल श्रमिक आयु-समूह

तालिका सं. 4.22: भारत में विभिन्न संस्थाओं के अनुसार बाल श्रमिकों की संख्या

(करोड़ में)

क्र. सं.		बाल श्रमिकों की संख्या
1.	जनगणना 2001	1.26
2.	सेंटर फॉर कन्सर्न ऑफ चाइल्ड लेबर	10.00
3.	ऑपरेशन रिसर्च ग्रुप, बड़ोदा	4.40
4.	बचपन बचाओ आन्दोलन	4.50

स्रोत– (1) कुरूक्षेत्र 1997, फरवरी, पृ. 7।
(2) कुरूक्षेत्र 1999, जनवरी, पृ. 43।
(3) जनगणना 2001, भारत सरकार।
(4) वर्मा एवं सत्यपति, 2004।

इन तालिका के माध्यम से तथ्यों एवं आंकड़ों के प्रस्तुतीकरण के दो उद्देश्य हैं–

1. बालक/बालिका श्रमिकों के विशाल तादाद की तस्वीर द्वारा समस्या के गंभीरता की ओर इशारा करना, तथा
2. आंकड़ों में भिन्नता की स्थिति की ओर इशारा कराना।

उपर्युक्त तालिका में वर्णित आंकड़ों में समानता का घोर अभाव है। गैर-सरकारी संस्थाओं के अनुसार इस समस्या का आकार भारत में 10-4.40 करोड़ है। जबकि भारतीय श्रम मंत्रालय जैसी सरकारी एजेंसी के अनुसार यहां बाल श्रमिकों की संख्या मात्र 1.26 करोड़ (2001 जनगणना) है। इस प्रकार सरकारी एवं गैर-सरकारी एजेंसियों के बीच बहुत लम्बा फासला समस्या के आकार के संबंध में है।

सरकारी आंकड़ा – 1.26 करोड़
गैर-सरकारी आंकड़ा – 10/4.40 करोड़
अंतर = 8.74/3.14 करोड़

बाल श्रमिकों की संख्या में अंतर

इस प्रकार स्पष्ट है सरकारी एवं गैर-सरकारी आंकड़ों का यह फासला हमें समस्या के आकार के प्रति एक सुविधा पैदा कर देता है। और जब आपको यह मालूम न हो कि जब समस्या की बात उसका आकार वास्तव में क्या है तो फिर उस समस्या को समाप्त करने के लिए प्रभावकारी ढंग से आप प्रहार कैसे करेंगे।

विभिन्न संस्थाओं और विद्वानों द्वारा विभिन्न प्रांतों एवं क्षेत्रों में किए गए अध्ययनों में भी पाया है कि सरकारी आंकड़ा **कम अनुमानित (Under estimated)** है। वास्तव में बाल श्रमिकों की संख्या सरकारी आंकड़ों से ज्यादा। पहले निष्कर्ष पर तो हम यहीं पहुंचते हैं कि सरकारी आंकड़ों पर पूरी तरह यकीन नहीं किया जा सकता है।

तालिका सं. 4.23: भारत में बालिका श्रमिक विभिन्न संस्था के अनुसार

संख्या (लाखों में)

1. जनगणना 1991	56
2. चाइल्ड लेबर एक्शन नेटवर्क	75
3. नेशनल सेम्पल सर्वे	40

स्रोत– (1) रोजगार समाचार 9–15 अक्टूबर, 1999।
(2) कुरूक्षेत्र फरवरी-मार्च, 1997, पृ. 7।

सरकारी आंकड़ों की तुलना में गैर-सरकारी आंकड़े सत्य के ज्यादा करीब नजर आते हैं। क्योंकि यूनिसेफ की रिपोर्ट के अनुसार देश में 65 प्रतिशत परिवार एक डॉलर से अपना गुजर-बसर प्रतिदिन करता है। देश की 30 प्रतिशत आबादी अर्थात् 30 करोड़ लोग गरीबी रेखा के नीचे जीवन-यापन कर रहे हैं। देश का 93 प्रतिशत (लगभग 37 करोड़) श्रमिकों का संबंध असंगठित क्षेत्रों में काम करने वाले श्रमिकों से है। इसलिए ऐसे बच्चों की तादाद अवश्य 1.26 करोड़ से अधिक ही होगी।

तालिका सं. 4.24 में 2001 की जनगणना के अनुसार बालिका श्रमिकों की संख्या कुल बालिका श्रमिक का राज्य में बाल श्रमिकों का कुल बालिका श्रमिक से प्रतिशत तथा राज्यवार बालिका सहभागिता दर प्रदर्शित किया गया है। इस तालिका से निम्नलिखित बातें स्पष्ट होती हैं–

1. जिन प्रांतों में **6 लाख** से अधिक बालिका श्रमिक हैं वैसे प्रांत की संख्या मात्र एक है–**आंध्र प्रदेश** (6.46 लाख);
2. **5 लाख** से अधिक बालिका श्रमिकों की संख्या वाले प्रांतों की संख्या मात्र 2 है–राजस्थान (5.96 लाख), उत्तर प्रदेश (5.72 लाख);
3. **3 लाख** से अधिक बालिका श्रमिकों की संख्या वाले प्रांत मुख्य रूप से हैं–मध्य प्रदेश (4.66), कर्नाटक (3.45), बिहार (3.37), पश्चिमी बंगाल (3.16), महाराष्ट्र (3.24) आदि;
4. **केरल** जैसे राज्य वैसे राज्यों की श्रेणी में हैं बालिका श्रमिकों की संख्या 10 हजार से भी कम है;

तालिका सं. 4.24: भारत में राज्यवार बालिका श्रमिकों की संख्या एवं बालिका दर (आयु समूह 10-14), 2001

क्र.सं.	राज्य	बालिका श्रमिकों की संख्या (लाख में)	कुल बालिका श्रमिकों का प्रतिशत*	कार्य प्रतिभागिता दर
1.	राजस्थान	5.96	12	17.6
2.	आंध्र प्रदेश	6.46	13	15.3
3.	हिमाचल प्रदेश	0.46	1	13.3
4.	मध्य प्रदेश	4 66	9	12.8
5.	कर्नाटक	3.45	7	11.4
6.	जम्मू एवं कश्मीर	0.68	1	10.5
7.	झारखंड	1.68	3	10.0
8.	बिहार	3.37	7	6.6
9.	हरियाणा	1.03	2	8.3
10.	पश्चिमी बंगाल	3.16	6	6.8
11.	गुजरात	2.25	5	8.4
12.	उड़ीसा	1.70	3	8.2
13.	उत्तर प्रदेश	5.72	12	5.5
14.	महाराष्ट्र	3.24	7	6.0
15.	तमिलनाडु	1.61	3	5.5
16.	पंजाब	0.50	1	3.8
17.	केरल	0.07	.14	0.5
18.	गोवा	0.17	.34	3.0
	भारत	49.86	100	8.5

स्रोत– जनगणना 2001, भारत सरकार, नई दिल्ली।

नोट– * प्रतिशत लगभग में प्रदर्शित है, .5 या उससे अधिक होने पर 1 जोड़ा गया है तथा 0.50 से कम होने पर उसे छोड़ दिया गया है।

5. प्रतिशत की दृष्टिकोण से सर्वाधिक (13 प्रतिशत) बालिका श्रमिकों का प्रतिशत का प्रांत भी आंध्र प्रदेश है।
6. जबकि **न्यूनतम** प्रतिशत वाले प्रांत केरल, गोवा आदि प्रांत हैं।

7. कार्य **सहभागिता दर** (Work participation rate) के दृष्टिकोण यह दर सर्वाधिक (17.6) राजस्थान में है तथा दूसरे स्थान पर आंध्र प्रदेश है; तथा
8. न्यूनतम बालिका कार्य सहभागिता केरल (0.5) जैसे प्रांत में है।

यहाँ ध्यान देने योग्य बात है–

1. इस विवेचना का आधार वर्ष 2001 को बनाया गया है, तथा
2. आयु समूह 10-14 को आधार बनाया गया है।

इसका अर्थ है कि इसमें 5-10 वर्ष आयु वाले बच्चों को शामिल नहीं किया गया है। यदि इस आयु समूह में बालिका श्रमिकों की संख्या को जोड़ दिया जाए तो हमें समस्या की व्यापकता का सहज अनुमान हो सकता है।

प्रांतवार व्याख्या के अलावा बालिका श्रमिक की समस्या का अन्य आधारों पर विवेचना किया जा सकता है–

1. विभिन्न जनगणना के आधार पर 1971-2001,
2. ग्रामीण एवं शहरी के क्षेत्र के आधार पर,
3. आर्थिक गतिविधियों के आधार पर–कृषि, गैर-कृषि, गृह आधारित कार्य आदि।

4.15 बालिकाओं का कार्य सहभागिता दर (Work Participation Rate of Girl Child)

भारत में बालिका कार्य सहभागिता दर का वर्णन निम्न तालिका सं. 4.25 में किया जा रहा है। इनमें 1983-2000 लगभग 17 वर्षों के मध्य ग्रामीण एवं शहरी क्षेत्रों बालिका कार्य सहभागिता दर का वर्णन किया गया है (देखे तालिका सं 4.25)।

तालिका सं. 4.25: भारत में क्षेत्रानुसार बालिका कार्य सहभागिता दर (1983-2000)

वर्ष	ग्रामीण क्षेत्र (आयु समूह)		शहरी क्षेत्र (आयु समूह)	
	5–9	10–14	5–9	10–14
1983	2.6	24.0	0.7	7.0
1987	2.3	18.0	0.5	6.5
1993	1.4	14.2	0.5	4.5
2000	0.7	9.6	0.2	3.6

स्रोत– 1. जी.के. लिटेन, 2004, पृ. 11।
2. राष्ट्रीय नमूना सर्वेक्षण-वर्मा एवं सत्यपति, 2004।

तालिका सं. 4.25 से स्पष्ट है कि पिछले 17 वर्षों में प्रत्येक आयु समूहों–5-9, 10-14 में बालिका श्रमिकों में कार्य सहभागिता दर (**Work participation rate**) में लगातार गिरावट दर्ज की गई है जो ग्रामीण एवं शहरी क्षेत्रों में लगातार गिरी है।

तालिका सं. 4.26: भारत में वर्षवार बालिका श्रमिकों की संख्या एवं कार्य-सहभागिता दर (1983-2000)

वर्ष	बालिका श्रमिकों की संख्या (लाख में)	कार्य सहभागिता दर
1983	94.90	10.6
1987–88	74.30	7.9
1993–94	59.40	6.0
1999–2000	39.80	3.6

स्रोत–देशपाण्डा एवं देशपाण्डा, 2001, टेबल सं. 3 से गणना के आधार पर।

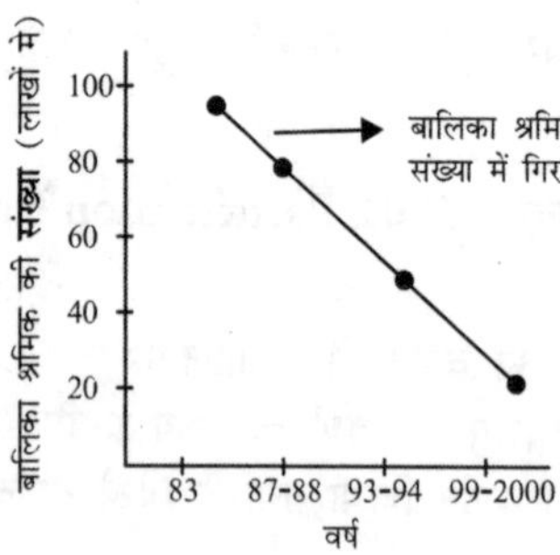

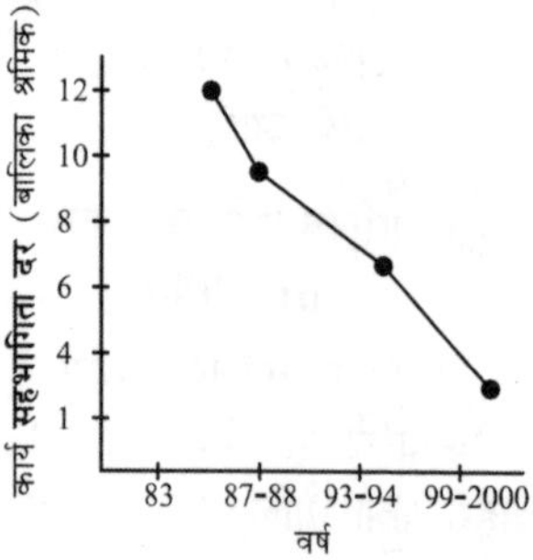

उपर्युक्त तालिका में वर्णित आंकड़े जो राष्ट्रीय नमूना सर्वेक्षण के आंकड़े हैं, से स्पष्ट होता है कि बालिका श्रमिकों की जो संख्या 1983 में 94.90 लाख थी वह 1999-2000 में घटकर 39.80 हो गई अर्थात इन 17 सालों में लगभग 55.10 लाख इनकी संख्या में कमी आई है। किंतु इन आंकड़ों की सत्यता पर कितना विश्वास किया जाए यह अपने आप में ही एक प्रश्न चिन्ह है।

4.16 आर्थिक गतिविधिवार बालिका श्रमिक (Economic Activity-wise Girl Child Labour)

आर्थिक गतिविधियों में बालिका श्रमिकों की समानता का विश्लेषण करें तो हम पाते हैं कि ग्रामीण क्षेत्रों में 88 प्रतिशत लड़कियाँ कृषि कार्य एवं कृषि श्रमिक रूप में लगी हुई हैं। जबकि शहरी क्षेत्र में यह प्रतिशत 28 है। स्पष्ट है देश की आबादी के बाद भी खासकर ग्रामीण परिवार की तकदीर नहीं बदली

है। उनके वयस्क एवं अवयस्क लड़कियों को आज भी जो रोटी मिलती है उसका माध्यम कृषि एवं उससे संबंधित कार्य है जिसकी चर्चा नीचे की तालिका सं. 4.27 में की गई है। दूसरा, दुर्भाग्यपूर्ण पहलू इस तालिका से यह स्पष्ट होता है कि इन बालिकाओं की स्थिति इतनी दयनीय है कि उनको कृषक का नहीं कृषि श्रमिक के कार्य में खुद को लगाना पड़ता है।

तालिका सं. 4.27: भारत में आर्थिक गतिविधिवार बालिका श्रमिक, 1991

(प्रतिशत में)

क्र. सं.	आर्थिक श्रेणी	ग्रामीण क्षेत्र	शहरी क्षेत्र
1.	कृषि	33.1	5.6
2.	कृषि श्रमिक	54.5	22.7
3.	लाइव स्टॉक एवं अन्य	2.8	1.2
4.	खदान एवं खनन	0.3	0.5
5.	पारिवारिक उद्योग	3.9	14.5
6.	गैर-पारिवारिक उद्योग	3.3	21.8
7.	कंस्ट्रक्शन	0.2	3.1
8.	व्यापार एवं वाणिज्य	0.3	3.8
9.	ट्राँसपोर्ट	0.0	0.4
10.	सेवा	1.4	26.4
	कुल	100.0	100.0

स्रोत–नीरा रामचन्द्रण एवं लियोनेल मैसिन, 2002, पृ. 59 से संकलित।

तीसरी बात, इस तालिका से उभर कर यह आती है कि इसके बाद लड़कियों के कार्य का गृह आधारित एवं गैर गृह/परिवारिक संबंधित उद्योग है। जबकि ग्रामीण क्षेत्र में सेवा गतिविधियों के विस्तार के अभाव में मात्र 1.4 प्रतिशत बालिका इस क्षेत्र में लगी हैं। इसके विपरीत 26 प्रतिशत लड़कियाँ शहरी क्षेत्रों में सेवा क्षेत्र में कार्यरत हैं। वहीं शहरी क्षेत्रों में 36 प्रतिशत बालिकाएं पारिवारिक एवं गैर-पारिवारिक उद्योग में विभिन्न कार्यों को अंजाम दे रही थीं। गैर-पारिवारिक उद्योग में विभिन्न अध्ययनों में बालिकाओं को आतिशबाजी, काँच एवं चूड़ी, रसायनिक, बीड़ी, रौलिंग, कालीन निर्माण, इम्ब्रोडरिंग आदि कार्यों में कार्यरत पाया। जहाँ ये बालिका अच्छी स्थिति में कार्य नहीं कर रही थी।

मुख्य एवं सीमांत श्रमिक के रूप में (In Main and Marginal Workers)

तालिका सं. 4.28: मुख्य एवं सीमांत बालिका श्रमिकों की संख्या एवं कार्य सहभागिता दर (कार्य अवधि आधार पर)

	बालिका श्रमिक की श्रेणी	संख्या (लाख में)			कार्य सहभागिता दर (प्रतिशत में)	
		1981	1991	2001	1981	1991
1.	मुख्य श्रमिक	38	34		4.4	3.4
2.	सीमांत श्रमिक	18	17		2.1	1.7
3.	कुल (1+2)	56	51	49.86	6.5	5.1

स्रोत–(1) रजिस्ट्रार जर्नल ऑफ इंडिया, 1984, 1998।
(2) जनगणना 2001, नई दिल्ली।

उपर्युक्त तालिका से निम्नलिखित बातें स्पष्ट होती हैं–

1. पिछले 10 सालों में मुख्य बालिका श्रमिक की संख्या में 4 लाख तथा सीमांत बालिका श्रमिक में 1 लाख श्रमिकों की संख्या में कमी आई है। कुल बालिका श्रमिकों में यह संख्या 5 लाख कम हुई है।
2. वहीं बालिका श्रमिकों का कार्य सहभागिता दर भी पिछले 10 वर्षों में लगभग एक प्रतिशत कम हुई है।
3. यदि वास्तव में इस संख्या में कमी हुई है तो इसे हम सरकारी कार्यक्रमों एवं सरकारी क्षेत्र की एक बड़ी सफलता मानें। किंतु वास्तविकता कुछ और है।

रोजगार प्रस्थिति (Employment Status)

तालिका सं. 4.29: रोजगार स्थिति अनुसार बालिका श्रमिकों की स्थिति

(प्रतिशत में)

रोजगार प्रस्थिति	ग्रामीण क्षेत्र	शहरी क्षेत्र
नियोजक	3.6	2.5
नियोजित	53.4	75.5
अकेला श्रमिक	25.8	16.7
पारिवारिक श्रमिक	17.2	5.3
कुल	100	100

स्रोत–रजिस्ट्रार जर्नल, 1998, स्टेटमेंट 14, पृ. 26।

तालिका सं. 4.29 से निम्नलिखित बातें प्रकाश में आती हैं–

1. भारत में **स्वनियोजित** (Self-employed) बालिका श्रमिकों की तादाद कुल बालिका श्रमिक का मात्र 4-3 प्रतिशत के मध्य है,
2. जबकि **'अकेला श्रमिक'** यथा गली में छोटे-मोटे काम करने वाले गली के बच्चे (Street children) के रूप में इन लड़कियों का प्रतिशत 26-17 के मध्य गांव एवं शहरों में है। इन श्रेणियों के बालिका श्रमिकों का बड़े पैमाने पर यौन शोषण एवं उत्पीड़न के मामले भी कई अध्ययनों में देखने को मिले हैं, तथा
3. पारिवारिक श्रमिकों के रूप में इनकी संख्या 17 से 5 प्रतिशत के मध्य है।

4.17 ग्रामीण-शहरी क्षेत्रवार वितरण (Rural-urban Areawise Distribution)

भारत सरकार की जनगणना रिपोर्ट, राष्ट्रीय नमूना सर्वेक्षण के रिपोर्ट, अन्य संस्थाओं एवं विद्वानों द्वारा किए अध्ययनों से प्राप्त तथ्यों के आधार पर इस निष्कर्ष पर पहुँचा जा सकता है कि देश में बालिका श्रमिक की एक बड़ी तादाद 90 प्रतिशत (राष्ट्र नमूना सर्वेक्षण, 1993-94) ग्रामीण क्षेत्रों में कार्यरत थीं। जबकि बालक श्रमिक के संदर्भ में यह प्रतिशत इस अवधि के लिए 86 प्रतिशत था। **ग्रामीण क्षेत्र** में जहाँ घनघोर गरीबी व्याप्त है। अंततः इस गरीब परिवार के बच्चों (बालिकाओं) को गांव में उपलब्ध कामों के बीच में अपनी रोटी का जुगाड़ करना है। स्पष्ट है जब ये गांव, गरीबी साधनहीनता से जुड़े हैं तो कृषि श्रमिक के रूप में अपना जीवन-यापन करने के सिवाय इनके पास कोई अन्य विकल्प नहीं होता है। इसलिए ग्रामीण भारत में बालिकाएं बहुत बड़ी संख्या (55%, 1991) कृषि श्रमिक के रूप में अपने लिए रोटी के टुकड़े की व्यवस्था करती है। दूसरे जिनके पास थोड़ी बहुत जमीन है वह खेती एवं उससे जुड़े कार्य में लग जाती है। ग्रामीण क्षेत्र में 88 प्रतिशत बालिकाएं अकेले कृषि श्रमिक एवं कृषि कार्य से जुड़ी होती हैं। शेष अन्य पारिवारिक–गैर-पारिवारिक उद्योग, लाइवस्टांक, सेवा, कंस्ट्रक्शन कार्य में लगी होती हैं।

शहरी क्षेत्र की तस्वीर इससे भिन्न होती है। यहाँ सबसे अधिक बालिकाएं सेवा क्षेत्र (26%), कृषि श्रमिक (23%), गैर-पारिवारिक उद्योग (21%) पारिवारिक उद्योग (15%) जैसे कामों में लगी रहती हैं। देखा जाए तो शहरी क्षेत्र में सेवा, कृषि श्रमिक, गैर-पारिवारिक उद्योग का मुख्य रूप से वर्चस्व होता है जहाँ ये बालिकाएं कार्यरत होती हैं।

4.18 व्यावसायिक संरचना (Occupational Structure)

बालिका श्रमिकों पर किए गए विभिन्न अध्ययनों से व्यावसायिक संरचना संबंधी जो बातें उभर कर आई हैं वे निम्नलिखित हैं–

1. अधिकांशतः बालिकाएं वैसे कार्यों में लगी हैं जिसमें परम्परागत सेवा (Traditional service) प्रदान करना होता है। इस कार्य में बालिकाएं मुख्य रूप से परम्परागत वस्तुएं बेचती हैं और इसी प्रकार की संबंधित कार्य को संपादित करती हैं। इसमें मुख्य रूप से खेती, मछली पालन–बेचना, शिकार करना आदि शामिल होते हैं;
2. बालिकाएं मुख्य रूप से वस्तुओं के उत्पादन (**Production**) एवं उससे जुड़ी कार्यों में लगी होती हैं और ये कार्य मुख्य रूप से **ग्रामीण क्षेत्र** आधारित कार्य होते हैं। उत्पादन के कार्य ये बालिकाएं कालीन बुनने, कपड़ा तैयार करना, तम्बाकू उत्पादन, ग्लास तैयार करना, चूड़ी निर्माण आदि कार्यों में लगी होती हैं; तथा
3. बालिकाओं की एक बड़ी संख्या को घरेलू कार्य के लिए गांव से शहर लाकर **घरेलू कार्य** (Domestic work) करवाया जाता है। जिसे आप बोल–चाल की भाषा में दाई (**Maid**) कहते हैं। इन घरेलू नौकरानियों का काम मुख्य रूप से घर की देखभाल करना होता है। छोटे से बड़े कार्य इनके जिम्मे ही होता है। इसमें प्रमुख हैं–बच्चों की देखभाल, बर्तन माँजना, झाड़ू लगाना, खाना बनाना, घर की सफाई, सब्जी–समान लाना आदि।

4.19 जातिवार संघटन (Castewise Composition)

देश में बाल श्रमिकों से संबंधित जो सर्वेक्षण, रिपोर्ट, अध्ययन, शोधकार्य आदि हैं इसमें यह तथ्य उभर कर आता है कि इस कार्य में लगे बच्चे मुख्य रूप से समाज के आर्थिक रूप से **कमजोर वर्ग** (**Weaker section**) से जुड़े हैं। देश में गरीबी के जो आंकड़े उपलब्ध हैं उसमें यह मुख्य रूप से अनुसूचित जाति, जनजाति, पिछड़ा वर्ग, अल्पसंख्यक समुदाय से संबंधित है। बालिका श्रमिकों की बड़ी तादाद मुख्य रूप से इन्हीं परिवारों से आती है। इन समुदायों की अधिकांश आबादी वंचित (**Deprived**) है। उनके पास कृषि योग्य भूमि, मवेशी तक पूंजी के रूप में नहीं हैं। ये किसी तरह से अपनी जिंदगी काट लेते हैं।

राष्ट्रीय नमूना सर्वेक्षण ने भी अपने रिपोर्टों में इस तथ्य की तरफ इशारा किया है। इन रिपोर्टों के अनुसार अनुसूचित जातियों, एवं जनजातियों में **गैर–अनुसूचित**

वर्गों (Non-schedule classes) की तुलना में अधिक बच्चे आर्थिक रूप से **संक्रिय** (Economically active) हैं तथा इसमें गैर-अनुसूचित वर्गों की तुलना में कार्य सहभागिता दर भी **अधिक/उच्च** (High rate) है (रा.न.स., 1993-94)। स्पष्ट है भारतीय समाज में जो **जाति व्यवस्था** (Caste system) है उसमें उच्च स्तरीकरण (**High stratification**) वाले जातियों में तुलनात्मक रूप से निचले पायदान वाली जातियों में बालिका कार्य सहभागिता दर कम है। इन जातियों में बालिका श्रमिकों की संख्या भी तुलनात्मक रूप से कम है। अनुमान के आधार पर इसे 90:10 के अनुभार में बांटा जा सकता है।

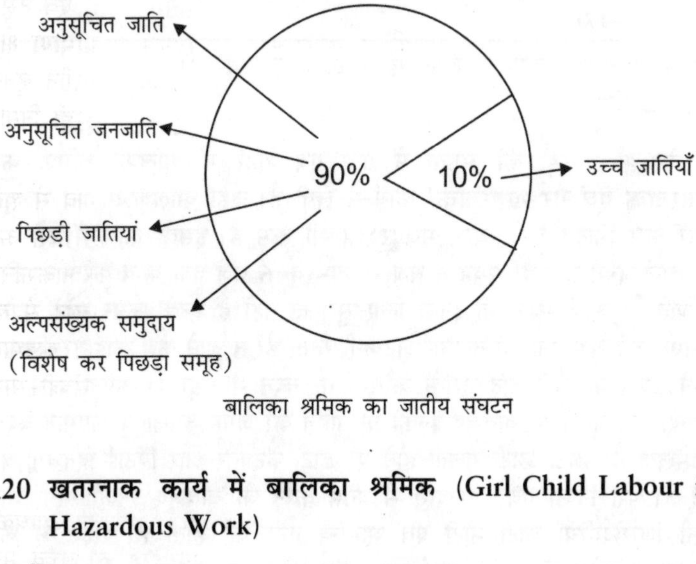

बालिका श्रमिक का जातीय संघटन

4.20 खतरनाक कार्य में बालिका श्रमिक (Girl Child Labour in Hazardous Work)

1. संसार

संसार में खतरनाक काम में लगी बालिका श्रमिकों की संख्या करोड़ों में है। ये कार्य इन बालिका के शारीरिक एवं मानसिक स्वास्थ्य पर बड़ा ही प्रतिकूल प्रभाव डालते हैं। जिससे बहुत कम उम्र में इन बालिकाओं के जीवन में एक जबरदस्त भटकाव सा आ जाता है। इनके शारीरिक एवं विकास के मार्ग अवरुद्ध हो जाते हैं। आई.एल.ओ. ने संसार में ऐसे बालिकों को चिन्हित किया है। जिसकी संख्या अंतर्राष्ट्रीय स्तर पर 7.48 करोड़ है। जो कुल इस श्रेणी में लगे बाल श्रमिक का 44 प्रतिशत एवं सभी श्रेणी में लगे बाल श्रमिक का 31 प्रतिशत है। इस विशाल संख्या से ही इस समस्या की विकरालता का अनुमान लगाया जा सकता है।

तालिका सं. 4.30: संसार के खतरनाक कार्य में लगी बालिका श्रमिकों की संख्या

आयु समूह	खतरनाक कार्य में लगी बालिका श्रमिक संख्या (करोड़ में)	कुल बाल श्रमिक का प्रतिशत
5–11	2.98	12
12–14	2.02	8
15–17	2.48	10
कुल (5–17)	7.48	31

स्रोत–एवरी चाइल्ड काउंट्स, टेबल सं. 5, 6, 8, पृ. 20–24।

2. भारत

देश में करोड़ों की संख्या में गांव एवं शहर में बालिका श्रमिक कई **'खतरनाक एवं गैर-खतरनाक'** कार्य में लगी हैं। जहां बालिकाओं की मजदूरी सबसे कम मिलने वाले 'बाल मजदूर' से भी कम है। इसके कार्य में 12–14 तक वाले बच्चे होते हैं। सुबह 6 बजे से शाम के 6 बजे तक कार्य करना सामान्य सी बात है। कार्य स्थल भी इनके लिए सुरक्षित नहीं हैं इनके ऊपर सदैव **'यौन शोषण'** की संभावना की तलवार लटकती रहती है। न जाने कब कोई नर-पिशाच अपने हवस की पैनी दांत उसके कौमार्य के गर्दन में गड़ा दे। अपना काम पूरी ईमानदारी से करने के बावजूद इनको प्रोत्साहन की जगह उपेक्षा व अपमान बदले में मिलता है। छोटी-छोटी गलती होने पर डांट-फटकार और पिटाई दिनचर्या की बातें हैं। पूरी निष्ठा एवं ईमानदारी से काम करने के बावजूद इनको सौंपी जाने वाली जिम्मेदारियां छोटी-मोटी एवं सामान्य तरह की होती है। शहर के कई खतरनाक उद्योग में इनको कार्य करते हुए देखा जा सकता है जिसे तालिका 4.31 में दिखाया गया है।

इन सब कार्यों के अलावा ये बालिकाएं पूरे देश में अन्य कई कार्यों में संलग्न हैं–**पापड़ बेलने, अचार बनाने, कपड़ा सिलने, कागज की थैलियां बनाने, पैंकिग करने, चिकेन, इम्ब्रायडरी** आदि के कार्य।

एक सर्वेक्षण में पाया गया कि जिन इलाकों में पानी का अभाव है वहाँ छोटी-छोटी लड़कियां कई किलोमीटर चलकर पीने का पानी लाती हैं। इन घरेलू कामों को यदि बाजार मूल्य पर तौला जाये तो एक बच्ची अपने बाल्यकाल से शादी होने तक घरेलू काम में मदद करके परिवार को लगभग 60 हजार रु. का लाभ पहुंचाती है। लेकिन घर में इसके इस श्रम की कोई कीमत नहीं। देश

तालिका सं. 4.31: भारत के विभिन्न खतरनाक उद्योग में लगी बालिका श्रमिक

क्र.सं.	उद्योग	स्थान	मजदूरी (कार्य घंटे)
1.	माचिस एवं पटाखा उद्योग	तमिलनाडु	3–5 रुपये प्रतिदिन
2.	रस्सी उद्योग	केरल	15 रुपये प्रतिदिन
3.	अगरबत्ती उद्योग	कर्नाटक	20 रुपये
4.	कांच और चूड़ी उद्योग	उत्तर प्रदेश	20–40 रुपये
5.	ताला उद्योग	अलीगढ़	15 रुपये
6.	जरी कार्य	वाराणसी	25 रुपये प्रतिदिन
7.	कालीन उद्योग	भदोई	5–7 रुपये प्रतिदिन
8.	बीड़ी उद्योग	आंध्र प्रदेश	10 रुपये प्रतिदिन
9.	पीतल बर्तन उद्योग	बिहार	8 रुपये प्रतिदिन
10.	चीनी मिट्टी बर्तन	मुरादाबाद, खुर्जा	8 रुपये प्रतिदिन
11.	चमड़ा उद्योग	आगरा एवं कानपुर	10 रुपये प्रतिदिन

स्रोत–कुरूक्षेत्र, फरवरी, मार्च, 1997, पृ. 8, नीरा बुर्रा, 1997, 2001।

में लाखों की संख्या में केवल '**घरेलू बालिका श्रमिक**' हैं, जिनके कार्य करने का समय सुबह 5 बजे से आरंभ होता और 9 बजे रात्रि को समाप्त होता है। 16 घंटे जी तोड़ मेहनत करने के बाद भी बड़े मुश्किल से दो जून की रोटी का जुगाड़ हो पाता है।

एक सर्वेक्षण के अनुसार बिहार के छोटानागपुर, पश्चिमी बंगाल का मुर्शिदाबाद जिला, तमिलनाडु, आंध्र प्रदेश तथा राजस्थान के सूखाग्रस्त इलाकों के अलावा मध्य प्रदेश के बिलासपुर, रायपुर जिले के दलाल बड़े शहरों के अनेक परिवारों में 10 वर्ष से भी छोटी लड़कियों को घरेलू कार्य करने के लिए पहुंचाने का कार्य करते हैं।

देश में एक सर्वेक्षण में पाया गया कि देश की 3 **लाख 'सेक्स वर्कर'** में 50 प्रतिशत से अधिक 12 से 16 वर्ष की लड़कियां हैं। जिस्म के व्यापार में अबोध बालिकाओं को धकेल देना पाशिवकता का अद्वितीय नमूना है। जहां इंसानियत को कुछ शिकारी कुत्ते नोचते व खसोटते हैं। **दिल्ली, कलकत्ता, मुंबई, हैदराबाद, बंगलौर, मुजफ्फरपुर** आदि इस धंधे के प्रमुख केन्द्र हैं।

नीरा बुर्रा के **'बान टू वर्क 1997'** के अनुसार भारत में 33 लाख श्रमिक बीड़ी उद्योग में लगे हैं। जिसमें 10 प्रतिशत अर्थात 3 लाख 30 हजार बाल श्रमिक बीड़ी उद्योग में काम करने वाली बालिका श्रमिकों की एक बड़ी संख्या में हैं। व्यस्क श्रमिक को एक हजार बीड़ी बनाने पर 30 रु. मिलता है वहीं बालिका श्रमिक को 15 रु. मिलता है। ये लड़कियां प्रतिदिन लगभग 400-600 बीड़ियां बना लेती हैं और औसत रु. से 7.50 रु. पाती हैं। बीड़ी बनाने के कार्य में रात दिन तम्बाकू के साये में रहने से इनके फेफड़े एवं उदर में 'निकोटीन' का जहर फैलता है। फलतः इन बालिकाओं को कम उम्र में ही 'श्वास एवं दमे' की बीमारियां हो जाती हैं।

एक रिपोर्ट में बताया गया कि मध्य प्रदेश के भोपाल, सागर, जबलपुर, राजस्थान के टोंक, कोटा, महाराष्ट्र के विदर्भ, आंध्र प्रदेश, उड़ीसा के संभलपुर, तमिलनाडु के त्रिचरापल्ली, केरल के त्रिवुर, बिहार के भागलपुर, बेगुसराय, जमुई, बांका, मुंगेर के बीड़ी उद्योग में अधिकांश श्रमिक टी.बी. की शिकार होती हैं।

तालिका सं. 4.32: भारत के बीड़ी उद्योग में लगीं बालिका श्रमिक

क्र. सं.	प्रांत	बीड़ी उद्योग क्षेत्र में लंगी बालिकाएं
1.	मध्य प्रदेश	भोपाल, सागर, जबलपुर
2.	राजस्थान	टोंक
3.	महाराष्ट्र	विदर्भ
4.	आंध्र प्रदेश	–
5.	उड़ीसा	संभलपुर
6.	केरल	त्रिवुर
7.	तमिलनाडु	त्रिचरापल्ली
8.	बिहार	बेगुसराय, भागलपुर, बांका, जमुई, मुंगेर

स्रोत– 1. नीरा बुर्रा 'वार्न टू वर्क', 1997।
2. जोसेक गाधिया, भारत में बालिका मजदूर 1997।

नीरा बुर्रा के अनुसार जयपुर के रत्नपालिश उद्योग में लगे 23 प्रतिशत बाल श्रमिक लगातार आंख गड़ाकर काम करने से 'आंख की कमजोरी' के शिकार होते हैं। इस उद्योग में काम करने वाली बालिकाओं को 30 वर्ष की उम्र के बाद कम दिखाई देने लगता है। राष्ट्रीय श्रम संस्थान, उत्तर प्रदेश के अनुसार केरल के क्विंलोन में 20 हजार बाल श्रमिक आठ बड़े मत्स्य प्रसंस्करण यंत्र में मछली छीलने के काम में लगे हैं। इस कार्य में काफी संख्या में बालिकाएं भी लगी हैं। मछली के तेज गंध वाले काम करने से इन बच्चियों को चर्म रोग जैसी बीमारी

होने की संभावना होती है। शिवकाशी के पटाखा व दियासलाई उद्योग में **'बारूद की गंध'** में काम करना एवं दुर्घटना होना आम सी बात हो गई है।

अंतर्राष्ट्रीय स्वास्थ्य संगठन में चेतावनी दी है कि **'कच्ची उम्र'** में लड़कियों को स्वास्थ्य के लिए हानिकारक कार्यों में झोंक देने के गंभीर मानसिक एवं शारीरिक प्रभाव होते हैं। इनमें से अनेक आगे चलकर विचित्र बीमारियों से ग्रसित हो जाती हैं जिसका बचपन में माता-पिता को जरा भी आभास नहीं होता। दूसरी ओर चाइल्ड लेबर एक्शन नेटवर्क की रिपोर्ट में बताया गया कि चूंकि सभी भयावह रोग बड़ी उम्र में सामने आते हैं, अतः मां-बाप को बालिका पर मजदूरी के कुप्रभावों के बारे में समझना अत्यन्त कठिन होता है।

जिस प्रकार से बालिका श्रमिकों का स्वास्थ्य उपेक्षित है, उसी प्रकार से शिक्षा भी उपेक्षित है। यदि **केरल** की भांति पूरे हिन्दुस्तान में बालिकाओं के शिक्षा पर ध्यान दिया जाए तो काफी हद तक बालिका श्रम प्रथा पर नियंत्रण पाया जा सकता है। यही कारण है कि केरल में बालिका श्रम सहभागिता दर एक प्रतिशत से भी कम है और बालिका श्रमिक की संख्या एक लाख से भी कम (सेनसस 1991) शहर में कार्यरत बालिकाएं 77 प्रतिशत निरक्षर हैं और 10 प्रतिशत किसी तरह से कुछ लिख पढ़ सकती है। जबकि गांव में बालिका श्रमिकों में 89 प्रतिशत अनपढ़ हैं। स्पष्ट है शहर की तुलना में ग्रामीण बालिका श्रमिकों में लगभग 12 प्रतिशत अधिक निरक्षर हैं।

तालिका सं. 4.33: भारत में बालिका श्रमिकों की शैक्षिक स्थिति

(प्रतिशत में)

क्र. सं.	शिक्षा स्तर	गांव में	शहरों में	कुल
1.	निरक्षर	89.93	77.25	88.14
2.	साक्षर	5.58	10.92	5.94
3.	प्राथमिक शिक्षा	4.81	9.99	5.16
4.	माध्यमिक शिक्षा	0.65	1.64	0.72
5.	मैट्रिक/सेकेंडरी	0.03	0.19	0.04
6.	इंटर/हायर सेकेंडरी	–	0.01	–
7.	प्री यूनिर्वसिटी	–	–	–
	योग	100	100	100
	संख्या दस लाख में	3.50	0.26	3.75

जोसेफ गाथिया के अनुसार लड़कों की उपेक्षा लड़कियों में पढ़ाई छोड़ने का प्रतिशत अधिक है। 100 लड़कों की तुलना में मात्र 54 लड़कियां ही स्कूल में भर्ती की जाती हैं। 11 से 14 वर्ष की आयु की 29 प्रतिशत लड़कियां ही स्कूल जाती हैं जबकि लड़कों में यह प्रतिशत 50 से ऊपर है। हाईस्कूल के बाद तो 100 में से मात्र 14 लड़कियां ही उच्च शिक्षा प्राप्त कर पाती हैं। **सेंटर ऑफ कंसर्न फार चाइल्ड लेबर** के अनुसार ग्रामीण बालिका मजदूरों में शिक्षा का प्रतिशत 10 से भी कम है। जबकि **प्रो. उषा नायर** के अनुसार शहरी क्षेत्रों की बालिका मजदूरों में शिक्षा का प्रतिशत 15-20 के मध्य था।

एक महान विद्वान का कहना है कि **दस पुरुषों के तुलना में एक महिला को शिक्षित करना ज्यादा महत्वपूर्ण है** क्योकि एक महिला को शिक्षित करने से एक परिवार शिक्षित होता है। चूंकि परिवार समाज एवं व्यक्ति की **प्रथम पाठशाला** है, जहां से व्यक्ति में संस्कार गढ़ने को कार्य आरंभ होता है और जैसे संस्कार, विचार दर्शन और मूल्य उस बच्चे में डाले जायेंगे बच्चे आगे चलकर वैसे ही बनेगें। वस्तुतः बच्चा मां द्वारा डाले गए संस्कार का वाहक है। जिस प्रकार 'जीन' माता-पिता के गुण दुर्गुण को बच्चों तक पहुंचाने का कार्य करता है ठीक उसी प्रकार एक अच्छी समझदार, सुलझी कर्मठ मां के संस्कार उसके बच्चों में आते हैं। मां की महत्ता को समझते हुए **नेपोलियन** ने एक बार कहा था **"तुम मुझे एक अच्छी मां दो मैं तुम्हें एक अच्छा राष्ट्र दूंगा।"** लेकिन जो बच्चियां कल की तिथि में मां के महत्वपूर्ण जिम्मेवारी को निभाने वाली हैं, वे लाखों बच्चियां कूड़ा बीनने, मुंगफली बनाने, बीड़ी बनाने, पटाखा बनाने, बर्तन मांजने, देह बेचने जैसी असंख्य कार्यों में संलग्न हैं। यहां इनका इतना शारीरिक, मानसिक, यौन, मनोवैज्ञानिक शोषण होता है कि वे मां की उम्र में पहुंचने से पहले दादी मां के उम्र में पहुंच जाती हैं।

हिन्दुस्तान में पांच प्रांत आंध्र प्रदेश, मध्य प्रदेश, महाराष्ट्र, कर्नाटक और तमिलनाडु में बालिका श्रम सहभागिता दर वर्क पार्टिसिपेशन रेट सबसे अधिक है, इन प्रांतों में यह दर पांच या पांच प्रतिशत से अधिक है। दूसरी बात इन पांच प्रांतों में चार प्रांत दक्षिण भारत के हैं। तीसरी बात, ये चारों प्रांत औद्योगिक दृष्टि से उन्नत हैं। बल्कि यों कहें औद्योगिक दृष्टि से ये चारों प्रांत हिन्दुस्तान की रीढ़ हैं। चौथी बात, आंध्र प्रदेश एवं कर्नाटक आज हिन्दुस्तान की 'कम्प्यूटर राजधानी' या '**साईबर कैपिटल**' है। पांचवीं बात, आंध्र प्रदेश को छोड़कर तमिलनाडु, महाराष्ट्र एवं कर्नाटक में लगभग 50 प्रतिशत महिलाएं शिक्षित हैं जो कि राष्ट्रीय महिला साक्षरता दर से 11 प्रतिशत अधिक है। छठीं एवं एक बड़ी महत्वपूर्ण बात यह है कि इन पांचों प्रांतों की लगभग 30 प्रतिशत जनता गरीब है। सातवीं बात, ये चारों प्रांत हिन्दुस्तान के सबसे विकसित प्रांत हैं—औद्योगिक दृष्टि से,

विज्ञान एवं प्रौद्योगिकी की दृष्टि से, व शैक्षिक दृष्टि से। आठवीं बात, इन पांचों में मध्य प्रदेश एक उत्तर भारत का प्रांत है जो एक पिछड़ा प्रांत है। अशिक्षित एवं निर्धन प्रांत है। आंकड़ों के अनुसार मध्य प्रदेश बालिका श्रमिक सहभागिता दर में दूसरे नम्बर पर है। नौवीं बात, यह है कि इन सब बातों का जो निचोड़ निकलता है वह यह कि किसी राज्य के सिर्फ विकसित हो जाने से ही यह नहीं माना जा सकता कि वहां बाल या बालिका श्रमिक समस्या नहीं होगी।

बालिका श्रम का होना या न होना कई बातों पर निर्भर करता है। पहली बात बच्चियों के प्रति परिवार माता-पिता एवं समाज का **'सकारात्मक रुख'** है या नहीं। दूसरी बात परिवार बालिका के शिक्षा के प्रति कितना चिंतित है। तीसरी बात, परिवार एवं समाज बालिकाओं के खान-पान, रहन-सहन, खेलकूद आदि के प्रति कोई भेदभाव तो नहीं करते हैं। चौथी बात पुरुष प्रधान समाज में जहां औरतों एवं बच्चियों को इधर-उधर जाने की मनाही होगी वहां भी यह दर कम होगी। पांचवीं बात बाल श्रम कानून का क्रियान्वयन कितनी ईमानदारी एवं कड़ाई से किया जा रहा है।

इन्हीं सब कारणों से बालिका श्रमिकों का सहभागिता दर केरल, पंजाब, उत्तर प्रदेश और पश्चिमी बंगाल में एक प्रतिशत से भी कम है। केरल में बालिकाओं की शिक्षा पर विशेष ध्यान दिया जाता है इसलिए देश में केरल में साक्षरता दर 90 प्रतिशत है। महिला साक्षरता दर भी भारत में सर्वाधिक केरल में ही है जो लगभग 86 प्रतिशत है। दूसरी बात यहां मात्र 17 प्रतिशत जनता निर्धन है। जिसके कारण बालिका श्रमिक जैसी बातें अन्य राज्यों की तुलना काफी कम है। जहां तक पंजाब की बात है पंजाब आर्थिक दृष्टि से बहुत ही संपन्न राज्य है। **हरित क्रान्ति** एवं **सफेद क्रांति** (डेयरी) के बाद पंजाब में धन-धान्य दुग्ध की मानो नदियां बहने लगी हैं। केरल से शिक्षा के मामले में कम होने के बावजूद आर्थिक दृष्टि से केरल से आगे है। इसलिए बालिका श्रम दर यहां कम है। उत्तर प्रदेश में बालिका श्रमिक की संख्या इसलिए कम है कि वहां बालिकाओं को घर से बाहर काम करने की पूरी आजादी नहीं होती है। बालिका मजदूरों के परिवारों को काम देने एवं आर्थिक सहायता देने की व्यवस्था की गई है।

हमें बालिका श्रम उन्मूलन के लिए इस समस्या पर चौतरफा वार करना होगा। पहला, यह कि समाज को बालिकाओं के लिए संरक्षण प्रदान करने के लिए इनके माता-पिता को उतनी आय प्रदान करनी होगी जिससे उनका उचित रूप से पालन पोषण हो सके। दूसरे, देश में केन्द्रीय श्रम मंत्रालय द्वारा चल रही 10 राष्ट्रीय बाल श्रमिक परियोजनाओं में लाभान्वितों की संख्या में कम से कम 40 प्रतिशत बालिका मजदूर हो यह सुनिश्चित करना होगा। तीसरे, पैसे के अभाव में जीने वाली इन बालिकाओं को व्यापक पैमाने पर गांव में, कस्बों में, शहरी

स्लमों में, झुग्गी-झोपड़ियों में **'मुफ्त शिक्षा'** प्रदान करने का कार्य करना होगा। इसके अतिरिक्त प्रतिदिन मुफ्त भोजन का व्यवस्था करनी होगी। इसके साथ-साथ प्रतिदिन या प्रति माह कुछ रुपये इन बालिकाओं को 'आर्थिक सहायता' के रूप में देना होगा। जिससे निर्धन अभिभावक को यह न महसूस हो कि उसके बच्चे जो पहले काम करके पैसे लाते थे अब काम छोड़कर पढ़ने के कारण उन पर एक अधिक बोझ बन गए हैं। चौथे, 2001 में होने वाली जनगणना में बालिका श्रमिक संबंधी आंकड़े व्यापक पैमाने पर एकत्रित किये जाने चाहिएं। पांचवें संचार के विभिन्न माध्यमों यथा समाचार-पत्र, रेडियो, दूरदर्शन पोस्टरों से समाज के कोने-कोने में इस बात को पहुंचाना होगा कि 'बालिका श्रम' एक सामाजिक बुराई है, यह कार्य राष्ट्र के अमूल्य सम्पत्ति को बर्बाद करने जैसा है। छठे, प्रभात फेरियों, नुक्कड़ नाटकों, विभिन्न कार्यक्रमों के माध्यम से जनता में इस समस्या के खिलाफ एक जागृति पैदा करनी होगी। सातवीं बात, जो व्यक्ति मानव मूल्यों के पक्षधर है उनको आगे बढ़कर इस आन्दोलन को एक दिशा प्रदान करना होगी। वे व्यक्ति जो गैर बराबरी के खिलाफ एवं शोषण के खिलाफ लड़ाई को अपना अंतिम उद्देश्य मानते हैं उनको अपनी भूमिका सुनिश्चित करनी होगी। आठवीं बात बालिका श्रमिकों से संबंधित विभिन्न विषयों पर वृहत पैमाने पर शोध, सेमिनार आदि किया जाना चाहिए।

भारत में सरकार ने **बाल श्रम (प्रतिषेध एवं विनियमन) अधिनियम, 1986** बनाया है। जिसका मुख्य उद्देश्य बाल श्रमिक चाहे वह बच्चा बालक हो या बालिका उसके नियोजन पर प्रतिबंध। सरकार ने ऐसे प्रक्रियाओं एवं नियोजनों को चिन्हित किया है और कहा है इन क्षेत्रों में 14 वर्ष या उससे कम उम्र के बच्चों को नियोजित नहीं किया जा सकता। यदि किसी ने इस कानून का उल्लंघन किया तो कानून के द्वारा निर्धारित दण्ड का उसे भागी होना होगा। लेकिन इस कानून के होने के बावजूद देश में ही लाखों-लाख की संख्या में बालिका नियोजित है। अब हाल में ही केन्द्र सरकार ने घरेलू बाल श्रमिक (**Domestic child labour**) को प्रतिबंधित कर दिया है देखना है भविष्य में इस नियम का कितना प्रभाव होता है।

बालिका श्रमिकों के संदर्भ में कानून के विद्यमान रहने के बावजूद भी इस समस्या का निदान नहीं हो पा रहा है। सरकारी एवं गैर-सरकारी संस्थाओं द्वारा विभिन्न गतिविधियां इन बालिकाओं के लिए चलाए जा रहे हैं। लेकिन इस समस्या को दूर करना तो दूर इसके आकार को भी बहुत छोटा कर पाने में हमें पूरी तरह से सफलता नहीं मिली है। इसके लिए निम्नलिखित महत्वपूर्ण प्रयास हुए हैं—

1. बाल श्रम (प्रतिषेध एवं विनियमन) अधिनियम, 1987;

2. राष्ट्रीय बाल श्रम परियोजनाएं;
3. बाल श्रमिकों के लिए विशेष विद्यालय;
4. अन्य पुनर्वास कार्यक्रम;
5. अन्य गरीबी उन्मूलन एवं रोजगार कार्यक्रमों से इन परिवारों को जोड़ना; तथा
6. गैर-संगठनों द्वारा चलाए जाने वाले कार्यक्रम आदि।

इन प्रयासों के बावजूद समाज एवं सरकार को इस दिशा में सोचने की आवश्यकता है। पुराने पड़ चुके नियमों में संशोधन की आवश्यकता है। समाज के सभी वर्ग इस समस्या को दूर करने हेतु सशक्त करने की आवश्यकता है।

"या तो आँसू पी रहे, या पीते हैं आग।
बच्चों के इस देश में, फूटे ऐसे भाग।।
भोले बचपन को न दो, कभी हथौड़ा भूल।
आँसू डूबी पलक पर, धरो हंसी के फूल।।
ले आँसू की पालसी, ये चलते हैं रोज।
ले आओ थोड़ी हंसी, अब इनको भी खोज।।"

—'यायावर'

इस अध्याय में बीड़ी उद्योग से जुड़ी महिला बीड़ी श्रमिक, सेक्स-वर्कर, सामान्य एवं खतरनाक कार्य में लगी बालिका श्रमिकों को विश्लेषण का केन्द्र-बिन्दु बनाया गया। इन चर्चाओं के आलोक में हम इस निष्कर्ष पर पहुंच सकते हैं कि भारत के विभिन्न राज्यों के असंगठित क्षेत्र में बिचौलियों के माध्यम से बीड़ी तैयार करने वाली महिला बीड़ी श्रमिकों की कार्य एवं जीवन दोनों स्थितियां संतोषजनक नहीं हैं। सरकार द्वारा निर्धारित न्यूनतम मजदूरी भी इन्हें नहीं मिल पाती। बिचौलिये एवं नियोजक दोनों इनके आर्थिक, सामाजिक, पारिवारिक स्थितियों का फायदा उठाकर उनके शोषण में कोई कसर नहीं छोड़ते हैं। साथ ही साथ ये महिला बीड़ी कारीगर अपने निरक्षरता एवं कमजोर संघीय स्थितियों के कारण भी उनके शर्तों पर काम करने को तैयार हो जाते हैं। इनकी स्थितियां ऐसी होती हैं प्रति हजार **35-40 रुपये** दर भी ये बीड़ी बनाने के लिए तैयार हो जाती है। इनकी यह आर्थिक एवं पारिवारिक स्थिति उन्हें ऐसे खतरनाक कार्य की तरफ मोड़ देता है जिसमें अस्थमा, बांनोकाइटिस, जोड़ का दर्द, फेफड़ा जैसी बीमारियों का सामना करना पड़ता है। वे जानते हैं ये खतरनाक बीमारियां उन्हें होगीं, उनके गर्भ में पल रहे बच्चों पर इसका खतरनाक प्रभाव पड़ेगा फिर भी वे इस कार्य को करने को बाध्य होती हैं।

सेक्स वर्कर की स्थिति बीड़ी श्रमिकों से थोड़ी भिन्न है। उन्हें अपने जीवन की सबसे कीमती चीज 'इज्जत' का ही सौदा करना पड़ता है, क्योंकि देह बेचने के विकल्प के सामने कुछ और नहीं। फलतः इस जलालत भरी जिंदगी की तरफ उन्हें मुड़ना पड़ता है। कई स्थितियों में उन्हें 'एड्स' का शिकार बनना पड़ता है। समाज में लोग इनको अच्छी निगाहों से नहीं देखते। ये समाज के सामान्य धारा के साथ नहीं जुड़ पाते। इनको समाज के अलग हिस्से में रहना पड़ता। इनके बच्चों का भविष्य एकदम अंधकार में होता है। फलतः परिस्थितियां इनका भी शिकार कर इन्हें वेश्या बना देती।

बालिका श्रमिक को अपने पढ़ने खेलने की आयु में दूसरों के लिए काम करने पड़ते हैं। फलतः उसके भविष्य बनने का मार्ग इन कार्यों की वजह से अवरुद्ध हो जाता है।

संदर्भ

अरली चाइल्डहुड (2001), यूनिसेफ, तालिका, 3, 5, 6, पृ. 87, 99, 101।

बिहार बाल श्रमिक सर्वेक्षण (1996), श्रमायुक्त कार्यालय, पटना।

बटली, जरीना (1980), *इकोनोमिक रोल एंड स्टेटस ऑफ वीमेनः ए केश स्टडी ऑफ वीमेन इन बीड़ी इंडस्ट्रीज इन इलाहाबाद* ।

भारत (2003), सूचना एवं प्रसारण मंत्रालय, भारत सरकार, नई दिल्ली, पृ. 642।

झाबवाला, रीना, महाजन, कृष्ण एंड डवन, रीना (1985), *वीमेन हु रौल बीड़ीः टू स्टडीज ऑफ गुजरात*, सेवा, अहमदाबाद।

जनगणना (2001), बिहार श्रृंखला-11, पटना, पृ. 61।

महतो, डी.एन. (1999), समाज कल्याण, नई दिल्ली, मई, पृ. 18।

पायोनियर (1999), दैनिक *अखबार*, 10 सितम्बर, नई दिल्ली।

राष्ट्रीय श्रम आयोग (2002), वाल्यूम 1, पार्ट-2, पृ. 18।

राष्ट्रीय श्रम आयोग (1969), श्रम मंत्रालय, नई दिल्ली, पृ. 417।

राष्ट्रीय नमूना सर्वेक्षण, 55वां राउंड, 1999-2000।

रत्ना एवं रूपिंदर (1999), दी टौबेका इंडस्ट्रीज एंड वीमेंस इम्प्लायमेंट, *दी इंडियन जर्नल ऑफ लेबर इकोनोमिक्स*, वॉल्यूम, 42, नं. 4, नई दिल्ली।

श्रम की दुनिया (2003), आई.एल.ओ. पत्रिका, जनेवा, अंक 18, पृ. 16-17।

राजशेखर एवं श्रीधर (2002), "चेंजिंग फेस ऑफ बीड़ी इंडस्ट्रीज-ए स्टडी इन कर्नाटका," *इ.पी.डी.*, सितम्बर, 28, पृ. 40, 23-28।

वार्षिक प्रतिवेदन (1995-96, 1996-97), श्रम मंत्रालय, नई दिल्ली, पृ. 81, पृ. 75।

वार्षिक प्रतिवेदन (2002-03), श्रम नियोजन एवं प्रशिक्षण विभाग, पटना, पृ. 4।

5

लैंगिक भेदभाव एवं यौन उत्पीड़न (Gender Discrimination and Sexual Harassment)

"सिर से सीने में कभी, पेट से पाँवों में कभी।
एक जगह हो तो कहें, दर्द इधर होता है।।"

–दुष्यंत

5.0 महिला श्रमिक एवं लैंगिक भेदभाव (Women Workers and Gender Discrimination)

महिला चाहे किसी क्षेत्र में संलग्न हो यथा आर्थिक, राजनीति, सांस्कृतिक, खेल, मनोरंजन, सामाजिक, धार्मिक, उन्हें विभिन्न प्रकार के भेदभावों का सामना करना पड़ता है। जहाँ तक बात आर्थिक क्षेत्र की है तो वहाँ भी महिलाओं को कई स्तरों पर विभिन्न प्रकार की असमानताओं का सामना करना पड़ता है। संभवतः इन्हीं कारणों से सरकार ने संविधान, विधान, नियम एवं परिनियमों में इस बात की व्यवस्था की है कि महिला श्रमिकों को संरक्षण, सामाजिक सुरक्षा एवं आर्थिक सुरक्षा तो मिले ही। साथ ही साथ उनके साथ होने वाले कार्यस्थल पर सभी प्रकार के भेदभावपूर्ण व्यवहार को दूर किया जा सके। इस अध्याय में महिला श्रमिकों के साथ होने वाले निम्नलिखित पहलुओं पर भेदभाव का केंद्र-बिंदु बनाया गया है–

(i) मजदूरी में लैंगिक भेदभाव (Gender discrimination in **wages**)

(ii) रोजगार में लैंगिक भेदभाव (Gender discrimination in **employment**)

(iii) श्रम सहभागिता में लैंगिक भेदभाव (Gender discrimination in **labour participation**)

(iv) वैवाहिक परिस्थिति (**Marital status**)

(v) शिक्षा में लैंगिक भेदभाव (Gender discrimination in **education**)

(vi) पारिवारिक जिम्मेदारी (Gender discrimination in **family responsibility**)

(vii) यौन उत्पीड़न (**Sexual harassment**)

5.1 मजदूरी में लैंगिक भेदभाव (Gender Discrimination in Wages)

मजदूरी में लैंगिक भेदभाव से संबंधित कई महत्वपूर्ण अध्ययन हुए हैं एवं ऊकेडगिक सह-शोध पत्र हैं, जिसने इस तथ्य को एक सीमा तक पुष्ट किया है। इससे जुड़े प्रमुख लोग हैं–सरिता अग्रवाल (1993), पी. एंथोनी (2001), आई.एल.ओ.), एन. बनर्जी (1999), एस. देशपाण्डेय एवं एल.के. देशपाण्डेय (1999), सीता दीपाकरण, एम. दुरईस्वामी एवं पी. दुरईस्वामी (1995), (1998), (1999), जी. घोष (2001), एस. गोपालन (2002), ए.वी. जोशी (1987), यू. कलपगम एवं बी. नारायण (2004), जे. रुबीरे (1987), प्रीति रस्तोगी (2003), (2005) आदि।

किसी भी व्यक्ति को उसके किए गए कार्य के बदले में **पारिश्रमिक** (Remuneration) दिया जाता है। इसे विभिन्न नामों से जाना जाता है जैसे–Wages, Salary, Compensation आदि। मजदूर को मिलने वाले पारिश्रमिक में अंतर के बहुत सारे आधार होते हैं जिसके कारण उन्हें अलग-अलग मजदूरी दी जाती है। विभिन्न विद्वानों ने अपने अध्ययनों में बताया है कि भिन्न-भिन्न कारणों से श्रम बाजार (Labour market) में मजदूरी में अंतर (Wage differentials) श्रमिकों के मध्य विद्यमान होते हैं। इस संदर्भ में Mourice Dobb (1982-Wages), G.F. Bloom and H.R. Northrup (Economics of labour relations), Mills and R.E. Montgomory (Economics of labour), Barbara Wooton (Social foundation of wages policy) आदि विद्वानों की महत्वपूर्ण टिप्पणियां हैं। इसे नीचे प्रदर्शित किया जा रहा है–

क्र.सं.	अंतर-आधार	नाम
1.	कौशल या हुनर (Skill)	कौशल मजदूरी अंतर (Skill wage differentials)
2.	भौगोलिक या क्षेत्रीय (Geographical or regional)	भौगोलिक या क्षेत्रीय मजदूरी अंतर (Geographical or regional wage differentials)
3.	अंतः उद्योग (Inter-industry)	अंतः उद्योग मजदूरी अंतर (Inter-industry wage differentials)
4.	अंतः प्रतिष्ठान (Inter-firm)	अंतः प्रतिष्ठान मजदूरी अंतर (Inter-firms wage differentials)
5.	लिंग (Sex)	लिंग मजदूरी अंतर या लिंग आधारित मजदूरी अंतर (Sex wage differentials or wage differentials on the basis of sex)

विभिन्न विद्वानों ने इस बात को स्वीकार किया है कि मजदूरी में असमानता हुनर, व्यवसाय, उद्योग, भौगोलिक स्थिति, क्षेत्रीय आधार के साथ-साथ लिंग के आधार पर हमेशा से विद्यमान रही है। यह अलग बात है कि **पूँजीवादी**, **समाजवादी** एवं **मिश्रित अर्थव्यवस्था** इसकी मात्रा/इसके मामले कहीं अधिक तो कहीं कम है। किन्तु यह किसी न किसी सीमा में विद्यमान सभी जगह रहे हैं। यदि **लिंग आधारित** मजदूरी में भेदभाव के मामले को देखा जाए तो हम पाएंगे ये मामले अभी-अभी उत्पन्न नहीं हुए हैं। बल्कि यह सिलसिला सदियों से चलता आ रहा है। संभवत: इसलिए अंतर्राष्ट्रीय श्रम संगठन ने **'समान काम के लिए समान वेतन के सिद्धांत'** (**Principles of equal pay for equal work**) को अंतर्राष्ट्रीय श्रम सम्मेलन के महत्वपूर्ण सत्र में Ractify करवाया। फलत: जिस सदस्य ने इसे Ractify किया उन्हें इस **Convention** को अपने यहाँ कानून का रूप लागू करना पड़ा। इस प्रकार समान कार्य के समान पारिश्रमिक देने की बात है। यदि समान कार्य के महिला को कम और पुरुष श्रमिक को अधिक मजदूरी दी जाए तब यह मामला **'लिंग आधारित मजदूरी अंतर'** का बनता है। स्पष्ट है इस भेदभाव की स्थिति महिला को अलग एवं पुरुष को अलग मजदूरी मिलती है। इसे आर्थिक चिंतक 'मजदूरी में लैंगिक भेदभाव' (**Gender discrimination in wages**) मानते हैं। मजदूरी में लैंगिक विभेद की बातें अंतर्राष्ट्रीय श्रम बाजार में विभिन्न देशों में देखने को मिलते हैं। जिसे नीचे की तालिका से समझा जा सकता है।

तालिका सं. 5.0: संसार के विनिर्माण उद्योग में भेदभाव पूर्ण मजदूरी (प्रतिमाह), 2003

लिंग	श्रीलंका	कोरिया	चीन	फ्रांस	जर्मनी	स्वीडन	यू.के.	हंगरी	जापान
पुरुष	7680 रुपये	2177 वॉन	916 यान	1669 फ्रेंक	3696 यूरो	28848 क्रोना	2784 पाउंड	1,15,830 फोरिंट	3,283,00 येन
महिला	6720 रुपये	1211 वॉन	228 यान	1308 फ्रेंक	2736 यूरो	26160 क्रोना	2184 पाउंड	82,761 फोरिंट	1,95,600 येन
अंतर (रुपये में)	(–)960	966	688	361	960	2688	600	33,069	1,32,700
अंतर (% में)	14	44	75	22	26	9	22	29	40

स्रोत–*स्टैटिस्टिकल ईयर बुक (2003)*, 42वाँ इश्यू, पृ. 295–301।

नोट– (i) अंतर रुपये में

(ii) अंतर प्रतिशत में

तालिका सं. 5.0 से निम्नलिखित बातें स्पष्ट होती हैं–

1. महिला एवं पुरुष के मध्य मजदूरी में अंतर यूरोप, एशिया के प्रमुख देशों में विद्यमान है;
2. तालिका में वर्णित राष्ट्रों में यह अंतर सर्वाधिक (75%) चीन (एशिया) तथा सबसे कम (9%) स्वीडन (यूरोप) में है;
3. 30 **प्रतिशत** से अधिक अंतर जिन देशों में है वे हैं–

(i)	चीन	75%	(एशिया)
(ii)	कोरिया	44%	
(iii)	जापान	40%	

4. 25 **प्रतिशत** से कम अंतर जिन देशों में हैं, वे हैं–
   1. श्रीलंका - 14% (एशिया)
   2. स्वीडन - 9% (यूरोप)
   3. फ्रांस - 22% (यूरोप)
   4. यू.के. - 22% (यूरोप)
5. यह अंतर केवल **'विनिर्माण उद्योग'** (Manufacturing Industries) का ही हो सकता है। अन्य उद्योगों में यह कम या ज्यादा हो। किंतु यह बात तो स्पष्ट ही यह अंतर संगठित क्षेत्र के श्रमिकों के मध्य अधिक होगा। अविकसित एवं विकासशील राष्ट्र में विकसित राष्ट्र की तुलना में असंगठित क्षेत्र की तादाद में अधिक है। इसलिए ये मामले इन राष्ट्रों में ज्यादा होने की संभावना हो सकती है।

भारत के संदर्भ में मजदूरी अंतर के मामले को देखना है तो निम्न आधार पर इस अंतर को देखा जा सकता है–

1. **अनियमित श्रमिकों** के मध्य	ग्रामीण क्षेत्र में शहरी क्षेत्र में		औसत मजदूरी (Average wage)
2. **आंशिक श्रमिकों** के मध्य (Casual labourers)	ग्रामीण क्षेत्रों में	कृषि कार्य गैर-कृषि कार्य	
	शहरी क्षेत्रों में	कृषि कार्य गैर-कृषि कार्य	
3. **नियमित** (Regular) वेतन भोगी के मध्य	ग्रामीण क्षेत्र में शहरी क्षेत्र में		
4. **आकस्मिक श्रमिकों** के मध्य	ग्रामीण क्षेत्र में शहरी क्षेत्र में	कृषि वास्तविक गैर-कृषि उपार्जन (Real earning)	

5.1.1 आकस्मिक श्रमिक के मजदूरी में लैंगिक असमानता (Gender Discrimination in Wages of Casual Labour)

1. **औसत मजूदरी उपार्जन** (Average wage earning)–भूमण्डलीकरण के उपरान्त खासकर Labour-force composition में काफी कुछ बदलाव देखने को मिल रहा है। पहले संगठन में स्थायी (Permanent workers) की तादाद अच्छी खासी होती थी। अर्थव्यवस्था का चेहरा भूमंडलीकरण के उपरांत तेजी से बदल रहा है। **निजी कंपनियों** ने आकस्मिक श्रमिक, संविदा/ठेका श्रमिक, अस्थायी श्रमिकों जैसे श्रेणियों के श्रमिकों को स्थायी श्रमिकों की तुलना में ज्यादा नियोजित करते हैं। इस प्रकार की श्रेणी वाले श्रमिकों को प्रबंधन अपनी सुविधा अनुसार घटाते-बढ़ाते रहे हैं। स्थायी कामगारों को हटाना संभव नहीं। साथ ही साथ इस श्रेणी वाले श्रमिकों की मजदूरी भी तुलनात्मक रूप से कम होती है। आकस्मिक श्रेणी वाले श्रमिक की मजदूरी लिंगानुसार मजदूरी का विवरण नीचे की तालिका में दिया जा रहा है।

तालिका सं. 5.1: भारत के ग्रामीण क्षेत्र के आकस्मिक मजदूरों का औसत मजदूरी उपार्जन (प्रतिदिन)

(रुपयों में)

आयु समूह	उद्योग	पुरुष	महिला	कुल व्यक्ति
5–14	कृषि	29.58	16.93	27.44
	गैर-कृषि	31.37	23.11	29.28
	कुल	27.36	23.00	25.48
15–59	कृषि	42.13	33.04	41.44
	गैर-कृषि	59.52	37.29	56.19
	कुल	45.48	29.39	40.23
60 तथा ऊपर	कृषि	37.31	33.91	37.04
	गैर-कृषि	53.21	23.14	46.99
	कुल	41.18	26.11	36.42
सभी आयु समूह	कृषि	41.81	32.73	41.10
	गैर-कृषि	58.71	36.19	55.25
	कुल	44.84	29.01	39.64

स्रोत–*दी इंडियन जर्नल ऑफ लेबर इकोनोमिक्स*, वॉ. 44, नं. 1, 2001, पृ. 126।

तालिका सं. 5.1 से निम्नलिखित बातें स्पष्ट होती हैं–

1. इसमें आकस्मिक मजदूरों के लिंगानुसार एवं आयु-वार श्रेणी 'औसत मजदूरी उपार्जन' को दिखलाया गया है;

2. महिला एवं पुरुष आकस्मिक मजदूरों की औसत मजदूरी उपार्जन भिन्न-भिन्न है। जहाँ पुरुष श्रमिकों की यह मजदूरी 44.84 रुपया (प्रतिदिन) है। वहीं महिला की मजदूरी मात्र 29.01 रुपया है। यह अंतर लगभग **15.83 रुपया** का है। स्पष्ट है आकस्मिक मजदूर की समान श्रेणी में काम करने वाली महिला श्रमिकों को लगभग **35%** मजदूरों पुरुषों के तुलना में कम मिल पाती है;
3. यदि आर्थिक गतिविधि के अनुसार आकस्मिक मजदूरों की मजदूरी का विश्लेषण करें तो हम पाते हैं कि **कृषि क्षेत्र** में लगे महिला श्रमिकों को मात्र 32.73 रुपया मजदूरी मिलती है जो पुरुष श्रमिकों की तुलना में 9.08 रुपया (**22%**) कम है। जबकि **गैर-कृषि** क्षेत्र में यह मजदूरी 36.19 रुपया है जो पुरुषों की तुलना में 22.52 रुपया (**38%**) कम है; तथा
4. यही स्थिति 5-14, 15-59 तथा 60 एवं उससे ऊपर वाले आयु वाले श्रेणी में महिला मजदूरों के साथ है। इन आयु समूहों के सभी श्रेणी की महिला श्रमिकों की मजदूरी पुरुषों की तुलना में कम है।

तालिका सं. 5.2: भारत के शहरी क्षेत्र के आकस्मिक मजदूरों का औसत मजदूरी उपार्जन (प्रतिदिन)

(रुपये में)

आयु समूह	उद्योग	पुरुष	महिला	कुल व्यक्ति
5–14	कृषि	28.67	25.19	26.59
	गैर-कृषि	28.80	32.24	29.85
	कुल	28.80	30.99	29.53
15–59	कृषि	49.72	32.23	42.87
	गैर-कृषि	65.25	40.93	61.02
	कुल	63.25	38.22	57.98
60 तथा ऊपर	कृषि	44.67	34.24	41.56
	गैर-कृषि	63.47	32.74	55.78
	कुल	57.67	33.29	51.19
सभी आयु समूह	कृषि	49.14	32.15	42.52
	गैर-कृषि	64.27	40.18	59.94
	कुल	62.26	37.71	56.96

स्रोत– *दी इंडियन जर्नल ऑफ लेबर इकोनोमिक्स*, वॉ. 44, नं. 1, 2001, पृ. 126।

शहरी क्षेत्र के आकस्मिक मजदूरों में यह अंतर कम नहीं है। इसे ऊपर की तालिका से समझा जा सकता है। इस तालिका सं. 5.2 से निम्न बातें स्पष्ट होती हैं–

1. ग्रामीण क्षेत्र की तरह शहरी क्षेत्र के महिला श्रमिकों की मजदूरी पुरुष श्रमिक की तुलना में कम है;
2. पुरुषों की तुलना में महिला श्रमिकों की मजदूरी 24.55 रुपया (39.43%) कम मिलता है;
3. मजदूरी में यह अंतर कृषि क्षेत्र में 16.99 रुपया (35%) है तथा गैर-कृषि क्षेत्र में 24.09 रुपया (37%) है; तथा
4. यही स्थिति विभिन्न समूह के महिला श्रमिकों के मध्य है।

2. वास्तविक मजदूरी (Real Wages)

ग्रामीण क्षेत्र के महिला एवं पुरुष मजदूरों के वास्तविक मजदूरी के **संवृद्धि दर** (Growth rate) में दिखने वाला अंतर कुछ सुखद है जिसे नीचे दिए गए तालिका 5.3 से समझा जा सकता है–

तालिका सं. 5.3: ग्रामीण क्षेत्र में लिंगवार वास्तविक मजदूरी (Real wages) की संवृद्धि दर, 1983 से 1999-2000

(प्रतिशत में, प्रतिवर्ष)

वर्ष–अंतराल	अंतराल अवधि	कृषि संबंधी व्यवसाय		गैर-कृषि संबंधी व्यवसाय	
		पुरुष	महिला	पुरुष	महिला
1983–1993–94	10 वर्ष	2.77	3.08	2.22	4.06
1993–1999–2000	7 वर्ष	2.80	2.95	3.67	5.13

स्रोत–*दी इंडियन जर्नल ऑफ लेबर इकोनोमिक्स*, वॉ. 49, नं. 2, 2006, पृ. 297।

1. आकस्मिक मजदूरों के पुरुष एवं महिला श्रमिकों की वास्तविक मजदूरी में पिछले 1983 से 2000 के मध्य संवृद्धि हुई है।
2. इस वास्तविक मजदूरी का संबंध ग्रामीण क्षेत्र कृषि एवं गैर-कृषि व्यवसायों में लगे आकस्मिक मजदूरों से है।
3. कृषि क्षेत्र में पिछले 10 वर्षों में (1983-94) पुरुष श्रमिकों की मजदूरी में 2.77% प्रतिवर्ष की दर से संवृद्धि हुई है। जबकि महिला श्रमिकों में यह संवृद्धि दर (3.8%) है 1993–94 से 1999–2000 के मध्य यह संवृद्धि दर पुरुष एवं महिला श्रमिकों में क्रमशः 2.80% एवं

2.95% है। स्पष्ट है महिलाओं में यह संवृद्धि दर पुरुषों की तुलना में अधिक है। यही स्थिति गैर-कृषि व्यवसाय की है।

तालिका सं. 5.4: ग्रामीण क्षेत्र में आकस्मिक श्रमिकों का लिंगवार वास्तविक उपार्जन (Real earning), 1993-94 मूल्य पर

क्र. सं.	गतिविधियां	पुरुष			महिला		
		1993–94	1999–2000	संवृद्धि दर (% प्रतिवर्ष)	1993–94	1999–2000	संवृद्धि दर (% प्रतिवर्ष)
1.	सार्वजनिक कार्य	26.65	30.89	3.83	18.52	24.87	5.04
2.	कृषि में आकस्मिक श्रमिक	21.59	25.48	2.80	15.12	17.99	2.94
3.	गैर-कृषि में आकस्मिक श्रमिक	30.15	31.49	3.70	17.46	23.49	5.07
4.	सभी गतिविधियों में आकस्मिक श्रमिक	23.18	28.65	3.59	15.33	18.51	3.19

स्रोत–*दी इंडियन जर्नल ऑफ लेबर इकनोमिक्स*, वॉ. 48, नं. 2, 2005, पृ. 328।

आयु 15-59 वर्ष तक

ऊपर की तालिका 5.4 से निम्नलिखित बातें स्पष्ट होती हैं–

1. ग्रामीण की क्षेत्र के सार्वजनिक कार्य में महिलाओं का वास्तविक मजदूरी उपार्जन पुरुषों की तुलना में अधिक है,
2. जबकि सभी गतिविधियों में यह संबृद्धि दर महिलाओं की 3.19 प्रतिशत तथा पुरुषों का 3.59 प्रतिशत है,
3. 1993-94 से 1999-2000 के मध्य पुरुषों की मजदूरी 23.18 से 28.65 रुपया था जबकि इसी अवधि में महिलाओं की मजदूरी 15. 33 से 18.51 रुपया था। स्पष्ट है अभी भी महिलाओं को लगभग 10.14 रुपया कम मिलता था।

5.1.2 अनियमित मजदूरों के मजदूरी में लैंगिंक असमानता (Gender Discrimination in Wages of Irregular Labours)

1. **दैनिक मजदूरी** (Daily wages)–देश के ग्रामीण एवं शहरी क्षेत्र में बहुत सारी गतिविधियां हैं। यदि गतिविधिवार (Activities-wise) महिला एवं पुरुष श्रमिकों की दैनिक मजदूरी का अध्ययन करें तो पता चलता है कि यहां भी लैंगिक असमानता का मामला विद्यमान है। मुख्य रूप से इस तथ्य को पुष्ट करने के लिए 8 **प्रकार** की गतिविधियों–लोक निर्माण, कृषि, खनन उत्पादक,

निर्माण, व्यापार, सेवा क्षेत्र, सामान्य गैर-कृषि क्षेत्रों में इनको मिलने वाली मजदूरी को देखा जा सकता है। इन सभी क्षेत्रों में मिलने वाली महिला मजदूरों की मजदूरी पुरुष मजदूर की तुलना में कम है।

लोक निर्माण के कार्य ग्रामीण एवं शहरी क्षेत्रों में होते हैं। इस गतिविधि में ग्रामीण क्षेत्र एवं शहरी क्षेत्र महिला मजदूरों को पुरुष मजदूरों की तुलना में क्रमशः 15.01 एवं 7.79 रुपया कम मिलता था। स्पष्ट शहरी क्षेत्रों का लगभग दुगनी कम रकम गांव में महिला मजदूरों को मिलती है। इससे स्पष्ट होता है इस क्षेत्र में मजदूरी में अंतर शहर से दुगना गांव में है।

तालिका सं. 5.5: अनियमित मजदूरों* की लिंगवार दैनिक मजदूरी दर**

क्र.सं.	क्षेत्र	ग्रामीण			नगरीय		
		पुरुष	महिला	अंतर	पुरुष	महिला	अंतर
1.	लोक निर्माण	59.74	44.73	15.01	68.28	60.49	7.79
2.	कृषि	49.64	34.65	14.99	88.70	36.50	52.20
3.	खनन उत्पादन	86.15	42.94	43.21	176.91	113.48	63.43
4.	उत्पादन	81.58	43.49	38.09	95.82	75.11	17.66
5.	निर्माण	73.03	46.41	26.62	95.82	66.03	29.79
6.	व्यापार	64.42	54.16	10.26	89.89	61.22	28.67
7.	सेवा क्षेत्र	196.75	95.97	100.53	275.08	229.01	46.07
8.	सामान्य गैर-कृषि	104.58	66.88	37.70	168.95	135.36	33.59

स्रोत-एन.एस.एस.ओ. की रपट सं. 506 (6/10/1)।

नोट-*15 वर्ष या उससे अधिक आयु के।

**सभी आँकड़े रुपये में।

ग्रामीण क्षेत्र में सबसे ज्यादा मजदूरी (100.53 रुपया) अंतर **सेवा क्षेत्र** के गतिविधि में है। जबकि सबसे कम अंतर **व्यापार** क्षेत्र में है। वहीं **शहरी क्षेत्र** में महिला मजदूरों की मजदूरी में सार्वजनिक अंतर (63.4 रुपया) खनन उत्पादन गतिविधि में था। जबकि दूसरे स्थान पर (52.20 रुपया) कृषि एवं तीसरे स्थान पर (46.07 रुपया) सेवा क्षेत्र था।

5.1.3 नियमित वेतन भोगियों की मजदूरी में लैंगिक असमानता (Gender Discrimination in Wages of Regular Salaried Class)

नियमित वेतनभोगी कर्मचारी के कार्य का स्वभाव अस्थायी प्रकृति का नहीं होता है। इस प्रकार की श्रेणी में तुलनात्मक शिक्षित, **संगठित श्रमजीवी** आते

हैं। लेकिन ग्रामीण एवं शहरी दोनों क्षेत्रों के विभिन्न गतिविधियों में लगे महिला एवं पुरुष कर्मचारियों के मध्य मजदूरी में अंतर देखने को मिलता है।

तालिका सं. 5.6: नियमित वेतनभोगी मजदूरों की लिंगवार दैनिक मजदूरी दर

(रुपया में)

क्र.सं.	क्षेत्र	ग्रामीण			नगरीय		
		पुरुष	महिला	अंतर	पुरुष	महिला	अंतर
1.	कृषि	78.77	57.74	21.03	162-70	126-18	36-52
2.	खनिज उत्पादन	181.50	56.08	125.42	319.75	274.52	45.21
3.	उत्पादन	98.89	36.46	62.43	115.95	67.02	48.9
4.	निर्माण	126.34	48.04	78.3	168.87	154.90	13.97
5.	व्यापार	68.26	60.96	7.3	96.55	66.85	28.7
6.	सेवा क्षेत्र	217.80	108.38	109.42	277.45	264.79	13.3
7.	समस्त गैर-कृषि	147.12	93.83	53.29	196.77	163.13	33.6

स्रोत–N.S.S.O. Report No. 506 (6/10/10)

हाशिये की आवाज, वर्ष, 2, अंक-5, मई, 2007ए पृ. 15।

तालिका सं. 5.6 से निम्नलिखित बातें स्पष्ट होती हैं–

1. कृषि कार्य में **ग्रामीण क्षेत्र** में मजदूरी अंतर लगभग 21.03 रुपया तथा शहरी क्षेत्र में 36.52 रुपया है,
2. जबकि **गैर-कृषि क्षेत्र** में यह अंतर और अधिक–53.29 रुपया (ग्रामीण क्षेत्र), 33.64 रुपया (शहरी क्षेत्र में) है।
3. ग्रामीण क्षेत्र में महिला मजदूरों के मजदूरी में अंतर सार्वजनिक क्रमशः 125.42 रुपया–खनिज उत्पादन, 109.42 रुपया-सेवा क्षेत्र में है,
4. जबकि **शहरी क्षेत्र** में यह अंतर सर्वाधिक उत्पादन (48.93 रुपया), खनिज उत्पादन (45.21) रुपया है तथा
5. इस प्रकार स्पष्ट है महिला मजदूरों की मजदूरी में ग्रामीण एवं शहरी दोनों में अंतर है।

संसार के उपार्जित आय में महिलाओं के अंश पर ध्यान केन्द्रित किया जाए तो हमारे सामने जो तथ्य आते हैं वे ये कि इसका योगदान पुरुषों की तुलना

में कम है। यह निम्न उपार्जन दर में भी क्षेत्रवार भिन्नता है। सार्क देशों में उत्तरी अमेरिका एवं यूरोप की तुलना में महिलाओं का उपार्जन दर निम्न है। जिसे नीचे की तालिका से समझा जा सकता है।

तालिका सं. 5.7: संसार में उपार्जित आय में महिलाओं के योगदान का प्रतिशत

देश	उपार्जित आय में महिलाओं का प्रतिशत
I. उत्तरी अमेरिका एवं यूरोप देश	
1. कनाडा	38
2. अमेरिका	40
3. इंग्लैंड	38
4. आस्ट्रेलिया	40
5. जर्मनी	35
II. सार्क देश	
6. भारत	25
7. बंगलादेश	23
8. मालदीव	35
9. पाकिस्तान	21
10. श्रीलंका	36
संसार	33

स्रोत–कल्याण मोहंती एवं रा. पद्मालिता, 2001।

तालिका सं. 5.7 से स्पष्ट है कि सार्क देशों में महिलाओं का उपार्जन योगदान न्यूनतम **21** से अधिकतम 36 के मध्य है। न्यूनतम एवं अधिकतम के मध्य 15 प्रतिशत का एक बड़ा अंतर है। जबकि उत्तरी अमेरिका एवं यूरोप में प्रतिशत 35 से 40 के मध्य है। इसके बीच अंतर मात्र 5 प्रतिशत है जो सार्क देशों के तुलना में तीन गुणा कम है। **अमेरिका** एवं **आस्ट्रेलिया** जैसे देशों में महिलाओं का उपार्जन में योगदान 40 प्रतिशत तक का है। जबकि **पाकिस्तान** एवं **भारत** जैसे देशों में यह योगदान 21 से 25 प्रतिशत के मध्य है। इस प्रकार सार्क देशों में अभी भी जहां पुरुषों का योगदान उपार्जन में 75-80 प्रतिशत है। वहीं महिलाओं का योगदान पुरुषों के तुलना में **4 गुणा** तक कम हैं।

5.2 रोजगार में लैंगिक असमानता (Gender Discrimination in Employment)

5.2.1 दक्षिण एशियाई राष्ट्र में स्थिति (Situation in South Asian Countries)

संसार के विभिन्न अर्थव्यवस्थाओं में रोजगार के अवसर विभिन्न प्रकार के हैं। विकसित राष्ट्रों में प्राथमिक क्षेत्र की तुलना में तृतीय (सेवा क्षेत्र) एवं द्वितीय (उद्योग) क्षेत्रों (Tertiary and secondary) में उपलब्ध रोजगारों की संख्या है। इसके विपरीत विकासशील राष्ट्रों में कृषि एवं उद्योग प्राथमिक एवं द्वितीयक क्षेत्र में सेवा क्षेत्र (Service sector–tertiary sector) की तुलना में रोजगार अधिक उपलब्ध हैं देश जिस औद्योगिक विकास के चरण में होगा वैसे रोजगार की उपलब्धता उस राष्ट्र विशेष में होगी। साथ ही साथ उसी प्रकार और उसी क्षेत्र के रोजगार में लैंगिक असमानता के मामले दृश्य होंगे। जहां रोजगार कृषि एवं उद्योग क्षेत्र में ज्यादा उपलब्ध है वहां कृषि एवं उद्योग संबंधित रोजगार में लैंगिक असमानता के मामले दिखेंगे। जहां सेवा क्षेत्र में रोजगार ज्यादा हैं, वहां भी महिलाओं की इन क्षेत्र सहभागिता दर (Participation rate) निम्न में देखा जाता है। रोजगार में महिलाओं की उच्च एवं निम्न सहभागिता दर एक नहीं कई बातों पर निर्भर करती है यथा–समाज की महिलाओं के प्रति **सोच**, सरकारी **नीति**, पारिवारिक **शिक्षा** स्तर, **हुनर** स्तर, पारिवारिक आर्थिक **दबाव**, उद्योग की **रोजगार क्षमता**, उद्योग एवं सेवा क्षेत्र का **विकास** आदि।

तालिका सं. 5.8: दक्षिण एशिया अर्थव्यवस्था में उद्योग एवं लिंगवार रोजगार वितरण (2003)

(प्रतिशत में)

देश	क्षेत्र (sectors)											
	लैंगिक असमानता			प्राथमिक			द्वितीयक			तृतीयक		
	पुरुष	महिला	अंतर*	पुरुष	महिला	अंतर	पुरुष	महिला	अंतर	पुरुष	महिला	अंतर
भारत	65.9	34.1	31.8	65.9	84.1	+18.2	16.0	9.4	6.6	18.1	6.5	11.6
बंगलादेश	62.5	37.5	25.0	60.9	21.3	39.6	21.3	3.21	18.1	17.9	11.5	6.4
श्रीलंका	64.8	35.2	29.6	51.9	70.1	+18.2	8.8	6.85	1.95	39.3	23.6	15.7
पाकिस्तान	85.6	14.4	71.2	56.5	81.3	+24.8	22.3	3.12	19.2	20.8	15.6	5.2
मालदीव	65.9	34.1	31.8	18.1	5.0	13.1	5.0	23.4	+18.4	66.5	71.7	+5.2

स्रोत–*स्टैटिस्टीकल ईयर बुक*, यू.एन.ओ., 2003।

नोट– *अंतर तालिका के पुरुष एवं महिला रोजगार से निकाला गया।

इन कारकों के कई कारक ऐसे हैं जो महिलाओं की रोजगार सहभागिता (Employment participation of women) को प्रभावित करते हैं। ये सारे कारण अर्थव्यवस्था के विभिन्न क्षेत्रों यथा–प्राथमिक, द्वितीयक, तृतीयक क्षेत्र में महिलाओं के रोजगार प्राप्ति को निर्धारित करने में महत्वपूर्ण भूमिका निभाते हैं। देखा जाए तो संसार के विभिन्न क्षेत्रों में ये कारक ही रोजगार में उच्च एवं निम्न सहभागिता निर्धारित करने में महत्वपूर्ण भूमिका निभाते हैं। अर्थव्यवस्था के विभिन्न क्षेत्र–कृषि, उद्योग, सेवा में महिलाओं के इस असमानता को तालिका सं. 5.8 से दक्षिण एशिया अर्थव्यवस्था के विशेष संदर्भ में स्पष्ट समझा जा सकता है। इस तालिका में एशिया महादेश के 5 देशों के विभिन्न क्षेत्रों में लिंगवार **'रोजगार वितरण'** (Employment distribution) को दिखलाया गया।

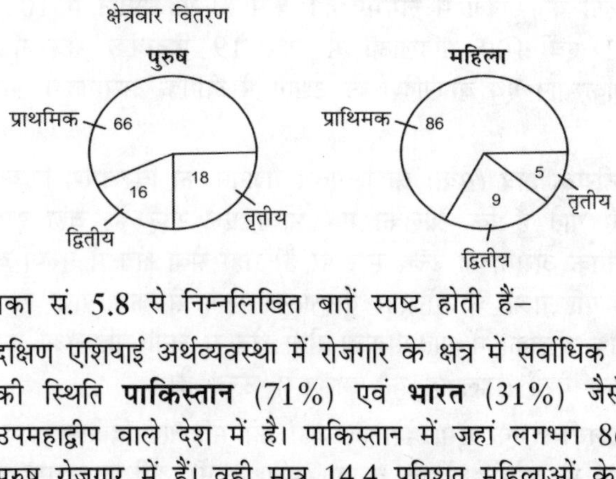

तालिका सं. 5.8 से निम्नलिखित बातें स्पष्ट होती हैं–

1. दक्षिण एशियाई अर्थव्यवस्था में रोजगार के क्षेत्र में सर्वाधिक असमानता की स्थिति **पाकिस्तान** (71%) एवं **भारत** (31%) जैसे भारतीय उपमहाद्वीप वाले देश में है। पाकिस्तान में जहां लगभग 86 प्रतिशत पुरुष रोजगार में हैं। वही मात्र 14.4 प्रतिशत महिलाओं के हिस्से में ही रोजगार आता है। भारत में यह अंतर पाकिस्तान की तुलना में काफी कम (लगभग आधा) है। लेकिन यहां भी रोजगार के क्षेत्र में महिलाओं की सहभागिता पुरुषों की तुलना में लगभग 50 प्रतिशत कम है। इस प्रकार पाकिस्तानी अर्थव्यवस्था में 100 लोग जो रोजगार से जुड़े हैं उसमें 86 पुरुष एवं 14 महिलाएं हैं। जबकि भारत में 66 पुरुष एवं 34 महिला हैं। इस प्रकार रोजगार के तुलना **समग्रता** (Totality) में देखा जाए तो महिलाओं की हिस्सेदारी/सहभागिता काफी निम्न है;
2. यदि क्षेत्रवार विश्लेषण (Sector-wise analysis) किया जाए तो पता चलेगा कि उन क्षेत्रों में महिलाओं का संकेन्द्रण (Concentration) अधिक है जहां **न्यूनतम हुनर** की आवश्यकता है, जो क्षेत्र पुरुषों द्वारा छोड़ दिया गया है, जहां मजदूरी दर न्यूनतम है आदि-आदि। अब प्राथमिक क्षेत्र (Primary sector) की ही बात करें, जिसमें अधिकांशत:

कृषि एवं उससे संबंधित कार्य आते हैं, तो हम पाते हैं कि 100 में 84 कामकाजी महिलाएं इस कार्य में लगी हैं। जबकि प्रत्येक 100 पुरुष श्रमिक में मात्र 66 पुरुष कृषि कार्य एवं शेष 44 अन्य कार्य में लगे हैं (भारत के संदर्भ में)। यही स्थिति श्रीलंका, पाकिस्तान एवं अन्य देशों की है। यद्यपि बंगलादेश में 100 में 61 पुरुष कृषि एवं उससे संबंधित कार्य में लगे हैं।

3. दक्षिण एशिया के अधिकांश देशों में श्रमिक उद्योग की तुलना में कृषि क्षेत्र में अधिक संलग्न है। भारत के प्रत्येक 100 पुरुष कामगारों में 66 प्राथमिक क्षेत्र में, 16 द्वितीय एवं 18 तृतीय क्षेत्र में संलग्न हैं। जबकि 100 में मात्र 9 महिलाएं **द्वितीय क्षेत्र** (उद्योग) में लगी हैं जो पुरुषों की तुलना में लगभग 41 कम हैं। पाकिस्तान में 100 पुरुष में 22 एवं 100 महिलाओं में मात्र 19 द्वितीयक क्षेत्र में लगे हैं। पाकिस्तान एवं बंगलादेश के उद्योग में लैंगिंक असमानता काफी उच्च है।
4. **तृतीयक क्षेत्र** (सेवा) के लिंगवार रोजगार का विश्लेषण किया जाए तो हम पाते हैं कि श्रीलंका एवं भारत ऐसे राष्ट्र हैं, जहां इस क्षेत्र में लैंगिक असमानता उच्च स्तर पर है। यहां सेवा क्षेत्र में पुरुषों की तुलना में महिलाओं को रोजगार तुलनात्मक रूप से कम प्राप्त है। साथ ही साथ श्रीलंका में प्रति सैंकड़ा सेवा क्षेत्र में लगी महिलाओं का प्रतिशत अन्य देशों (मालद्वीव को छोड़कर) उच्च है।
5. **मालदीव** एक ऐसा देश है, जहां की महिलाएं द्वितीयक एवं तृतीयक क्षेत्र में अन्य देशों के तुलना (प्रतिशत में) अधिक संलग्न हैं।

5.2.2 भारत में स्थिति (Situation in India)

भारत के श्रमिकों की जनसंख्या में **लिंगवार विश्लेषण** से कई बातें स्पष्ट होती हैं। इस विश्लेषण से यह पता चल सकता है कि कुल जनसंख्या कितने पुरुष एवं महिला श्रमिक हैं? कितने पुरुष एवं महिलाएं **गैर-श्रमिक** (जो श्रमिक नहीं है) आंकड़े बताते हैं जहां श्रमिकों की श्रेणी में महिलाओं की संख्या कम है। वही गैर-श्रमिक श्रेणी में इनकी तादाद अधिक है।

उपर्युक्त तालिका सं. 5.9 से निम्नलिखित बातें स्पष्ट होती हैं–

1. भारत के 40.25 करोड़ श्रमिकों की तादाद में मात्र 12.70 (पुरुषों से 14.84 करोड़ कम) महिला श्रमिक हैं। इस प्रकार प्रत्येक 100 श्रमिकों में पुरुष श्रमिक 68 एवं महिला श्रमिक 32 है। स्पष्ट है महिला श्रमिकों की संख्या पुरुष श्रमिकों की तुलना में **आधी** है;

तालिका 5.9: भारत में लिंगवार श्रमिकों एवं गैर-श्रमिकों की स्थिति

(संख्या करोड़ में)

	श्रमिक		गैर-श्रमिक	
	संख्या	%	संख्या	%
कुल श्रमिक	40.25	39.3	62.7	60.7
पुरुष	27.54	51.9	25.4	28.1
महिला	12.70	25.7	36.7	74.3
अंतर	14.84		+11.3	
ग्रामीण श्रमिक	31.1	42.0	42.9	58.0
पुरुष	19.9	52.4	18.1	47.6
महिला	11.1	31.1	24.8	69.0
अंतर	8.8		+6.7	
शहरी श्रमिक	9.1	32.2	19.3	67.8
पुरुष	7.6	50.8	7.3	49.2
महिला	1.5	11.5	11.9	88.5
अंतर	6.1		4.6	

स्रोत–भारत की जनगणना 2001, भारत सरकार, नई दिल्ली।

2. ग्रामीण क्षेत्र में यह लैंगिक असमानता शहर के तुलना में अधिक है। जहां प्रति 100 में 87 महिलाएं ग्रामीण एवं मात्र 13 शहरी क्षेत्र में कार्यरत हैं। पुरुषों में यह दर 72 (गांव) एवं 28 (शहर) है। इस प्रकार जहां प्रति सैंकड़ा 13 महिलाएं शहरी क्षेत्र में कार्यरत हैं वहीं इसका दुगुना 28 पुरुष श्रमिक शहरी क्षेत्र में संलग्न हैं; तथा
3. पुरुषों की जनसंख्या का 25.4 करोड़ हिस्सा गैर-श्रमिक श्रेणी (**अनुत्पादक**) का है। वहीं महिला में यह संख्या कहीं अधिक है। जो लगभग 36.7 करोड़ के आसपास है। यही संख्या पुरुषों की तुलना में 11.3 करोड़ अधिक है। यदि यह हिस्सा श्रमिकों की श्रेणी में होता तो जी.डी.पी. एवं पारिवारिक आय में अपना महत्वपूर्ण योगदान दे सकता था। पुनः महिलाओं में गैर-श्रमिकों लोगों की संख्या शहर की तुलना में गांव में अधिक है।

संसार के व्यावसायिक एवं तकनीकी क्षेत्र ऐसे क्षेत्र हैं जहां एक स्तर तक के कुशलता उर्जित करने की आवश्यकता होती है। जहां उर्जित किए गए व्यावसायिक एवं तकनीकी हुनर के आधार पर लोगों को संबंधित क्षेत्रों में रोजगार प्राप्त होता है। जिससे उनका गुजर-बसर होता है। अकुशल एवं अर्द्ध-कुशल की तुलना में व्यावसायिक एवं तकनीकी क्षेत्रों के रोजगारों में बेहतर रोजगार मिलने की संभावना होती है। वहां का **पारिश्रमिक-स्तर** तुलनात्मक रूप से ऊंचा होता है। देखा गया है ऐसे क्षेत्रों में महिलाएं तुलनात्मक रूप से कम नियोजित हो पाती हैं जिसे तालिका सं. 5.10 से समझा जा सकता है।

तालिका सं. 5.10: संसार में महिला व्यावसायिक एवं तकनीकी कर्मकारों का प्रतिशत

देश	महिला कर्मकारों का प्रतिशत
(i) **उत्तरी अमेरिका एवं यूरोपीय देश**	
1. कनाडा	56.1
2. अमेरिका	52.6
3. ऑस्ट्रेलिया	22.5
4. जर्मनी	49.0
5. इग्लैंड	44.9
(ii) **सार्क देश**	
1. भारत	20.5
2. बंगलादेश	34.7
3. मालदीव	34.6
4. पाकिस्तान	19.5
5. श्रीलंका	14.4

स्रोत–कल्याण मोहंती एवं पदमालिता, 2001।

तालिका सं 5.10 से स्पष्ट है कि सार्क के प्रमुख देशों की महिलाएं **19 से 35 प्रतिशत** के मध्य व्यावसायिक एवं तकनीकी कर्मकार हैं। जबकि उत्तरी अमेरिका एवं यूरोपीय देशों में यह प्रतिशत 23 से 56 प्रतिशत के मध्य है। स्पष्ट है विकसित राष्ट्रों में विकासशील एवं अविकसित देशों की तुलना में ज्यादा महिलाएं व्यावसायिक एवं तकनीकी क्षेत्र में श्रमिक हैं। देश जितना विकसित होगा उतनी ज्यादा महिलाएं इस क्षेत्र में कर्मकार के रूप में संलग्न रहेंगी।

5.2.3 राज्यवार स्थिति (Statewise Situation)

तालिका सं. 5.11: भारत में राज्यवार एवं लिंगवार रोजगार संवृद्धि (1983-2000)

(प्रतिशत में)

राज्य/संघ शासित	1983—1993–94			1993–94—1999–2000		
	पुरुष	महिला	कुल	पुरुष	महिला	कुल
आंध्र प्रदेश	2.1	2.7	2.4	1.6	0.3	1.1
अरुणाचल प्रदेश	–	–	–	0.5	0.7	0
असम	1.3	3.2	1.6	2.5	2.3	2.5
बिहार	1.8	–1.7	0.9	2.3	3	2.5
गोवा	1.7	–3	0.1	2.6	–4.1	0.8
गुजरात	2.4	1.6	2.1	2.1	2.2	2.1
हरियाणा	2.5	4.7	3.1	1.9	–3.1	0.6
हिमाचल प्रदेश	2.8	3	2.9	1.4	1.5	1.4
जम्मू एवं कश्मीर	1.7	5.9	2.9	2.2	–1.2	1.1
कर्नाटक	2.2	2.4	2.3	2	0.8	1.6
केरल	2	–1.2	0.9	1.6	1.4	1.6
मध्य प्रदेश	2.4	1.7	2.2	1.9	1.5	1.8
महाराष्ट्र	2.1	2.3	2.2	1.9	1.5	1.8
मणिपुर	2.1	2.3	2.2	1.8	–0.2	1
मेघालय	3.6	2.9	3.3	3.2	–0.3	2
मिजोरम	3.1	4	3.5	2.3	3	2.6
नागालैण्ड	3.1	20.5	6.3	2.9	5.9	4
उड़ीसा	1.8	2.9	2.1	1.5	1	1.3
पंजाब	1.8	–1.4	1	1.5	6.1	2.6
राजस्थान	2.6	2.4	2.5	2.2	0.5	1.5
सिक्किम	2.9	0.6	2.3	1.4	9.1	–
तमिलनाडु	1.6	2	1.8	1.4	–0.3	0.8
त्रिपुरा	3.3	10.4	4.3	2.7	–5.5	1.4
उत्तर प्रदेश	2.3	2.1	2	1.8	1.4	1.7
पश्चिमी बंगाल	2.4	2.1	2.4	1.6	–0.8	1.1
अंडमान एवं निकोबार द्वीप	3.9	12.9	6.1	2.4	–8	1.1
चण्डीगढ़	3.7	5	3.9	2.5	–1.1	1.8
दादरा एवं नगर हवेली	4.5	3.4	4	3.5	–2	1.2
दमन और दीव	4.2	–2.7	1.8	4.8	7	5.4
दिल्ली	4.1	3.2	3.9	2.7	4.2	2.9
लक्षद्वीप	–	–	–	3.8	11	5.2
पांडिचेरी	3.4	1.4	2.8	3.5	3	3.4
संपूर्ण भारत	2.2	1.7	2.1	1.9	0.9	1.6

स्रोत–नेशनल ह्यूमन डेवलपमेंट, रिपोर्ट, 2002।

तालिका सं. 5.12: भारत में लिंगवार एवं वर्षवार रोजगार संवृद्धि

(प्रतिशत में)

व्यक्ति	1983—1993-94	1993-94—1999-2000
पुरुष	2.2	1.9
महिला	1.7	0.9
कुल	2.1	1.6

स्रोत–नेशनल ह्यूमन डेवलपमेंट रिपोर्ट, 2002 से संकलित।

भारत में रोजगार संवृद्धि (Employment growth) संबंधी स्थितियों को उपर्युक्त दी तालिकाओं से समझा जा सकता है। पहली तालिका में लिंगवार एवं राज्यवार भारत में रोजगार में संवृद्धि को दिखाया गया है। जबकि दूसरी तालिका में संपूर्ण भारत में पिछले लगभग **17 वर्षों** में भारत में रोजगार संवृद्धि को दर्शाया गया है। इन तालिकाओं से स्पष्ट है कि वर्ष 1983-2000 (17 वर्षों) के मध्य भारत में कुल पुरुष, महिला रोजगार में नकारात्मक संवृद्धि (**Negative growth**) हुई। सभी व्यक्तियों में यह दर 2.1 से **घटकर 1.6** (0.5) प्रतिशत हो गई। पुरुषों में यह दर 2.2 से घटकर इस अवधि में 1.9 (0.3) प्रतिशत हो गई। सबसे बड़ी गिरावट महिला रोजगार में दर्ज हुई है। जो 1.7 से घटकर 0.9 (0.8) हो गई। जो पुरुषों की तुलना में लगभग **तीन गुणा** अधिक है।

राज्यवार रोजगार-संवृद्धि का परीक्षण करें तो हम पाते हैं कि जिन राज्यों में महिलाओं के रोजगार में संवृद्धि दर सकारात्मक थी अर्थात् संवृद्धि दर उच्च थी, वहां 1993-2000 के मध्य दशक में यह संवृद्धि दर निम्न है। उदाहरण के लिए आंध्र प्रदेश (2.7-0.3), कर्नाटक (2.4-0.8), महाराष्ट्र (2.3-1.5), हिमाचल प्रदेश (3.1-5) आदि। वहीं जहां इस अवधि में महिला रोजगार संवृद्धि उच्च थी, वहां 1993-2000 के दशक में नकारात्मक संवृद्धि हुई। इसके उदाहरण हरियाणा (4.7-3.1), जम्मू एवं कश्मीर (5.9-1.2) आदि राज्य हैं। तीसरी बात 1983-1994 के मध्य जिन राज्यों में महिला रोजगार में संवृद्धि नकारात्मक थी, वहीं 1993-2000 के मध्य इन राज्यों में संवृद्धि दर सकारात्मक एवं उच्च है उदाहरण के रूप में पंजाब (-1.4-6.1), बिहार (-1.7-3) आदि राज्य है।

5.2.4 दीर्घकालिक एवं अल्पकालिक श्रमिक

श्रमिक में असमानता को मापने का एक और मापदंड है कि इस बात का मापन किया जाए किस श्रेणी पुरुष एवं महिला श्रमिकों में कौन ज्यादा **दीर्घकालिक** कार्य एवं कौन अधिक तादाद में **अल्पकालिक श्रमिक** के श्रेणी में है। ऐसा

देखा जाता है कि पुरुष श्रमिक दीर्घकाल के लिए एवं महिलाएं अधिक संख्या में अल्पकाल के लिए नियोजन में रहती है। पुरुषों की तुलना में महिला श्रमिकों में बीच में **कार्य छोड़ने की प्रवृति** ज्यादा देखने को मिलती है। यद्यपि इसके कारण है।

तालिका सं. 5.13: भारत में दीर्घकालिक एवं अल्पकालिक श्रमिकों का वितरण

(संख्या करोड़ में)

		दीर्घकालिक		अल्पकालिक	
		संख्या	श्रमिक %	संख्या	श्रमिक %
कुल श्रमिक	कुल	31.3	30.5	8.9	8.8
	पुरुष	24.0	45.3	3.4	6.6
	महिला	7.2	14.7	5.4	11.0
ग्रामीण श्रमिक	कुल	22.9	31.0	8.0	11.0
	पुरुष	16.9	44.5	2.9	7.9
	महिला	6.0	16.8	5.1	14.2
शहरी श्रमिक	कुल	8.3	29.3	0.8	2.9
	पुरुष	7.1	47.5	0.5	3.3
	महिला	1.2	9.1	0.3	2.4

स्रोत–भारत की जनगणना, 2001।

इस प्रवृति की तालिका सं. 5.13 से स्पष्ट है। इस तालिका से निम्न बातें स्पष्ट होती हैं–

1. **दीर्घकालिक** श्रमिक की श्रेणी में महिला श्रमिकों की संख्या पुरुष श्रमिक की तुलना में लगभग 3.5 गुणा **कम** है। जहां इस श्रेणी में पुरुष श्रमिकों की संख्या 24 करोड़ है। वही महिला श्रमिकों की संख्या मात्र 7.2 करोड़ है। इस प्रकार यह स्पष्ट होता है कि दीर्घकालिक श्रमिक श्रेणी में महिला श्रमिकों का दर पुरुषों के तुलना में निम्न है;
2. संख्या के दृष्टिकोण से दीर्घकालिक महिला श्रमिकों की संख्या ग्रामीण क्षेत्र में अधिक (6 करोड़) है। लेकिन इस श्रेणी में पुरुष महिला श्रमिकों के अंतर की बात करें तो ग्रामीण क्षेत्र में यह अंतर 10.9 करोड़ का, जबकि शहर में 5.9 करोड़ (दुगुना) है; तथा
3. वही अल्पकालिक महिला श्रमिकों की संख्या गांव एवं शहर दोनों में पुरुषों की तुलना में अधिक (लगभग दुगुनी) है।

यद्यपि इस अंतर के कई कारण हो सकते हैं। कई बार महिलाओं को बच्चों एवं बुजुर्गों की देखभाल, प्रसव, पारिवारिक कारण, आदि के कारण कार्य को बीच में छोड़ना पड़ता है। वे नियोजन को अल्पकाल के लिए ही स्वीकार करती है। आगे की जिम्मेदारी आने पर अपने (Job) को बीच में ही छोड़ देती है।

अंतर्राष्ट्रीय महिला सशक्तिकरण (Women's empowerment) मापदंडों के आधार पर संसार के विभिन्न देशों एवं विभिन्न क्षेत्रों की स्थितियां भिन्न-भिन्न है। विकसित राष्ट्रों का महिला सशक्तिकरण मापक में रैंकिंग काफी उच्च है। कनाडा, जर्मनी, अमेरिका जैसे राष्ट्र जहां रैंकिंग स्थान में 10वें पायदान के अंदर है। वहीं इंग्लैंड एवं आस्ट्रेलिया 20 नम्बर के अंदर हैं। जिसे तालिका सं. 5.14 में देखा जा सकता है।

तालिका सं. 5.14: संसार के प्रमुख देशों का महिला सशक्तिकरण मापक रैंकिंग

देश	महिला सशक्तिकरण मापक रैंकिंग
विकसित राष्ट्र	
1. कनाडा	7
2. **अमेरिका**	**11**
3. इंग्लैंड	20
4. आस्ट्रेलिया	12
5. जर्मनी	8
सार्क	
1. **भारत**	**95**
2. बंगलादेश	80
3. मालदीव	76
4. पाकिस्तान	100
5. श्रीलंका	84

स्रोत–कल्याण मोहंती एवं पदमालिता, 2001।

वहीं सार्क देशों का रैंकिंग महिला सशक्तिकरण में बड़ा ही नीचा है। भारत, पाकिस्तान, बंगलादेश जैसे सार्क राष्ट्रों की रैंकिंग 100-80 पायदान के मध्य है। स्पष्ट है कि विकसित राष्ट्रों के तुलना में सार्क देशों में महिला सशक्तिकरण की स्थिति संतोषजनक नहीं मानी जा सकती। यहां महिलाओं का **शिक्षा स्तर**, **राजनीति**, **रोजगार** आदि में **सहभागिता दर** निम्न है।

संसार के विभिन्न राष्ट्रों में महिला सांसदों (M.P.) की संख्या पुरुषों की तुलना में कम है। यद्यपि विकसित राष्ट्रों में इस कमी का अंतर कम एवं सार्क राष्ट्रों में ज्यादा है।

तालिका सं. 5.15: संसार के प्रमुख राष्ट्रों के संसद में महिलाओं का प्रतिशत

देश	महिला सांसदों का प्रतिशत
विकसित	
कनाडा	21.2
अमेरिका	11.2
इंग्लैंड	11.6
आस्ट्रेलिया	20.5
जर्मनी	25.5
सार्क देश	
भारत	7.3
बंगलादेश	9.7
मालदीव	6.3
पाकिस्तान	2.6
श्रीलंका	5.3
संसार	711.8

स्रोत–कल्याण मोहंती एवं पदमालिता, 2001।

उपर्युक्त तालिका 5.15 से स्पष्ट है कि विकसित राष्ट्रों की तुलना में सार्क देशों में महिला सांसदों का प्रतिशत काफी कम है। पाकिस्तान जैसे राष्ट्रों में महिला सांसदों का प्रतिशत मात्र 2 है। जबकि पुरुष सांसद 98 प्रतिशत है। महिला सांसद पुरुषों के तुलना में बहुत कम है। यद्यपि विकसित राष्ट्रों में गैर–विकसित राष्ट्रों के तुलना में महिला सांसदों का प्रतिशत अधिक है। लेकिन इन विकसित राष्ट्रों में भी महिला सांसदों की संख्या पुरुष सांसदों के तुलना में 3 गुणा (जर्मनी) से 9 गुणा (इंग्लैंड, ऑस्ट्रेलिया) तक कम है। इससे विकसित राष्ट्रों के दावों से संबंधित सत्य से हम वाकिफ होते हैं।

5.3 श्रम सहभागिता में लैंगिक असमानता (Gender Discrimination in Labour Participation)

1. जातिवार स्थिति (Castewise Position)

भारत के श्रमिकों का विश्लेषणं करें तो हमारे सामने निम्न कीं बातें उभर कर आती है। साथ ही साथ इस विश्लेषण के लिए भारतीय श्रमिकों की जमात को निम्न आधारों पर वर्गीकृत करना भी आवश्यक होता है।

1. आयु समूह आधार पर, तथा
2. भारत में विद्यमान प्रमुख जातिगत विभाजन आधार पर।

आयु समूह पर तीन प्रमुख श्रेणी हो सकती है–(1) 7 से 14 आयु समूह (बाल श्रमिक श्रेणी) (2) 15 से 59 तथा 59 से ऊपर (वयस्क श्रमिक श्रेणी)। जाति आधार पर प्रमुख वंचित जातियां हैं–(i) **अनुसूचित जन-जाति** (Schedule Tribes), (ii) **अनुसूचित जाति** (Schedule Caste), (iii) अन्य **पिछड़ा वर्ग** (Other Backward Class)।

तालिका सं. 5.16: भारत के ग्रामीण क्षेत्रों में जातिवार महिला श्रम सहभागिता दर

(प्रतिशत में)

आयु समूह	1983				1999–2000			
	अनुसूचित जनजाति	अनुसूचित जाति	अन्य	कुल	अनुसूचित जनजाति	अनुसूचित जाति	अन्य	कुल
7–14	25.77	17.99	14.28	16.13	9.91	5.82	4.92	6.11
15–59	75.46	61.91	49.97	54.84	67.19	48.93	41.64	49.09
59 से ऊपर	31.00	25.86	20.95	22.63	27.70	23.62	18.83	21.81
कुल	47.84	38.54	31.07	31.07	41.76	30.34	26.08	30.54

स्रोत–एन.एस.एस.ओ. 38वाँ (1983) तथा 55वाँ (1999-2000) राउंड रिपोर्ट से संकलित।

तालिका सं. 5.16 के विश्लेषण से कई बातें स्पष्ट होती हैं। जो इस प्रकार है–

1. अनुसूचित जनजाति की महिलाओं के सहकारिता दर में 1983 के तुलना में वर्ष 1999-2000 लगभग 6.50 की कमी आई। वहीं अनुसूचित जाति में यह कमी लगभग 8.20% की थी; तथा

2. इस 17 वर्षों (1983–1999-2000) के अंतराल में 7-14 आयु समूह के श्रमिक जिसे बाल श्रमिक माना जाता है उसमें जबरदस्त कमी आई है इसका एक बड़ी वह बाल श्रम (प्रतिबंध एवं विनिययन), 1986 का अस्तित्व में आना भी है। बाल श्रमिक नियोजन बढ़ते कानूनी बंदिश ने इस सामाजिक-आर्थिक बुराई पर अंकुश लगाने का सफलता दिलाई।

2. मैनुअल एवं श्वेत कॉलर श्रमिक

मैनुअल एवं श्वेत कॉलर श्रेणी के महिला श्रमिकों की स्थिति का विश्लेषण से भी इनकी जातिगत रोजगार संबंधी पक्ष को समझा जा सकता है। 1983 से 1999-2000 (17 वर्षों) के मध्य श्वेत कॉलर श्रेणियों के श्रमिकों में लगभग 1.77% की वृद्धि तथा मैनुअल श्रमिकों में 2.40 प्रतिशत की कमी हुई। श्वेत कॉलर श्रेणी की महिलाओं का प्रतिशत जो 1983 में मात्र 2.74 प्रतिशत था। वह 1999-2000 में बढ़कर 4.01 प्रतिशत हो गया। इस श्रेणी में सभी जातियों की महिला श्रमिकों के प्रतिशत में वृद्धि नजर आती है। जबकि इस अवधि में मैनुअल महिला श्रमिकों जो 97.40 प्रतिशत था वह घटकर 95 प्रतिशत हो गया।

तालिका सं. 5.17: जातिवार महिला श्वेत कॉलर श्रमिक एवं मैनुअल श्रमिकों का प्रतिशत (ग्रामीण क्षेत्र)

(15 एवं उससे ऊपर आयु)

श्रेणी	1983				1999–2000				
	अनुसूचित जनजाति	अनुसूचित जाति	अन्य	कुल	अनुसूचित जनजाति	अनुसूचित जाति	अन्य पिछड़ी	अन्य	कुल
श्वेत कॉलर	1.78	1.88	3.23	2.74	2.85	3.57	4.09	4.95	4.01
मैनुअल	98.04	98.38	96.95	97.40	96.63	95.74	95.54	92.65	95.00

स्रोत–एन.एस.एस.ओ. रिपोर्ट 1983, 1999–2000। दी इंडियन जर्नल ऑफ लेबर इकोनोमिक्स, वॉ. 47, नं. 4, 2004, पृ. 79।

इसे तालिका सं. 5.17 से समझा जा सकता है। इस अवधि में महिला मैनुअल श्रमिकों के सभी जाति की महिला में कमी देखने को मिलती है।

5.4 वैवाहिक परिस्थिति (Marital Status)

ग्रामीण क्षेत्र में महिला श्रमशक्ति की वैवाहिक प्रस्थिति को भी समझना इस संदर्भ में समझना आवश्यक है। इस संदर्भ में तीन प्रकार की स्थितियां हो सकती हैं–

(i) अविवाहित महिला श्रमिक;

(ii) विवाहित महिला श्रमिक; तथा

(iii) विधवा या तलाकशुदा महिला श्रमिक।

यद्यपि विधवा या तलाकशुदा महिलाएं वे महिलाएं हैं जो अपने वैवाहिक जीवन के उपरांत विधवा या तलाकशुदा हुई है।

तालिका सं. 5.18: ग्रामीण क्षेत्रों के महिला श्रमशक्ति की वैवाहिक स्थिति* (Marital Status)

(प्रतिशत में)

वैवाहिक प्रस्थिति	1983				1999–2000				
	अनुसूचित जनजाति	अनुसूचित जाति	अन्य	कुल	अनुसूचित जनजाति	अनुसूचित जाति	पिछड़ी जाति	अन्य	कुल
अविवाहित	70.10	52.12	42.06	46.31	62.76	46.21	46.59	32.05	45.68
विवाहित	74.88	60.77	48.75	53.72	64.22	45.39	46.10	38.86	45.70
विधवा या तलाकशुदा	53.78	48.29	39.09	42.22	61.58	50.20	50.20	45.45	49.90
कुल	71.22	58.22	46.53	51.20	63.35	46.11	46.63	38.98	46.02

स्रोत–एन.एस.एस.ओ. रिपोर्ट, 1999–2000।

नोट–*15 एवं उससे ऊपर आयु-समूह।

तालिका सं. 5.18 से निम्नलिखित बातें स्पष्ट होती हैं–

1. इन 17 वर्षों में **अविवाहित** महिला श्रमशक्ति में कमी दिखती है। 1983 में 46.31 प्रतिशत अविवाहित महिलाएं श्रमशक्ति श्रेणी में थीं। जो 1999-2000 में यह घटकर (-63%) 45.68 प्रतिशत हो गई। यद्यपि यह कमी मात्र 63% की कमी बहुत कम है;
2. लेकिन 17 वर्षों के अवधि में **विवाहित महिला** श्रमशक्ति में लगभग 7.99% की कमी रही। इसका एक अर्थ यह है कि अब महिलाएं एवं उनका परिवार उनके विवाह की तुलना में रोजगार एवं काम (Job) को ज्यादा तवज्जो देने लगे हैं। इसलिए इस अवधि में महिला विवाह दर में कमी आई है। विवाह के ऊपर नौकरी, रोजगार एवं जीवन के आर्थिक पक्ष ज्यादा महत्वपूर्ण बनने जा रहे हैं। इसलिए इसमें एक कमी दर्ज की जा रही है; तथा

3. समाज में उद्योग, भौतिकवादी, उपभोक्तावादी, **एकांकी परिवार** का स्वरूप के कई अन्य प्रतिकूल प्रभाव भी समाज एवं परिवार पर पड़ता है। इस अवधि में उन महिला श्रमिकों की संख्या बढ़ी है। जो या तो तलाकशुदा हैं या विधवा हुईं। यह प्रतिशत 1983 में 42 था जो 1999-2000 (17 वर्षों में) बढ़कर **45%** हो गया। स्पष्ट है तलाकशुदा जीवन औद्योगिक समाज की एक विशेषता है। तुलनात्मक रूप से इस प्रकार की जीवन-शैली इस समाज में ज्यादा देखने को मिलती है।

5.5 शैक्षिक परिस्थिति (Educational Status)

किसी भी श्रेणी यथा–व्यापारी, उद्योगपति, न्यायाधीश, सांसद के अध्ययन का एक पक्ष उनके जीवन का शिक्षा पक्ष है। शिक्षा के स्तर का पक्ष किसी भी व्यक्ति के जीवन का एक महत्वपूर्ण पक्ष है। व्यक्ति के जीवन स्तर का शिक्षा से एक सीमा तक सह-संबंध है। श्रमिक समाज में जो उच्च स्तर पर है उनमें से अधिकांश स्नातक या उससे ऊपर स्तर के हैं। अकुशल (Unskilled) श्रेणी के श्रमिक अधिकांशतः अशिक्षित हैं। अर्द्धकुशल (Semi-skilled) श्रमिकों अधिकांशतः नॉन-मैट्रिक स्तर के होते हैं। प्रबंधक, प्रशासक पर्यवेक्षक आदि लोगों की शैक्षिक स्थिति बेहतर होती है। इनमें से अधिकांश की शैक्षिक स्थिति स्नातक तथा स्नातकोत्तर स्तर से है।

1. ग्रामीण क्षेत्र

तालिका सं. 5.19: लिंगवाद ग्रामीण श्रमशक्ति की शैक्षिक परिस्थिति (Educational Status) 1987-2000

(प्रतिशत में)

शैक्षिक स्तर	1987–88		1993–94		1999–2000	
	पुरुष	महिला	पुरुष	महिला	पुरुष	महिला
1. अशिक्षित	48.3	82.3	43.2	78.0	39.6	73.9
2. प्राथमिक	29.6	12.0	28.2	14.2	27.4	15.7
3. मिडिल	11.6	3.2	13.9	4.4	16.0	5.8
4. सेकेंडरी	8.4	2.0	1.3	2.8	13.5	3.6
5. ग्रेजुएट एवं उससे ऊपर	2.1	0.4	2.8	0.6	3.4	1.0
कुल	100	100	100	100	100	100

स्रोत–एन.एस.एस.ओ. 1988, 1994, 2000।

इस तालिका 5.19 से कई बातें स्पष्ट होती हैं जो इस प्रकार हैं–

1. सभी लोगों के अशिक्षा का दर पिछले 17 साल में धीरे-धीरे कम होता जा रहा है। बावजूद इसके अभी भी महिला श्रमिकों में अशिक्षा दर उच्च है। जहां पुरुष श्रमिकों में मात्र 40 प्रतिशत श्रमिक अशिक्षित हैं तथा शेष 60% शिक्षित हैं। जबकि महिला श्रमिकों में 74% (34) महिलाएं अशिक्षित तथा 26% शिक्षित हैं।
2. स्नातक स्तर एवं उनके ऊपर के पुरुष श्रमिक 3.4% है जबकि महिलाओं में यह प्रतिशत मात्र 1% (2.4% कम) है तथा
3. माध्यमिक स्तर पर महिला श्रमिक पर मात्र 3.6% है जबकि पुरुषों में यह प्रतिशत 73.5 है।

2. शहरी क्षेत्र

शहरी क्षेत्र के महिला श्रमिकों की शैक्षिक स्थिति ग्रामीण क्षेत्र के महिला श्रमिकों से जुदा है। शहरी क्षेत्र की महिला श्रमिकों की शैक्षिक स्थिति गांव की महिलाओं के श्रमिकों से बिल्कुल भिन्न है। शहरी एवं ग्रामीण समाज के अपने अलग-अलग चेहरे होते हैं। अपनी अलग-अलग विशेषताएं होती हैं। जो अपने श्रमिकों के शैक्षिक स्तर को निर्धारित करते हैं।

तालिका सं. 5.20: लिंगवार शहरी श्रमशक्ति की शैक्षिक परिस्थिति (1987-2000)

(प्रतिशत में)

शैक्षणिक स्तर	1987–88		1993–94		1999–2000	
	पुरुष	महिला	पुरुष	महिला	पुरुष	महिला
अशिक्षित	19.6	51.8	17.8	45.9	15.9	41.2
प्राथमिक	30.5	19.0	25.3	19.0	21.9	17.0
मिडिल	16.4	7.3	17.6	8.9	18.8	9.7
सेकेंडरी	21.8	12.3	24.7	14.0	26.4	15.7
ग्रेजुएट एवं उससे ऊपर	11.7	9.6	14.5	72.2	16.9	16.4
कुल	100	100	100	100	100	100

स्रोत–एन.एस.एस.ओ. रिपोर्ट विभिन्न वर्षों का।

शहरी क्षेत्र के श्रमिकों की शैक्षिक स्तर ग्रामीण क्षेत्र के श्रमिकों से ज्यादा उच्च है। ग्रामीण क्षेत्र के महिला श्रमिकों की **अशिक्षा दर** 74% है। जबकि शहरी क्षेत्र में यह प्रतिशत तुलनात्मक रूप से कम **41.2%** है। इस प्रकार ग्रामीण क्षेत्र की महिला श्रमिक जहां मात्र 1 प्रतिशत स्नातक तथा स्नातकोत्तर स्तर तक शिक्षित हैं, वहीं शहरी क्षेत्रों में लगभग 16.4% (16 गुणा) अधिक महिला श्रमिक इस स्तर तक शिक्षित हैं। स्पष्ट है कि प्रत्येक 100 महिला श्रमिकों में 41.2 शिक्षित हैं। जबकि 17 प्राथमिक स्तर 10 मिडिल स्तर तक शिक्षित हैं। यदि इसकी तुलना पुरुषों से करें तो देखते हैं कि 25% ज्यादा महिलाएं अशिक्षित हैं। प्राथमिक, मिडिल, सेकेंडरी स्तर पर ये पुरुषों की तुलना में क्रमश: 4.9%, 9.8%, 10.7% कम शिक्षित हैं।

3. यूरोप एवं एशिया में आर्थिक रूप से सक्रिय महिलाओं की शैक्षिक स्थिति (Educational Status of Economically Active Women in Europe and Asia)

भारत के साथ-साथ यूरोप एवं एशिया के प्रमुख देशों में शिक्षा के क्षेत्र में लैंगिक भेदभाव देखने को मिलते हैं। शिक्षा के मसले पर होने वाले लैंगिक भेदभाव का कारण चाहे जो हो लेकिन प्राय: प्रत्येक शैक्षिक स्तर पर एक अंतर स्पष्ट देखा जा सकता है। मामला चाहे श्रमिक, गैर-श्रमिक या किसी आय समूह की हो यह अंतर विद्यमान है।

महिला चाहे विशुद्ध रूप से गृहणी हो, कामकाजी हो, आर्थिक रूप से सक्रिय हो अथवा नहीं, महिला चाहे नौकरशाह, न्यायपालिका, संसद, खेलकूद या किसी अन्य गतिविधियां हो–इनके एवं पुरुष सहयोगी के शैक्षिक स्तर में अंतर अवश्य दिखलाई पड़ेगा।

इसे तालिका सं. 5.21 से समझा जा सकता है। इसमें आर्थिक रूप से सक्रिय जनसंख्या (**Economically active population**) के शैक्षिक स्तर को दिखलाया गया है। यह शैक्षिक स्तर एशिया के अधिकांश पिछड़े राष्ट्र एवं अन्य राष्ट्रों तथा यूरोप के विकसित राष्ट्रों के जनसंख्या की दिखलाई गई। शैक्षिक स्तर को तीन भागों–अशिक्षा, माध्यमिक एवं स्नातक व उसके ऊपर के स्तर में बांटा गया है। इस तालिका से निम्नलिखित बातें स्पष्ट होती हैं–

1. एशिया एवं यूरोप के अधिकांश देशों के आर्थिक रूप से सक्रिय-समूह में पुरुष की तुलना में महिलाओं की **अशिक्षा** दर उच्च (**High illiteracy in women**) है। यद्यपि महिलाओं में यह अशिक्षा दर यूरोप की तुलना में **एशिया** में अधिक उच्च (High) है। तालिका में वर्णित देशों की बात करें यह अंतर एशिया में 2 गुणा से 18 गुणा तक

तालिका सं. 5.21: यूरोप एवं एशिया महादेश में आर्थिक रूप से सक्रिय समूहों की शैक्षिक स्थिति, 2001

(प्रतिशत में)

महादेश	देश	लिंग	शैक्षिक स्तर		
			अशिक्षित	माध्यमिक स्तर तक	स्नातक एवं उससे ऊपर
एशिया	1. कोरिया	पुरुष	11.8	12.9	75.3
		महिला	24.9	16.0	59.1
		अंतर	13.1	+3.1	16.2
	2. भारत	पुरुष	34.3	42.8	22.9
		महिला	70.5	22.2	7.3
		अंतर	36.2	20.6	15.6
	3. सिंगापुर	पुरुष	13.1	22.2	64.9
		महिला	15.1	22.0	67.3
		अंतर	2.0	0.2	+2.4
	4. श्रीलंका	पुरुष	2.5	71.8	25.7
		महिला	5.9	59.0	35.1
		अंतर	3.4	12.8	+9.4
यूरोप	1. फ्रांस	पुरुष	0.0	30.1	69.9
		महिला	0.0	22.9	77.1
		अंतर	0.0	7.2	+7.2
	2. जर्मनी	पुरुष	0.0	15.8	84.2
		महिला	0.0	18.2	81.8
		अंतर	0.0	+2.4	2.4
	3. हंगरी	पुरुष	0.0	17.0	83.0
		महिला	0.0	19.7	80.3
		अंतर	0.0	+2.7	2.7
	4. स्वीडन	पुरुष	0.0	21.7	78.4
		महिला	0.0	16.2	83.8
		अंतर	0.0	5.5	+5.4
	5. यू.के.	पुरुष	10.2	5.1	84.7
		महिला	12.2	6.9	80.9
		अंतर	2.0	+1.8	3.8

स्रोत–अंतर्राष्ट्रीय श्रम संगठन, जनेवा, 2002, पृ. 29–67।

अधिक है। बिट्रेन में पुरुष एवं महिला में यह अंतर 2% है जबकि **भारत** में यह अंतर 36% है (बिट्रेन से 18 गुणा अधिक);

2. एशिया में एकमात्र (तालिका में वर्णित देशों के तुलना में) कोरिया ऐसा देश है, जहां महिलाएं पुरुष की तुलना में माध्यमिक स्तर तक शिक्षित हैं अर्थात् पुरुष की तुलना में महिलाओं ने ज्यादा संख्या में माध्यमिक स्तर तक की शिक्षा प्राप्त की है। स्पष्ट है एशिया में कुल मिलाकर महिलाओं में माध्यमिक स्तर (Upto secondary) की शिक्षा का स्तर पुरुषों की तुलना में निम्न है। माध्यमिक स्तर यह अंतर सर्वाधिक (20.6%) **भारत** में है। जबकि सबसे कम (0.2%) **सिंगापुर** में है। यूरोप की तालिका में वर्णित देशों की बात करें तो वहां स्थिति एशिया से बिल्कुल विपरीत है। क्योंकि यहां 5 में से 3 देशों (**जर्मनी**, **हंगरी**, **यू.के.**) की आर्थिक रूप से सक्रिय महिलाओं में पुरुषों की तुलना में महिलाओं ने अधिक संख्या में माध्यमिक स्तर पर शिक्षा प्राप्त की। जबकि **स्वीडन एवं फ्रांस** में स्थिति एशियाई देशों से मिलती जुलती है। क्योंकि इन दो देशों में महिला का माध्यमिक शिक्षा स्तर निम्न है;

3. यदि **स्नातक एवं इससे ऊपर** (Graduation and above) स्तर की शिक्षा की बात इस श्रेणी की महिलाओं की जाए तो हम पाते हैं कि एशिया में **सिंगापुर एवं श्रीलंका** को छोड़कर अन्य देशों में महिलाओं का पुरुष की तुलना शिक्षा स्तर निम्न है। इस प्रकार इन दो राष्ट्रों को छोड़ अधिकांश एशियाई देशों की महिला पुरुषों की तुलना में स्नातक एवं इससे ऊपर स्तर की शिक्षा कम संख्या में प्राप्त कर पाती है। इस स्तर की शिक्षा प्राप्ति के संदर्भ में यूरोप के देशों में भी महिलाओं की तुलना में पुरुषों में उच्च शिक्षा प्राप्ति दर दर्ज किया गया। लेकिन एक और बात यहां स्पष्ट होती है कि भारत जैसे देश में आर्थिक रूप से सक्रिय महिलाओं का मात्र 7.3% स्नातक एवं उससे ऊपर की शिक्षा को प्राप्त कर पाती है। जबकि **यूरोप** में यह प्रतिशत औसत रूप से 80 से ऊपर है। स्पष्ट है यूरोपीय राष्ट्रों की इस श्रेणी की महिलाओं का एशियाई महिलाओं के तुलना में इस स्तर की शिक्षा स्तर उच्च है, बढ़िया है;

4. तालिका 5.21 से स्पष्ट है कि शिक्षा में लैंगिक भेदभाव पिछड़ी अर्थव्यवस्था एशिया (**Backward economies—Asia**) में विकसित अर्थव्यवस्था (**Developed economies—Europe**) की तुलना ज्यादा है।

5. पिछड़ी अर्थव्यवस्था का प्रति व्यक्ति निम्न जी.एन.पी (**Per capita low GNP**) शिक्षा में महिला सहभागिता के अवसर लागत (Opportunity cost) को बढ़ा देता है; ये सारी बातें शिक्षा में लैंगिक भेदभाव को बढ़ा देने वाले कारक का कार्य करती है। तालिका सं. 5.21 से स्पष्ट होता है कि ये बातें पिछड़ी अर्थव्यवस्था के संदर्भ में विशेष रूप से लागू होगीं; तथा
6. शिक्षा में **'उच्च लैंगिक भेदभाव'** (High gender discrimination) उच्च शिक्षा स्तर (Higher level of education) पर ज्यादा देखने को मिलता है।

कहावत है **First Generation Struggle** करता है और **Second Generation Settle** होता है। यही बात इस संदर्भ में लागू होती है। जैसे-जैसे माता-पिता (Parents) का शिक्षा स्तर बढ़ता है लैंगिक भेदभाव में कमी (Decrease) होती है। जैसे-जैसे उनके रोजगार के स्तर, प्रति व्यक्ति आय में वृद्धि होती है उससे लैंगिक-भेदभाव में कमी आने की संभावना बढ़ती जाती है।

5.6 पारिवारिक जिम्मेदारियाँ (Family Responsibilities)

वैसे तो महिलाओं को मुख्य रूप से उनके **परम्परागत भूमिकाओं (मां, बहन, पत्नी)** के लिए ही जाना जाता है। इस परम्परागत भूमिका के तहत उनके जिम्मे प्रजनन, शिशु देखभाल, चुल्हा-चौकी, रसोईघर की देखभाल, बुजुर्गों की सेवा जैसे आते हैं। इस प्रकार महिलाओं की पूरी जिंदगी रसोईघर के लोगों की देखभाल के इर्द-गिर्द ही घूमती रहती है। उनके जिम्मे में अधिकांशतः घर के अंदर के कार्य ही आते हैं। घर के बाहर के वे ही कार्य हैं जो गैर-आर्थिक कार्य की श्रेणी में होते हैं। दूसरे शब्दों में जिन कार्यों का संबंध बच्चा, सब्जी, राशन लाना आदि से होता है। घर के अंदर के **गैर-आर्थिक कार्य** (Non-economic function) महिलाओं के जिम्मे तथा घर के बाहर के आर्थिक कार्य (Economic function) पुरुषों के जिम्मे। जो महिलाएं परम्परागत भूमिका के साथ-साथ गैर-परम्परागत भूमिका (Non-tradition role) में होती हैं, उनके जिम्मे घर एवं श्रमिक रूप में बाहर दोनों की जिम्मेदारी होती है। उन्हें **घर का खाना भी बनाना होता है और उसे बनाकर कारखाना, काम या कार्यालय भी जाना होता**। इतना ही नहीं काम से वापस आने पर फिर रसोई के चूल्हे की भट्ठी भी चलानी पड़ती। इसी तथ्य को पुष्ट तालिका सं. 5.22 भी करती है।

1. प्रति 1000 महिलाओं में **शहरी क्षेत्र** में 453 महिलाओं को घरेलू जिम्मेदारियों का निर्वहन करना पड़ता है। जबकि इसी अवधि में **ग्रामीण क्षेत्र** के 358 महिलाओं को घरेलू जिम्मेदारियों का निर्वहन करना पड़ता

है। शहरी क्षेत्र में 95 अधिक महिलाओं को दोनों जिम्मेदारियां निभानी होती हैं; तथा

2. स्पष्ट है शहरी क्षेत्र की प्रत्येक आयु की महिलाओं की संख्या पारिवारिक दायित्व निर्वाह करने में गांव की तुलना में अधिक है।

तालिका सं. 5.22: भारत में पारिवारिक जिम्मेदारियों में संलग्न महिलाओं की संख्या

(प्रति 1000 महिला)

आयु-समूह	ग्रामीण		शहरी	
	1999–2000	1993–94	1999–2000	1993–94
0–14	66	99	38	51
15–29	565	592	589	601
30–44	547	565	761	755
45–59	550	562	716	711
60 एवं उससे ऊपर	399	430	440	460
सभी	358	382	453	449

स्रोत–एन.एस.एस.ओ. (1999-2000)।

5.7 कामकाजी महिलाओं का यौन उत्पीड़न (Sexual Harassment of Working Women)

भारत में महिलाएं अनगिनत सदियों से पुरुषों के अधीन तथा **सामाजिक उत्पीड़न** (Social harassment) का शिकार रही हैं। भारत में प्रचलित विभिन्न धर्मों व उन पर आधारित **गृहस्थ-नियमों** ने महिलाओं को पुरुषों से हीन स्थान दिया। स्त्रियों को वास्तव में **पुरुषों का पुछल्ला** (विपिन चंद्रा) मात्र माना जाता था। स्त्रियों की हैसियत सामाजिक-आर्थिक-धार्मिक-सांस्कृतिक क्षेत्र में सदैव से **दोयम दर्जे** की रही। इस पृष्ठभूमि के आलोक में कामकाजी महिलाओं का **लैंगिक शोषण, लैंगिक अन्याय** (**Gender injustice**), यौन उत्पीड़न (**Sexual harassment**) के मामले को देखा जाना चाहिए। क्योंकि इसी **'पुरुष होने की मानसिकता'** ने स्त्री को **भोग्या एवं देह** के रूप में देखना प्रारंभ किया और एक वस्तु के रूप में उचित-अनुचित तरीके से भोगने की ताक में **'पुरुष मन'** हमेशा से लगा रहा। पुरुष मन की इस अनैतिक मानसिक सोच ने **घर में, दफ्तर में, बाजार में, यहां तक कि विद्या के मंदिर एवं धार्मिक स्थलों** पर स्त्री के देह को नाजायज ढंग से भोगने की कोशिश की। घर की चारदीवारी से

कार्यालय, कारखानों, दफ्तरों में पहुँची कामकाजी महिलाओं को पुरुष मन में छिपी इस दानवीय आग से लगातार शिकार होने का भय बना रहता है।

अंतर्राष्ट्रीय स्तर औद्योगिकीकरण, शहरीकरण, आधुनिकीकरण, उपभोगीकरण आदि ने आर्थिक विकास एवं आर्थिक गतिविधियों को नया रूप-रंग प्रदान किया। समाज के इस 'बदले हुए चेहरे' में महिला श्रमिकों के नियोजन की गुंजाईश भी इन गतिविधियों में बढ़ी। भूमंडलीकरण, निजीकरण, उदारीकरण ने भी महिला नियोजन के विस्तारीकरण के मार्ग को प्रशस्त किया। इस कारण हाल के दशकों में श्रम जगत में महिला श्रमिकों की तादाद अच्छी-खासी संख्या में बढ़ी।

विश्व के **246 करोड़** श्रमशक्ति का 33 प्रतिशत (**81 करोड़**) महिलाएं **आर्थिक गतिविधियों** में संलग्न है। दक्षिण एशिया के श्रमशक्ति में महिलाएं 15, पाकिस्तान में 24 तथा भारत में 31 प्रतिशत है। जबकि नेपाल एवं भूटान में कामकाजी महिलाओं का यह प्रतिशत 40 है। भारत के 40 करोड़ श्रमशक्ति में कामकाजी महिलाओं की संख्या **10 करोड़** के आसपास है। जिसमें से **95 प्रतिशत** (9.5 करोड़) महिलाएं **असंगठित क्षेत्र** एवं लगभग 5 प्रतिशत महिलाएं संगठित क्षेत्र में कार्यरत हैं। **केन्द्र सरकार** में कामकाजी महिलाओं की संख्या लगभग **3 लाख** है।

विभिन्न प्रकार के नियोजन में महिलाओं को जहां आर्थिक रूप से मजबूत किया, राष्ट्रीय सकल उत्पादन में वृद्धि की। साथ ही साथ कार्य स्थल पर संलग्न महिला श्रमजीवियों के समक्ष कई प्रकार की समस्याएं भी खड़ी कर दीं। कार्य-स्थल में **'लिंग भेदभाव'** (**Gender discrimination**) नामक समस्या औद्योगिक समाज (**Industrial society**) के सभी साझेदारों (Partners) के समक्ष उभर कर आई। **कार्य-स्थल** (**Work-place**) पर विभिन्न प्रकार के भेदभाव महिला श्रमिकों की बड़ी तादाद नियोजित होने के उपरांत काफी तेजी से बढ़ी। जिसका आधार 'लिंग' बना। महिला का महिला होना उनके साथ कार्य-स्थल पर भेदभाव का कारण बना, जो कई अंतर्राष्ट्रीय एवं राष्ट्रीय स्तर की संस्थाओं के द्वारा किए गए सर्वेक्षण में भी उभर कर आए। कार्य-स्थल पर महिला श्रमिकों को कई प्रकार के उत्पीड़न का शिकार होना पड़ता है यथा–

1. शारीरिक उत्पीड़न (Physical harassment)
2. मानसिक उत्पीड़न (Mental harassment) तथा
3. यौन उत्पीड़न (Sexual harassment)।

देखा जाए तो किसी भी आधार पर किया गया **उत्पीड़न अवमानवीय** है। तो फिर महिला **सहकर्मी** (Colleague) से किया जाने वाला उत्पीड़न कैसे मानवीय माना जाएगा? महिला सहकर्मी को यौन संबंधी उत्पीड़न का शिकार

बनाकर न केवल महिला की गरिमा को ठेस पहुंचायी जाती है, बल्कि मानवीयता को भी शर्मसार करता है। महिलाकर्मी की तादाद बड़ रही है और इनके संग होने वाले यौन उत्पीड़न के मामले भी बढ़ते जा रहे हैं। **मीडिया** के कारण अब ये मामले बड़े पैमाने पर प्रकाश में आ रहे हैं। लेकिन **असंगठित क्षेत्र** में अभी भी उत्पीड़न के मामले पूरी तरह प्रकाश में नहीं आ पा रहे हैं। अंतर्राष्ट्रीय श्रम संगठन के ताजा रिपोर्ट के एक अनुमान (Estimation) के अनुसार औद्योगिक समाज (Industrialised society) में 1/3 (33%) **कामकाजी महिलाएं कार्य-स्थल पर उत्पीड़न का शिकार होती हैं** (एवार्ड-डाइजेस्ट, राष्ट्रीय श्रय संस्थान, नोयडा 2008: 222)। इसका अर्थ हुआ कि प्रत्येक 100 कामकाजी महिलाओं में 33 को उसके पुरुष सहकर्मी, बॉस, मालिक, नियोजक, मित्र या अन्य व्यक्तियों द्वारा यौन उत्पीड़न का शिकार बनाया जाता है। संसार का शायद ही कोई देश होगा जहां **'कार्य-स्थल पर महिलाएं सुरक्षित हों।'** बात चाहे अमेरिका की हो या अफ्रीका की संख्या में अंतर होगा। परन्तु सभी जगह महिलाएं अपने सहकर्मी के उत्पीड़न का शिकार होती हैं। इस प्रकार देखा जाए तो यह एक भूमंडलीय समस्या (Global problem) बन गया है। यदि भारत सरकार के **राष्ट्रीय अपराध रिकार्डस ब्यूरो** (National Crime Records Bureau) की रिपोर्ट को देखें तो प्रतीत होगा कि 'यौन उत्पीड़न' के मामले कार्य-स्थल तेजी से बढ़ते जा रहे हैं।

तालिका सं. 5.23: भारत में कार्य-स्थल पर महिलाओं का यौन उत्पीड़न की संख्या

वर्ष	यौन उत्पीड़न मामलों की संख्या
1995	4,756
2000	11,024

स्रोत–राष्ट्रीय अपराध रिकार्डस ब्यूरो, भारत सरकार, 2000।

तालिका सं. 5.23 से स्पष्ट है कि लगभग **230 प्रतिशत** महिलाओं के संग कार्य-स्थल पर होने वाले यौन-उत्पीड़न के मामले में इजाफा हुआ है। जो एक खतरनाक संकेत (**Dangerous indication**) देता है। आज का श्रम संघटन (**Labour composition**) काफी विविधताओं (Diversified) से भरा है। कार्य-स्थल पर ये मामले लगातार बढ़ते जा रहे हैं। औद्योगिक समाज का यह चेहरा बड़ा वीभत्स है।

5.7.1 राष्ट्रीय महिला आयोग द्वारा सर्वेक्षण (Survey by National Commission on Women)

राष्ट्रीय महिला आयोग (National Commission on Women) ने भारत के विभिन्न प्रांतों के विभिन्न श्रेणियों, पृष्ठभूमि वाली **1211** कामकाजी महिलाओं का 'यौन उत्पीड़न' मामले पर सर्वेक्षण **(1998)** में करवाया। इसका विवरण नीचे के तालिकाओं में दर्शाया जा रहा है–

तालिका सं. 5.24: भारत के चयनित राज्यों में यौन उत्पीड़न सर्वेक्षण विवरण

सर्वेक्षित प्रांत	आंध्र प्रदेश	महाराष्ट्र	मध्य प्रदेश	उत्तर प्रदेश	पश्चिम बंगाल
सर्वेक्षित शहर	1. हैदराबाद	1. मुम्बई	1. भोपाल	1. लखनऊ	1. कलकत्ता
	2. गुंटूर	2. नासिक	2. रायपुर	2. इलाहाबाद	2. मिदनापुर

स्रोत–राष्ट्रीय महिला आयोग द्वारा सर्वेक्षण (1998), *हिन्दुस्तान, हिन्दी दैनिक*, पृ. 12 से तैयार किया गया।

तालिका सं. 5.25: सर्वेक्षित महिलाओं का आयुवार नमूना आकार

आयु-वर्ग	15–20	21–30	30 से अधिक
महिलाओं की संख्या (% में)	5.2	37.9	56.9

स्रोत–*हिन्दुस्तान*, 1998।

तालिका सं. 5.26: सर्वेक्षित महिलाओं का शिक्षा एवं दक्षता आधार पर विभाजन

शिक्षा/दक्षता श्रेणी	महिलाओं की संख्या (प्रतिशत में)
शिक्षित	71
व्यावसायिक दक्षता प्राप्त	29

स्रोत–*हिन्दुस्तान*, 1998।

तालिका सं. 5.27: यौन उत्पीड़न मामले पर महिलाओं की प्रतिक्रिया

यौन उत्पीड़न पर महिलाओं की प्रतिक्रिया	महिलाओं का मत (प्रतिशत में)
I. यौन उत्पीड़न मसले पर	
1. इसे नजरअंदाज करती है	40.00
2. इसके विरुद्ध अधिकारी से शिकायत करती है	3.54

3. इसकी सहयोगियों से शिकायत की	7.80
4. इसकी सूचना पुलिस को दी	1.24
5. ऐसा करने पर विरोध किया	10.00
6. उक्त व्यक्ति को चेतावनी दी	9.00
II. आरोपियों पर कार्यवाही मसले पर	
1. आरोपियों को दण्ड मिला	20.17
2. आरोपी लोग बच गए	17.25
3. शिकायत पर कोई जांच नहीं हुआ	4.00
4. पुलिस ने जांच के बजाए उन्हें प्रताड़ित किया	1.50

स्रोत–रा.म.आ., 1998।

तालिका सं. 5.28: कामकाजी महिलाओं के उत्पीड़न की प्रकृति

यौन उत्पीड़न की प्रकृति	महिलाओं का मत (% में)
1. मानसिक यातना	68.26
2. शारीरिक शोषण	25.17
3. वेतन, प्रोन्नति, कार्य विभाजन में भेदभाव	32.00
4. कार्य की शर्त एवं नियम तय करना	24.45

स्रोत–रा.म.आ., 1998।

राष्ट्रीय महिला आयोग ने देश के विभिन्न ग्रामीण एवं शहरी इलाकों के संगठित एवं असंगठित क्षेत्र के उपक्रमों में कार्यरत **1211 महिलाओं** का सर्वेक्षण किया। ऊपर की तालिका सं. 5.24-5.28 से स्पष्ट है कि–इस सर्वेक्षण में **हैदराबाद, गुंटूर, नासिक, भोपाल, रायपुर, लखनऊ, इलाहाबाद, कलकत्ता, मिदनापुर** शहरों का चयन किया गया। कामकाजी महिलाओं के साथ होने वाले यौन शोषण के इस सर्वेक्षण में अधिकांश महिलाएं 30 से अधिक आयु वर्ग की थी। जिसमें 81 प्रतिशत **शिक्षित** महिलाएं सम्मिलित थी। जो **पांच** या उससे अधिक वर्ष से कार्यरत थी। सर्वेक्षण में 50 फीसदी महिलाओं ने स्वीकारा कि उन्हें कार्यालयों में लिंगभेद, शारीरिक और मानसिक यातना का शिकार होना पड़ता है। इस सर्वेक्षण में 41 प्रतिशत महिलाओं ने लिंग भेद व प्रताड़ना, 68 प्रतिशत ने मानसिक यातना, 25 प्रतिशत ने शारीरिक शोषण की शिकायत की। इसमें अधिकांश महिलाएं **चुपचाप बर्दाश्त** कर लेती हैं। सर्वेक्षण में पाया गया कि कामकाजी महिलाओं की यौन उत्पीड़न एक ऐसा मामला है जिस पर लोग चर्चा

नहीं करना पसंद करते हैं। इन महिलाओं के साथ छुट्टियों, वेतन, प्रोन्नति, कार्य-विभाजन, काम के घंटे मुद्दे पर भेदभाव पाया गया।

यौन उत्पीड़न की शिकार कामकाजी 40 प्रतिशत महिलाओं का कहना था कि वे इस तरह की बातों को नजर अंदाज कर देती हैं। मात्र 3 प्रतिशत महिलाएं इसकी शिकायत अपने **अधिकारियों** से करती हैं। जबकि 9 प्रतिशत महिलाओं का मानना था कि उन्होंने इसकी शिकायत अपने सहयोगियों से की थी। किन्तु मात्र **एक प्रतिशत** महिलाएं इसकी शिकायत **पुलिस** से की थी। इस बात पर भी आश्चर्य होता है कि मात्र 10 प्रतिशत महिलाओं का कहना था कि उन्होंने अपने पुरुष सहयोगी के इस व्यवहार का विरोध किया था। जबकि 9 प्रतिशत महिलाओं का कहना था कि उन्होंने उक्त व्यक्ति को **चेतावनी** दी थी। इस सर्वेक्षण में 20 प्रतिशत महिलाओं का कहना था कि आरोपियों को दंडित किया जाऊ। जबकि 17 प्रतिशत महिलाओं का कहना था कि आरोपी लोग साफ-साफ प्रायः **बच** जाते हैं। सबसे आश्चर्य की बात इस सर्वेक्षण में यह पाई गई कि 84 **प्रतिशत** कामकाजी महिलाएं उच्चतम न्यायालय के द्वारा कार्यस्थल पर कामकाजी महिलाओं के यौन उत्पीड़न के **ऐतिहासिक फैसले** से अवगत नहीं थी। मात्र 12 फीसदी इस फैसले से अवगत थी। 81 प्रतिशत महिलाओं का मानना था कि यह फैसला इस शोषण को रोकने में मददगार हो सकता है। इस सर्वेक्षण में देखा गया कि संगठित क्षेत्र की तुलना में असंगठित क्षेत्र में 16 प्रतिशत कामकाजी महिलाएं **यौन शोषण** की ज्यादा शिकार थीं।

आयोग की सदस्या सुश्री **सईदा हामिद** का मानना है कि हालांकि उच्चतम न्यायालय के इस फैसले से कुछ जागरूकता पैदा हुई है। लेकिन न्यायालय के निर्देशों को लागू करने के लिए अभी काफी काम किया जाना बाकी है। इस ऐतिहासिक फैसले के उपरांत आयोग सभी **सार्वजनिक** एवं प्रमुख **निजी क्षेत्र** की कंपनियों में कार्यरत मर्दों के लिए एक **आचार संहिता** तैयार करने की प्रक्रिया में जुट गया है। इस आचार संहिता में उच्चतम न्यायालय के निर्देशों के अलावा **स्वतंत्र समितियां** बनाने की बातें थी। जो इस प्रकार की शिकायतों की जांच करके कार्यवाई कर सके।

इसके अतिरिक्त अधिकांश कामकाजी महिलाएं इन दिशा-निर्देशों के बारे में जानकारी नहीं रखती हैं। उनकी इस **गैर-जानकारी** का फायदा सरकारी एवं निजी कंपनियों के पुरुषकर्मी उठाते हैं। गांव, कस्बों, नगरों को छोड़कर यदि महानगरों की बात करें, तो यहां भी बड़े-बड़े सरकारी विभागों और निजी कंपनियों के दफ्तरों में **यौन उत्पीड़न दिशा-निर्देश के चार्ट टंगे हुए दिखाई नहीं देंगे** और न ही **जांच समितियां गठित** की गई हैं। सर्वोच्च न्यायालय के इस फैसले

के बाद भी **महिला संगठन** इस दिशा में उतनी सक्रिय भूमिका नहीं निभा पा रही है जितनी उन्हें निभाना चाहिए। ये संगठन ना तो **प्रबंधक-समितियों** पर पूरी तरह दबाव बना पा रही है और न ही कामकाजी औरतों को जानकारी उपलब्ध ही करा पा रही है। ये संगठन एक साल की अवधि के बाद भी इस दिशा में वांछित सुधार नहीं कर पाई हैं।

एक अन्य संगठन **'सलाह सेवा'** द्वारा कराए गए सर्वेक्षण में पाया गया कि **47** फीसदी औरतें उत्पीड़न व भेदभाव की शिकार थी। जिसमें 25 फीसदी महिलाओं ने शारीरिक उत्पीड़न की शिकायत की, जिसमें उन्होंने कहा कि उनके पुरुष सहयोगी उनके शरीर को **छूते** हैं। उन्हें **शारीरिक छेड़छाड़** व वेश्यावृत्ति के लिए विवश करते हैं। अपने विरुद्ध होने वाले इस यौन उत्पीड़न के खिलाफ मात्र 32 फीसदी औरत ने शिकायत की था।

एक अन्य अभूतपूर्व फैसले में **जापान** के सर्वोच्च न्यायालय ने **द्वितीय विश्व युद्ध** के दौरान यौन उत्पीड़न की शिकार तीन महिलाओं को 3 लाख येन 50 साल बाद अभी हाल में सरकार को देने का निर्देश दिया। द्वितीय विश्वयुद्ध के दौरान इन महिलाओं को **जापानी सेना कैम्प** में कार्य करने को भेजा गया था। जहां **जापानी सिपाहियों** द्वारा उनका यौन उत्पीड़न किया गया। मुकदमा दायर करने के बाद **1992** में जापानी सरकार ने यह स्वीकार किया कि जापानी सैनिक महिलाओं के यौन उत्पीड़न में शामिल थे। यद्यपि फैसला आने में 50 वर्ष बीत गए लेकिन इन महिलाओं के साथ **आखिरकार न्याय** हुआ। **टोक्यो** के न्यायालय में अभी भी कई दर्जन ऐसे मामले विचाराधीन हैं। इसी प्रकार की स्थितियां विश्व के तमाम विकसित एवं गैर-विकसित देशों में विद्यमान हैं। बुद्धिजीवियों की एक जमात तो मानती है कि अकेले इस दिशा-निर्देशों और कानूनों के सहारे औरतों को यौन उत्पीड़न से बचाया नहीं जा सकता है।

5.7.2 न्यायपालिका द्वारा हस्तक्षेप (Intervention by Judiciary)

कार्य-स्थल पर महिला कर्मचारियों के यौन उत्पीड़न के मामले में न्यायालय ने बढ़ा सख्त रुख अपनाया है। इससे संबंधित कुछ महत्वपूर्ण केशों एवं उसमें हुए केशों का यहां चर्चा की जा रही है-

(i) बालमार लारी कंपनी (कोलकत्ता)

इस कंपनी में काम करने वाली एक **महिला कर्मचारी** ने गुजरे साल अपने बॉस द्वारा यौन-उत्पीड़न की शिकायत दर्ज की। इस महिला कर्मचारी ने कंपनी के **'प्रबंध समिति'** को **बॉस** द्वारा किए जाने वाली हरकतों का विस्तार से ब्योरा दिया। किस तरह से यौन संबंधी गतिविधियों के लिए उन्हें परेशान किया जाता था। कौन-कौन सी हरकतें उसके बॉस द्वारा समय-समय पर की जाती थी। जिससे

उसका जीवन दूभर हो गया था। साथ ही साथ कार्य-स्थल पर इन हरकतों के बाद अपने आप को कितना **'असुरक्षित'** महसूस करती थी। उनका बॉस समय-समय पर बार-बार **अश्लील हरकतें एवं इशारा** करता था। जब कंपनी की तरफ से ये लोग एक सेमिनार में भाग लेने **मुंबई** गए तो उसके बॉस अपनी इच्छा पूरी नहीं होते देख भरी सभा में सभी के सामने उस महिला कर्मी को अपमानित किया और उत्पीड़ित भी।

बालमार कंपनी ने महिलाओं द्वारा लिखित शिकायत देने के उपरांत एक **'जांच समिति'** इसके जॉच-पड़ताल आदि बातों के लिए गठित की। लेकिन इस समिति में सर्वोच्च न्यायालय के 1999 के आदेश के आलोक के संदर्भ में कई कमियां थीं। जो इस प्रकार है-

- जाँच समिति का **अध्यक्ष एक महिला** को होना चाहिए। कंपनी ने बालमार लारी कंपनी के कार्यकारी निदेशक को ही समिति का अध्यक्ष बना दिया;
- समिति का 50 **प्रतिशत** सदस्य महिला होनी चाहिए। जबकि ऐसा नहीं किया गया; तथा
- समिति में एक सदस्य गैर-सरकारी संगठन का भी होना चाहिए।

इन कमियों से गठित समिति ने महिलाकर्मी के आरोपी को **'बेबुनियाद'** बताया। इसके पक्ष में समिति ने कई तर्क प्रस्तुत किए। इतना ही नहीं समिति द्वारा महिलाकर्मी के आरोप बेबुनियाद एवं बॉस को सही साबित करने के बाद कंपनी ने महिलाकर्मी का **तबादला** एक ऐसे विभाग में कर दिया जहां उसके लिए करने को कुछ भी नहीं था। दूसरे अर्थात् हम देखें तो उक्त महिला को ही **'दंड'** दिया गया।

(ii) रेल विभाग

रेल विभाग के एक अन्य केस में एक 'महिला अधिकारी' ने अपने उच्च अधिकारी के इसी तरह के व्यवहार से तंग आकर विभाग से लंबी छुट्टी ले ली (मजदूर आवाज, 1998)। महिला अपने उच्च अधिकारी के यौन उत्पीड़न संबंधी गतिविधियों से काफी परेशान थी। पहले उसने बातों को नजरअंदाज किया। लेकिन बातें गंभीर होती गई। किसी बात को नजरअंदाज करना, मुख मोड़ लेना, छुट्टी ले लेना आदि समस्या का समाधान नहीं। समस्या का सामना किए बिना समस्या से छुटकारा नहीं पाया जा सकता।

(iii) विशाखा एवं अन्य बनाम राजस्थान सरकार एवं अन्य (सुप्रीम कोर्ट केसेज–1997, पृ. 241)

इस मामले में कार्य-स्थल पर कामकाजी महिलाओं के यौन-उत्पीड़न का मुद्दा निम्नलिखित न्यायमूर्तियों के खंडपीठ वाले कोर्ट में था–

(i) न्यायमूर्ति **जे.एस. वर्मा**;

(ii) न्यायमूर्ति **सुजाता वी. मनोहर**; एवं

(iii) **बी.एन. किरपाल**।

भारतीय संविधान के निम्न अनुच्छेद के आलोक में विचार दिया गया–

अनुच्छेद–14, 19, 21, 15 (1), (3), 42, 51 (a) (e), 32, 141

याचिकाकर्त्ता–कई सामाजिक कार्यकर्त्ता

मामला–राजस्थान के एक गांव में एक महिला सामाजिक कार्यकर्त्ता के **'सामुहिक बलात्कार'** के मामले में ऐतिहासिक निर्णय दिया।

खंडपीठ का मानना था–लैंगिक समानता (**Gender equality**) के लिए महिला कर्मियों के लिए कार्यस्थल पर सुरक्षित माहौल होना चाहिए। कोई भी कार्य, व्यवसाय आदि करने के मूल-अधिकार में कार्यस्थल पर सुरक्षा आवश्यक है। जीने के अधिकार से तात्पर्य **'सम्मान से जीने'** से है।

सर्वोच्च न्यायालय (Supreme Court) ने इस मामले की सुनवाई के उपरांत कामकाजी महिलाओं के कार्य-स्थल पर यौन-उत्पीड़न को रोकने एवं सम्मानजनक माहौल देने के लिए **'12 निर्देश'** दिए। सर्वोच्च न्यायालय द्वारा दिए गए ये निर्देश बाध्यकारी (Obligatory) हैं। साथ ही साथ समुचित कानून बनाये जाने तक उन्हें कानून द्वारा लागू किया जा सकता है–

1. **नियोजक का दायित्व** (**Employers liability**)–सर्वप्रथम न्यायालय ने यौन उत्पीड़न को कार्य-स्थल पर रोकने के लिए दायित्व को निर्धारित किया। इसके अंतर्गत नियोजक या अन्य जिम्मेदार व्यक्तियों को इसके लिए जवाबदेह बनाया गया। ये उनको सुनिश्चित करना है कि कार्यस्थल पर महिला कर्मचारियों के साथ यौन उत्पीड़न की हरकतें न हों। उसे यथासंभव रोका जा सके। ये लोग इसकी रोकथाम के साथ-साथ इसे सुलझाने, समझौता करने या अभियोजन चलाने के लिए हर संभव कार्यवाई करने की प्रक्रिया तय करेंगे। इस प्रकार इसके निपटारे की जिम्मेदारी भी इन्हीं पर होगी।

2. **यौन उत्पीड़न की परिभाषा** (**Definition of sexual harassment**)–यौन उत्पीड़न में प्रत्यक्ष या परोक्ष रूप से किए वे असम्मानजनक यौन व्यवहार है जिसमें निम्नलिखित बातें शामिल हैं। (Sexual harassment to include such unwelcome sexually determined behaviour—whether directly or by implication)—

1. शारीरिक संपर्क तथा आगे होना (**Physical contact and advances**);

2. यौन-समर्थन के लिए आग्रह या मांग (**Demand or request for sexual favour**);
3. यौन संबंधी टीका-टिप्पणी (**Sexually coloured remarks**);
4. अश्लील साहित्य दिखलाना (**Showing pornography**); या
5. यौन प्रकृति की कोई अन्य असमानजनक शारीरिक, मौखिक या अमौखिक हरकत (Any other unwelcome **physical, verbal, non-verbal conduct of sexual nature**)

इस प्रकार यदि कोई महिला सरकारी, या लोक उपक्रम या निजी संस्था में वेतन या मानदेय या स्वेच्छा से काम कर रही है। तो ऊपर बताई गई कोई हरकत जिसे महिला महसूस कर रही है तो इसे **'अपमानजनक हरकत'** माना जाएगा। इससे महिला के स्वास्थ्य एवं सुरक्षा समस्या उत्पन्न हो सकती है। इसे भेदभावपूर्ण माना जाएगा। उदाहरण के तौर पर इनमें कोई हरकत के लिए आपत्ति करने या सहमति नहीं देने पर उनके रोजगार या काम, भर्ती, प्रोन्नति पर नुकसान देय प्रभाव वाली बातें इसी श्रेणी में आएगी।

3. रोकथाम के उपाय (Preventive measures)–नियोजक या कार्यस्थल के प्रभारी द्वारा कार्य-स्थल पर यौन-उत्पीड़न की रोकथाम के लिए न्यायालय के निम्नलिखित निर्देश हैं–

(i) परिभाषित यौन-उत्पीड़न एवं इसके प्रतिबंध से संबंधित बातें काम करने के स्थल पर–

(a) अधिसूचित होना चाहिए;

(b) प्रकाशित होना चाहिए; एवं

(c) प्रचारित किया जाना चाहिए।

(ii) सरकारी एवं सार्वजनिक क्षेत्र के **'आचरण एवं अनुशासन'** (Conduct and discipline) से संबंधित नियम/परिनियमों (Rules/Regulations) में यौन उत्पीड़न रोकने के गाइडलाइन्स को जोड़ देना चाहिए। साथ ही साथ इससे संबंधित गलती करके दंड का भी प्रावधान करना चाहिए।

(iii) **शिकायत समिति** (Complaints committees) का गठन करना चाहिए। जिसमें महिला सदस्यों की संख्या 50 प्रतिशत से कम नहीं होनी चाहिए तथा उसमें गैर-सरकारी संगठन के सदस्य भी शामिल हो।

(iv) सभी नियोजकों द्वारा उपरोक्त रोक **'औद्योगिक रोजगार (स्थायी आदेश) अधिनियम, 1946'** के अंतगर्त स्थायी आदेशों में शामिल कर करना चाहिए।

(v) कार्यस्थल पर महिला कर्मी के लिए काम, अवकाश, स्वास्थ्य एवं सफाई संबंधी कार्य दशाएं इस प्रकार की हों जो इनके लिए प्रतिकूल न हो। महिला कर्मचारी के लिए ऐसा कोई गुंजाईश नहीं छोड़ी जाए जिससे उन्हें नुकसान होने की संभावना हो।

4. आपराधिक मामले (Criminal cases)–भारतीय दंड सहिता या किसी अन्य अधिनियम के अंतर्गत यदि कोई हरकत या अपराध हो तो वहां संस्था के नियोजक द्वारा कानून में निर्दिष्ट उचित अधिकारी के पास मामले की शिकायत की उचित कार्यवाई की जानी चाहिए। साथ-साथ इस बात को भी सुनिश्चित किया जाना आवश्यक है कि मामले से संबंधित पीड़िता या गवाहों को तंग (Victimized) या उनके विरुद्ध किसी भी प्रकार भेदभाव नहीं किया जाना चाहिए। इसके अतिरिक्त पीड़िता को यह विकल्प दिया जाए कि उनके द्वारा आरोपित (उत्पीड़क) या उसके खुद (उत्पीड़ित) का तबादला किया जा सके।

5. अनुशासिक कार्यवाही (Disciplinary action)–इस प्रकार की हरकतों के लिए नियोजक द्वारा उचित तरीके से अनुशासनिक कार्यवाही आरोपित के विरुद्ध चलाई जानी चाहिए।

6. शिकायत की पद्धति (Complaints method)–इस प्रकार की हरकतों के लिए महिला कर्मचारी द्वारा शिकायत करने पर उसके निदान के लिए संगठन में **शिकायत की उचित पद्धति** तैयार की जानी चाहिए। जिसका निपटारा एक समय सीमा में हो सकें।

7. शिकायत समिति (Complaints committee)–एक शिकायत समिति का गठन आवश्यक है। जिसकी अध्यक्ष एवं आधे सदस्य महिला हों जो आवश्यकता पड़ने पर पीड़ित महिला का शिकायत सुन सकें एवं उचित कार्यवाई प्रस्तावित कर सके। यह समिति संबंधित विषयों पर आवश्यक परामर्श देगी। अनुचित दबाव को रोकने के लिए इसमें गैर-सरकारी संगठन या यौन-उत्पीड़न से परिचित अन्य संस्था भी शामिल हो सकती है। इसके अतिरिक्त यह शिकायत समिति प्रत्येक वर्ष-संबंधित सरकारी विभाग को समिति के समक्ष आई शिकायतों एवं उस पर की गई कार्यवाई का ब्यौरा का प्रतिवेदन (Report) भेजेगी।

8. श्रमिकों की पहल (Initiation by labours)–श्रमिक को इस बात की स्वतंत्रता होनी चाहिए कि वे इसे श्रमिकों की बैठक, श्रमिक-नियोजक की बैठक में 'यौन उत्पीड़न' मामले को उठा सके। इसके ऊपर आवश्यक बहस कर सके।

9. जन-जागृति (Public mobilisation)–महिला कर्मचारियों के जितने कानूनी एवं अन्य अधिकार हैं उसको अधिसूचित कर उसके लिए संबंधी लोगों में जागरूकता पैदा करना।

10. तृतीय पक्ष का उत्पीड़न (Harassment of third party)–तीसरे पक्ष या बाहरी व्यक्ति के कृत्य या लापरवाही के यौन-उत्पीड़न का मामला घटित होता है तो नियोजक को इसके रोकथाम के लिए उचित कार्यवाई करने की आवश्यकता है।

11. सरकार द्वारा इस संबंधित उपाय किए जाएं या कानून बनाए जाएं जिसका नियोजक द्वारा किया जाए।

12. ये दिशा-निर्देश **'मानवाधिकार संरक्षण अधिनियम, 1993'** के अंतर्गत आने वाले अधिकारों को प्रभावित नहीं करेंगे।

(iv) **आलोक चोपड़ा, वस्त्र निर्यात संवर्द्धन परिषद दिल्ली, 1999**

जनवरी, 1999 का आलोक चोपड़ा के केस में सुप्रीम कोर्ट के न्यायाधीशों द्वारा ऐतिहासिक फैसला कार्यस्थल पर यौन उत्पीड़न के मामले में सुनाया गया।

सुप्रीम कोर्ट का खंडपीठ–1. **डॉ. आदर्श सेन आनंद**–मुख्य न्यायाधीश, 2. वी.एन. खरे–न्यायाधीश।

- आरोप–महिला सहयोगी का यौन उत्पीड़न करने का प्रयास।
- **घटना** (1988)–12 अगस्त, 1988 की घटना है। जिसमें निजी सचिव **आलोक चोपड़ा** ने अपने महिला सहयोगी को एक निदेशक से **'डिक्टेशन'** लेने के लिए ताज **पैलेस होटल** ले गये। महिला ने कहा वे डिक्टेशन में दक्ष नहीं हैं। लेकिन बावजूद इसके उसे चोपड़ा होटल ले गये। होटल में उसने डिक्टेशन लेने के बाद महिला सहयोगी को टाइप के लिए बिजनेस सेंटर ले गया। जहां उसके साथ कई बार अश्लील हरकतें की गईं और छेड़छाड़ करने का प्रयास किया गया।
- **विभागीय कार्यवाई** (1989)–महिला सहयोगी का यौन उत्पीड़न करने का प्रयास उसके एक वरिष्ठ अधिकारी द्वारा किया। वस्त्र निर्यात संवर्द्धन परिषद के अध्यक्ष के निजी सचिव आलोक चोपड़ा को अपने महिला सहयोगी से अश्लील हरकतें करने के आरोप में विभागीय कार्यवाई के तहत 28 जून 1989 को बर्खास्त कर दिया गया था। लेकिन 15 जुलाई 1997 को **दिल्ली न्यायालय** ने उसे

बहाल करने का निर्देश दे दिया था। परिणाम स्वरूप आगे मामला 'उच्चतम न्यायालय' में आया।

- उच्चतम न्यायालय का आदेश–**सुप्रीम कोर्ट** के खंडपीठ ने आलोक चोपड़ा की बर्खास्तगी को उचित ठहराते हुए कहा कि कार्यस्थल पर **किसी महिला यौन-उत्पीड़न उसकी मर्यादा और सम्मान के खिलाफ है।**
- खंडपीठ का मानना था कि **लैंगिक समानता** (Gender equality) के लिए किसी भी पहलू के उल्लंघन के मामले में कोई समझौता नहीं किया जा सकता है। इसलिए इस प्रकार के प्रवृत्ति को खत्म करना जरूरी है।
- खंडपीठ का मानना था कि–"कार्य स्थल पर यौन-उत्पीड़न की घंटना से **लैंगिक समानता** और **जीवन तथा स्वतंत्रता के मौलिक अधिकारों का हनन होता है।** इसलिए **इन मौलिक अधिकारों की रक्षा करना न्यायालयों का संवैधानिक** दायित्व है।"

सुप्रीम कोर्ट ने अपने 29 पृष्ठ के फैसले में दिल्ली न्यायालय के न्यायाधीशों की इस मामले में '**पुनरीक्षण क्षेत्राधिकार**' का सही तरीके से प्रयोग नहीं करने के लिए कड़ी आलोचना की। इसमें आगे कहा गया कि कानूनी तरीके से इस अधिकारी को विभागीय कार्यवाई के बाद दिये गये दंड के मामले में उच्च न्यायालय को हस्तक्षेप नहीं करना चाहिए था। साथ ही साथ यह भी कहा कि न्यायालयों को '**मानव अधिकारों**' के उल्लंघन के संबंध में अंतर्राष्ट्रीय संधियों और परिपाटियों के प्रति सजग रहना चाहिए। सुप्रीम कोर्ट ने निचले अदालत पर तीखा प्रहार करते हुए कहा कि इस मामले को देखने से ऐसा लगता है उच्च न्यायालय ने अंतर्राष्ट्रीय परिपाटियों और मानदंड़ों को पूरी तरह नजरअंदाज ही कर दिया।

मुख्य न्यायाधीश ने अपने इस ऐतिहासिक फैसले में स्पष्ट किया कि निचली अदालत का यह निष्कर्ष निकालना गलत था कि वास्तव में ए.के. चोपड़ा ने अपनी महिला सहयोगी के साथ '**वास्तव में छेड़छाड़ नहीं**' की थी। बल्कि उसने सिर्फ इसका '**प्रयास**' ही किया था। इस दौरान वह अपनी सहयोगी के 'शरीर को छू नहीं' पाया था। साथ ही इस न्यायालय ने 1997 में यौन उत्पीड़न के परिभाषा का विश्लेषण करते हुए कहा–**अवांछनीय अश्लील हरकतें**, यौन संबंधों का आग्रह और मौखिक अथवा शारीरिक हरकतों के माध्यम से अन्य अश्लील हरकतों के रूप में लैंगिक् भेदभाव (**Gender discrimination**) यौन उत्पीड़न का ही एक रूप है। आई.एल.ओ. ने भी कार्य-स्थल पर

महिला के यौन उत्पीड़न को महिला के साथ लैंगिक भेदभाव का ही रूप माना हैं।

इस संदर्भ में संसद में महिला उत्पीड़न से संबंधित विधेयक कई बार लाए गए है–

1. The **Sexual Harassment** of Women at Work Place (Prevention) Bill, 2000.
2. The **Sexual Abuse** of Women at Work Place Act, 2001.
3. Sexual Harassment of Women at Work Place (Prevention) Bill, 2003.
4. The Working Women (Prevention) of Sexual Harassment at Work Place Bill, 2006.

बिना कार्यस्थल पर कामकाजी महिलाओं के प्रति एक नरम शिकार, **यौनाकांक्षा** पूर्त्ति के लिए मात्र देह संबंधी पुरुष मानस में परिवर्तन कर इनको जबरदस्ती बिस्तर की तरह पुरुषों के समक्ष बिछाने से बचाया जा सकता है? क्या भेड़ियों के मानसिकता वाले झुंडों में फंसी इन हिरणी की अस्मत की रक्षा की जा सकती है? आवश्यकता है मर्द सहयोगी के इस मानस एवं दृष्टिकोण में परिवर्तन लाये जाने की। ऐसा बदलाव जिसे नियम प्रोत्साहित तो कर सकते हैं, लेकिन जबरदस्ती नहीं कर सकते। थोप नहीं सकते, लाद नहीं सकते हैं। औरत को **एक देह, भोग्या, कामा, आश्रिता, मर्दों की पुछल्ला, मांस का लोथड़ा, एक निषेचित होने वाला अण्डा के रूप में जब तक समाज औरत को देखेगा, उसका यौन उत्पीड़न बॉस, सहकर्मी, अन्य बिजनस पार्टनर द्वारा होता रहेगा।** उसे आप कैसे रोक सकते हैं? क्योंकि औरत के प्रति उनका **माइंड सेट** (Mind set) तो उसे एक अण्डा योनाकांक्षा पूर्त्ति करने वाली मशीन के रूप में देखता है और जब तक उसके स्त्री शोषण आधारित इस माइंड सेट में बदलाव नहीं लाया जाएगा औरत का कार्यस्थल पर शिकार होने के खतरे की आशंका बनी रहेगी। जब मर्द अपने इस माइंड सेट को बदल कर औरत को **एक इंसान** के रूप में नहीं देखेगा तब तक तमाम वैधानिक कानून एवं सामाजिक नियम धरे के धरे रह जायेंगे।

पुरुषों के यौनकांक्षा की पूर्ति के लिए बना एक देह, मांस का लोथड़ा, एक अण्डा की मानसिकता से औरत को वास्तव में **बराबरी का दर्जा** देते हुए एक इंसान के रूप में देखने की मानसिकता का सफर जितना जल्द हमारा पुरुष समाज तय करेगा उतनी जल्दी इस पुरुष यौन विकृति से निजाद पाया जा सकता है। इस बिंदु पर भारत के सरकारी एवं गैर-सरकारी महिला विभाग एवं संगठन ने

धीरे से ही सही सोचना प्रारंभ कर दिया है। विकसित देशों की महिलाएं भी इसी विचारधारा के परचम तले अपनी समस्याओं का हल ढूंढना प्रारम्भ कर दिया है।

सरकारी प्रयास (Government Efforts)

ऐसा हम नहीं कह सकते कि भारत सरकार कामकाजी महिलाओं के प्रति हो रहे इस घृणित कार्य के प्रति गंभीर नहीं है, उनके द्वारा नियम एवं कामकाजी महिलाओं को सुरक्षा प्रदान करने व सबल करने के कार्यक्रम नहीं चलाये जा रहे। सरकार ने कामकाजी महिलाओं के लिए तकरीबन 5 हजार **आवास** सुविधा, **हॉस्टल** सुविधा की व्यवस्था की है। इनके लिए अल्पकालीन आवासीय सुविधा भी उपलब्ध कराया गया है। 1996 से **पारिवारिक समस्याओं, मानसिक तनाव, सामाजिक उत्पीड़न** शोषण या किसी अन्य कारण से पीड़ित महिलाओं के **अस्थायी आश्रम** एवं पुनर्वास सुविधा की व्यवस्था महिला एवं बाल विकास द्वारा प्रारंभ कराया गया है। इनको सुविधा उपलब्ध कराने के लिए देश में लगभग 400 नारी निकेतन हैं। सरकार **प्रिंट मीडिया, इलेक्ट्रोनिक मीडिया, नुक्कड़ नाटक, सभा, गोष्ठी, सेमिनार** आदि के माध्यम से महिलाओं के प्रति सामाजिक दृष्टिकोण में बदलाव लाने का भरसक प्रयास कर रही है। सरकार का एक महत्वपूर्ण कदम यह भी मान सकते हैं कि उसने बालिकाओं की अच्छी छवि प्रस्तुत करने के लिए समन्वित मीडिया अभियान तैयार किया है। मानव संसाधन विकास, ग्रामीण विकास आदि मंत्रालय द्वारा स्त्री-पुरुष समानता (लैंगिक समानता) एवं **लैंगिक न्याय** के बारे में **जागृति** लाने के लिए अनेक कार्यक्रमों में महिलाओं के उत्थान के लिए सरकारी अधिकारी, पुलिस महकमा, ब्लॉक महकमा आदि स्तर के लोगों के **मानसिक शुद्धिकरण** का प्रयास जारी है। इन कार्यक्रमों के अतिरिक्त महिलाओं के हित के लिए कुछ महिला विशेष कानून बनाए गए हैं। इनमें प्रमुख हैं समान पारिश्रमिक अधिनियम, सती कुप्रथा अधिनियम, मातृत्व लाभ अधिनियम, देह अनैतिक व्यापार अधिनियम, दहेज उन्मूलन अधिनियम आदि।

बावजूद इसके कार्यस्थल पर महिलाएं अपने पुरुष उच्च अधिकारियों या बॉसों का **आसान सा निवाला** बन रही हैं। उन्हें भावनात्मक शोषण; यौन उत्पीड़न का सामना करना पड़ रहा है। भूमंडलीकरण एवं नव-बाजारवाद द्वारा परोसी गई **भोगोन्मुख संस्कृति** ने महिलाओं के प्रति सम्मान मानस पर जोर-जोर सें हथौड़ा चलाना शुरू कर दिया है। इस **नव साम्राज्यवादी** व **उत्तर आधुनिक समाज** (Post-modern society) में महिला की हैसियत भोग्या से ज्यादा मानी नहीं गयी है। इसे स्वर्गीय मनोहर जोशी ने भी अपने कई लेखों में इन बातों को प्रमाणित किया है। इस **विदेश आयातित संस्कृति** ने काम पर आयी महिला को **एक प्रोडक्ट** के रूप में देखना शुरू कर दिया है। **सलवार** व **साड़ी संस्कृति** के

ऊपर **जींस** व **मिनी स्कर्ट** संस्कृति हावी हो गई है। इन नव-बाजारवादी संस्कृति ने समानता, स्वतंत्रता, स्वेच्छा के आड़ में महिलाओं को यौनाकांक्षी पुरुष मानस के समक्ष समर्पित होने को **और सहज एवं सुलभ** बना दिया है। नव बाजारवादी संस्कृति पुरुष मानस में छिपे भेड़ियों को हिरण के शिकार के लिए लगातार उकसाता रहता है और उसका यह मानस हमेशा अपने शिकार के लिए जाल का ताना बुनता रहता है। किंतु इसका अर्थ यह नहीं कि उम्मीद की सारी लौ बुझ गई है। इसलिए अंत में हम कहते हैं–

"उम्मीद की लौ बुझी नहीं,
दुनिया अभी जीती नहीं,
हम अभी हारे नहीं।"

संदर्भ

भारत की जनगणना (2001), नई दिल्ली, भारत सरकार।

हाशिये की आवाज (2007), वर्ष-2, अंक-5, मई, नई दिल्ली, पृ. 15।

हिन्दुस्तान हिन्दी दैनिक (1998), पटना संस्करण, महिला आयोग यौन उत्पीड़न रिपोर्ट, पटना, पृ. 12।

राष्ट्रीय अपराध रिकार्डस ब्यूरो (2000), भारत सरकार, नई दिल्ली।

एन.एस.एस.ओ. रिपोर्ट (2000), 55वां राउंड, 1999-2000, भारत सरकार, नई दिल्ली।

एन.एस.एस.ओ. रिपोर्ट सं. 506 (6/10/1); नई दिल्ली।

पॉकेट बुक ऑफ लेबर स्टैटीसटिक्स 2001 एवं 2002, लेबर ब्यूरो, शिमला, पृ. 112-17।

स्टैटीसटीकल ईयर बुक (2000), यू.एन.ओ., 42वॉ इश्यू, पृ. 295-301।

दी इंडियन जर्नल ऑफ लेबर (2001), वॉ. 44, नं. 1, नई दिल्ली, पृ. 126।

दी इंडियन जर्नल ऑफ लेबर (2006), वॉ. 49, नं. 2, पृ. 297।

दी इंडियन जर्नल ऑफ लेबर (2005), वॉ. 48, नं. 2, पृ. 328।

6

राज्य की भूमिका
(Role of State)

"गुलिस्ता में अगर, फूलों का कत्लेआम होता है,
सबब चाहे जो हो, बागवा बदनाम होता है।"

भारत में करोड़ों की संख्या में लगी महिला श्रमिकों के लिए सरकार ने कई प्रकार की व्यवस्थाएं की हैं। जिसके माध्यम से महिला श्रमिक श्रम बाजार में अपनी भागीदारी तय कर सके। महिलाएं संगठित एवं असंगठित दोनों क्षेत्रों में संलग्न हैं। राज्य ने इसके लिए अलग-अलग व्यवस्थाएं की हैं। सर्वप्रथम तो राज्य ने महिला श्रमिकों की स्थितियों में सुधार लाने के लिए **संविधान** में कई प्रावधान किए। संवैधानिक प्रावधान के बाद कारखाना, खान, बागान (संगठित क्षेत्र), बीड़ी, सिगार, भवन-निर्माण आदि में काम करने वाली महिलाओं के संरक्षण के लिए **कानून** बनाए गए हैं। इसके अतिरिक्त बालिका श्रमिक, सेक्स वर्कर आदि के लिए भी अधिनियम है। इस सामाजिक कलंक (Child labour and prostitution) को दूर कर इन्हें सुरक्षा प्रदान करने की व्यवस्था की है। साथ ही साथ इन श्रमिकों के लिए कई **सामाजिक सुरक्षा** (Social security) के कानून हैं, जिससे जिन्दगी की आकस्मिता की स्थितियों में उसे सुरक्षा प्रदान की जाती है। स्पष्ट है महिला श्रमिकों के उत्थान में राज्य की अपनी एक भूमिका है। राज्य ने अपने इस भूमिका का निर्वहन करने हेतु संविधान, विधान, नीति, कार्यक्रम आदि का सहारा लिया है। जिसके माध्यम से इन महिला श्रमिकों को जरूरी सहायता प्रदान की जाती है। इस अध्याय में मुख्य रूप से राज्य द्वारा महिला श्रमिकों को संविधान एवं विधान के माध्यम से प्रदान की जाने वाली सहायता का वर्णन किया जा रहा है।

(i) भारतीय संविधान एवं महिला श्रमिक
(ii) महिला श्रमिक एवं श्रमिक विधान

6.0 भारतीय संविधान एवं महिला श्रमिक (Indian Constitution and Women Workers)

भारतीय संविधान में सामान्य एवं महिला श्रमिकों से संबंधित कई अनुच्छेद (Article) हैं। जिसके माध्यम से इन्हें कई प्रकार की **संवैधानिक सुरक्षा**

(Constitutional protection) प्रदान है। इसमें प्रमुख अनुच्छेदों की चर्चा यहां की जा रही है। जो निम्नलिखित है:

अनुच्छेद 16(1): रोजगार में अवसर की समानता

"राज्य के अधीन किसी रोजगार या नियुक्ति में सभी नागरिकों के लिए अवसर की समानता होगी।"

संविधान के इस अनुच्छेद में यह व्यवस्था है कि राज्य के अधीन जो रोजगार या नियुक्ति के अवसर हैं, वे सभी लोगों के लिए समान हैं। इसका अर्थ यह है कि रोजगार या नियुक्ति के लिए किसी आधार पर किसी को उसे प्राप्त करने के अवसरों से वंचित (**Deprive**) नहीं किया जा सकता। यदि कोई महिला किसी रोजगार को करना या प्राप्त करना चाहती है तो उसे केवल इस आधार पर प्राप्त करने के अवसर से वंचित नहीं किया जा सकता कि वह एक महिला है।

अनुच्छेद 16(2): रोजगार के लिए अयोग्यता एवं भेदभाव नहीं

"राज्य के अधीन किसी रोजगार या कार्यालय की बाबत कोई नागरिक, धर्म, प्रजाति, जाति, **लिंग**, वंश, जन्म स्थान, निवास या इनमें से किसी के आधार पर अयोग्य नहीं होगा अथवा उसके साथ **भेदभाव** नहीं किया जाएगा।"

इस अनुच्छेद के माध्यम से किसी भी आधार पर रोजगार या कार्यालय की बाबत किसी को अयोग्य नहीं ठहराया जा सकता है और साथ ही साथ न उनके साथ किसी तरह का भेदभाव किया जा सकता है।

अनुच्छेद 39(a): जीविका के समुचित माध्यम का अधिकार

"राज्य अपनी नीति इस प्रकार बनायेगा जिससे सभी नागरिक–पुरुष एवं महिला–जीविका के समुचित माध्यम का अधिकार प्राप्त कर सकें।"

संविधान में यह व्यवस्था की गई है कि राज्य का इस प्रकार से अपनी नीतियों को अंजाम दे, जिससे महिला एवं पुरुष दोनों के जीविका के समुचित माध्यम की स्थितियां बन जाए।

अनुच्छेद 39(d): समान काम के लिए समान वेतन

"महिला-पुरुष दोनों के समान काम के लिए समान वेतन मिले।"

महिला श्रमिकों के लिए एक बहुत महत्वपूर्ण संवैधानिक प्रावधान है क्योंकि इस प्रावधान के माध्यम से संविधान निर्माताओं ने महिला एवं पुरुष दोनों कामगारों को समान काम के लिए समान वेतन देने की व्यवस्था की। व्यवहार में देखा गया था कि पुरुषों के तुलना में महिला कामगार को समान काम के लिए असमान

वेतन दिया जाता था। इसलिए इस प्रावधान की व्यवधान संविधान में की गई। कई निर्णय यह बात भी उभर कर आई कि आकस्मिक या अस्थायी कर्मचारी को वहीं पारिश्रमिक मिलने का अधिकार है जो स्थायी कर्मचारियों को मिलता है बशर्ते दोनों एक तरह का काम करते हों। केरल, 1983 के निर्णय में भी यह आदेश आया कि कैदी कामगार भी उचित मजदूरी के हकदार हैं।

अनुच्छेद 39(e): आयु के प्रतिकूल का कार्य नहीं

> "कामगारों-महिलाओं एवं पुरुषों का स्वास्थ्य एवं ताकत तथा बच्चों की नाजुक उम्र का दुरुपयोग नहीं होना चाहिए। साथ ही साथ आर्थिक जरूरतों की वजह से नागरिक ऐसा व्यवसाय करने को मजबूर न हो जो उनकी उम्र या ताकत के प्रतिकूल हो।"

स्पष्ट है कि महिला एवं पुरुष कामगारों के स्वास्थ्य एवं ताकत के दुरुपयोग को रोकने का प्रावधान है साथ ही साथ ऐसे व्यवसाय करने से रोकना है जिसका प्रतिकूल प्रभाव उनके उम्र या ताकत पर पड़ता है।

अनुच्छेद 42: मातृत्व सहायता सुनिश्चित करना

> "राज्य काम करने की न्यायपरक एवं मानवीय परिस्थितियां तथा मातृत्व सहायता सुनिश्चित करने का प्रावधान बनायेगा।"

संविधान का यह प्रावधान सामान्य एवं कामकाजी महिला दोनों के दृष्टिकोण से महत्वपूर्ण है। क्योंकि इसमें निम्न बातों की व्यवस्था राज्य को करने को कहा गया है–

1. काम करने की न्यायपरक परिस्थितियां बनाना;
2. काम करने की मानवीय परिस्थितियां बनाना; तथा
3. मातृत्व सहायता सुनिश्चित करने का प्रावधान करना।

अनुच्छेद 51(e): महिला सम्मान को ठेस न पहुंचाना

> "प्रत्येक नागरिक महिलाओं के सम्मान को ठेस पहुंचाने वाली रीतियों को त्याग दें।"

समाज की बहुत सारी रीतियां ऐसी हैं जो महिला सम्मान को ठेस पहुंचाती हैं। लेकिन संविधान के इस अनुच्छेद में इसे महिला सम्मान हेतु त्याग की बात कही गई है।

73वां संशोधन: 1992 अनुच्छेद 243D (3)

> "ग्राम-पंचायत में कम से कम 1/3 सीटें महिलाओं के लिए आरक्षित हैं। ये बारी-बारी से पंचायतों के विभिन्न वार्डों में महिलाओं के लिए आरक्षित की जा सकती हैं।"

अनुच्छेद 243D (1)–"प्रत्येक स्तर पर **पंचायतों** के अध्यक्षों की कुल संख्या की 1/3 सीटें महिलाओं के लिए आरक्षित रहेंगी।"

संविधान का 74वां संशोधन–1993

अनुच्छेद 243D (3): "**नगरपालिका** में कम से कम 1/3 सीटें महिलाओं के लिए आरक्षित रहेंगी जो विभिन्न वार्डों में बारी-बारी से आरक्षित की जा सकती हैं।"

अनुच्छेद 243D (2): "**अनुसूचित** जातियों/जनजातियों के लिए आरक्षित सीटों में से 1/3 सीटें महिलाओं के लिए आरक्षित रहेंगी।"

अनुच्छेद 243D (4): "नगरपालिका के **अध्यक्षों** का पद राज्य की विधायिका द्वारा बनाये गये कानून के मुताबिक आरक्षित किया जा सकता है।"

संविधान के 73वें एवं 74वें संशोधन में माध्यम से दो स्तरों पर महिलाओं को राजनैतिक नेतृत्व देने की व्यवस्था संविधान में की गई है–

(i) ग्राम पंचायत स्तर पर।

(ii) नगर पालिका स्तर पर।

इस संदर्भ में हमें इस बात का सदैव ध्यान रखना चाहिए कि सभ्यता के प्रारंभ से 21 वीं सदी तक महिलाओं के समक्ष जो **वैधिक समानता** (Formal equality) **एवं वास्तविक समानता** (Substantive equality) की स्थितियां रही हैं–उससे जितना कल्याण एवं विकास होना चाहिए था उतना हुआ नहीं। ये प्रावधान कानून की मोटी-मोटी किताबों में दब कर दम तोड़ रही है। उस पर एक नए ढंग से दृष्टिपात करने की आवश्यकता है।

6.1 महिला श्रमिक एवं श्रमिक विधान (Women Workers and Labour Legislation)

विधान में महिला श्रमिकों को विभिन्न प्रकार की सुविधा एवं संरक्षण प्रदान हैं। तीन प्रकार के मुख्य विधान (Main legislation) हैं, जिसमें महिला श्रमिकों के लिए संरक्षण, सामाजिक सुरक्षा एवं भेदभाव से मुक्ति के प्रावधान किए गए हैं। ये विधान हैं–

(i) संरक्षणात्मक श्रमिक विधान (Protective labour legislation);

(ii) मजदूरी विधान (Wage legislation); तथा

(iii) सामाजिक सुरक्षा विधान (Social security legislation)।

इन विधानों के प्रमुख प्रावधानों की चर्चा संक्षेप में यहां की जा रही है। संरक्षणात्मक विधान में कार्य घंटे, संवेतनिक छुट्टी, शिशुगृह, स्नान, मूत्रालय,

शौचालय, विश्राम साप्ताहिक अवकाश जैसे प्रावधान होते हैं। मजदूरी विधान में मजदूरी संबंधी प्रावधान एवं सामाजिक सुरक्षा अधिनियम में दुर्घटना, मृत्यु, प्रसव की स्थिति में कई प्रकार के लाभ की व्यवस्थाएं होती हैं यथा–चिकित्सा हितलाभ, बीमारी हितलाभ, मातृत्व हितलाभ, आश्रित हितलाभ, अशक्तता हितलाभ।

महिला श्रमिक एवं विधान

I. संरक्षण श्रम विधान

1. कारखाना अधिनियम, 1948
2. औद्योगिक नियोजन स्थायी आदेश 1946
3. बागान अधिनियम, 1951
4. खान अधिनियम, 1952
5. ठेका श्रम (विनियमन एवं उन्मूलन) अधिनियम, 1970
6. अंतर्राष्ट्रीय प्रवासीय कामगार (नियोजन का विनियमन एवं सेवा शर्तें) अधिनियम, 1979
7. भवन और अन्य कामगार (रोजगार का विनियमन और सेवा शर्तें) अधिनियम, 1996
8. बीड़ी एवं सिगार कर्मकार (रोजगार की शर्तें) अधिनियम, 1966

II. मजदूरी विधान

1. समान पारिश्रमिक अधिनियम, 1976

III. सामाजिक सुरक्षा विधान

1. कर्मचारी राज्य बीमा अधिनियम, 1948
2. मातृत्व हितलाभ अधिनियम, 1961

6.1.1 कारखाना अधिनियम, 1948 (The Factories Act, 1948)

जैसा कि हम जानते हैं किसी भी वस्तु या सेवा के उत्पादन में श्रम (Labour) एक महत्वपूर्ण कारक है। श्रम **'उत्पादन लागत'** (Production cost) का एक प्रमुख हिस्सा है। ये उत्पादन लागत को सदैव ही प्रभावित करता है। कारखानों में उत्पादन के लिए प्रयोग में आने वाला मानवीय श्रम (Human labour) या तो पुरुष या महिला या दोनों होते हैं। इस प्रकार किसी भी कारखाने में पुरुष एवं महिला श्रमिकों दोनों की खास अहमियत होती है। क्योंकि महिलाएँ पुरुष श्रमिकों की ही भांति कारखानों के संवृद्धि (Factory growth) में अपना महत्वपूर्ण योगदान देती हैं। कारखानों में काम करने वाली महिला श्रमिकों को

विभिन्न आधार पर वर्गीकृत किया जा सकता है–कुशल, अकुशल, अर्द्धकुशल, उच्च स्तरीय कुशल (**हुनर/कुशलता आधार** पर), प्रशासक, प्रबंधक, पर्यवेक्षक, मैनुअल वर्कर (**प्रस्थिति आधार** पर), प्रथम वर्गीय, द्वितीय वर्गीय, तृतीय वर्गीय, चतुर्थ वर्गीय (**वर्ग आधार** पर) आदि। कुल मिलाकर भारतीय कारखानों में महिला श्रमिक की अपनी महत्ता है। पुरुषों की तुलना में महिला श्रमिकों को लिंग आधारित (on the basis of sex) कई प्रकार की सुरक्षा-संरक्षण विधान एवं संविधान द्वारा प्रदान किए गए हैं। लिंग आधारित सुरक्षा, कल्याण, संरक्षण महिला श्रमिकों को प्रदान करने के कई महत्वपूर्ण **कारण** हैं यथा–जैविक कारण (प्रसव, शिशु संरक्षण), पितृ सत्तात्मक समाज के द्वारा सदियों से महिलाओं के लिए किए जाने वाले सभी क्षेत्रों में भेदभाव, संतुलित विकास संबंधी **कारण**। इसलिए हम देखते हैं कि कारखानों में महिला श्रमिकों की संख्या काफी कम रही। महिलाओं के द्वारा संपादित हाने वाले सृष्टि संबंधी जिम्मेदारियों, जैविक एवं अन्य कारणों के कारण कारखानों में उनसे संबंधित कई प्रकार के प्रावधान किए गए हैं।

(क) कल्याण संबंधी प्रावधान (Provision relating to **welfare**)

(ख) सुरक्षा संबंधी प्रावधान (Provision relating to **safety**)

(ग) स्वास्थ्य संबंधी प्रावधान (Provision relating to **health**)

यह अधिनियम वैसे **प्रसीमाओं** (Precincts) सहित **परिसर** (Premises) को कारखाना मानता है जहां–

(1) **10** या अधिक कर्मकार (Workers) काम कर रहे हैं या पूर्ववर्ती बारह मास (Preceding **twelve months**) के किसी दिन काम कर रहे थे और जिसके किसी भाग में विनिर्माण प्रक्रिया (Manufacturing process) शक्ति की सहायता (With the aid of power) से की जा रही है, या आमतौर से इस तरह की जाती है, या

(2) 20 या अधिक कर्मकार काम कर रहे हैं या पूर्ववर्ती बारह मास के किसी दिन काम कर रहे थे, और जिसके किसी भाग में विनिर्माण प्रक्रिया शक्ति की सहायता के बिना (Without aid of power) की जा रही हैं, आमतौर से ऐसे की जाती है।

[धारा 2(ङ)]

स्पष्ट है यह अधिनियम केन्द्रीय अधिनियम होने के कारण भारत में उन सभी परिसरों पर लागू होगा जो परिसर धारा 2(ङ) के अंतर्गत कारखाने की परिभाषा के अंतर्गत आते हैं। साथ ही साथ कारखाने की परिभाषा में निम्न बातों का होना आवश्यक है–

1. कारखाना से बोध एक **प्रसीमाओं सहित परिसर या भवन का बोध** होता है,
2. ऐसा भवन जहां **विनिर्माण प्रक्रिया** संचालित हो रही है,
3. विनिर्माण प्रक्रिया **व्यक्तियों** के द्वारा की जा रही हो,
4. बिजली या शक्ति की सहायता से **10** या बिना सहायता के **20** व्यक्तियों/कर्मकार द्वारा यह कार्य संचालित की जा रही हो, तथा
5. यह कार्य वर्तमान में संचालित हो रही हो या पिछले 12 माह (1 साल) में किसी दिन संचालित की गई हो।

1. पृथक मूत्रालय एवं शौचालय (Separate Urinals and Latrine)

महिला कर्मकारों के लिए कारखाना अधिनियम निम्नलिखित बातों का प्रावधान विभिन्न धाराओं के तहत किया गया है–

इस अधिनियम की धारा 19(1)(**क**) के अनुसार प्रत्येक कारखाने में विहित प्रकार (**Prescribed types**) के शौचालय एवं मूत्रालय पर्याप्त (**Sufficient**) संख्या में ऐसे सुविधाजनक स्थानों पर स्थित हों, जहाँ कर्मचारी अपने काम के दौरान जा सके।

जबकि धारा 19(1)(**ख**) के अनुसार पुरुष एवं महिला कामगारों के लिए अलग-अलग (**Separate**) शौचालय एवं मूत्रालय की व्यवस्था होनी चाहिए। इस धारा में आगे इस बात का निर्देश दिया गया है कि ऐसे शौचालय एवं मूत्रालय में पर्याप्त मात्रा में रोशनी एवं खिड़कियां होनी चाहिए। साथ ही साथ यह स्थान हर समय साफ एवं स्वच्छ स्थिति (**Clean and sanitary condition**) में रखे जाने चाहिए। साथ ही यह भी प्रावधान किया गया है कि यह स्थान किसी काम करने वाले कमरे, बीच में खुली जगह पर नहीं होनी चाहिए।

हर उस कारखाने में जिसमें **250** से अधिक कर्मकार नियोजित हैं, वहां सभी शौचालय और मूत्रालय विहित ढंग से स्वच्छतायुक्त होने चाहिएं तथा शौचालय, मूत्रालय, स्वच्छता खंडों के फर्श और 90 सेंटीमीटर की ऊंचाई तक की भीतरी दीवारें कांचित टाइलों अथवा इस प्रकार परिसाधित होगी कि चिकनी पालिश की हुई अप्रवेश्य (**Impervious**) सतह हो। इन फर्शों, दीवारों, मल-पात्रों को हर **सात दिन** में कम से कम एक बार यथोचित अपमार्जकों (**Detergents**) या रोगाणुनाशियों (**Disinfectants**) से अथवा दोनों से पूर्णतया धोया और साफ किया जाएगा [धारा 19(2)]।

इसी धारा में आगे यह प्रावधान किया गया है कि राज्य सरकारें कारखानों में नियोजित पुरुष एवं महिला कर्मकारों की संख्या के **अनुपात** (Ratio) में शौचालय और मूत्रालयों की संख्या निश्चित करने तथा उनके स्वास्थ्य और सफाई

से संबद्ध अन्य बातों के लिए नियम बना सकती है। इस प्रकार कारखाना अधिनियम, 1948 के अध्याय 3 में महिला श्रमिकों के स्वास्थ्य संबंधी प्रावधान हैं।

2. रुई धुनकियों के पास नियोजन पर प्रतिबंध (Prohibition of Employment Near Cotton Open)

इस अधिनियम की **धारा** 27 के तहत कारखाने के ऐसे भाग में जहां रूई धुनकी (दबाने) चल रही हो, वहां किसी **महिला या बच्चे** को काम पर नहीं लगाया जा सकता है। लेकिन यदि रूई-धुनकी का भराई वाला सिरा किसी अलग कमरे में हो या जिसे विभाजक द्वारा निकासी-सिरे से विहित ढंग से पृथक किया गया हो तो भराई-सिरा वाले कमरे या खंड में महिलाओं एवं बालकों का नियोजन हो सकता है। स्पष्ट है इस प्रावधान के माध्यम से महिला कामगारों को इस सुरक्षा को प्रदान कर उनके **फेफड़ों** पर पड़ने वाले खराब प्रभाव को रोकना है।

3. गतिमान मशीनरी पर या उसके निकट काम पर पाबंदी (Prohibition to Work on or Near Machinery in Motion)

कारखानों के अंतर्गत विभिन्न प्रकार की वस्तु का उत्पादन करने के लिए कई प्रकार के मशीनों को प्रयोग में लाया जाता है। जिसके द्वारा बड़े पैमाने पर उत्पादन के कार्य को संभव बनाया जाता है। कई बार इन मशीनों के गति की परीक्षा तो कभी चलते हुए मशीन में लुबरीकेट डालना, उसकी सफाई जैसे कार्य आवश्यक होते हैं। इन कार्यों से संबंधित कई प्रकार के दिशा-निर्देश एवं पाबंदियां इस अधिनियम में बताए गए हैं। महिलाओं से संबंधित इस दिशा में प्रावधान **धारा** 22(2) में किया गया है। इस उपधारा के अनुसार यह व्यवस्था की गई है कि यदि किसी महिला या अल्पवय (**Young**) व्यक्ति को किसी गतिमान मूलगत उत्पादक (**Prime mover**) संचारण मशीनरी (**Transmission Machinery**) या किसी मशीन के गतिमान भाग से क्षति की आशंका हो, तो इन्हें इन मशीनों के किसी भाग की सफाई, स्नेहन (**Lubrication**) या समायोजन (Adjustment) करने की अनुज्ञा नहीं (**Not allow**) दी जायेगी। साथ ही साथ उपधारा 3 में राज्य सरकार को इस स्थिति में मशीन के रहने संबंधी सफाई, लूब्रीकेशन या समायोजन संबंधी नियम बनाने का अधिकार प्रदान करती है।

4. धुलाई की सुविधाएं (Washing Facilities)

इस अधिनियम के '**अध्याय 5-कल्याण**' में कई प्रकार की कल्याण सुविधा की व्यवस्था है। उसमें धुलाई सुविधा संबंधी भी प्रावधान किए गए हैं। धारा पर (1)e के अनुसार प्रत्येक कारखाने में वहां के कर्मकारों के उपयोग के लिए धुलाई की पर्याप्त एवं उपयुक्त सुविधाओं की व्यवस्था करना आवश्यक है। जबकि

इसके उपधारा (ख) के अनुसार पुरुष एवं महिला कर्मकारों के उपयोग के लिए पृथक एवं पर्दायुक्त सुविधाएं (**Separate and adequately screened facilities**) कराने को कहा गया है। ऐसी सुविधाओं के लिए पहुंच आसान होनी चाहिए एवं ये स्थान साफ रखी जानी चाहिए [उपधारा (ग)]। जबकि उपधारा (2) में इससे संबंधित विषयों पर राज्य समुचित एवं उपयुक्त मानक विहित करने का अधिकार रखती है।

5. **शिशु गृह** (Creche)

हर ऐसे कारखाने में जिसमें 30 से अधिक महिला कर्मकार सामान्यत: नियोदित हैं, वहां उनके **6 वर्ष** से कम आयु के बच्चों के लिए उपयुक्त शिशु-गृह की व्यवस्था करना आवश्यक है। बच्चों के उपयोग में आने वाले ऐसे कमरों में पर्याप्त स्थान, प्रकाश और संवातन होना आवश्यक है। ये कमरे साफ और स्वच्छतर दशा में रखे जाने चाहिए। साथ ही साथ इन बालकों एवं शिशुओं को प्रशिक्षित महिलाओं (**Trained women**) की देखरेख में रखा जायेगा [**धारा** 48(1)(2)]। राज्य सरकार शिशु गृह के निर्माण, साज-समान के मानकों, अतिरिक्त सुविधाओं, मुफ्त दूध या उपहार की व्यवस्था, माताओं के लिए अपने बच्चों को दूध पिलाने के लिए अंतरालों की सुविधा संबंधित नियम बना सकती है [धारा 48(2)]। इस प्रकार सरकार ने कामकाजी महिलाओं (जो माता भी हैं) के लिए विशेषकर इस कल्याण सुविधा का प्रावधान किया है। ताकि निश्चिंत होकर अपने कारखाना संबंधी जिम्मेदारियों का निर्वहन कर सके।

6. **महिलाओं के रात्रि प्रहर में काम पर प्रतिबंध** (Prohibit on Work of Women During Night)

महिला कर्मकारों से प्रात: 6 बजे और संध्या 7 बजे (**6 a.m. and 7 p.m.**) के बीच के घंटों के अतिरिक्त किसी और समय में काम नहीं लिया जा सकता और न ही इसके लिए अनुमति दी जाएगी। परन्तु राज्य सरकार सरकारी गजट में सूचना प्रकाशित करके उपरोक्त समय-सीमा में ढील दे सकती है। परन्तु फिर भी किसी भी परिस्थितिं में नियोजक को किसी महिला कर्मकार को रात के **10 बजे के बाद और प्रात: 5 बजे** के पूर्व काम कराने की शक्ति नहीं दी जा सकती। महिला कामगारों के लिए पारी-परिवर्तन साप्ताहिक अवकाश या अन्य अवकाश-दिवस की व्यवस्था के बाद ही किया जा सकता है। (धारा 66)। **के.एस. त्रिवेणी बनाम भारत सरकार** के केस में यह निर्णय आया कि राज्य सरकार नियम बनाकर मत्स्य संसाधन (**Fish curing**) या मत्स्य डिब्बाबंदी (**Fish canning**) के कारखानों में कच्चे माल को नुकसान से बचाने (कार्य-प्रकृति आधार पर) स्त्रियों के कार्य के विहित अधिकतम घंटों तथा समयों से छूट दे

सकती है। साथ ही साथ हाईकोर्ट ने निर्णय दिया मत्स्य उद्योग में महिलाओं (**Women in fish industry**) में मिलने वाला सुरक्षा अन्य उद्योगों में रात्रि प्रहरी में (**During night time**) काम करने वाली महिलाओं को भी दिया जाना चाहिए। **लीला बनाम केरल सरकार** के केस में केरला उच्च न्यायालय की खंडपीठ में कुछ अन्य विचार आए। जिसमें पेटीशनर ने उक्त धारा को संविधान के अनुच्छेद 14, 15 तथा 15 का उल्लंघन (Violation) बताया। हाल के दशकों में बहुत सारे परिवर्तन श्रम जगत के श्रेत्र एवं स्वरूप में हो रहे हैं। **आई. टी. क्षेत्र** (I.T. Sector), बी.पी.ओ. क्षेत्र में महिला कामगारों की संख्या बढ़ती जा रही है। इसलिए केन्द्र सरकार इन प्रावधानों में कुछ संशोधन करने की दिशा में गंभीरता से सोच रही है। हाल के दिनों में **बंगलौर** के कॉल सेंटर (**Call Centre**) में महिला कर्मचारी की हत्या तो रात्रि प्रहर में महिलाओं द्वारा कार्य प्रतिबंध संबंधी इस धारा की प्रासंगिकता को उचित ठहराता है। इसलिए रात्रि प्रहर में भी महिलाओं द्वारा काम करने की छूट को देने के पूर्व सरकार को उनके सुरक्षा, मर्यादा, स्वास्थ्य आदि के पक्ष को भी ध्यान में रखना चाहिए।

7. **खतरनाक संक्रियाओं पर प्रतिबंध** (Prohibition in Dangerous Operations)

राज्य सरकार की राय में यदि किसी कारखाने में चलाई जाने वाली कोई विनिर्माण प्रक्रिया या संक्रिया ऐसी है कि उससे उसमें नियोजित व्यक्ति को शारीरिक क्षति, विष या रोग की गंभीर जोखिम हो सकती है, तो वह ऐसे खतरनाक सुक्रियाओं में महिलाओं, कुमारों या बालकों के नियोजन को प्रतिबंधित कर सकती है [**धारा 87(b)**]। इस प्रकार इस श्रेणी की प्रक्रियाओं एवं संक्रियाओं में महिला नियोजन को प्रतिबंधित करने का पूरा अधिकार राज्य सरकारों को है।

इस प्रकार कारखाना अधिनियम में विशेषकर महिला कामगारों के स्वास्थ्य, कल्याण, सुरक्षा, रात्रि प्रहरी पर कार्य संबंधी कई प्रावधान किए गए हैं। किंतु सैद्धांतिक रूप से ये प्रावधान कानून की मोटी-मोटी किताबों तक ही सीमित कर रह जाती है। यदि बारीकी से इन कारखानों के खासकर महिलाओं से संबंधित सुरक्षा एवं सुविधाओं का अध्ययन एवं निरीक्षण किया जाए। तो हम पाएंगे शौचालय, मूत्रालय नहीं है और यदि है तो इन स्थानों को समय-समय पर साफ-सुथरा नहीं किया जा रहा है। धुलाई संबंधी सुविधा का सख्ती से पालन नहीं हो रहा है। जो पालन घर या शिशु गृह है वहां विहित मात्रा एवं प्रकार में दूध, अल्पाहार, अन्य जरूरी सामान नहीं में है। बच्चों को देखने के लिए जो महिलाएं हैं, कहीं प्रशिक्षित है, कहीं नहीं। मानो नियम का केवल खानापूर्ति कर देना है उससे आगे कुछ नहीं।

6.1.2 ख़ान अधिनियम, 1952 (The Mines Act, 1952)

खान में काम करने वाली महिला कामगारों को संरक्षण प्रदान करने के लिए निम्नलिखित पहलुओं पर कानूनी प्रावधान बनाए गए हैं–

1. **शौचालय** (Conservancy)–महिलाओं के लिए पृथक शौचालय एवं मूत्रालय की व्यवस्था हो जो प्रकाशयुक्त, खिड़कीयुक्त एवं साफ होना चाहिए। (धारा 20)

2. **जमीन के अंदर** (Below ground)–महिलाओं का नियोजन खान के किसी भी हिस्से में जमीन के अंदर नहीं किया जा सकता। [धारा 46(1)]

3. **जमीन के ऊपर** (Above ground)–महिलाओं का नियोजन जमीन के ऊपर 6 a.m. to 7 p.m. के मध्य अवधि में अतिरिक्त किसी अन्य समय नियोजित नहीं किया जा सकता। विशेष परिस्थिति में इसे 5 a.m. से 10 p.m. के मध्य किया जा सकता है। लेकिन महिलाओं के समाप्ति एवं प्रारंभ के मध्य घंटे का अंतराल होना चाहिए। [धारा 46(1)]

6.1.3 बागान अधिनियम, 1951 (The Plantation Act, 1951)

1. शौचालय (Conservancy) (धारा 9)
2. शिशु-गृह (Creches)–50 से अधिक महिला नियोजित होने पर (धारा 12)
3. नियोजन पर प्रतिबंध (Prohibition on employment)–7 p.m. to 6 a.m. के मध्य (धारा 25)
4. मातृत्व भत्ता (Maternity allowances)–नर्स या Mid-wives को छोड़कर (धारा 32)

6.1.4 ठेका श्रमिक (विनियमन एवं उन्मूलन) अधिनियम, 1970 [Contract Labour (Regulation and Abolition) Act, 1970]

1. शिशु-गृह (Creches)–20 या इससे महिला नियोजित होने पर।

2. नियोजन पर प्रतिबंध (Prohibition on employment)–6.00 a.m. to 7.00 p.m., के अतिरिक्त समय इनके कार्य पर प्रतिबंध। दाई एवं नर्स के कार्य को छोड़कर।

(वार्षिक रिपोर्ट, श्रम मंत्रालय, दिल्ली, 2005-06)

6.1.5 अंतर्राज्यीय प्रवासी कामगार (नियोजन का विनियमन एवं सेवा शर्तें) अधिनियम, 1979 [The Inter-State Migrant Workmen (Regulation of Employment and Conditions of Services) Act, 1979]

1. शिशु गृह (Creches) 20 या इससे अधिक प्रवासी महिला कर्मचारी के नियोजित होने पर जहां इनका नियोजन 3 माह या इससे अधिक जारी रहने की संभावना हो।

(वार्षिक प्रतिवेदन 2005-06, श्रम मंत्रालय, भारत सरकार, दिल्ली)

6.1.6 भवन और अन्य कामगार (रोजगार का विनियमन और सेवा शर्तें) अधिनियम, 1996 [The Building and Other Construction Workers (Regulation of Employment and Conditions of Service) Act, 1996]

1. प्रतिनिधित्व (Representation)–भवन और अन्य निर्माण कामगार कल्याण बोर्ड में एक महिला सदस्य का प्रतिनिधित्व,
2. मातृत्व हितलाभ (Maternity benefit)–कल्याण निधि की महिला हितलाभकारियों को प्रसूति हितलाभ का प्रावधान, तथा
3. शिशु गृह (Creches)–50 से अधिक महिला कामगार होने की स्थिति में।

6.1.7 औद्योगिक नियोजन (स्थायी आदेश) अधिनियम, 1946 [The Industrial Employment (Standing Order) Act, 1946]

1. महिला कर्मकारों के कार्य स्थल पर यौन-शोषण (**Sexual exploitation**) के मामले में सुरक्षा संबंधी प्रावधान करना।
2. महिला कर्मचारी द्वारा लगाए यौन-शोषण के शिकायत की जांच एक **महिला अध्यक्ष** तथा दो अन्य सदस्यों द्वारा, जो महिलाएं ही हों से गठित **'शिकायत समिति'** द्वारा करना।

6.1.8 बीड़ी तथा सिगार कर्मकार (रोजगार की शर्तें) अधिनियम, 1966 [The Beedi and Cigar Workers (Conditions of Employment) Act, 1966]

बीड़ी विनिर्माण देश के परम्परागत एवं गृह-आधारित उद्योगों (**Home based industries**) में एक है। बीड़ी विनिर्माण कार्य लगभग **4.50** करोड़ कामगार लगे हैं। जिसमें लगभग 2/3 (67 प्रतिशत) महिला कामगारों का संकेन्द्रण है (एवार्ड डाइजेस्ट, 2008: 221)। बीड़ी एवं सिगार निर्माण में लगे श्रमिकों की स्थिति असंतोषजनक (**Unsatisfactory**) है। कारखाना अधिनियम, 1948 के दायरे से बचने के लिए बीड़ी कंपनी मालिक अपने इकाईयों को छोटे-छोटे टुकड़ों में 'अलग' (**Split**) कर देते हैं। ताकि कानून की पहुँच से दूर होकर एक तरफ श्रमिकों का निर्वाध गति से शोषण जारी रखे तथा दूसरी ओर उन्हें कानूनी सुविधाओं से भी वंचित रखा जाए।

इस क्षेत्र की कई खासियत है जो निम्नलिखित हैं–

1. यह महिलाओं श्रमिकों का संकेन्द्रण वाला क्षेत्र है,
2. बीड़ी कंपनी कानून दायरे से बचने एवं खासकर महिला श्रमिकों का शोषण जारी रखने के लिए कई प्रकार के तरीके अपनाते हैं। इसमें से निम्नलिखित तरीके प्रमुख हैं–
   - (i) अपने व्यापार को छोटे-छोटे टुकड़ों में बांटकर अलग (Split) कर देना,
   - (ii) इस कार्य को **ठेकेदार/बिचौलियों** के माध्यम से करवाना,
   - (iii) महिला बीड़ी कारीगर से प्रत्यक्ष संबंध नहीं बनाना,
   - (iv) ठेकेदार द्वारा ही कच्चा माल, तैयार माल, मजदूरी आदि का निबटारा करवाना,
   - (v) बीड़ी तैयार करने में न बीड़ी कंपनी और न ठेकेदार के भवन का उपयोग होने देना। बल्कि कच्चे माल को तैयार माल की सारी प्रक्रिया को महिला बीड़ी कारीगर के घर पूरा करने के बाध्य लिए कर देना,
   - (vi) सरकार, समाज, संघ द्वारा दबाव होने पर उस क्षेत्र से अपने व्यवसाय को किसी ऐसे दूसरे क्षेत्र में हटा (Shift) देना जहां सस्ता, अशिक्षित एवं असंगठित् श्रम बाजार हो,
   - (vii) इन स्थितियों नियोजक-नियोजित संबंध (**Employer-employee relationship**) बेहतर ढंग से परिभाषित (Well defined) नहीं होता है। फलतः कारखाना अधिनियम, 1948 को इन इकाईयों पर लागू करने में कई कठिनाई होती हैं।

(viii) इस क्षेत्र में लगे बीड़ी श्रमिक और खासकर महिला श्रमिक बहुत असंगठित होती हैं और इस कारण भी अपने हित की रक्षा, उसकी देखभाल में असमर्थ होती है।

इन सारी स्थितियों को ध्यान में रखते हुए बीड़ी एवं सिगार निर्माण में लगे श्रमिकों में मुख्य रूप से निम्न उद्देश्य को प्राप्त करने के लिए 'बीड़ी एवं सिगार कर्मकार (नियोजन की शर्तें) अधिनियम, 1966 बनाया गया'–

1. विभिन्न बीड़ी एवं सिगार प्रतिष्ठानों में लगे कर्मकारों (**Workers**) के कल्याण (**Welfare**) की व्यवस्था करना; तथा
2. इनके कार्य स्थितियों एवं उससे संबंधित स्थितियों को विनियमित करने के लिए।

1. महत्वपूर्ण परिभाषाएं (Important Definitions)

(i) **ठेकेदार** (**Contractor**)–ठेकेदार (संविदाकार) वह व्यक्ति है, जो किसी विनिर्माण प्रक्रिया (**Manufacturing process**) के संबंध में संविदा श्रमिकों के माध्यम से कार्य संपादन कर एक परिणाम देने का जिम्मा लेता है या जो किसी निजी निवास गृह (**Private dwelling house**) में किसी भी विनिर्माण प्रक्रिया के लिए श्रमिकों को व्यस्त (**Engage**) करता है इसमें सम्मिलित है–

(a) उपठेकेदार (**Sub-contractor**);

(b) अभिकर्ता (**Agent**);

(c) मुंशी (**Munshi**);

(d) ठेकेदार (**Thekedar**); या

(e) सट्टेदार (**Sattedar**)। [धारा 2(d)]

(ii) **संविदा श्रमिक** (**Contract labour**)–संविदा श्रमिक का अर्थ किसी भी ऐसे व्यक्ति से है जो किसी विनिर्माण प्रक्रिया में ठेकेदार द्वारा या उसके माध्यम से (**By or through contractor**) किसी **भवन** में रखे या नियोजित (**Engaged or employed**) किए जाते हैं। भले इसकी जानकारी नियोजक को दी जाए या नहीं।

[धारा 2(e)]

(iii) **कर्मचारी** (**Employee**)–कर्मचारी का अर्थ ऐसे व्यक्ति से है जिसे किसी **प्रतिष्ठान या गोडाउन** में कुशल, अकुशल, शारीरिक या लिपिकीय, किसी भी काम के लिए प्रत्यक्ष या किसी अभिकरण

(**Directly or through any agency**) के माध्यम से मजदूरी या उसके बिना नियोजित किया जाता है। इसमें शामिल हैं–

(a) कोई भी श्रमिक जिसे कच्ची सामग्री नियोजक या ठेकेदार द्वारा इसलिए दिया जाता है कि **घर पर** (**At home**) वे इससे बीड़ी या सिगार या दोनों बनाएं। आगे चलकर इसे **गृह-कर्मकार** (**Home-worker**) माना गया तथा

(b) कोई भी वह व्यक्ति जो नियोजक या ठेकेदार (Contractor) द्वारा तो नियोजित नहीं किया गया है। किंतु इसमें से कोई एक या दोनों की अनुमति (**Permission**) से या उसके साथ करार के अधीन (**Under the Agreement**) काम करता है।

[धारा 2(f)]

(iv) **निजी निवास गृह** (**Private dwelling house**)–निजी निवास गृह से ऐसा घर जहां बीड़ी-सिगार या दोनों बनाने वाले व्यक्ति रहते हैं।

[धारा 2(n)]

सामान्य कर्मचारी के अतिरिक्त महिला कर्मचारी के लिए निम्न प्रकार की व्यवस्था करना इस अधिनियम के अनुसार आवश्यक है।

2. शौचालय तथा मूत्रालय (Latrines and Urinals)

महिला एवं पुरुष कर्मचारियों के लिए पर्याप्त संख्या में विहित प्रकार शौचालय एवं मूत्रालय की व्यवस्था औद्योगिक परिसर में होनी चाहिए। यदि कर्मचारियों की संख्या **50 से** कम हो या शौचालय किसी नाली से जुड़ा हो तो उस स्थिति में अलग से मूत्रालयों की आवश्यकता नहीं होगी।

3. शिशु गृह (Creches)

महिला कर्मचारियों के बच्चों के लिए भी इस अधिनियम में व्यवस्था की गई है। जो कामकाजी महिलाएं (संख्या 30 से अधिक होने पर) मां भी हैं उनके 6 साल के बच्चों के उपयोग के लिए यथोचित कमरा या कमरे (Suitable room or rooms) की व्यवस्था की जानी चाहिए। जिसका अच्छी तरह से रख-रखाव किया जाना चाहिए। ऐसे कमरे में निम्न बातों का ध्यान रखना चाहिए–

(i) पर्याप्त आवास व्यवस्था (Adequate **accommodation**);

(ii) पर्याप्त प्रकाश एवं खिड़की की व्यवस्था (Adequate **lighted** and **ventilated**);

(iii) सफाई और स्वच्छता की हालत में बनाए रखे जाएं (Be maintained in a clean and **sanitary** conditions);

(iv) प्रशिक्षित महिलाओं के जिम्मे बच्चों एवं शिशु की देखभाल हो (Be under the charge of women trained in the **care of children and infants**)।

राज्य सरकार उस कमरे के फर्नीचर, अन्य उपस्कर, बच्चों के लिए मुफ्त दूध, नाश्ता, बच्चों की माताओं को उनको आवश्यक अंतरालों पर खिलाने-पिलाने के लिए सुविधाएं देने, बच्चों के कपड़ों को धोने, बदलने आदि संबंधित बातों के संबंध में नियम (Rules) बना सकती है।

[धारा 14]

4. खास घंटों के दौरान नियोजन पर प्रतिबंध (**Prohibition of Employment During Certain Hours**)

किसी महिला या युवा (Young) के 6 बजे प्रातः से 7 बजे सायं के मध्य ही नियोजित किया जा सकता है इस प्रकार 6 प्रातः से रात्रि 7 बजे के मध्य ही महिला या युवाओं को नियोजित किया जा सकता है। यह एक प्रकार का संरक्षण संबंधी प्रावधान है।

[धारा 25]

5. विभिन्न अधिनियमों का लागू होना (**Application of Various Acts**)

बीड़ी एवं सिगार कर्मकार अधिनियम, 1966 जिन प्रतिष्ठानों में लागू होता है वहां निम्नलिखित अधिनियम के संबंधित प्रावधान लागू होंगे–

1. मजदूरी भुगतान अधिनियम, 1936 (The Payment of **Wages Act**, 1936);
2. औद्योगिक नियोजन (स्थायी आदेश) अधिनियम, 1946 [The **Industrial Employment** (S.O.) Act, 1946];
3. औद्योगिक विवाद अधिनियम, 1947 (**The Industrial Dispute Act**, 1947);
4. कारखाना अधिनियम, 1948 (The **Factories Act**, 1948); तथा
5. मातृत्व हितलाभ अधिनियम, 1961 (The **Maternity Act**, 1961)।

इन अधिनियम के द्वारा बीड़ी क्षेत्र में लगी करोड़ों बीड़ी श्रमिकों एवं कारीगरों का शोषण जारी है। वे अब भी स्वास्थ्य, कल्याण, सुरक्षा संबंधी सुविधाओं से वंचित है।

6.1.9 **समान पारिश्रमिक अधिनियम**, 1976 (The Equal Remuneration Act, 1976)

कार्य स्थल पर मजदूरों के श्रेणियों के विभाजन के आधार कई हैं यथा शिक्षित एवं अशिक्षित, स्नातक एवं स्नातकोतर, कुशल एवं अर्द्धकुशल, उच्च पदस्थ एवं अधीनस्थ, पर्यवेक्षक एवं सामान्य श्रमिक, मार्केटिंग एवं कार्मिक विभाग के कर्मचारी आदि। इसी प्रकार लिंग के आधार देखें तो महिला एवं पुरुष श्रेणी में श्रमिक नजर आएंगे। देश का जब संविधान बना तो राज्य के नीति निर्देशक सिद्धांत (Directive principle of state policy) के तहत इस बात का प्रावधान किया कि समान प्रकृति वाले कार्य के लिए पुरुष एवं महिला श्रमिक के मध्य 'लिंग के आधार पर' (On the basis of sex) भेदभाव (Discrimination) नहीं किया जाएगा। इस प्रकार लिंग के आधार पर समान कार्य के लिए महिला एवं पुरुष की मजदूरी में भिन्नता (Wage differential) करना संवैधानिक प्रावधान का उल्लंघन है। इसी प्रकार मामले के गंभीरता को देखते हुए अंतर्राष्ट्रीय स्तर पर श्रम मानक का सृजन (Creation of labour standard at international level) करने वाली संस्था अंतर्राष्ट्रीय श्रम संगठन ने अपने प्रमुख बीड़ी 'अंतर्राष्ट्रीय श्रम अधिवेशन' (International labour conference) के **34वें सत्र (वर्ष** 1951) में इस मुद्दे को रखा। अंततः निर्णय लिया गया कि महिला एवं पुरुष के मध्य **'समान पारिश्रमिक सिद्धान्त'** (Principles of Equal Remuneration) अपनाते हुए समान कार्य के लिए समान पारिश्रमिक दिया जाना चाहिए। फलतः **समान पारिश्रमिक अभिसमय संख्या** 100 (Equal Remuneration Convention No. 100) को I.L.O. में पास किया गया। कई सदस्य राष्ट्रों द्वारा इसे अनुसमर्थिक (Rectify) किया गया। साथ ही साथ समान पारिश्रमिक अनुशंसा संख्या 90 (Equal Remuneration Recommendation No. 90) भी लाया गया। इन-अंतर्राष्ट्रीय श्रम मापक एवं संवैधानिक प्रावधान के आलोक में भारत सरकार के समक्ष भी इस कन्वेंशन को लागू करवाने का दबाव बढ़ता गया। 1975 **को** U.N.O. ने 'International Year for Women' के रूप में घोषित कर दिया। महिला के प्रति बढ़ते शोषण, भेदभाव को कम करने के दबाव लगातार बढ़ते जा रहे थे। अतः भारत सरकार के Equal Remuneration Ordinance लाया। 1 फरवरी, 1976 में इसे विधेयक (Bill) के रूप में प्रस्तुत कर आवश्यक प्रक्रिया संपन्न कर इसे कानून बनाने की प्रक्रिया पूरी की गई।

1. **उद्देश्य** (Objective)–इस प्रकार महिला श्रमिकों समानता प्रदान करने हेतु इस अधिनियम को पारित किया गया। इस अधिनियम से संबंधित उद्देश्य हैं–

   1. यह अधिनिमय पुरुष एवं स्त्री कर्मकारों को समान पारिश्रमिक भुगतान (Equal remuneration payment) करने के लिए बनाया गया है,

2. नियोजन (Employment) में लिंग के आधार पर महिलाओं के विरुद्ध भेदभाव (**Discrimination**) किए जाने का निवारण (**Prevention**) करना है,
3. इससे संबंधित या **आनुषंगिक विषयों** पर उपबंध की व्यवस्था करना है, तथा
4. मजदूरी में समानता लाने के कारण इसे भारत में मजदूरी अधिनियम (Wage legislation) के रूप में जाना जाता है।

इम्पलोइ एसोसिएशन बनाम कर्नाटका सरकार (1990) के निर्णय में यह कहा गया कि यह विधान पुरुष एवं महिलाओं को समान कार्य के लिए भुगतान में समानता (**Equality**) प्रदान करने वाला विधान है।

2. परिभाषाएं (Definitions)

(i) **पारिश्रमिक** (Remuneration)–पारिश्रमिक से तात्पर्य उन **मौलिक मजदूरी या वेतन** तथा अन्य अतिरिक्त उपलब्धियों से है जो देय होता है। जिसका भुगतान नकद या वस्तु में किया जाए। यह रकम नियोजित व्यक्ति को उसके नियोजन या उस कार्य के लिए दिया जाता है, जो उन्होंने संपन्न किया है। इनके नियोजन संविदा अभिव्यक्त या अंतगर्भित हो सकते हैं।

[धारा 2(I)]

(ii) **समान कार्य या समान प्रकृति के कार्य** (**Same work or work of a similar nature**)–इसका अभिप्राय ऐसे कार्य से है जिसके लिए वांछित हुनर, प्रयत्न तथा उत्तरदायित्व उस समय एक जैसे हैं जब काम करने की एक दशाओं में वह काम पुरुष या स्त्री द्वारा किया जाता है। साथ ही साथ ऊपर वर्णित पहलुओं में कोई अंतर भी है तो नियोजन के निबंधनों और शर्तों (Terms and conditions) के संबंध में उसका कोई व्यावहारिक महत्व (Practical importance) नहीं है।

[धारा 2(h)]

3. मुख्य प्रावधान (Main Provisions)–इस अधिनियम महिला कर्मचारियों को निम्नलिखित प्रावधानों में उनके पारिश्रमिक संबंधित कई प्रकार की सुरक्षा की व्यवस्था की है–

1. समान कार्य या समान प्रकृति के कार्य के लिए समान भुगतान नियोजक का कर्तव्य (**Duty of employers to pay equal remuneration for same work or work of a similar nature**)–किसी नियोजक द्वारा अपने नियोजित कर्मचारी को दूसरे लिंग के तुलना में समान काम या समान प्रकृति

वाले काम के लिए पारिश्रमिक (नकद या वस्तुएं) कम दर से नहीं दिया जाएगा। इस प्रकार सब कुछ समान हो तो उस स्थिति में किसी भी कर्मचारी का लिंग के आधार पर पारिश्रमिक दर (**Rate of remuneration**) घटाया नहीं जाएगा। इस अधिनियम के आ जाने से भिन्नता समाप्त हो जाएगी। यहां एक बात ध्यान में रखी जाए कि महिला के पारिश्रमिक में समानता लाने के लिए पुरुष को दी जाने वाली पारिश्रमिक में कमी नहीं लाई जाएगी। बल्कि महिला के पारिश्रमिक में वृद्धि कर इस अंतर का पता लग जाएगा। [धारा 4(1), (2), (3)]

2. भर्ती में भेदभाव नहीं (**No discrimination in recruitment**)– पारिश्रमिक भुगतान में समान के साथ संगठन के भर्ती एवं उससे संबंधित प्रक्रियाओं में लिंग आधारित भेदभाव नियोजक द्वारा नहीं किया जा सकता है। समान काम या समान प्रकृति वाले काम में भर्ती के समय नियोजक एवं संबंधित अधिकारी को इस बात का ध्यान रखना होगा कि कोई भेदभाव नहीं हो सके। जिससे खासकर महिला उम्मीदवार की नियुक्ति पर इसका बुरा प्रभाव पड़ सके। केवल उसी स्थिति में महिलाओं का नियोजन नहीं जहां ऐसा करना किसी कानून के तहत प्रतिबंधित है–

[धारा 5]

1987 में हुए महत्वपूर्ण संशोधन के उपरांत अब भर्ती के अतिरिक्त निम्न मसलों पर भी महिला कर्मचारियों के भेदभाव नहीं किया जा सकता है–

(i) प्रोन्नति (**Promotion**);

(ii) प्रशिक्षण (**Training**); या

(iii) स्थानान्तरण (**Transfer**)।

साथ ही साथ अनुसूचित जाति, जनजाति, भूतपूर्व सैनिक, छटनी किए गए कर्मचारियों या किसी अन्य वर्ग या प्रवर्ग के व्यक्तियों के लिए आरक्षण की व्यवस्था हो तो उस पर इस अधिनियम को कोई प्रभाव नहीं पड़ेगा।

3. सलाहकार समिति (**Advisory committee**)–महिलाओं के लिए रोजगार अवसरों को बढ़ाने के उद्देश्य से **समुचित सरकारी** एक या एक से अधिक **सलाहकार समिति** का गठन कर सकती है। यह समिति समुचित सरकारों को यह सलाह देगी कि किस हद (विस्तार) तक ऐसे प्रतिष्ठानों या नियोजकों में महिलाओं के लिए रोजगार अवसर बढ़ाए जा सकते हैं। जिसे केन्द्र सरकार अधिसूचित कर सकता है।

यह सलाहकार समिति **10** से कम व्यक्ति की गठित नहीं होगी। जिसमें **50 प्रतिशत महिला सदस्य** होगी। इन सदस्यों का मनोनयन (**Nomination**) समुचित सरकारों द्वारा किया जाएगा। समिति महिलाओं के कार्य-घंटे, कार्य-प्रकृति,

कार्य दशा आदि संबंधित पहलुओं पर अपना महत्वपूर्ण जानकारी सरकार को देगी। समिति अपने कार्य करने का तरीका (Procedure) खुद निर्धारित कर सकती है। सलाह प्राप्ति के उपरांत समुचित सरकार संबंधित नियोजक को आवश्यक निर्देश जारी कर सकता है। इस प्रकार यह महत्वपूर्ण सलाहकार समिति है जिससे महिला कर्मचारियों के साथ होने वाले भेदभाव को दूर किया जाता है।

[धारा 6(1)-(5)]

4. अधिकारी के समक्ष दावा एवं परिवादों की सुंवाई (Hearing of claims and complains before authorities)–जिस महिला कर्मचारी को पुरुष कर्मचारी की तुलना में समान कार्य के लिए कम मजदूरी मिल रही हो तो वह समुचित सरकार द्वारा नियुक्त संबंधित प्राधिकारियों के समक्ष अपनी शिकायत दर्ज करा सकती है। संबंधित अधिकारी आवश्यक जांच-पड़ताल के उपरांत उस नियोजक को यह आदेश दे सकते हैं कि उसे उचित दर से भुगतान किया जाए और इस मद में बाकाया राशि के भुगतान का भी आदेश इनके द्वारा दिया जा सकता है। यदि आवेदनकर्ता यह आवेदन देता है कि नियोजक द्वारा इस अधिनियम से संबंधित धाराओं एवं उपधाराओं का सही ढंग से पालन नहीं किया जा रहा है तो ऐसी स्थिति अधिकारी नियोजक को अधिनिर्माण को ठीक ढंग से लागू करने का आदेश दे सकते हैं कार्य की प्रकृति के समानता के संबंध में यदि कोई विवाद उत्पन्न होता है। तो इसका निर्णय भी इसी अधिकारी द्वारा लिया जाएगा आज इससे जुड़े आदेश मालिक को प्रेषित किए जा सकते हैं।

[धारा 7(1)-(7)]

5. दंड (Penalties)–कानून के उल्लंघन होने वाले कार्यों के लिए दंड का प्रावधान होता है। अपराध जितना बड़ा दंड उतना बड़ा।

(i) रजिस्टर, दस्तावेज के रख-रखाव, मस्टर-रोल के रख-रखाव में असफल, जरूरी साक्ष्य छुपाने या देने से इंकार करने, साक्ष्य देने से रोकने, कोई जानकारी ही देने या छिपाने के स्थिति में साधारण **कारावास जो एक मास** तक या जुर्माना जो 10,000 **रुपये तक विस्तारित** हो सकता है या दोनों का भागी संबंधित व्यक्ति हो सकते हैं।

(ii) यदि नियोजक इस अधिनियम लागू होने के उपरांत भर्ती, समान काम के लिए पारिश्रमिक में भेदभाव, पुरुष-महिला के मध्य लिंग आधार पर इस कानून के किसी उपबंध का उल्लंघन करता है या समुचित सरकार द्वारा किए गए किसी निर्देश का पालन नहीं करता है तो उस स्थिति में जुर्माना 10,000 रुपये से कम नहीं होगा और **20,000**

रुपये तक विस्तारित हो सकता है। जबकि कारावास तीन महीने से एक साल तक विस्तारित हो सकता। यदि अपराध दोहराया जाए तो कारावास अवधि 2 **वर्षों** तक विस्तारित हो सकती है।

(iii) निरीक्षक को निरीक्षण कार्य में सहयोग नहीं करने पर **500 रुपये** तक जुर्माना लगाया जा सकता है।

[धारा 10(1), (2), (3)]

5. मूल्यांकन (Evaluation)–महिला श्रमिकों को सुरक्षा, न्याय, समानता प्रदान करने के लिए अंतर्राष्ट्रीय एवं राष्ट्रीय स्तर पर कानून का निर्माण किया जाता है। कानून के अस्तित्व में आने के बाद खासकर इस अधिनियम ने समान कार्य के लिए समान वेतन देने के दिशा में महत्वपूर्ण भूमिका निभाई है। **1976 से 2003** के मध्य लगभग 31 वर्षों में खासकर **संगठित क्षेत्र के अधिकांश प्रतिष्ठानों में लिंग आधारित मजदूरी दर में असमानता को दूर कर दिया गया है।** संगठित क्षेत्र में ऐसे उदाहरण यद्यपि निरीक्षण के बाद कम पाये जाते हैं। लेकिन हम यह नहीं कह सकते कि इस अधिनियम के प्रावधानों का पूरी तरह पालन किया जा सकता है (देखे तालिका सं. 6.0)।

तालिका सं. 6.0: समान पारिश्रमिक अधिनियम, 1976 के वर्षवार उल्लंघन मामलों की स्थिति

वर्ष	कानून उल्लंघन होने की संख्या
1995	4359
1996	4692
1997	4722
1998	4115
1999–2000	2652
2000–01	4121

स्रोत–वार्षिक रिपोर्ट, श्रम मंत्रालय, भारत सरकार, नई दिल्ली, 1997–98, 1998–99, 2000–01।

भारत सरकार के श्रम मंत्रालय के विभिन्न वार्षिक प्रतिदवेदन में यह तथ्य उभर कर आया कि प्रारंभ में होने वाले मजदूरी में लिंग आधारित भेद-भाव को एक हद तक सीमित किया गया। इस प्रकार हम देखते हैं कि इस अधिनिमय ने **समानता के सिद्धान्त** पर महिला श्रमिकों को समान काम के लिए समान मजदूरी दिलवाने में महत्वपूर्ण भूमिका निभाई है। वहीं इस अधिनियम के विभिन्न धाराओं के उल्लंघन के मामले भी निरीक्षण उपरांत पाए (**Detect**) गए हैं।

तालिका सं. 6.0 से स्पष्ट है कि 1995 से 2001 के मध्य इस कानून के विभिन्न प्रावधान जो समान कार्य समान पारिश्रमिक से संबंधित है लगभग **चार हजार** से अधिक संख्या में इसका उल्लंघन हुआ है।

Mc Kimnon Mackenzie and Andrey D'Costa–AIR, 1987, SC 1281 के केस में सर्वोच्च न्यायालय में पाया कि **महिला स्टेनोग्राफर (Stenographers)** एवं सामान्य पुरुष स्टेनोग्राफर की तुलना में कम पारिश्रमिक (Lower remuneration) दिया जा रहा था। न्यायालय ने माना कि दोनों का कार्य समान या समान प्रकृति का था इस प्रकार नियोजन द्वारा धारा 4(1) एवं भारतीय संविधान के **अनुच्छेद 14 एवं 39(d) का उल्लंघन (Violation)** हो रहा था। इस प्रकार नियोजक का यह कार्य महिला कर्मचारी के साथ भेदभाव माना गया। स्पष्ट कानून के अस्तित्व में आने के बाद यह केस आया और कोर्ट ने इसे इस अधिनिमय एवं संविधान दोनों का उल्लंघन माना।

असंगठित क्षेत्र में यह अधिनियम तुलनात्मक रूप से ज्यादा असफल है। यदि असंगठित क्षेत्र के एक कार्य बीड़ी निर्माण क्षेत्र (**Bidi manufacturing sector**) का उदाहरण लें। इस क्षेत्र में कार्य बीड़ी कंपनी द्वारा बिचौलियों/ठेकेदारों के माध्यम से कराया जाता है। उसमें प्रति हजार बीड़ी बनाने के लिए, जिसे **बीड़ी मोड़ना** (Bidi Rolling) कहा जाता है, के लिए अलग-अलग दर से मजदूरी दी जाती है। यद्यपि इसके कई अन्य कारण भी हैं यथा–उनकी अशिक्षा, कमजोर **सामूहिक सौदेबाजी** क्षमता, अन्य रोजगार के **अवसरों का अभाव**, **बड़ा परिवार**, **आर्थिक तंगी** आदि। भले ही वह बेहतर ढंग से माल तैयार कर दे लेकिन उसे मजदूरी कम ही मिल पाती है। देखा जाय तो असंगठित क्षेत्र में इसे प्रभावी ढंग से लागू करने की ज्यादा जरूरत है। असंगठित क्षेत्र में लाचार एवं निसहाय श्रम का, जिसको मौका मिलता है वह अपने ढंग से फायदा उठाता है। यदि ठेकेदार, श्रम अधिकारी संघ नेता सभी अपने-अपने स्वार्थों के लिए मालिक से मिले हों तो उस स्थिति में ये कमजोर महिला कारीगर किससे फरियाद करें। **हिरणी का शिकार शेर द्वारा** होते देख मादा हिरण क्या कर सकता है। वह लाचार होकर देखता रहता है। वही हाल पति श्रमिक का है। वह जान रहा है कि उसकी पत्नी को समान कार्य के लिए कम मजदूरी दी जा रही है फिर वह काम छूटने, कम काम मिलने, सप्ताह में सभी दिन काम नहीं मिलने के भय से चुपचाप रह जाता है। इसके अतिरिक्त भर्ती, प्रोन्नति, प्रशिक्षण, स्थानान्तरण के मामले में भेदभाव होते हैं। कई बार अखबार के पन्ने इस बात के गवाह बनते हैं कि फलाँ महिला **आई.ए.एस.** या **आई.पी.एस.** अधिकारी के साथ भेदभाव किया गया और उसके समकक्ष पुरुष अधिकारी को प्रोन्नति दे दी गई,

प्रशिक्षण के लिए भेज दिया गया आदि। इसके अतिरिक्त इस अधिनियम निम्न कमियां भी हैं–

1. पर्याप्त मात्रा में **निरीक्षण** (Inspection) का अभाव है;
2. प्रभावी ढंग से इस अधिनियम का **पालन** (Implementation) नहीं हो पा रहा है;
3. **सलाहकार समिति** को भी समय-समय पर जितना सक्रिय और प्रभावी होना चाहिए, नहीं है;
4. दावा एवं **परिवेदना** सुनने वाले प्राधिकारियों की संख्या तुलनात्मक रूप से कम है;
5. संबंधित रजिस्टर, दस्तावेज, मस्टर रोल का **रख-रखाव** सही ढंग से नहीं किया जाता तथा
6. वर्तमान **दंड स्तर** (Penalty level) नियोजक पर अपना प्रभाव नहीं छोड़ पा रहा है। इसको बढ़ाने की आवश्यकता है।

6.1.10 कर्मचारी राज्य बीमा अधिनियम, 1948 (The Employee's State Insurance Act, 1948)–देश के औद्योगिक श्रमिकों (Industrial labour) को कई प्रकार की समस्याओं का सामना करना पड़ता है। ये समस्याएं आर्थिक, शारीरिक, मनोवैज्ञानिक, सांस्कृतिक आदि किसी भी प्रकार की हो सकती हैं। सरकार ने विभिन्न कानूनों के माध्यम से विभिन्न प्रावधान कर इन श्रम जीवियों के हित एवं भविष्य को सुरक्षित रखने की यथासंभव व्यवस्था की है। सर्वप्रथम **1929** में देश के स्वतंत्रतापूर्व महत्वपूर्ण आयोग–**शाही श्रम आयोग (Royal Commission on Labour)** ने उद्योग में काम करने वाले कामगारों की बीमारियों एवं स्वास्थ्य संबंधी सुविधाओं पर चिंता जताते हुए स्वास्थ्य बीमा आयोग **(Health Insurance Scheme)** प्रारंभ करने की अनुशंसा की थी। आगे भारत सरकार ने **प्रो. अदारकर**, **स्टेंक** एवं **राव** के **1944** में दिए गए सुझावों के आधार पर वर्ष **1946** में कर्मकार राज्य बीमा विधेयक **(Workmen's State Insurance Bill)** का मसौदा तैयार किया। इस बिल पर 1948 में सहमति बन गई और यह कर्मचारी राज्य बीमा अधिनियम, 1948 के नाम से देश के औद्योगिक प्रस्थानों पर लागू हो गया। कर्मचारियों को **बीमारी**, **प्रसूति**, **नियोजन**-क्षति की दिशा में संबंधित सुविधाओं को देने के लिए यह कानून अस्तित्व में आया।

1. विस्तार (Scope)

यह कानून प्रथम चरण में सारे देश में मौसमी कारखानों **(Seasonal** factories) को छोड़कर ऐसे सभी कारखानों में लागू है, जो **शक्ति की सहायता**

से चलाए जाते हैं तथा जिनमें 20 या इससे अधिक व्यक्ति नियोजित होते हैं। समुचित सरकार को इस अधिनिमय को आंशिक या पूर्ण रूप से किसी भी औद्योगिक, वाणिज्यिक, कृषि संबंधी आया अन्य प्रकार के इकाईयों में लागू करने का अधिकार है। **न्यू कारपागाम होटल बनाम रीजनल डायरेक्टर ई.एस.आई. कारपोरेन, मद्रास**, 2006 के निर्णय में माना गया कि इस अधिनियम को एक विशिष्ट सामाजिक आवश्यकता पूर्ति (**Fulfilment of social need**) करनी होती है। फलतः अधिनियम का उद्देश्य अधिकांश कर्मचारियों को **बीमा संरक्षण** (**Insurance protection**) के अंतर्गत लाना होता है। यह अधिनियम यद्यपि स्वतंत्रता पूर्व का अधिनियम है फिर भी **राज्य के नीति निदेशक सिद्धान्तों की आत्मा के अनुरूप** है तथा न्यायालयों को अनिवार्यतः अधिनियम की आत्मा को एक संकुचित तरीका अपनाकर विफल नहीं होने देना चाहिए। **खेमचन्द मोतीलाल** टुबैको प्रोडक्ट्स लि. एवं अन्य बनाम भारत संघ एवं अन्य, 1990 में राजपत्र अधिसूचना द्वारा मध्य प्रदेश के तीन स्थानों में (**बीड़ी विनिर्माण इकाई**) लागू होने योग्य बनाया गया था। **इंडियन सिविल मशीन कंपनी लि. बाम्बे** (1996) के केस में दुकानों एवं भण्डागारों के कर्मचारियों को अधिनियम अधीन माना गया। इतना ही नही मद्रास गवर्नमेंट सर्वेन्ट कोआपरेटिव सोसाइटीज के 1997 के केस में **सहकारी सोसायटी** जो अपने सदस्यों को फाइनेंस करने में लगी थी तथा ब्याज एवं हिस्से के लाभों से मना कर रही थी, उसे इस अधिनियम के अधीन लाभों के लिए पर्याप्त माना। कहा गया कि जहां व्यवस्थित रूप से आर्थिक एवं वाणिज्यिक कार्य कलाप होते हैं तथा सेवायें बेची जाती हैं, वह स्थान **दुकान** होती है। **किर्लोस्कर कन्सक्ट्रेक्टस लि.** 2002 के केस में परामर्शी फर्म को भी एक दुकान माना और यहां काम करने वाले इस अधिनियम के अंतर्गत मिलने वाले लाभ देय होंगे। इस केस में दिए गए निर्णयों के अनुसार जहां परामर्शी फर्म औद्योगिक तकनीकी, **बाजार एवं प्रबंध** की गतिविधियों के संबंध में तथा निर्माता अभियंताओं एवं अन्य विशेषज्ञों की सेवा लेकर परियोजना की तैयारी के संबंध में अपने ग्राहकों को **परामर्शदायी सेवा** (**Consultancy services**) में संलग्न था। वहां चलायी जा रही गतिविधियों के प्रकृति वाणिज्यिक अथवा कीमत के लिए आर्थिक थी। अतः यह इस अधिनियम के प्रयोज्यता के उद्देश्य से एक दुकान थी। **केरल** के अधिकारी अधिनियम के अधीन स्थापित-**'ताड़ी की दुकान'** की भी इस अधिनियम प्रयोज्यता के उद्देश्य से दुकान माना गया (2003)। इसके अतिरिक्त अधिनियम के दायरे में आने के लिए कर्मचारियों की अधिकतम **मजदूरी-सीमा 6500 रु.** प्रतिमाह है।

[धारा 1, 2(9), (12)]

यह अधिनियम सामाजिक बीमा योजनाएं (**Social Insurance Schemes**) महिला एवं पुरुष कर्मचारियों के लिए है। इस अधिनियम के तहत **महिला कर्मचारियों** को निम्नलिखित प्रकार की सुविधाएं देय हैं–

1. बीमारी-हितलाभ (**Sickness benefit**);
2. अशक्तता हितलाभ (**Disablement benefit**);
3. आश्रित हितलाभ (**Dependent's benefit**);
4. प्रसूति हितलाभ (**Maternity benefit**);
5. अंत्येष्टि हितलाभ (**Funeral benefit**); तथा
6. चिकित्सा हितलाभ (**Medicine benefit**)।

2. प्रसूति हितलाभ (Maternity Benefit)

इस अधिनियम की [धारा 46(ख)] में बीमाकृत महिला कामगार (**Insured women workers**) को कई प्रकार की मातृत्व संबंधी सुविधाएं प्रदान की गई हैं। महिला कामगार को निम्न स्थितियों में प्रसूति हितलाभ लेने का प्रावधान है–

1. प्रसवावस्था (**Confinement**);
2. गर्भपात (**Miscarriage**);
3. गर्भावस्था, प्रसवावस्था से उत्पन्न बीमारी (**Sickness arising out of pregnancy**); या
4. समयपूर्व शिशु जन्म पर (**Premature birth of a child**)।

स्पष्ट है प्रसव, गर्भपात, इन स्थितियों से बीमारियों, समयपूर्व उत्पन्न हुए बच्चे इन सभी स्थिति में महिला कामगार की अधिनियम के तहत वर्णित लाभ मिलेगा। इन महिलाओं को इसके लिए विभिन्न प्राधिकारी (**बीमा चिकित्सा अधिकारी** Insurance Medical Officer) द्वारा प्रमाण पत्र लेना आवश्यक होता है। तब जाकर इन्हें आवधिक भुगतान (**Periodical payment**) किया जाता है। बीमाकृत महिला कामगार वेतन सहित 12 सप्ताहों के छुट्टी (**Leave with full wages for 12 weeks**) की हकदार (**Entitled**) सामान्य प्रसव (**Normal delivery**) की स्थिति में होती है। जबकि गर्भपात की स्थिति में प्रसूति हितलाभ गर्भपात के बाद **6 सप्ताह की** अवधि के लिए देय होता है। लेकिन इसका गर्भपात के प्रमाण-पत्र प्रस्तुत करने होंगे यह छुट्टी वेतन सहित होती है। 12 सप्ताह की यह सवैतनिक छुट्टी बच्चे के जन्म के 6 सप्ताह पूर्व एवं 6 सप्ताह के बाद में बंटी होती है।

गर्भावस्था, बच्चे के अकाल-जन्म और गर्भपात से उत्पन्न बीमा की स्थिति में महिला कामगार को अधिकृत अधिकारी द्वारा निर्गत प्रमाण-पत्र प्रस्तुत करने

पर चार सप्ताहों की अतिरिक्त (**6 सप्ताह** + **4 सप्ताह** = **10 सप्ताह**) छुट्टी का लाभ मिल सकता है।

3. **बीमारी हितलाभ** (Sickness Benefit)

बीमित व्यक्ति को बीमारी हितलाभ बीमारी के अवधि के लिए चिकित्सा व्यवसायी के प्रमाणित करने पर देय होता है। इसमें चिकित्सा व्यवसायी द्वारा कर्मचारी को नकद भुगतान के रूप में **हितलाभ-अवधि** (Benefit period) में यह हितलाभ इनके द्वारा निर्धारित दिनों के लिए ही देय होता है। लाभ के लिए योग्यता, दरें, कालावधि केन्द्र सरकार द्वारा विहित किया जाता है [धारा 46(क), 47, 49]। **धारा 64** में इस लाभ को प्राप्त करने की कुछ शर्तें भी रखी गई हैं जो निम्न प्रकार हैं–

(क) इस अधिनियम के अंतर्गत स्थापित औषधालय, अस्पताल, क्लीनिक या अन्य संस्था में चिकित्सकीय उपचार के लिए रहना;

(ख) चिकित्सा-पदाधिकारी या चिकित्सा-परिचारक द्वारा दिए गए निर्देशों का पालन करना;

(ग) उपचाराधीन रहते हुए कोई ऐसी बात नहीं करना जो उसके स्वास्थ्य लाभ की गति को मन्द करे या उस पर प्रतिकूल प्रभाव डाले;

(घ) चिकित्सा-पदाधिकारी या चिकित्सा-परिचारक की अनुमति के बिना उस क्षेत्र को नहीं छोड़ना, जहां उसका उपचार हो रहा हो; तथा

(ङ) नियुक्त चिकित्सा अधिकारी या कर्मचारी राज्य बीमा-निगम द्वारा इस निमित प्राधिकृत अन्य व्यक्ति द्वारा अपनी परीक्षा के लिए तैयार रहना।

इसके अतिरिक्त कर्मचारी राज्य बीमा-निगम ने कुछ विशेष स्थितियों में कुछ विहित रोगों से ग्रस्त कामगारों को बीमारी हितलाभ की यह अवधि (**91 दिन**) विस्तारित हो सकता है जो **124 दिनों** का दिया जा सकता है लेकिन गंभीर मामलों (Chronic case) में इसे **309 दिनों** तक के लिए बढ़ाया जा सकता है। चिकित्सा आयुक्त (Medical Commissioner) किसी भी असाधारण रोग या विशिष्ट परिस्थितियों में विस्तारित (Extended) बीमारी हितलाभ की स्वीकृति दे सकते हैं।

4. **अशक्तता हितलाभ** (Disablement Benefit)

धारा **46(ग)** के अशक्तता हितलाभ का प्रावधान वैसे कर्मचारी के लिए किया गया है जो नियोजन से उत्पन्न तथा नियोजन के दौरान (**Arising out of and in the course of employment**) दुर्घटना से अशक्तता के शिकार होते हैं। इस अशक्तता के लिए इन्हें एक अवधि सीमा के लिए भुगतान किया

जाता है। साथ ही साथ इस सुविधा को प्राप्त करने के लिए संबंधित प्राधिकार से अशक्तता का प्रमाण प्रस्तुत करना होता है।

अशक्तता हितलाभ निम्न स्थितियों में देय होता है–

(क) अस्थायी अशक्तता (**Temporary disablement**)

(ख) स्थायी अशक्तता (**Permanent disablement**)

(i) आंशिक अशक्तता (**Partial disablement**)

(ii) पूर्ण अशक्तता (**Total disablement**).

इस अधिनियम के द्वितीय अनुसूची (**Second schedule**) में उन क्षतियों/चोट की सूची है, जिन्हें स्थायी पूर्ण तथा स्थायी आंशिक अशक्तता का मामला समझा जाता है। इस द्वितीय अनुसूची के दो भाग हैं–

द्वितीय अनुसूचीः भाग 1-100% उपार्जन सामर्थ्य की हानि स्थायी पूर्ण अशक्तता

उन चोटों की सूची जिसको स्थायी पूर्ण अशक्तता माना जाता है–

1. दोनों हाथों की हानि या उच्चतर स्थानों पर विच्छेदन;
2. एक हाथ एवं एक पांव की हानि;
3. टांग या उरु से दोह्य विच्छेदन, या एक और टांग या उरु से विच्छेदन और पैर की हानि;
4. दृष्टिशक्ति की हानि (Loss of sight) इस सीमा तक कि दावेदार ऐसा कोई काम करने में असमर्थ हो जाता है जिसके लिए दृष्टि शक्ति आवश्यक है;
5. चेहरे की बहुत गंभीर विद्रूपता (Very severe facial disfigurement); तथा
6. पूर्ण बधिरता (**Absolute deafness**)।

भाग 2–विच्छेदन के मामले-उर्ध्व शाखा (कोई भी भुजा) ARM आंशिक अशक्तता

	उपार्जन सामर्थ्य की हानि का %
7. भुजा-संधि से विच्छेदन (Amputation through shoulder joints)	90%
8. भुजा से नीचे विच्छेदन, जबकि स्पूणक अंसकूट से सिरे के 29.32 से.मी. से कम हो	80%

9.	अंसकूट के सिरे से 20.32 से.मी. से कूर्पर के सिरे के नीचे 11.43 से कम तक विच्छेदन	70%
10.	एक हाथ की या एक हाथ के अंगूठे और चारों अंगुलियों की हानि या कूर्पर के सिरे से 11.43 से.मी.	60%
11.	अंगूठे की हानि	30%
12.	अंगूठे की और उसकी करभ-अस्थि की हानि	40%
13.	एक हाथ की चार अंगुलियों की हानि	50%
14.	एक हाथ की तीन अंगुलियों की हानि	30%
15.	एक हाथ की दो अंगुलियों की हानि	20%
16.	अंगूठे की अंतिम अंगुलि-अस्थि की हानि	20%
16.(क)	अस्थि की हानि के बिना ही अंगूठे के सिरे गिलोलोन अंग-विच्छेदन	10%

इसी तरह इस अनुसूची के भाग II में और अशक्तता आधार बताए गए जिसमें दावेदार की उपार्जन सामर्थ्य की हानि होती है जिसका प्रतिशत भिन्न-भिन्न होता है। अन्य आधार है–

17-30 विच्छेदन के मामले अध: शाखा (**Lower limbs**) पांव विच्छेदन, नितम्ब, घुटना आदि।

31-32(क) अन्य क्षतियाँ (**Other injuries**)–नेत्र, दृष्टि।

(क) हाथ की अंगुलियाँ (Fingers of hand)

33-36	तर्जन-संपूर्ण, दो-एक अस्थियां, आदि
37-40	मध्यमा-संपूर्ण, दो-एक अस्थियां, आदि
41-44	अनामिका-संपूर्ण, दो-एक अस्थियां, आदि

(ख) पांव की अंगुलियाँ (Toes of foot)

45-46	अंगूठा
47-48	अन्य अंगुलियां
49-50	पांव की दो अंगुलियां
51-52	पांव की तीन अंगुलियां
53-54	पांव की चार अंगुलियां

स्पष्ट है अनुसूची 2 के **प्रथम भाग** में उन चोटों का विवरण है जिससे व्यक्ति की अर्जन क्षमता 100 प्रतिशत समाप्त हो जाती है। इसे पूर्णत: अशक्तता वाली चोट माना जाता है। जबकि दूसरे भाग में आंशिक अशक्तता वाली चोटों

का विवरण है। जिसमें व्यक्ति की 90 से 10 प्रतिशत व्यक्ति के उपार्जन शक्ति की हानि होती है।

अनुसूची तीन के भाग (क) तथा (ख) में नियोजन एवं उससे संबंधित उत्पन्न होने वाले व्यावसायिक रोगों (Occupational diseases) का विवरण दिया गया है, जब कर्मकार इन व्यावसायिक रोगों से ग्रसित होते हैं तो उसे भी नियोजन के दौरान और नियोजन से उत्पन्न दुर्घटना माना जाता है। इस स्थिति में यह कर्मचारी इस हितलाभ का अधिकारी हो जाता है। व्यावसायिक रोग है–**संक्रामण** एवं **परजीवी रोग (Infectious and parasitic diseases),** सीसा या उसके विषैले कण समिश्रण से उत्पन्न रोग, नाइट्रस धूमों, कार्बनिक फॉस्फोरस, पादप, बेनजीन, नाइट्रो, क्रोमियम, रेडियो-एक्टिव, तारकोल, डामरपिच, विदूपन, खनिज तेल, हाइड्रोकॉन, कार्बन डाइसल्फाइड, मैगनीज, रसायनिक या जैविक कारकों, एलकोहॉल, खनिज धूल आदि से उत्पन्न रोग (राजपाल कटारिया, 2007)। इस प्रकार दुर्घटना, बीमारी, स्थायी-अस्थायी अशक्तता जैसी सभी स्थिति में कर्मचारी अशक्तता हितलाभ का अधिकारी होते हैं।

धारा 51 के अनुसार इस अधिनियम के उपबंधों के अंतर्गत अस्थायी अशक्तता के लिए हितलाभ पूर्ण दर से 3 **दिनों** के प्रतीक्षा-काल के बाद अशक्तता अवधि तक देय होता है।

नियोजन के दौरान (In the course of employment)–**धारा** 51(**क**) के अनुसार इस अधिनियम के प्रयोजनों के लिए बीमाकृत व्यक्ति के **नियोजन के दौरान** (नियोजन के अनुक्रम में) उत्पन्न होने वाली दुर्घटनाओं को, किसी प्रतिकूल साक्ष्य के अभाव में **नियोजन से उत्पन्न (Arising out of employment)** समझा जाएगा। लेकिन यह अवधारणा केवल इस अधिनियम के उद्देश्य के सम्बन्ध में लागू होगी। **रीजनल डायरेक्टर इम्पलाईज स्टेट इन्शयोरेन्स कारपोरेशन बनाम नरसाबाई** (2001) केस में देखा गया कि कर्मचारी अपनी पाली आरम्भ होने के 15 मिनट पहले मिल के दरवाजे पर पहुँचा तथा दरवाजे के बाहर **हृदयाघात** (Heart attack) के कारण गिर पड़ा और उसका देहान्त हो गया। न्यायालय ने निर्णय में माना कि दुर्घटना नियोजन के अनुक्रम/दौरान हुई थी। इसके अतिरिक्त विनियमों आदि को भंग करते समय घटित होने वाली दुर्घटना [धारा 51(ख)], नियोजक के परिवहन में यात्रा करते समय घटित दुर्घटना [धारा 51(ग)], आपातस्थितियों का सामना करते समय दुर्घटनाओं [धारा 51(घ)], आदि स्थितियों में भी होने वाली क्षति की स्थिति में इस हितलाभ का अधिकारी होता है। दुर्घटना से उत्पन्न स्थायी अशक्तता, अर्जन क्षमता की क्षति मात्रा (प्रतिशत में), आदि का निर्धारण नियम के अधिनियम चिकित्सा बोर्ड **(Medical board)** किए जाने का प्रावधान है। चिकित्सा बोर्ड के इस संबंध में निर्णय से असंतुष्टि

की स्थिति में कर्मचारी चिकित्सा अपील-अधिकरण (**Medical Appeal Tribunal**) या सीधे कर्मचारी बीमा न्यायालय (**Employee's Insurance Court**) के पास अपील कर सकता है। [धारा 54, 54(क)] इन बोर्ड, अपील अधिकरण के निर्णयों पर समय-समय पर पुनर्विलोकन (Review) हो सकता है।

(**धारा** 55)

5. आश्रित हितलाभ (Dependant's Benefit)

यदि बीमाकृत कर्मचारी की नियोजन के दौरान और उससे उत्पन्न दुर्घटनाओं के कारण मृत्यु हो जाती है तो उसके आश्रितों को आश्रित हितलाभ का सर्वाधिक भुगतान (Periodical payment) किया जाता है। [धारा 46(ग)]

6. चिकित्सा हितलाभ (Medical Benefit)

बीमाकृत कर्मचारी बीमारी या नियोजन-क्षति की स्थिति में चिकित्सकीय उपचार प्राप्त करने का हकदार होगा जो चिकित्सा हितलाभ कहलाता है। धारा 56 के अनुसार यह हितलाभ निगम, समुचित सरकार के आवेदन पर और विनियमों में उपबन्धित शर्तों। पर बीमाकृत व्यक्ति के परिवार (कुटुम्ब) के लिए भी विस्तारित कर सकता है। उपधारा (2) के अनुसार यह लाभ किसी अस्पताल, औषधालय, क्लीनिक, अन्य संस्था में बाह्त रोगी, उपचार या इस बीमाकृत कर्मचारी के घर जाकर देखने या किसी अस्पताल या अन्य संस्था में अंत:रोगी उपचार के रूप में देया होता है। धारा 58 के अंतर्गत राज्य सरकार कर्मचारी राज्य बीमा नियम मिलकर चिकित्सा उपचार की मात्रा, प्रकृति संबंधित बातों पर समझौता कर सकते हैं। वही धारा 59 में निगम द्वारा अस्पतालों आदि की स्थापना एवं अनुरक्षण करने का अधिकार है।

7. अंत्येष्टि हितलाभ (Funeral Benefit)

यह लाभ बीमाकृत कर्मचारी के मृत्यु के उपरांत उसके दाह-संस्कार हेतु उसके परिवार के सबसे बड़े जीवित सदस्य (कुटुम्ब का **ज्येष्ठतम उत्तराधिकारी**) को दिया जाता है। यदि बीमाकृत व्यक्ति का कोई कुटुम्ब नहीं था या वह अपनी मृत्यु के समय अपने कुटुम्ब के साथ नहीं रह रहा था, तो उस स्थिति में यह राशि उसे देय होगी जिसने दाह-संस्कार पर वास्तव में खर्च किया। इस हितलाभ के लिए दावा कर्मचारी की मृत्यु के **तीन महीने** के अंदर किया जाना आवश्यक है। लेकिन निगम या संबंधित प्राधिकार इस समय सीमा को बढ़ा भी सकते हैं।

[धारा 46(च)]

स्पष्ट है यह अधिनियम सामाजिक बीमा योजना के अंतर्गत **महिला कामगारों** को प्रसूति, बीमारी, अशक्तता, चिकित्सा, आश्रित, अंत्येष्टि हितलाभ मिलता है।

पुरुष बीमाकृत कर्मचारियों को मिलने वाला **चिकित्सा हितलाभ 10 रुपये** के सामान्य मासिक अंशदान (**Nominal monthly contribution**) पर अवकाश प्राप्त के बाद भी जारी रह सकता है। बीमाकृत महिला कामगार **14 दिनों** के सवैतनिक छुट्टी की हकदार होगी। यह टयूबकटोमी (**Tubectomy**) के लिए देय होती है लेकिन चिकित्सक सलाह के आधार पर इस छुट्टी को बढ़ाया जा सकता है। बीमा महिला या बीमाकृत कर्मचारी की **पत्नी** यदि हॉस्पिटल से बच्चे के जन्म पर चिकित्सा सुविधा नहीं प्राप्त करती है, **तो 1000 रुपये** के चिकित्सा बोनस (**Medical bonus**) की हकदार होगी।

मूल्यांकन (Evaluation)

इन सारी चर्चाओं के उपलोक में इस कानून से संबंधित खूबियां एवं खामियां हमारे सामने स्पष्ट होती हैं। मूल्यांकन के दौरान इन बातों पर प्रकाश डालना आवश्यक हो जाता है। सर्वप्रथम तो एक बात को नजरअंदाज नहीं किया जा सकता कि यह अधिनियम भारत का इस महत्वपूर्ण सामाजिक सुरक्षा वाला अधिनियम है जो स्थान इंग्लैंड में राष्ट्रीय बीमा अधिनिमय (**National Insurance Act**) का, अमेरिका में **O.A.S.D.H.I. Act** का, कनाडा में सामाजिक सुरक्षा अधिनियम का है, वही स्थान भारत में कर्मचारी राज्य बीमा कानून, 1948 का है। राष्ट्रीय श्रम आयोग इनकी **खूबियों एवं खासियत** के कारण ही इसे भारतीय श्रमिकों के लिए **'वरदान'** माना। इस बात को आगे की तालिकाओं से समझा जा सकता है। जिसमें श्रम मंत्रालय के द्वारा प्रकाशित डाटा के आधार संबंधित बातों को बताने का प्रयास किया जा रहा है।

तालिका सं. 6.1: कर्मचारी राज्य बीमा अधिनियम के अंतर्गत लाभ लेने वाले कर्मचारियों का विवरण

(31 मार्च तक)

	2000	2001
1. केंद्रों की संख्या	655	677
2. लागू होने वाले (Covered) कारखानों की संख्या (लाख में)	2.25	2.39
3. कारखानों में लागू होने वाले कर्मचारियों की संख्या (लाख में)	78.62	77.54
4. बीमित व्यक्तियों की संख्या	86.01	84.93
5. परिवारों की संख्या (बीमित व्यक्ति)	86.01	84.93
6. लाभुकों (Beneficiaries) की संख्या (लाखों में)	333.72	329.55

स्रोत–*पॉकेट बुक ऑफ लेबर स्टैटिसटिक्स 2001–2002*, लेबर ब्यूरो, पृ. 112।

तालिका सं. 6.1 से स्पष्ट है कि वर्ष 2001 के दौरान इस अधिनियम के अंतर्गत कारखानों के लाभ प्राप्त करने वाले परिवारों की संख्या 84.93 लाख थी। जबकि लाभुकों की संख्या 3.30 करोड़ थी। भारत में लगभग 677 ऐसे केन्द्र हैं, जहां इस अधिनियम के अंतर्गत वर्णित लाभ कर्मचारियों को दिया जाता है।

तालिका सं. 6.2: कर्मचारी राज्य बीमा डिस्पेंसरी एवं अटेंडेंस की संख्या

विवरण	2000	2001
I. **डिस्पेंसरियों की संख्या**		
1. पूर्ण कालिक (Full time)	1387	1398
2. अंशकालिक (Part time)	14	14
3. चलयमान (Mobile)	20	20
4. नियोजक का उपयोगिता	22	21
II. **उपस्थिति** (Attendance)		
(क) संख्या (करोड़ में)		
1. बीमित व्यक्ति (Insured persons)	2.034	2.028
2. परिवार के सदस्य (Family members)	2.490	2.518
(ख) प्रति हजार (Per thousand)		
1. बीमित व्यक्ति	3138	2905
2. परिवार के सदस्य	3815	3580
III. **अस्पताल में मामला** (Case) नामांकित (लाख में)	4.21	4.04
IV. **घर जाने पर भुगतान** (Home visits paid)		
1. बीमित व्यक्ति	74545	107327
2. परिवार के सदस्य	75028	86320

स्रोत–*पॉकेट बुक ऑफ लेबर स्टैटिसटिक्स 2001–2002*, पृ. 113।

भारत में लगभग 1400 के आसपास पूर्णकालिक कर्मचारी राज्य बीमा डिस्पेंसरियां हैं। जबकि चलयमान डिस्पेंसरियों की संख्या 20 है। जिसमें 2.5 करोड़ परिवार सदस्य की उपस्थिति थी। अस्पताल में इस दरम्यान 4.04 लाख मामले नामांकित हुए। स्पष्ट है एक **मजबूत नेटवर्किंग** के माध्यम से कर्मचारियों को सुविधाओं को पहुंचाने का कार्य किया जाता है।

कर्मचारी राज्य बीमा अस्पताल में अलग-अलग श्रेणी के मरीजों के लिए अलग-अलग बिस्तरों एवं अन्य सुविधाओं की व्यवस्था होती है। जिससे सामान्य मरीजों को अन्य मरीजों से अलग रख कर उनका इलाज कराया जाय। साथ ही साथ मातृत्व की स्थितियों से गुजर रही महिलाओं के लिए अलग से बिस्तर की व्यवस्था की जाती है जबकि **टी.बी.** जैसे रोगों से ग्रसित मरीजों के लिए अलग व्यवस्था होती है। जिसे नीचे की तालिका से देखा जा सकता है।

तालिका सं. 6.3: कर्मचारी राज्य बीमा अस्पताल में उपलब्ध बिस्तरों (Beds) की संख्या

(31 मार्च तक)

विवरण	2000	2001
I. **कर्मचारी राज्य बीमा अस्पताल**	19,410	19,655
1. सामान्य (General)	15,474	15,649
2. मातृत्व (Maternity)	2,186	2,240
3. टी.बी. (T.B.)	1,750	1,766
II. **एनेक्सेस**	867	867
1. सामान्य	520	520
2. मातृत्व	—	—
3. टी.बी.	347	347
III. **अन्य अस्पताल**	3,443	3,443
1. सामान्य	2,398	2,41
2. मातृत्व	186	185
3. टी.बी.	859	839

स्रोत–पूर्ववत, पृ. 114।

तालिका सं. 6.4: कर्मचारी राज्य बीमा योजना के अंतर्गत बीमारी तथा मातृत्व हितलाभ

(31 मार्च तक)

विवरण	2000	2001
I. बीमारियां लाभ		
1. राशि का भुगतान (करोड़)	108.98	110.45
2. औसत प्रतिदिन दर (करोड़)	0.69	0.72
II. मातृत्व लाभ		
1. प्रसव की संख्या (No. of confinements)	27,295	26,522
2. प्रसव दर प्रति 100 महिला कर्मचारी	2.0	2.0
3. मातृत्व लाभ रकम का भुगतान (करोड़ में)	18.53	20.19
4. प्रति प्रसव औसत रकम का भुगतान	6787	7612
III. विस्तारित बीमारियों में भुगतान की राशि (करोड़ में)	10.62	13.19

स्रोत–पूर्ववत, पृ. 115।

इस योजना के अंतर्गत विभिन्न बीमारियों के लिए लाभुकों को लगभग 110 करोड़ रुपये वर्ष 2001 के दरम्यान भुगतान किया गया। जबकि विस्तरित बीमारियों हेतु 13.19 करोड़ भुगतान इस अवधि में हुए। जबकि मातृत्व लाभ के लिए 20-19 करोड़ रकम का भुगतान किया गया।

तालिका सं. 6.5: कर्मचारी राज्य बीमा योजना के अंतर्गत अशक्तता एवं आश्रिता लाभ (Disablement and Dependants Benefits Under ESI Scheme)

(31 मार्च तक)

	विवरण	2000	2001
1.	अस्थायी अशक्तता (Temporary disablement) हितलाभ भुगतान राशि (करोड़ में) (Temporary disablement)	31.88	34.80
2.	स्थायी अशक्तता के नामांकित मामलों की संख्या (Permanent disablement)	15,820	13,416
3.	स्थायी अशक्तता हितलाभ दाव का पंजीकृत मूल्य (Apitalised benefit) (करोड़ में)	75.00	73.90
4.	मृत्यु (Death) वाले नामांकित मामलों की संख्या	1027	995
5.	आश्रिता, हितलाभ, नामांकित (Admitted) मामले का पंजीकृत मूल्य (करोड़ में)	30.93	31.57

स्रोत–पूर्ववत, पृ. 116।

तालिका सं. 6.6: कर्मचारी राज्य बीमा निगम (ESIC) का मदवार आय एवं खर्च ब्यौरा (मार्च 31 तक)

(लाख में)

आय/खर्च	2000	2001
I. आय (Income)		
1. नियोजक एवं कर्मचारी से अंशदान (Contribution)	125,777	125,544
2. ब्याज एवं लाभांश (Dividends)	26,739	24,295
3. किराया, रेंट, कर, किस्त, फाइस, जब्ती	4,643	6,035
4. अन्य	317	380
II. खर्च (Expenditure)		
1. चिकित्सा लाभ	53,480	54,225
2. नकद लाभ	27,748	28,564
3. अन्य लाभ	77	77
4. प्रशासनिक लाभ	17,538	17,095
5. अस्पताल आदि के लिए मरम्मत एवं रख-रखाव एवं संचित कोष (Reserve fund)	1708	2016

स्रोत–पूर्ववत, पृ. 117।

अस्थायी, स्थायी अशक्तता, आश्रित हितलाभ मद में करोड़ों रुपये का भुगतान किया गया। इस अधिनियम के माध्यम इस श्रेणी के अस्पताल में कर्मचारियों को इस प्रकार अशक्तता एवं मातृत्व के स्थिति में पर्याप्त सामाजिक सुरक्षा सुविधाएं मिलती हैं। साथ ही साथ मृत्यु की स्थिति में उनके परिवार के सदस्यों को आश्रित हितलाभ भी प्रदान होता है।

इस तालिका सं. 6.6 से स्पष्ट होता है कि कर्मचारी राज्य बीमा निगम वर्ष 2001 में होने वाले खर्च में 542.3 करोड़ रुपये अकेले चिकित्सा लाभ **(Medical benefits)** पर, 285.6 करोड़ रुपये नकद लाभ **(Cash benefits)** तथा 77 लाख रुपये अन्य लाभ **(Other benefits)** पर खर्च किए गए। जबकि प्रशासनिक खर्च **(Administrative expenditure)** इस अवधि में 170.95 करोड़ रुपये खर्च हुए। भारत में कर्मचारी राज्य बीमा आयोग द्वारा विभिन्न ई.एस.आई. अस्पतालों के माध्यम से मुख्य रूप से कर्मचारी निम्नलिखित 5 प्रकार के हितलाभ (Benefits) प्रदान किए जा रहे हैं–

1. चिकित्सा हितलाभ (Medical benefit);
2. बीमारी हितलाभ (Sickness benefit);
3. मातृत्व हितलाभ (Maternity benefit);
4. अस्थायी अशक्तता हितलाभ (Temporary disablement benefit); तथा
5. स्थायी अशक्तता हितलाभ (Permanent disablement benefit)।

कर्मचारी राज्य बीमा योजना में कुल भुगतान वितरण (प्रतिशत में)

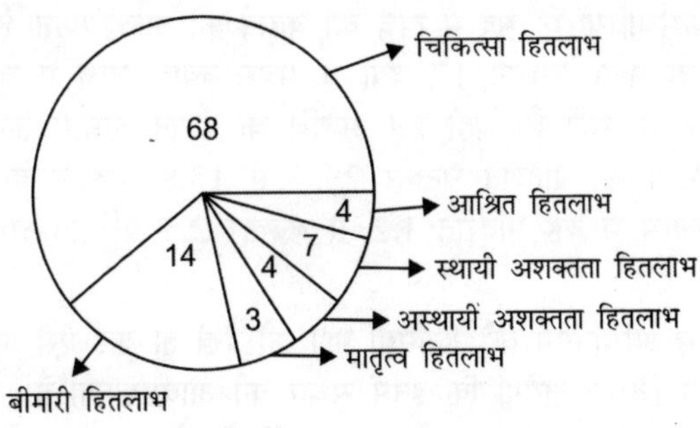

तालिका सं. 6.7: कर्मचारी राज्य बीमा योजना के अंतर्गत विभिन्न हितलाभ मदों में भुगतान (1984-2001)

(31 मार्च तक)

	रुपये (करोड़ में)				प्रतिशत			
	1984	1991	1995	2001	1984	1991	1995	2001
1. चिकित्सा हितलाभ	90.5	176.7	289.7	542.2	48.1	70.8	64.8	67.8
2. बीमारी हितलाभ	55.9	26.0	61.2	110.5	29.7	10.4	13.7	13.8
3. विस्तरित बीमारी हितलाभ	4.9	3.2	6.4		2.6	1.3	1.4	
4. मातृत्व हितलाभ	2.2	3.6	8.7	20.2	1.2	1.5	1.9	2.5
5. अस्थायी अशक्तता हितलाभ	16.5	11.3	26.0	34.8	8.8	4.5	5.8	4.3
6. स्थायी सशक्त हितलाभ	13.5	20.2	36.4	57.4	7.2	8.1	8.1	7.2
7. आश्रित हितलाभ	4.8	8.7	18.8	35.0	2.5	3.5	4.2	4.4
कुल हितलाभ	188.2	249.5	447.2	800.1	100	100	100	100

स्रोत–*पॉकेट बुक ऑफ लेबर स्टैटिसटिक्स श्रम ब्यूरो*, कर्मचारी राज्य बीमा आयोग के वार्षिक रिपोर्ट के विभिन्न अंश से संकलित।

तालिका सं. 6.7 से स्पष्ट है कि इस आयोग द्वारा देश में **800 करोड़** इस अवधि के दौरान खर्च विभिन्न हितलाभ मद में किए गए। जिसमें सर्वाधिक 68% (542 करोड़ रुपये) रकम चिकित्सा हितलाभ मद में खर्च किए गए। जबकि सबसे कम 3 प्रतिशत (20 करोड़) रकम **मातृत्व हितलाभ** मद में खर्च हुए। वहीं बीमारी हितलाभ मद में 14 प्रतिशत (110 करोड़) रुपये खर्च हुए। स्पष्ट है महिला कर्मचारियों के मद में खर्च को बढ़ाने की आवश्यकता है। वर्ष 1984 से 2001 के मध्य लगभग 17 वर्षों में सबसे ज्यादा खर्च में वृद्धि चिकित्सा हितलाभ मद में हुआ है। वही इस अवधि के दौरान बीमारी हितलाभ मद में होने वाले खर्च का प्रतिशत घटकर 29.7 से 13.8 प्रतिशत हो गया। यद्यपि मातृत्व हितलाभ में यह प्रतिशत 1.2 से बढ़कर 2.5 प्रतिशत अर्थात् दुगुना हो गया।

यदि इस अधिनियम की खामियाँ पक्ष को देखें तो कई ऐसे पहलू भी हमारे सामने आएंगे जिससे लगेगा कि इनमें सुधार की आवश्यकता है। आलोचना एवं खामियों पर प्रकाश डालने का उद्देश्य उन कमियों को दूर करना होता है। जिसके कारण वह अधिनियम बेहतर परिणाम नहीं दे पा रहा है। निम्नलिखित कमजोरियों के कारण इस अधिनियम की आलोचनाएं होती हैं–

1. सीमित विस्तार क्षेत्र (Limited scope) 6500 रुपये मासिक मजदूरी तक,
2. अपर्याप्त मातृत्व अवकाश (**In sufficient maternity benefit**) 12 सप्ताह,
3. बीमारी हितलाभ का दुरुपयोग संभव (**Possibility of misuse of sickness benefit**),
4. कर्मचारी राज्य बीमा अस्पताल एवं डिस्पेंसरियों में असंतोषजनक चिकित्सा सुविधाएं (**Unsatisfactory medicine** facilities in E.S.I. hospitals and dispensaries), तथा
5. जटिल प्रशासन (Complex administration) आदि।

6.1.11 मातृत्व हितलाभ अधिनियम, 1961 (The Maternity Benefit Act, 1961)

मातृत्व हितलाभ (प्रसूति हितलाभ) अधिनियम सामाजिक न्याय (Social Justice) सिद्धान्त पर आधारित एक प्रमुख अधिनियम है (**बी. शाह बनाम श्रम न्यायालय कोयम्बटूर**, उच्चतम न्यायालय, 1978)। इस अधिनियम के अनुसार कुछ खास परिस्थितियों (**Special conditions**) में महिला कर्मचारी को पुरुष कर्मचारी से भिन्न समझा जाना तथा उन्हें सुविधाएं प्रदान करना अपने आप में भेदभावपूर्ण लगता है। परन्तु महिलाओं में **प्राकृतिक कारणों** के आधार के कारण दिए जाने वाले लाभ वांछनीय एवं क्षम्य दोनों हैं (**रणधीर सिंह बनाम भारतीय संघ एवं अन्य 1982**)। विभिन्न केसों में दिए गए निर्णय के आलोक में ऐसा प्रतीत होता है कि कानून की दृष्टि में एक खास स्थिति में महिला श्रमिकों को एक खास प्रकार की सुरक्षा एवं सुविधा कार्य-स्थल पर नियोजकों द्वारा प्रदान किया जाना अत्यावश्यक है। महिलाओं को एक खास अवधि के लिए **सृष्टि के अनमोल सौगात को अपने गर्भ में पालना एवं बड़ा करना होता है।** इस स्थिति में यदि उन्हें सुरक्षा नहीं प्रदान की जाए तो कार्य-स्थल पर लगातार कार्य के दौरान **'बच्चा एवं जच्चा'** दोनों के जीवन पर प्रतिकूल प्रभाव पड़ सकते हैं। इस दौरान कामकाजी महिला के इस मातृत्व कालावधि में सवैंतनिक छुट्‌टी एवं अन्य सुविधाओं की आवश्यकता होती है। जिसका प्राकृतिक, मानवीय, सामाजिक एवं प्रबंधकीय आधार है। इसलिए कानून ने इस अवधि में मातृत्व लाभ को वांछनीय भी माना और यदि इसके आधार पर महिला कर्मचारी को पुरुष से भिन्न मानते हुए अतिरिक्त छुट्‌टी दी जाती है। तो इसे सामाजिक न्याय मानते हुए यह भेद भी क्षम्य है। इसलिए यह सिद्धान्त **सामाजिक न्याय** एवं **सामाजिक सुरक्षा** दोनों पर आधारित है।

परतंत्र एवं स्वतंत्र भारत में इस अधिनियम को अस्तित्व में लाने के कई प्रयास हुए। इन प्रयासों की अंतिम परिणति महिला श्रमिकों के लिए केन्द्रीय प्रसूति हितलाभ अधिनियम, 1961 के रूप में हमें देखने को मिलती है। 1929 से 1961 में मध्य प्रांतीय स्तर पर कारखानों एवं अन्य औद्योगिक इकाईयों में काम करने वाली **कामकाजी महिलाओं** के संवैंतनिक छुट्टी, नकद सहायता, चिकित्सा एवं नौकरी की सुरक्षा संबंधी सुविधाएं प्राप्त करने के लिए कई प्रसूति हितलाभ अधिनियम बनाए गए। लेकिन ये सभी अधिनियम प्रांतीय अधिनियम थे। इसका विस्तार क्षेत्र संबंधित राज्य हुआ करता था। भारत के विभिन्न राज्यों द्वारा इस दिशा में किए गए प्रयास इस प्रकार थे–

1929-1960 के मध्य प्रसूति हितलाभ अधिनियम	**वर्ष**
INDIA	
1. Bombay Maternity Benefit Act, 1929	1929
2. Madras Maternity Benefit Act, 1934	1934
3. Uttar Pradesh Maternity Benefit Act, 1938	1938
4. Punjab Maternity Benefit Act, 1943	1943
5. Assam Maternity Benefit Act, 1944	1944
6. Bihar Maternity Benefit Act, 1947	1947
7. Orissa Maternity Benefit Act, 1953	1953
8. Rajasthan Maternity Benefit Act, 1953	1953
9. Kerala Maternity Benefit Act, 1957	1957
10. Madhya Pradesh Maternity Benefit Act, 1958	1958
11. Maysore Maternity Benefit Act, 1959	1959

ILO

1. Maternity Protection, 1919	Convention **No. 3**
2. Maternity Protection (Revised), 1952	Convention **No. 103**
3. Maternity Protection, 1952	Recommendation **No. 95**
4. Plantation Workers, 1958	Recommendation **No. 110**

भारतीय संविधान अनुच्छेद (42) में देश की सभी महिलाओं को मातृत्व की स्थिति में मातृत्व हितलाभ देने की बात कही गई।

उपर्युक्त अधिनियमों में '**नियोजकों के दायित्व**' (Employer's liability) को सिद्धान्तः स्वीकार किया गया था। इन अधिनियमों में बच्चे के जन्म के पूर्व एवं बाद में सवैंतनिक छुट्टी की व्यवस्था महिला कर्मचारियों के लिए किया गया था। प्रसव संबंधी कुछ अन्य स्थितियां भी थीं जिसमें यह हितलाभ देय होती थी। जब कर्मचारी राज्य बीमा अधिनियम, 1948 (E.S.I. Act, 1948) अस्तित्व में आया तो महिला कर्मचारियों को **'मातृत्व हितलाभ'** देने का प्रावधान इस अधिनियम में किया और नियोजक को यह लाभ देने के लिए कहा गया। 1948 के इस अधिनियम विभिन्न हितलाभ यथा–अशक्तता, आश्रित, चिकित्सा के साथ-साथ मातृत्व हितलाभ का प्रावधान किया गया। मातृत्व हितलाभ केवल महिला श्रमिकों के एक खास परिस्थिति में देय था। लेकिन केवल मातृत्व हितलाभ प्रदान करने की केन्द्रीय कानून खान में काम करने वाली महिला कर्मचारियों के लिए 1941 में बना। जो **खान प्रसूति हितलाभ अधिनियम, 1941 (Mines Maternity Benefit Act, 1941)** के नाम से जाना गया। इसे देखें तो यह प्रांतीय न होकर केन्द्र सरकार का कानून था। जो देश के विभिन्न प्रांतों स्थित खानों पर लागू होता था। साथ ही केवल मातृत्व हितलाभ प्रदान करने वाले कानून के रूप में भी विकसित हुआ। कर्मचारी राज्य बीमा अधिनियम, 1948 में इन सुविधाओं को प्राप्त करने के लिए अंशदान करना पड़ता था। तब वे बीमाकृत श्रमिक की श्रेणी में आती और लाभ की हकदार होती। **बागान अधिनियम, 1951 (Plantation Act, 1951)** में बागान क्षेत्र में काम करने वाली 'महिला कर्मचारी' प्रसूति हितलाभ के तहत इस लाभ को पाने की हकदार थी। विभिन्न प्रांतीय अधिनियमों में एकरूपता लाने एवं प्रभावकारी ढंग से इस हितलाभ को महिला कर्मचारी तक पहुँचाने के ख्याल से केन्द्र सरकार ने वर्ष 1961 में एक केन्द्रीय मातृत्व हितलाभ अधिनियम बनाया। जो **प्रसूति हितलाभ अधिनियम, 1961 (Maternity Benefit Act, 1961)** के नाम से जाना जाता है। यह 12 दिसम्बर, 1961 में पारित हुआ। यह अधिनियम 1970 में महत्वपूर्ण संशोधन के उपरांत जम्मू एवं कश्मीर पर भी लागू हो गया।

1. उद्देश्य (Objective)

यह अधिनियम बच्चे के जन्म के पूर्व एवं बाद (**Before and after child birth**) की कुछ निश्चित अवधि में महिलाओं के नियोजन को विनियमित (To regulate the employment of women for certain period) करने के उद्देश्य से बनाया गया है। यह विनियमन कुछ निश्चित प्रतिष्ठानों (**Certain establishment**) के लिए किया जाता है। इसके साथ-साथ प्रसूति हितलाभ एवं कुछ अन्य निश्चित सुविधाओं (**Certain other benefit**) का प्रावधान करने के उद्देश्य यह अधिनियम बना है। इस प्रकार इस अधिनियम के उद्देश्य हैं–

1. बच्चे के जन्म के पूर्व की एवं बाद की कुछ निश्चित अवधियों में महिला नियोजन की विनियमित (**Regulate**) करना;
2. इन स्थितियों का विनियमित कारण कुछ निश्चित प्रतिष्ठानों में करना;
3. प्रसूति हितलाभ का प्रावधान कर इसे महिला कर्मचारी का कानूनी हक बनाना; तथा
4. साथ-साथ अन्य कुछ हितलाभ को भी प्रदान करना।

यह अधिनियम **मातृत्व की प्रतिष्ठा** (**Dignity of motherhood**) को पूरा सम्मान एवं सुरक्षा देने हेतु अस्तित्व में आया। इसलिए जब महिलाएं कार्य करने की स्थिति में नहीं होती हैं तो आवश्यक सुविधा दिलवाना इसका उद्देश्य **बी. शाह बनाम श्रम न्यायालय कोयम्बटूर**, 1978 के निर्णय में उच्चतम न्यायालय में इस अधिनियम को '**सामाजिक न्याय**' पर आधारित एक महत्वपूर्ण अधिनियम माना। इस प्रकार देखा जाए तो यह कानून महिला कर्मचारियों को सामाजिक न्याय प्रदान करने के उद्देश्य से बनाया गया है। इस अधिनियम की व्याख्या में न्यायपालिका **उदार दृष्टिकोण** अपनाती है जिससे महिला कर्मचारियों को इस लाभ से वंचित न होना पड़े। इस लाभ को प्राप्त कर रही महिला अपनी **शारीरिक शक्ति** को प्राप्त कर सकती है साथ ही साथ अपने **नवजात शिशु का पालन** कर सृष्टि के दायित्व का भी निर्वहन कर सके। इस स्थिति में महिला की शारीरिक स्थिति कुछ इस प्रकार हो जाती है जिससे वे अपने घरेलू एवं खासकर कार्यस्थल संबंधी जिम्मेदारियों का निर्वहन करने में कठिनाई अनुभव करती है। यह कानून केवल उन्हें बच्चे के जन्म की संभावित तिथि के **6 सप्ताह पूर्व एवं जन्मोपरांत 6 सप्ताह** की छुट्टी देने के साथ उस अवधि का वेतन भी प्रदान कर प्रभावित नहीं होने दिया जाए। लार्ड बेवरिज (**Lord Beveridge**) ने भी "मातृत्व को एक आकस्मिक माना था। जिस आकस्मिकता की स्थिति में इन महिला कर्मचारियों के समक्ष **आर्थिक बाधा** उत्पन्न हो जाती है। फलत: ये महिलाएं स्वयं को असुरक्षित महसूस करने लगती हैं। इसलिए इस स्थिति में उन्हें **सहायता एवं सुरक्षा** की आवश्यकता होती है।" अंतराष्ट्रीय श्रम संगठन (International Labour Organisation) ने इन्हीं आवश्यकता की गंभीरता को समझाते हुए अपने सदस्य राष्ट्रों (Members States) के समक्ष इससे संबंधित कई अभिसमय (Conventions) एवं अनुशंसाएं लागू करने हेतु रखा। जो इनके अधिकांश राष्ट्रों द्वारा या तो पुष्ट कर लागू किया या रेक्टीफाई तो नहीं किया लेकिन अपने देश में संबंधित कानून बना दिया।

इस अधिनियम में जरूरत पड़ने पर समय-समय पर **संशोधन** होते रहे हैं यथा–**1972, 1973, 1976, 1988, 1995**। इस प्रकार इस अधिनियम के

अंतर्गत गर्भवती महिलाओं को मातृत्व हितलाभ के अंतर्गत सवैतनिक 12 सप्ताहों की छुट्टी, चिकित्सा व देखभाल की सुविधा सुनिश्चित करना आदि संबंधित अन्य उद्देश्य शामिल हैं। इस मातृत्व कालावधि में इनके **बर्खास्तगी**, आदि को भी प्रतिबंधित करना भी इसका एक अन्य उद्देश्य है। ताकि इस अवधि में उन्हें **मनोवैज्ञानिक दबाव, ग्लानि, अवसाद** की स्थितियों से बचाया जा सके। मातृत्व से जुड़ी जो भी समस्याएं व दिक्कतें महिलाओं के सामने आती हैं उसे दूर करना इस नियम का उद्देश्य है।

2. विस्तार एवं क्षेत्र (Scope and Coverage)

1 यह एक केन्द्रीय कानून है। फलतः संपूर्ण भारत पर अधिनियम लागू होता है।

[धारा 1(2)]

2. केन्द्र सरकार द्वारा बनाये गए इस कानून को लागू करने की जिम्मेदारी उपर्युक्त सरकार (**Appropriate government**) को सौंपी गई है। [धारा 1(3)(ख)]

3. यह अधिनियम उन महिलाओं को मातृत्व लाभ देने का प्रावधान किया गया है जो **कामकाजी** हैं और **मातृत्व की स्थिति** में हैं।

4. यह अधिनियम भारत के सरकारी एवं निजी क्षेत्र (**Public and private sector**) के अंतर्गत आने वाले प्रायः सभी उद्योगों एवं संबंधित प्रतिष्ठानों यह अधिनियम लागू होता है–

(क) प्रायः सभी खान, बागान, कारखानों (**Mines, Plantation, Factories**) में लागू होता है;

(ख) सभी सरकारी प्रतिष्ठानों (**Establishments**) पर लागू है;

(ग) ऐसे प्रतिष्ठानों में भी हैं, जिनमें घुड़सवारी (Equestrain) कलाबाजी (**Acrobatic**) या अन्य प्रकार के प्रदर्शन के लिए व्यक्तियों को नियोजित किया जाता है;

(घ) राज्यों के उन दुकानों या प्रतिष्ठानों (**Shops or establishments**) में लागू होता है जहां गत 12 महीने में किसी भी दिन 10 या अधिक व्यक्ति (**Ten or more persons**) नियोजित किए गए हों या कार्यरत हैं; तथा

(ङ) यह अधिनियम उन कारखानों या प्रतिष्ठानों पर लागू **नहीं** होता है जो कर्मचारी राज्य बीमा अधिनियम, 1948 के अंतर्गत आते हैं। अर्थात कर्मचारी राज्य बीमा अधिनियम 1948 के जिन

कारखानों या प्रतिष्ठानों पर लागू होते हैं वहां मातृत्व हितलाभ अधिनियम, 1961 लागू नहीं होता।

[धारा 1(a) (b), 2(a) (b)]

5. जिस कारखाने या प्रतिष्ठान में कर्मचारी राज्य बीमा अधिनियम, 1948 (E.S.I. Act, 1948) लागू है। उस स्थिति में महिलाएं मातृत्व हितलाभ अधिनियम, 1961 की धारा 50 के अधीन मातृत्व हितलाभ का दावा प्रस्तुत करने के योग्य हो जाने की स्थिति इन लाभों की हकदार **(Entitled)** होगी।
6. एक दूसरी स्थिति है जिसमें 'महिला कर्मचारी' E.S.I. Act, 1948 के अधीन निर्धारित अधिकतम सीमा (**Maximum limit**, जो वर्तमान में **6500 रु. प्रतिमाह है**) **को पार कर गई हो**, तो उस स्थिति में M.B. Act, 1961 के हितलाभ की हकदार होगी।

[धारा 5(a), (b)]

म्यूनिसिपल कॉरपोरेशन ऑफ डेल्ही बनाम फीमेल वर्क्स (मास्टर रोल), 2000 में औद्योगिक न्यायाधिकरण से निर्णय दिया गया कि नगर निगम में मास्टर रोल पर कार्यरत महिला कर्मियों को मातृत्व हितलाभ अधिनियम, 1961 के लाभ प्रदान करने का निर्देश दिया गया है। धारा 5(a), (b) में कुछ **विशेष स्थितियों (In certain cases)** में मातृत्व हितलाभ देने की बात है।

7. मातृत्व हितलाभ प्राप्त करने की अवधि में महिला कर्मचारी यदि किसी प्रतिष्ठान में काम करती हुई पायी जाती है तो उस स्थिति में वह इस लाभ से वंचित हो जाएगी। यह लाभ उनका जब्त (**Forfeiture**) कर लिया जाएगा।

(धारा 18)

3. महत्वपूर्ण परिभाषा (Important Definitions) (धारा 3)

I. **बच्चा (Child)**–बच्चा (शिशु) के अंतर्गत नवजात शिशु भी सम्मिलित होगा (Child includes a **still-born child**)

[धारा 3(b)]

II. **प्रसव (Delivery)**–प्रसव से अभिप्राय शिशु के जन्म से है (Delivery means the **birth of a child**)

[धारा 3(c)]

III. **प्रतिष्ठान (Establishment)**–प्रतिष्ठान से अभिप्राय निम्नलिखित से है–

(i) कोई कारखाना,

(ii) कोई खान,

(iii) कोई बागान,

(iv) कोई ऐसा प्रतिष्ठान जिसमें लोगों को घुड़सवारी, कलाबाजी और अन्य करतबों के प्रदर्शन के लिए नियोजित किया जाता है,

(v) कोई ऐसा प्रतिष्ठान या दुकान, या

(vi) कोई ऐसा प्रतिष्ठान जिसे इस अधिनियम के उपबंध धारा 2(1) के अधीन लागू किए गए हैं।

[धारा 3(e) (i), (ii), (iii), (iv), (iva)]

IV. **मातृत्व हितलाभ/प्रसूति सुविधा** (**Maternity benefit**)–मातृत्व हितलाभ से अभिप्राय धारा 5 की उपधारा (1) में निर्दिष्ट भुगतान/संदाय से है।

[धारा 3(h)]

V. **गर्भपात** (**Miscarriage**)–गर्भपात से तात्पर्य गर्भावस्था के छब्बीस सप्ताह के पूर्व या दौरान की अवधि में गर्भ गर्भाशय की अंतर्वस्तुओं से है, किन्तु इसके अंतर्गत ऐसा गर्भपात या भ्रूणपात नहीं आता है जिसका कारित किया जाना भारतीय दण्ड संहिता (1860 का 45) के अधीन दंडनीय है। ['Miscarriage' means expulsion of the contents of a pregnant uterus at any period prior to or during the 26th week of pregnancy but does not include any miscarriage, the causing of which is punisable under the I.P.C. (45 of 1860).]

[धारा 3(j)]

VI. **महिला** (**Women**)–महिला से अभिप्राय किसी प्रतिष्ठान में मजदूरी पर नियोजित महिला से है चाहे वह सीधे नियोजित हो या किसी अभिकरण के माध्यम से (**'Women' means a woman employed, whethere directly or through any agency, for wages in any establishment.**)

[धारा 3(o)]

4. प्रसवावस्था अवधि में महिला नियोजन एवं कार्य पर प्रतिबंध (Prohibition of Employment and Work by Woman During Confinement)

1. किसी भी प्रतिष्ठान में कोई भी नियोजक जानते हुए महिला को प्रसव या गर्भपात के दिन से लेकर आगे के 6 सप्ताहों तक नियोजित नहीं कर सकता है (No employees shall knowingly employ a women in any establishment during the six weeks immediately following the day of her delivery or miscarriage).
2. कोई भी महिला अपने प्रसव या गर्भपात के दिन से तुरंत बाद 6 सप्ताहों तक काम नहीं कर सकेगी (No women shall work in

any establishment during the six weeks immediately following the day of her delivery or miscarriage).

3. किसी भी गर्भवती महिला से इस निमित उसके द्वारा उसके आवेदन किए जाने पर नीचे दिए गए अवधि के दौरान नियोजक द्वारा कोई ऐसा काम नहीं लिया जाएगा जो कठिन प्रकृति का हो या जिसमें लंबे समय तक खड़ा रहना आवश्यक हो या जिससे उसके गर्भवतित्व या भ्रूण (**Foetus**) के सामान्य विकास में किसी प्रकार के बाधा होने की संभावना हो या जिससे गर्भपात होना या उसके स्वास्थ्य पर प्रतिकूल प्रभाव पड़ने की संभावना हो। यह अवधि है–

    (क) उसके **संभावित प्रसव** (**Expected delivery**) की तारीख के पूर्व से 6 सप्ताह की अवधि से पूर्ववत (**Preceding**) एक महीने की अवधि में;

    (ख) उक्त 6 सप्ताह की अवधि के दौरान की कोई अवधि जिसके लिए **गर्भवती महिला** (**Pregnant woman**) अनुपस्थिति के अवकाश का उपभोग धारा 6 के अधीन नहीं करती।

[धारा 4(1), (2), (3), (4)]

मातृत्व हितलाभ अधिनियम, 1961 की धारा 4 के विभिन्न उपधाराओं महिला श्रमिकों को प्रसव एवं गर्भपात की स्थितियों में कुल मिलाकर **12 सप्ताहों** का संवैतनिक विश्राम या वैधानिक अधिकार (**Legal right**) दिया गया है इसमें नियोजक का दायित्व भी जुड़ा है। इस अवधि में इन महिलाओं से कार्य नहीं लेने को नियोजक के लिए बाध्यकारी (**Obligatory**) बनाया गया है। वस्तुतः यह प्रावधान आदेशात्मक है। साथ ही साथ महिला कर्मचारी को भी कानून ने निर्देश दिया है कि इस स्थिति में निर्दिष्ट अवधि में किसी प्रतिष्ठान में काम नहीं करें। यदि नियोजक यह सुविधा महिला कर्मचारी को यह वैधानिक अधिकार को सुनिश्चित नहीं करने पर उन्हें दोष सिद्ध (**Convicted**) किया जा सकता है। साथ ही साथ नियोजक को इस बात का भी ध्यान रखना होगा कि वे किसी ऐसी महिला को नियोजित नहीं करें जिसके **6 सप्ताह** के अंदर ही शिशु को जन्म देने की संभावना है।

5. मातृत्व हितलाभ के भुगतान के लिए अधिकार (Right to Payment of Maternity Benefits)

1. **हितलाभ राशि एवं दर** (**Rate and amount of benefit**)–प्रत्येक महिला अपने नियोजक से मातृत्व हितलाभ की अधिकारी है। ये उनको औसत मजदूरी (**Average wages**) की दर से तीन माह तक के

वास्तविक अनुपस्थिति अवधि के लिए देय होगा। यह औसत मजदूरी या न्यूनतम मजदूरी अधिनियम, 1948 में नियत की गई मजदूरी की न्यूनतम दर या 10 रुपये, जो सबसे अधिक होगा, उस दर से देय होगा।

2. **योग्यता शर्तें (Eligibility conditions)**–कोई भी महिला कर्मचारी 'मातृत्व हितलाभ' की तब ही अधिकारी होगी जब उसने अपने नियोजक के प्रतिष्ठान में बच्चों के जन्म की संभावित तिथि के शीघ्र पहले (Immediately preceding the date of her expected delivery) के 12 महीनों में **80 दिनों तक वास्तव** में कार्य किया है। लेकिन 80 दिनों वाली शर्त ऐसी महिलाओं पर लागू नहीं होगा जो **असम** राज्य से आकर बस गई हों और जो आप्रवासन के समय (At the time of **immigration**) गर्भवती थी।

वास्तव में कार्य हो चुके दिनों की गणना में कामबंदी (Lay-off) **सवैतनिक छुट्टी** (Holidays with wages) की कार्य दिवस के रूप में गिना जाएगा। साथ ही साथ इस अधिनियम के लाभ प्राप्ति हेतु किसी भी प्रकार की मजदूरी-सीमा (**Wages ceiling**) या कार्य की प्रकृति का प्रतिबंध (**Restriction**) नहीं है।

3. **लाभ अवधि (Period of maternity benefit)**–इन कामकाजी महिलाओं को अपने नियोजक से इस स्थिति में मातृत्व लाभ के रूप में 12 सप्ताहों की संवैतनिक छुट्टी मिलगी। जिससे 6 सप्ताह प्रसव-पूर्व (**Pre-natal**) तथा 6 सप्ताह प्रसवोपरांत (**Post-natal**) अवधि के लिए होगा। संबंधित तिथियों का गणना नियोजक महिला कर्मचारी के दिए गए आवेदन में वर्णित संभावित प्रसव तिथि को ध्यान में रखेगा। यदि प्रसव के बाद के 6 सप्ताह की अवधि के भीतर ही बच्चे की मृत्यु हो जाती है तो यह लाभ शिशु की मृत्यु के दिन तक ही देय होगा।

[धारा 5(1), (2), (3)]

6. मातृत्व हितलाभ के दावे की सूचना (Notice of Claim for Maternity Benefit)

1. मातृत्व हितलाभ प्राप्त करने के लिए संबंधित महिला कर्मचारी को अपने प्रतिष्ठान के नियोजक को **विहित प्रारूप में** भरकर लिखित सूचना रूप में देगी। इसमें वह इस बात का वर्णन भी कर सकती है कि कानून में वर्णित संबंधित राशि उसे या उसके द्वारा बनाये गए व्यक्ति को प्रदान की जाए। साथ ही साथ इस सूचना में इस बात का

भी उल्लेख करना होगा **'उक्त अवधि'** के दौरान जिसके लिए वह मातृत्व-हितलाभ प्राप्त करती है किसी अन्य प्रतिष्ठान में **कार्य नहीं करेगी।**

2. **तिथि का वर्णन**–इस लिखित सूचना में उस तिथि/अवधि का वर्णन होगा जिस अवधि में वह कार्य से अनुपस्थित रहेगी। लेकिन उक्त तिथि उसके **'प्रत्याशित प्रसव'** की तिथि से 6 सप्ताह के पूर्वतर (Earlier) की नहीं होगी।
3. किसी महिला ने गर्भवती होने की सूचना यदि नहीं दी है तो प्रसव (Delivery) के बाद यथासंभव शीघ्र ऐसी सूचना नियोजक को प्रेषित कर देगी।
4. इस सूचना प्राप्ति के बाद नियोजक उस महिला को यह अनुमति देगा कि वह अपने प्रसव के दिन के पश्चात 6 सप्ताह की समाप्ति तक काम नहीं करेगी।
5. **अंतिम एवं अन्य भुगतान**–महिला कर्मचारी द्वारा अपने गर्भवती होने का साक्ष्य प्रस्तुत करने पर नियोजक द्वारा प्रत्याशित प्रसव की तिथि की पूर्ववर्ती (**Preceding**) अवधि के लिए **'अग्रिम भुगतान'** (**Advance payment**) कर दिया जाएगा। साथ ही साथ पश्चात्वर्ती कालावधि (**Subsequent period**) के लिए देय धन राशि शिशु के जन्म का साक्ष्य प्रस्तुत करने के 48 घंटे के अंदर (**Within forty-eight hours**) नियोजक द्वारा दी जाएगी।
6. इन सब बातों के अतरिक्त यदि किसी महिला ने ऐसी सूचना नहीं दी है तो इस आधार पर अधिनियम में वर्णित लाभ से वंचित नहीं किया जा सकता है।

[धारा 6(1), (2), (3), (4), (5), (6)]

7. मृत्यु की स्थिति में मातृत्व लाभ का भुगतान (**Payment of maternity benefit in case of death**)

यदि मातृत्व लाभ या अन्य राशि प्राप्त करने वाली महिला कर्मचारी की मृत्यु इसे प्राप्त करने के पूर्व हो जाए तो उस स्थिति में उसके 'विधिक प्रतिनिधि' (**Legal representative**) को (कोई नाम निर्देशित नहीं करने की स्थिति में) या नाम निर्देशित किए गए व्यक्ति को भुगतान देय होगा। (धारा 7)

8. चिकित्सकीय बोनस का भुगतान (**Payment of medical bonus**)

महिला कर्मचारी नगद 250 रुपये 'चिकित्सकीय बोनस' प्राप्त करने की हकदार उस स्थिति में होती है। जब उसके नियोजक द्वारा प्रसव हेतु प्रसव पूर्व

(Pre-natal) तथा प्रसवोपरांत (Post-natal) कोई निःशुल्क देखभाल की व्यवस्था नहीं की गई हो। किन्तु जहाँ नियोजक द्वारा इस प्रकार के चिकित्सकीय सुविधा (Medical facilities) व्यवस्था की जाती है वहां वह इस नगद रकम की हकदार नहीं होती है।

9. गर्भपात की स्थिति में अवकाश (Leave for miscarriage)

यदि महिला कर्मचारी नियोजक को अपने गर्भपात संबंधित विहित साक्ष्य प्रस्तुत करे तो उनको गर्भपात के दिन से लेकर पश्चातवर्ती 6 सप्ताह की अवधि के लिए मातृत्व लाभ की दर पर मजदूरी सहित अवकाश (Leave with wages) प्राप्त करने का अधिकार होगा (धारा 9)। वही धारा 9A में महिला कर्मचारी **टयूबेक्टोमी ऑपरेशन** (**Tubectomy operation**) के लिए दो सप्ताह का आपरेशन के तुरन्त बाद वेतन सहित छुट्‌टी की हकदार होगी। इसके लिए महिला कर्मचारी को संबंधित साक्ष्य प्रस्तुत करने होंगे।

[धारा 9(a)]

10. संबंधित रुग्णता के लिए अवकाश (Leave for related illness)

गर्भावस्था, प्रसव (Delivery), समयपूर्व शिशु जन्म (**Pre-mature birth of child**) या गर्भपात से पैदा होने वाली रुग्णता/बीमारी के लिए पीड़ित महिला कर्मचारी को संबंधित साक्ष्य (**Proof**) प्रस्तुत करने पर धारा 6, 9 में वर्णित अनुपस्थिति अवधि के अतिरिक्त प्रसूति हितलाभ की दर पर मजदूरी सहित अधिकतम **एक महीने** की अवधि का अवकाश देय होगा। (धारा 10)

11. पोषणार्थ विश्राम (Noursh break)

प्रत्येक प्रसूता महिला को प्रसव के पश्चात काम पर लौटने पर अपने नवजात शिशु को दुग्धपान कराने के लिए प्रतिदिन निर्धारित अवधि के दो विराम (**Two Breaks**) दिया जाता है। यह सामान्य विश्राम अंतराल के अतिरिक्त होगा। साथ ही साथ यह शिशु के 15 माह के आयु होने तक जारी रहता है।

12. प्रसवावस्था के दौरान सेवा-मुक्ति एवं बर्खास्तगी पर रोक (Restriction on discharge and dismissal during confinement)

1. इस नियम में वर्णित धाराओं के उपधाराओं के अनुसार काम से अनुपस्थिति की स्थिति में महिला कर्मचारी इस अनुपस्थिति के लिए और इस दौरान, उसे नियोजक द्वारा बर्खास्त (**Dismissal**), सेवान्मुक्ति (**Discharge**) या बर्खास्तगी की नोटिस देना गैर-कानूनी (Unlawful) होगा। इसके अतिरिक्त नियोजक इनके हितों के विपरीत उनकी सेवा में यदि कोई परिवर्तन करता है तो वह भी अवैध होता है।

2. किसी महिला कर्मचारी को मातृत्व हितलाभ या चिकित्सकीय बोनस से वंचित करने के उद्देश्य से नौकरी से निकालना या उसे बर्खास्त करना भी अवैधानिक होता है।
3. केवल गंभीर दुराचरण (Gross Misconduct) के स्थिति को इन लाभों से वंचित (Deprived) किया जा सकता है।
4. लेकिन इस स्थिति से भी वंचित महिला संबंधित अपीलीय प्राधिकरण (Appellate Authority) के पास नियोजक के इस निर्णय के खिलाफ अपील कर सकती है। प्राधिकरण का निर्णय इस स्थिति में अंतिम होगा।

[धारा 12(1), (2), 2(a), 2(b)]

13. कुछ स्थितियों में मजदूरी में कटौती नहीं (No deduction of wages in certain cases)

किसी महिला कर्मचारी केवल आधार पर मजदूरी से कटौती नहीं की जा सकती कि उसको हल्का कार्य दिया गया या उसे अपने **शिशु को दूध पिलाने** के लिए कुछ समय का **विराम** दिया गया। ऐसा करना अवैधानिक माना जाएगा।

(धारा 13)

14. रजिस्टर आदि (Registers, etc.)

नियोजक की यह जवाब देही होगी कि वे मातृत्व लाभ से संबंधित रिकार्डस रजिस्टर, अभिलेख और **मस्टर रोल** रीति से तैयार कर रखेगा।

15. कानून उल्लंघन पर दंड (Penalty for contravention of act)

इस अधिनियम के उल्लंघन पर नियोजकों को कई प्रकार के **आर्थिक दंड एवं कारावास** का सामना करना पड़ता है। विभिन्न धाराओं के उल्लंघन के लिए अलग-अलग प्रकार के दंड का प्रावधान है।

1. यदि नियोजक महिला कर्मचारी को मातृत्व हितलाभ का भुगतान नहीं करता है, तो उसे **3 माह से 1 वर्ष** तक का कारावास तथा 2000 **से 5000 रुपये** तक का आर्थिक जुर्माना हो सकता है। यदि नियोजक किसी महिला को उस अनुपस्थिति के लिए बर्खास्त (Dismissal) या सेवा समाप्ति (Discharge) करता है तो उसे भी ऊपर में वर्णित दंड का भागी होना पड़ेगा।
2. यदि नियोजक इस अधिनियम की धाराओं या नियमों का उल्लंघन करेगा तो अधिकतम एक वर्ष कारावास या 5000 रुपये या दोनों का भागी होगा।

3. निरीक्षक के कार्य में बाधा पहुँचाने के स्थिति में 1 **वर्ष तक** का कारावास या पाँच हजार रुपये का जुर्माना या दोनों का भागी होगा।

16. मूल्यांकन (Evaluation)

1961 से 2008 तक लगभग 47 **वर्ष** की एक लंबी अवधि गुजर चुकी है। लगभग 50 वर्ष के अंतराल महिला श्रमिकों के संख्या कार्य की प्रकृति, कार्य-संकेन्द्रण, शिक्षा दर, सामाजिक सोच, सांस्कृतिक बदलाव आदि पहलूओं में कई परिर्वतन हुए हैं। 1961 का महिला श्रमिक जगत और **21वीं सदी** की महिला श्रमिक समाज की कई अपनी-अपनी विशेषताएं हैं जो एक-दूसरे से कई मामलों में भिन्न भी हैं। 1961 संकेन्द्रीय मातृत्व हितलाभ अधिनियम में आने के बाद देश के संगठित क्षेत्र (**Organised sector**) के अंतर्गत आने वाले प्रतिष्ठानों पर लागू हुआ जहां कर्मचारी E.S.I. Act, 1948 के अंतर्गत नहीं आते

तालिका सं. 6.8: मातृत्व हितलाभ का भुगतान (मा.हि. अधिनियम, 1961) के अंतर्गत

उद्योग	1997	1998	1999
I. **कारखाना**			
1. प्रतिष्ठानों में नियोजित महिलाओं की संख्या (लाख में)	4.42	4.62	5.37
2. दावा स्वीकृत (हजार में)	1.57	1.34	1.62
3. भुगतान दावों की संख्या (हजार में)	1.56	1.34	1.62
4. भुगतान की रकम (लाखों में)	95.30	98.29	148.16
II. **बागान**			
1. महिलाओं की संख्या (लाख में)	0.80	0.79	2.64
2. स्वीकृत दावों की संख्या (हजार में)	5.57	44.43	41.46
3. भुगतान दावों की संख्या (हजार में)	5.18	4.0	29.26
4. भुगतान की रकम (लाख में)	154.37	154.88	482.46
III. **खान**			
1. महिलाओं की संख्या (हजार में)	8.30	–	–
2. दावों की संख्या (सैंकड़ा में)	3.20	–	–
3. भुगतान दावों की संख्या (सैंकड़ा में)	3.14	–	–
4. भुगतान राशि (लाख में)	9.00	–	–

स्रोत- *पॉकेट बुक ऑफ लेबर स्टैटिसटिक्स 2001-2002*, लेबर ब्यूरो, शिमला।

हैं। वैसे तो E.S.I. Act, 1948 एक केन्द्रीय अधिनियम है किंतु इसके अंतगर्त मातृत्व लाभ का विस्तार क्षेत्र गैर-मौसमी कारखानों (Non-seasonal factories) आदि तक सीमित है। यह अधिनियम वैसे कर्मचारियों पर लागू होता है जिसकी **मासिक आय 6500 रुपये** से अधिक नहीं होती है। इस अधिनियम के सीमित विस्तार क्षेत्र के कारण मातृत्व हितलाभ अधिनियम, 1961 अस्तित्व में आया। इसमें नियमित रोजगार (**Regular employment**) में लगे महिला कर्मचारी चाहे वो कारखाना, खान, बागान, तथा प्रतिष्ठान किसी भी नियोजित पर लागू होता है। इसमें कर्मचारियों की संख्या की सीमा नहीं है। अपने लगभग 50 वर्षों के लंबे इतिहास के दौरान इस अधिनियम ने लाखों महिला कर्मचारियों को लाभ पहुँचाया है। इसे नीचे के तालिका से समझा जा सकता है।

तालिका से स्पष्ट इन तीनों क्षेत्रों में मातृत्व हितलाभ प्राप्त करने वाली महिलाओं की संख्या लगातार बढ़ रही है। साथ ही साथ **दावा** के भुगतान की रकम भी वर्षवार बढ़ती नजर आ रही है। जहाँ तक बात प्रति दावा औसत मातृत्व हितलाभ भुगतान रकम की है तो उसमें लगातार वृद्धि हो रही है। जिसे नीचे के तालिका से स्पष्ट रूप से समझा जा सकता है।

तालिका सं. 6.9: प्रतिदावा औसत मातृत्व हितलाभ भुगतान की रकम

वर्ष	मातृत्व अधिनियम 1961 के अंतर्गत मातृत्व हितलाभ की औसत रकम	E.S.I. Act, 1948 के तहत प्रति भुगतान दावा रकम
1991	4,520	2,081
1993	3,632	2,395
1995	6,823	3,564
1997	6,103	4,855
1998	7,390	6,297

स्रोत–*इंडियन लेबर ईयर बुक, पॉकेट बुक ऑफ लेबर स्टैटिसटिक्स*, लेबर ब्यूरो, शिमला।

तालिका से स्पष्ट है कि पिछले 8 वर्षों में दोनों विधानों के तहत मिलने वाले औसत रकम में काफी वृद्धि हुई है।

बावजूद इसके इस अधिनियम में कई कमियाँ हैं जब तक ये कमियां रहेंगी तब तक इस कानून का लाभ सही मायने में महिला कर्मचारियों को नहीं मिल पाएगा। कुछ प्रमुख कमजोरियां इस प्रकार हैं–

1. **अपर्याप्त छुट्टी अवधि** (Unsufficient leave period)–जैसा कि हम जानते हैं कि विकसित राष्ट्रों में जो **सुरक्षा जाल** (Safety net) है वह काफी मजबूत है। वहां सामाजिक सुरक्षा सुविधाओं का स्तर विकासशील राष्ट्रों के तुलना में बेहतर है। वहां उच्चतम स्तर के सुरक्षामापक हैं। जबकि इसके विपरीत विकाशील राष्ट्रों में इन सामाजिक सुरक्षा का स्तर न्यूनतम स्तर (**Minimum standard**) का है। मातृत्व हितलाभ की बातें करें तो हम देखते हैं कि विकसित राष्ट्रों यथा अमेरिका, कनाडा आदि राष्ट्रों में महिलाओं को **18-24** सप्ताहों की छुट्टी दी जाती है। जबकि भारत में यह अवधि मात्र **12 सप्ताहों** की है। इसलिए आवश्यक है इस अवधि को बढ़ाया जाए।

2. **चिकित्सा बोनस बनाम चिकित्सा सुविधा** (Medical bonus vs medical facilities)–इस अधिनियम में महिला कर्मचारी को प्रसव के दौरान चिकित्सा संबंधी देखभाल के लिए **250 रुपये** चिकित्सा बोनस देने का प्रावधान है। वास्तव में देखा जाए तो गर्भकाल से प्रसवकाल के मध्य महिला कर्मचारी को चिकित्सा संबंध देखभाल मद में हजारों खर्च हो जाते हैं। जिसमें कई महत्वपूर्ण परीक्षण, पोषणयुक्त भोजन की खुराक, दवा आदि मद में कई तरह के खर्च होते हैं। उस स्थिति में यह रकम चिकित्सीय सुविधा मद में **'ऊँट के मुंह में जीरा का फोरन'** प्रतीत होता है। इसलिए जो बोनस के रकम में वृद्धि हो या चिकित्सा सुविधा की व्यवस्था संस्था कराए।

3. **लाभ का विस्तार** (Extension of benefits)–समय बदल रहा है, जरूरतें बदल रही हैं। इस हिसाब में इस अधिनियम में प्रदान की जाने वाली सेवाओं के आकार को भी विस्तारित करने की आवश्यकता है। मातृत्व हितलाभ के पैकेज में गर्भकाल, प्रसवकाल, प्रसवोत्रांत काल, शिशु देखभाल, न्यूनतम पोषक पदार्थ शिशु हेतु सुविधा देना आवश्यक है। साथ ही साथ यथासंभव **अस्पताल एवं नर्सिंग** संबंधित होने वाले खर्च तक न्यूनतम रकम वापसी का प्रावधान हो।

4. **दुग्धपान विराम** (Nourishing break)–इस सुविधा को और मानवीय बनाने की आवश्यकता है। कम से कम **15 माह** तक बच्चे होने तक तीन बार शिशु को स्तनपान कराने एवं कार्य के घंटे में कुछ कमी का प्रावधान करने की आवश्यकता है।

5. **नियोजक के दुरागृह को दूर करना** (Removal of employer prejudice)–नियोजक खासकर विवाहित महिला जिसके बच्चे होने वाले हैं, से सशंकित रहते हैं। उसे वह एक **आर्थिक बोझ** के रूप में देखते हैं वे मानते हैं कि उन्होंने व्यवसाय लाभ करने के लिए डाला है और यदि इस तरह के केसों की संख्या बढ़ जाए तो उसका उत्पादन लागत काफी बढ़ जाएगा। क्योंकि

उनको महिला कर्मचारी को कम से कम दो बच्चों तक मातृत्व हितलाभ के तहत कई प्रकार की सुविधाएं प्रदान करनी पड़ेंगी जिसका वर्णन विभिन्न कानून में किया गया है। इससे उसके काम एवं समय दोनों ही हानि होती है। लेकिन नियोजकों में इस दुरागृह को दूर करने के लिए आवश्यक जागरूकता कार्यक्रम लागू करने की आवश्यकता है क्योंकि **सामाजिक जिम्मेदारी सिद्धान्त** (Principle of social responsibility) के तहत प्रत्येक व्यक्ति कुछ न कुछ इस तरह के जिम्मेदारी का निर्वहन कर रहा है यथा–मां बच्चों का, पति पत्नी का, बच्चे अपने बुढ़े माता-पिता का आदि। **गजेन्द्र गडकर आयोग** ने भी अपने रिपोर्ट में कहा था कि–**"नियोजकों में प्रायः यह प्रवृति पाई जाती है कि वे विवाहित महिलाओं को नियोजित करने से परहेज करते हैं। साथ ही साथ गर्भवती के लक्षण दिखने पर उसे सेवा से वंचित कराने में कोई कसर नहीं छोड़ते हैं।"**

6. असंगठित क्षेत्रों तक विस्तार (**Extended to unorganised sector**) –इन अधिनियमों का लाभ प्रायः संगठित क्षेत्र के महिला श्रमिकों को ही मिल पाता है। जैसा कि राष्ट्रीय श्रम आयोग, 2002 ने इस बात की आवश्यकता महसूस की है कि इस लाभ (Maternity Benefits) को असंगठित क्षेत्र के महिला श्रमिक तक विस्तारित किया जाना आवश्यक है (राज.श्र. 2002 : 980)। वास्तव में महिला श्रमिकों की एक बहुत बड़ी तादाद असंगठित क्षेत्रों के विभिन्न गतिविधियों में है। यथासंभव उन्हें भी मातृत्व लाभ मिलाने के प्रयास सभी तरफ से होने चाहिए। कृषि, कंस्ट्रक्शन आदि क्षेत्रों में इसके लागू करने की आवश्यकता है। नियमित कर्मचारी के साथ-साथ आकस्मिक (**Casual**) और दैनिक मजदूरी (**Daily wages**) श्रेणी वाले कर्मचारी पर इसे लागू करने की आवश्यकता है।

7. राष्ट्रीय मातृत्व अंशदायी कोष का गठन (**Formation of National Maternity Contribution Fund**)–कर्मकार क्षतिपूर्ति अधिनियम की भाँति मातृत्व हितलाभ अधिनियम भी 'नियोजक का भुगतान दायित्व' (**Employer's liability to pay**) पर आधारित है। इस अधिनियम की एक खास धारा के तहत नियोजक को उत्तरदायी बना दिया गया है। इस स्थिति में यह वैधानिक दायित्व बन जाता है। जिसका अनुपालन नियोजक द्वारा आवश्यक हो जाता है। फलतः नियोजक के समक्ष **साँप-छुछन्दर वाली स्थिति** हो जाती है। रखे तो महिलाओं को मातृत्व हितलाभ देना पड़ेगा अर्थात् 12 महीने की छुट्टी, उस अवधि में महिलाओं द्वारा कोई काम नहीं किया जाना, उस अवधि की औसत मजदूरी, चिकित्सकीय बोनस, स्तनपान विराम शिशु के 15 माह का होने तक आदि। जितनी महिला कर्मचारी उतना लंबा **आर्थिक बोझ**। एक तरफ छुट्टी दूसरे तरफ पैसे का भुगतान। दूसरी स्थिति में यदि वे **शादीशुदा महिला** को उसे संभावित

गर्भपात होने के आधार पर नहीं नियोजित होते हैं तो उन्हें कानून के द्वारा निर्धारित **'दंड'** का भागी बनना पड़ता है। विभिन्न सर्वेक्षण एवं रिपोर्टों में इन बातों को सत्य पाया गया कि नियोजक इस **'भ्रमित मानसिकता'** के शिकार थे। इस स्थिति में एक राष्ट्रीय मातृत्व अंशदायी कोष का गठन त्रिपक्षीय भागीदार (सरकार, नियोजक, श्रमिक) से की जाए तो वह भी एक अच्छा विकल्प हो सकता है ताकि दायित्व का अंश सबके कंधे पर हो सके। अब जिसकी जितनी क्षमता है उतनी मात्रा में उनके द्वारा अंशदान। आवश्यकता के समय इस सामुहिक अंशदान से तैयार कोष का उपयोग संभवत: नियोजकों एवं नियोजितों का बड़ी रकम के साथ राहत दे सके।

8. सभी मजदूरी समूह के लिए समान रकम लाभ (**Uniform amount of benefit to all wages categories**)–संगठन के अंतर्गत काम करने वाली महिलाएं अपने हुनर, ज्ञान, निपुणता, अनुभव स्तर के आधार पर पारिश्रमिक पाती हैं। स्पष्ट है सभी महिलाओं में उपर्युक्त स्तर भिन्न-भिन्न होते हैं। तो स्वाभाविक सी बात है पारिश्रमिक भी अलग-अलग हुनर स्तर के लिए अलग-अलग होगा। लेकिन 'मातृत्व स्थिति' के समय मातृत्व हितलाभ एवं अल्प सुविधाओं को देते समय ऊपर वर्णित आधार को इस विशेष परिस्थिति के लिए उदार कर देना चाहिए। कहने का अर्थ है कि छुट्टी के अतिरिक्त खासकर निचले स्तर के महिला कर्मचारी को उनके औसत मजदूरी का लगभग डेढ़ गुणा रकम का भुगतान किया जाना एक बेहतर बात हो सकती है।

9. प्रभावी ढंग से क्रियान्वयन (**Effective implementation**)–कानून और उसमें वर्णित सुरक्षा, लाभ, सुविधाएं कानून के **मोटी-मोटी किताबों में ही सिमटी** रहेगी तो इसका लाभ संबंधित महिला कर्मचारियों को नहीं मिल पाएगा। आवश्यकता है इस बात की कि मातृत्व हितलाभ अधिनियम को प्रभावी ढंग से लागू किया जाए ताकि इसका लाभ अधिकांश महिला कर्मचारियों को मिल सके। अब इसके लिए क्रियान्वयन तन्त्र (**Implementing system**) को प्रभावी बनाया जाए। तो इसके लिए अब आवश्यक है बड़े तादाद में **महिला निरीक्षकों** की भी नियुक्ति की जाए। क्योंकि पहले से जो निरीक्षक है उनके कंधों पर दर्जनों कानून के क्रियान्वयन का दायित्व है। क्षेत्र बड़ा है, संबंधित इकाईयों की संख्या हजारों-हजार में है। लेकिन लागू करने वाले, निरीक्षण करने वाले निरीक्षकों की संख्या नाम मात्र की है। स्वाभाविक सी बात जब निरीक्षण नहीं होंगे तो कानून के उल्लंघन का खतरा भी बढ़ेगा। दंड की मात्रा को भी बढ़ाने की आवश्यकता है। कारावास **2 वर्ष एवं आर्थिक दंड 20,000** रुपये तक विस्तारित करने की आवश्यकता है।

10. **द्वितीय श्रम आयोग एवं मातृत्व हितलाभ** (The second NCL and maternity benefit)–द्वितीय श्रम आयोग ने मातृत्व हितलाभ प्रदान करने वाले मातृत्व हितलाभ अधिनियम, 1961 एवं कर्मचारी राज्य बीमा अधिनियम, 1948 से संबंधित अपने महत्वपूर्ण सुझाव दिये हैं। जिसका अमल सुनिश्चित कर महिला श्रमिकों को बेहतर ढंग से लाभ पहुंचाया जा सकता है।

मातृत्व हितलाभ अधिनियम, 1961 एवं कर्मचारी बीमा अधिनियम, 1948 से संबंधित निम्नलिखित विचार, सुझाव व अनुशंसाएं हैं–

1. ये दोनों अधिनियम **कई कमियों** युक्त है;
2. ये दोनों अधिनियम केवल **संगठित** क्षेत्र के महिला कर्मचारी तक ही सीमित है;
3. इसलिए आवश्यक है कि 'मातृत्व हितलाभ उपाय' (Meternity benefit measures) को असंगठित क्षेत्र के महिला श्रमिकों तक विस्तारित (Extended) किया जाए;
4. इन अधिनियमों का विस्तार (**Coverage**) अति सीमित (**Very limited**) है यहां तक कि उन प्रतिष्ठानों में भी जहां महिला श्रमिक इन अधिनियमों के दायरे में आती हैं;
5. इस अधिनियम के कई लूपहोलस (**Loopholes**) हैं जिसका कारखाना मालिक एवं ठेकेदार फायदा उठाते हैं और महिलाओं को इन सुविधाओं से वंचित कर देते हैं। E.S.I. Act, 1948 के विस्तार से बचने के लिए वे **20 की जगह** 19 महिलाओं को नियोजित करते हैं जिसमें उनका प्रतिष्ठान इस अधिनियम से हट जाता है। फलतः कानून के दायरे से मात्र एक महिला श्रमिक नहीं नियोजित कर बच जाते हैं। कार्य की सुरक्षा (**Work protection**) दिलाने में भी यह वे दोनों कानून एक सीमा तक असफल हैं क्योंकि महिलाओं को इन स्थितियों में काम छोड़ने के लिए भांति-भांति ढंग से मजबूर किया जाता है या जो महिलाएं गर्भवती हैं उन्हें नियोजित ही नहीं किया जाता क्योंकि गर्भकाल एवं प्रसवकाल एवं प्रसवोपरांत इन महिलाओं को नियोजक द्वारा मातृत्व हितलाभ देना पड़ता;
6. इन दोनों अधिनियमों द्वारा प्रदान किया जाने वाला लाभ रकम (**Amount of benefit**) अपर्याप्त (**Inadequate**) है। क्योंकि ये महिला कर्मचारी गर्भकाल के दौरान अपने अतिरिक्त पोषाहार (**Extra-nutrition**) लागत को पूरा करने में असमर्थ होती हैं। लेकिन इन खुराक, पोषाहार की आवश्यक गर्भकाल के दौरान आवश्यक होता है।

संदर्भ

बीड़ी एवं सिगार कर्मकार (नियोजन की शर्तें) अधिनियम, 1966।

भवन एवं अन्य निर्माण कर्मकार कल्याण सेल्स अधिनियम, 1996।

बाल श्रम (प्रतिबंध एवं विनियमन) अधिनियम, 1986।

ठेका श्रम (विनियमन एवं समातित) अधिनियम, 1970।

कर्मचारी राज्य बीमा अधिनियम, 1948।

समान पारिश्रमिक अधिनियम, 1976।

कारखाना अधिनियम, 1948।

औद्योगिक नियोजन (स्थायी आदेश) अधिनियम, 1946।

मातृत्व हितलाभ अधिनियम, 1961।

वार्षिक रिपोर्ट, श्रम मंत्रालय, नई दिल्ली, 1998-99, 2000-2001।

पॉकेट बुक ऑफ लेबर स्टैटिसटिक्स 2001-2002, लेबर ब्यूरो, शिमला, पृ. 112-17।

7

निष्कर्ष एवं सुझाव
(Conclusion and Suggestions)

"ए वक्त की रेत मुझे यहीं ऐड़ी रगड़ने दे
कि पानी यहीं से निकलेगा।"

संसार की प्रत्येक अर्थव्यवस्था में महिलाओं के योगदान को नकारा नहीं जा सकता। परम्परागत रूप में महिलाओं को घरेलू भूमियों तक सीमित रखा गया था। उन्हें घर की सीमाओं में रहकर अपनी जिम्मेदारियों का निर्वहन करना पड़ता था। यूरोप के **अठारहवीं सदी** के छठे दशक में हुए **'औद्योगिक क्रांति'** ने अंतर्राष्ट्रीय श्रम बाजार में पूंजी एवं श्रम के संबंधों को बिल्कुल नए ढंग से परिभाषित किया। अंतर्राष्ट्रीय स्तर पर श्रम बाजार में बड़े पैमाने पर प्रवेश की शुरूआत यहीं से मानी जाती है। धीरे-धीरे श्रम की मंडी में अपने दखल को धारदार बनाना शुरू कर दिया। यद्यपि इसकी गति बहुत मंद रही।

संसार की चौधराहट करने वाले **अमेरिका** का ही हम उदाहरण ले तो पाते हैं कि भुगतान आधारित नौकरी (Payment based jobs) करने वाली महिलाओं का प्रतिशत जो अमेरिका में वर्ष 1950 के दौरान 33 था। वह वर्ष 2006 में बढ़कर 66 प्रतिशत हो गया। वहीं पुरुषों का यह प्रतिशत इस अवधि के दौरान घटकर 89 से 77 प्रतिशत हो गया। इस तथ्य को यदि अंतर्राष्ट्रीय श्रम बाजार के एक नमूने के तौर पर लें तो इससे हमारे सामने महिला श्रमिकों से संबंधित दो निष्कर्ष आएंगे–

1. पहला मजदूरी लेकर काम करने वाली महिलाओं की संख्या बीसवीं सदी के उत्तरार्द्ध में तुलनात्मक रूप से तेजी से बढ़ा है तथा
2. दूसरे, इससे पुरुष की हिस्सेदारी में कमी आई है।

संसार के संदर्भ में हम इस निष्कर्ष पर पहुंच सकते हैं कि पिछले **पांच दशकों** में श्रम बाजार के कुल श्रमशक्ति में **महिला श्रमिकों की संख्या धीरे-धीरे ही सही लेकिन लगातार बढ़ रही है।** महिला श्रमिक की बढ़ती हुई यह संख्या संसार के विभिन्न क्षेत्रों में अलग-अलग है। अर्थव्यवस्था के विकास

चरण के हिसाब से इनकी वृद्धि को हम देख सकते हैं। **विकसित अर्थव्यवस्था** वाले राष्ट्रों में वृद्धि की दर तुलनात्मक रूप से **तीव्र** है। जबकि विकासशील एवं अविकसित अर्थव्यवस्था में वृद्धि दर बहुत ही **सुस्त** है। **भारत** में इस धीमी वृद्धि दर को पिछड़े राज्यों में **'हिन्दु संवृद्धि दर'** (**Hindu growth rate**) की संज्ञा दी गई है। इस बात से हम इंकार नहीं कर सकते कि महिलाओं के श्रम बाजार में सहभागिता दर को कोई एक नहीं बल्कि अनेक कारक प्रभावित करते हैं। यह बात और है कि कोई एक कारक तुलनात्मक रूप से अन्य से ज्यादा प्रभाव डालता है।

अंतर्राष्ट्रीय श्रम बाजार में महिला श्रमिकों का मूल्य संकेंद्रण (Concentration) वैसे कार्य में ज्यादा है जहां **कम हुनर**, **कम प्रशिक्षण**, **कम योग्यता** की आवश्यकता है। फलतः कम हुनर, प्रशिक्षण योग्यता वाले आर्थिक गतिविधियों में संकेन्द्रित होने पर इनका प्रति व्यक्ति **उपार्जन क्षमता एवं मजदूरी** (**Earning capacity and wages**) भी पुरुषों के तुलना में काफी कम होती है। दूसरी बात यह कि संसार के विभिन्न क्षेत्रों में महिला मजदूरों की उपार्जन क्षमता भिन्न-भिन्न है। **सार्क एवं अफ्रीका** देशों के महिला की तुलना में उत्तरी अमेरिका एवं **पश्चिम यूरोप** के महिला श्रमिकों की उपार्जन राशि उच्च स्तर पर है। इस संदर्भ में हम दो निष्कर्ष पर पहुंच सकते हैं–

1. विकसित राष्ट्रों के महिला श्रमिक द्वारा कमाए उपार्जित मजदूरी सार्क एवं अफ्रीका देशों के महिला के तुलना में अधिक है तथा
2. लेकिन पुनः विकसित राष्ट्रों में प्रतिव्यक्ति पुरुष श्रमिक द्वारा उपार्जित आय महिला श्रमिकों से ज्यादा है।

लेकिन **तकनीकी एवं व्यावसायिक क्षेत्र** (Technical and professional) के रोजगार में महिलाओं की तादाद धीरे-धीरे बढ़ रही है। कई देशों में तो यह **पुरुष श्रम को सीधी एवं कड़ी टक्कर भी प्रदान** कर रही है। **इटली** एवं **जापान** के कुल रोजगार में महिलाओं का हिस्सा बढ़ता-बढ़ता 40 प्रतिशत तक पहुंच गया। **इंग्लैंड जैसे देश में महिला डॉक्टरों एवं वकीलों की संख्या पुरुषों से ज्यादा हो गयी है।** यूरोप के इस देश में उदाहरण में महिलाओं ने यह साबित कर दिया है कि यदि उनको पर्याप्त अवसर एवं सहयोग प्रदान किया जाए तो कठिन एवं जटिल समझे जाने वाले **तकनीकी एवं व्यावसायिक क्षेत्रों** में पुरुषों से आगे निकल सकती है। अमेरिका, फ्रांस, स्वीडन, जर्मनी, जापान जैसे देश इस बात के प्रमाण हैं। यहां बड़ी तादाद में महिला प्रोफेशनल (**Professional**) बड़े-बड़े कार्यों को अंजाम दे रही है। कुछ नवीनतम **निर्यात उद्योग** (**Export industries**) रोजगार संबंधी आंकड़ों से पता चला कि लगभग 70 प्रतिशत जॉब इस क्षेत्र में महिलाओं ने धारित कर रखे हैं।

सभी क्षेत्रों मे एक समान प्रवृत्ति (Trend) नहीं देखने को मिलती। निष्कर्ष के रूप में हम कह सकते हैं कि एक एक **मिश्रित रुझान** सम्मान हमें मिलता है। जहां किसी क्षेत्र में महिला श्रमिकों का प्रतिशत उच्च, कहीं मध्यम तो कहीं बिल्कुल ही निम्न है। महिला श्रमिकों के विभिन्न स्तरों के रोजगार में नियोजन के स्थिति को देख हम इस निष्कर्ष पर पहुंच सकते हैं कि ये मुख्य रूप से **गैर-प्रबंधकीय**, **गैर-तकनीक** एवं **गैर-प्रशासकीय पदों पर ही संकेन्द्रित है।** इनके जिम्मे **लिपकीय**, **निजी सचिव**, **सेल्स गर्ल्स** जैसे कार्य आते हैं। क्योंकि संसार के **कारपोरेट डायरेक्टर्स** की कुल संख्या में महिला डॉयरेक्टर्स की संख्या अभी मात्र 7 **प्रतिशत** के आस-पास है। यद्यपि संसार के विकसित अर्थव्यवस्था वाले देशों में यह प्रतिशत 15-20 के मध्य है। कुछ अपवादों को छोड़कर। जैसा हम सभी जानते हैं हर नियम के अपवाद होते हैं, लेकिन अपवाद तो नियम नहीं होते।

कारपोरेट जगत के शीर्षस्थ पदों (Top post) अभी भी पुरुष प्रभुत्व से मुक्त नहीं हुए। लेकिन उसके मुक्त करने की आवश्यकता है और इस संदर्भ में विभिन्न स्तरों एवं लोगों द्वारा प्रयास प्रक्रियाएं प्रारंभ हो चुकी हैं। संसार के प्रत्येक वस्तु में **'नम्बर वन'** माने जाने वाला देश-**अमेरिका** का ही उदाहरण हम लें। वहां के कारपोरेट जगत के डॉयरेक्टर्स के पदों पर काबिज महिलाओं का प्रतिशत मात्र **15 है** अर्थात् इन शीर्ष पदों पर 85 प्रतिशत (560 प्रतिशत अधिक) पुरुष बिरादरी का वर्चस्व है।

संसार में अपने **औद्योगिक एवं प्रौद्योगिक काबिलियत** के लिए जाना जाने वाला देश-**जापान** की स्थिति तो और भी अलग है। वहां इस स्तर के डॉयरेक्टर्स के पदों पर मात्र 1 **प्रतिशत महिला काबिज है, शेष 99 प्रतिशत पदों पर पुरुष**। ये है औद्योगिक जगत के लाखों कंपनियों वाले औद्योगिक समाज एवं देश का असली चेहरा। भले ही महिलाओं की आबादी 50 प्रतिशत हो लेकिन दिखने में औद्योगिक समाज का् चेहरा बिल्कुल पुरुष जैसा है, क्योंकि 90 प्रतिशत हिस्सा का प्रतिनिधित्व तो पुरुष ही कर रहे हैं। इसलिए हम इस चेहरे को एक **'संतुलित मानवीय चेहरा'** (Balanced human face) का दर्जा नहीं दे सकते। और जब अमेरिका एवं जापान जैसे कारपोरेट सम्राटों की यह स्थिति है तो बाकी देशों के महिला श्रम जीवियों एवं प्रशासकों की क्या बिसात होगी? देश विकसित हो या पिछड़ा महिलाओं की औसत **उपार्जन** पुरुषों के तुलना में कम है और **असंतोषजनक** है।

महिला श्रमिकों के समक्ष जो आर्थिक स्थितियां है विभिन्न राज्यों एवं डाटाओं के आधार पर इस संदर्भ में निष्कर्ष के रूप में हम कह सकते हैं वह न काफी प्रशंसनीय है और न संतोषजनक। पुरुष श्रमिकों की तुलना में

21वीं सदी में भी कुल मिलाकर जो इस औसत स्थिति है वह आज भी **द्वितीय दर्जे** (Second class) की है रोजगार में समानता, मजदूरी में समानता, श्रम-सहभागिता में समानता, प्रबंध में समानता, निर्णयण में समानता जैसे शब्दों की औसत महिला श्रमिकों के संदर्भ आज भी संविधान, विधान, नीतियों के **मोटी-मोटी किताबों के बीच दबे पड़े** हैं। यद्यपि इन विषय परिस्थितियों में अमेरिका, जर्मनी आदि देशों के कई अध्ययनों में पाया गया कि **महिला प्रबंधों ने पुरुष प्रबंधकों की तुलना बेहतर टीम वर्क** (Team work) के द्वारा काम कर कंपनी को अधिक लाभ प्रदान कराया। तो ये दो प्रकार की स्थितियां कॉरपोरेट जगत में चल रही हैं।

विभिन्न अध्यायों में दिए गए विश्लेषण से एक निष्कर्ष इस संदर्भ में हमारे सामने यह भी आता है कि प्रारंभ में यौन संतुलित, प्रजनन, बच्चों-बुजुर्गों, घर के रसोई तक सिमटी महिला ने **एक कदम आगे बढ़ाया है**। अब वे कारखानों, बागानों, खानों, कार्यालयों, कंपनियों, मीडिया सेंटरों, सरकारी दफ्तरों में बड़ी संख्या में प्रवेश एवं अपने योगदान की महत्ता से अपने पुरुष कर्मी को परिचित कराना प्रारंभ कर दिया है। यद्यपि इनकी संख्या अभी भी पुरुषों की तुलना में काफी कम है। लेकिन **समानता और स्वतंत्रता की चिंगारी ने इनके कठिनाइयों से भरे राह रूपी जंगल को धीरे-धीरे भस्म करना शुरू कर दिया है**। इसकी झलक **साइबर कैफे**, **बी.पी.ओ. सेंटर**, **मेडिकल क्षेत्र**, **शिक्षा क्षेत्र** आदि में देखा जा सकता है। अर्थशास्त्र, कलाकार, कम्प्यूटर विशेषज्ञ, प्रबंध एवं कॉरपोरेटर गुरु, पुलिस सेवा में इनके दखल की **धीमी तपिश** का एहसास समाज को होने लगा है।

हमारा अंतरिक्ष कल्पना चावला, सुनीता विलियम जैसी महिलाओं से भी जगमगाने लगा है। अब समाज के सृजन में बड़ी संख्या में किसी न किसी स्थान पर महिलाएं रोमिला थापर, किरण बेदी, अमाल अल्लाना, इला भट्ट, कुमुदिनी लाखिया, विछेन्द्री पाल, संतोष यादव, कल्पना लाजमी, शबाना आजमी, शुभा मुद्गल, कर्णम मल्लेश्वरी, प्रीति सेन गुप्ता, मेघा पाटेकर, शारदा सिन्हा, मदर टेरेसा के रूप में कुछ न कुछ करती नजर आती हैं। यह कुछ समाज के लिए **'बहुत कुछ'** होता है।

महिला श्रमिकों के संदर्भ में एक और महत्वपूर्ण परिणाम हमारे सामने यह उभर कर आता है कि 1950 के दशक के बाद कई दशकों तक महिलाएं अपने घरेलू दायित्वों के कारण मुख्य रूप से **अंशकालिक श्रमिक** (**Part time labour**) के रूप में कार्य स्वीकारती। विवाह एवं घरेलू दायित्वों के कारण अधिकांश स्थितियों में अपना श्रमिक वाली भूमिका को छोड़ना पड़ता था।

आगे के दशकों में महिलाएं अंशकालिक श्रमिक के जगह **'पूर्ण कालिक श्रमिक'** (Full time labour) के रूप में धीरे-धीरे आने लगी। यद्यपि अभी भी बड़ी संख्या में महिलाओं को इन स्थितियों में नौकरी छोड़नी पड़ती है और देखा जाए तो एक अच्छी खासी तादाद अभी भी **'अंशकालिक महिला श्रमिकों'** की है। यह स्थिति पुरुष श्रमिकों के बिल्कुल उलटी है, क्योंकि पुरुष तो मुख्य रूप से पूर्ण मालिक श्रमिक के रूप में हमेशा सक्रिय रहते हैं। हालाँकि उच्च एवं मध्य स्तरीय पदों पर महिला द्वारा स्वीकार किया गया कार्य अवकाश अवधि तक चलता है।

अब बच्चों वाली महिलाओं की संख्या तुलनात्मक रूप से बढ़ रही है। पहले बच्चे आने के बाद मां बनी महिला श्रमिक अपने श्रमिक दायित्व को बीच में छोड़ देती थी। लेकिन विभिन्न कानूनी प्रावधानों यथा **मातृत्व हितलाभ एवं बीमा अधिनियमों ने महिला श्रमिक** को काम में बने रहने एवं मां के दायित्व का निर्वहन करने के संदर्भ में कुछ राहत एवं समर्थन अवश्य दिया है प्रत्येक बड़े-बड़े कारखानों, कंपनियाँ आदि में इसकी व्यवस्थाएं हो गई हैं। तभी तो **अमेरिका** जैसे विकसित देशों की 52 **प्रतिशत महिलाएं क्लर्क** एवं इससे नीचे के पदों से ऊपर के पदों पर कार्य कर रहीं हैं। ब्राजील जैसे दक्षिणी अमेरिकी देश की महिलाएं जिनका कार्य शक्ति में अंश 1960 के दशक में 15 था वह 2000 आते-आते 40 के आस-पास पहुँच गया। वहीं अमेरिका में यह प्रतिशत 50 के आस-पास था।

दक्षिण एशियाई देश के महिला श्रमिकों का संबंध एक विकासशील अर्थव्यवस्था से है। इसलिए यहां के संदर्भ में जो स्थितियां स्पष्ट होती हैं कि 21वीं सदी में प्रवेश किए इस दुनियां में यहां की **औसत 60 प्रतिशत** से अधिक महिलाएं **प्राथमिक क्षेत्रों** से जुड़ी हैं। इन महिला श्रमिकों की जिंदगी कृषि एवं उससे जुड़ी गतिविधियों के इर्द-गिर्द ही घूमती हैं। एक **मालद्वीव** को छोड़ जहां कि 71 **प्रतिशत महिलाएं टरसरी सेक्टर (सेवा क्षेत्र) में लगी हैं**, बाकी देशों में औसत 10 प्रतिशत महिलाओं का संकेद्रण इस क्षेत्र की तरफ है जो कृषि से तुलनात्मक रूप से अधिक आय प्रदान करने वाला है।

भारतीय संदर्भ में महिला श्रमिकों से संबंधित जो तथ्य उभर कर आते हैं वे विकसित अर्थव्यवस्थाओं की तुलना में विकासशील अर्थव्यवस्था से ज्यादा मिलते जुलते नजर आते हैं। भारत की 90 **प्रतिशत** से अधिक महिला श्रमिक **असंगठित क्षेत्र** एवं उसमें भी बड़े पैमाने पर कृषि व कृषि से जुड़ी गतिविधियों में लगी हैं। अपनी निर्धनता, अशिक्षा, निम्न सौदेबाजी क्षमता आदि जैसे कारणों के कारण कोई भी काम किसी भी दर पर तैयार करने की मानसिकता में रहती है। जहां बोध गति से अधिक शोषण होता है। संभवतः उनकी कमजोर आर्थिक

स्थिति, परिवार का आकार, जागरूकता की कमी, शोषण अन्य प्रतीक कार्यों जैसे गृह आधारित कार्यों में संलग्न होने से रोक नहीं पाती।

संगठन एवं नियोजकों की बदनियती ऐसी कि इन्हें सरकार द्वारा अधिसूचित **न्यूनतम-मजदूरी** भी नहीं मिल पाती है। पुरुष सदस्य इनकी आय को एक **'पूरक आय'** के रूप में देखते हैं। भारत में प्रत्येक 100 में **25.6 प्रतिशत** महिला कुछ न कुछ आर्थिक गतिविधियों में जुड़ी एवं अनियोजित हैं। भारत में अभी भी ग्रामीण क्षेत्रों में 85 **प्रतिशत** के आस-पास महिलाएं **कृषि, कृषि श्रमिक, पशुधन, वानिकी, मत्स्य** जैसे गतिविधियों से जुड़ी हैं। जबकि मात्र 15 प्रतिशत गैर-कृषि क्षेत्र (**Non-farm sector**) में। शहरी क्षेत्रों में **मैन्युफैक्चरिंग क्षेत्र** लगभग 24 प्रतिशत महिलाओं को रोजगार प्रदान कर रहा है। इस प्रकार देखा जाए तो शहर में मैन्युफैक्चरिंग क्षेत्र में रोजगार प्रदान करने के दृष्टिकोण से आकर्षण का केन्द्र-बिन्दु बना है। लेकिन इसके साथ-साथ सेवा क्षेत्र भी 34 प्रतिशत प्रदान कर रही है।

भारतीय अर्थव्यवस्था **'ग्रामीण एवं असंगठित प्रधान अर्थव्यवस्था'** है। यहां लगभग 89 प्रतिशत महिला श्रमिकों में कार्यरत है। तो स्पष्ट ही है अभी भी महिला श्रमिकों का शहरीकरण होना बचा है। साथ ही साथ ग्रामीण क्षेत्रों में संकेन्द्रण को भी मजबूती से थोड़ा नहीं जा सका है। बड़े-बड़े अर्थशास्त्री एवं आर्थिक नियोजनकर्त्ता ग्रामीण क्षेत्रों में गैर-कृषि क्षेत्र एवं **फूड प्रौसेसिंग** की वकालत कर रहे हैं। हाँ आवश्यक इन दोनों क्षेत्रों का ग्रामीण इलाकों में विकास और आवश्यक है महिला श्रमिकों का इन क्षेत्रों की तरफ कूच।

भारतीय अर्थव्यवस्था में महिला श्रमिकों को मिलने वाले रोजगार की श्रेणी **सीमांत कार्यों** की है। ये ऐसे कार्य हैं जिसमें महिलाओं के पास सालों भर कार्य नहीं होते। इस श्रेणी के महिला श्रमिक को हम **सीमांत महिला श्रमिक (Marginal woman workers)** कहते हैं। इस श्रेणी की महिला श्रमिकों को हमेशा कार्यों की आवश्यकता होती है। लेकिन इतना दुर्भाग्य ये होता है कि हमेशा इन्हें छोटी-मोटी अवधियों के लिए कार्य मिलता है और अवधि के समाप्त होने के बाद वह बिल्कुल बेरोजगार हो जाती हैं।

काम-काम-काम और काम की तलाश वह करती हैं। लेकिन अर्थव्यवस्था का ऐसा चरित्र होता कि वहां काम हमेशा के लिए नहीं मिलता। यह सही है कि देश में काम/रोजगार का अभाव है। लेकिन यहां भी सबसे ज्यादा **उपेक्षित** महिला श्रमिक ही होती है। भारत सरकार की जनगणना 2001 को आधार बनाएं तो हम पाते हैं कि देश में **43 प्रतिशत महिलाएं सीमांत श्रमिकों** के श्रेणी में हैं जबकि पुरुष मात्र 13 प्रतिशत। स्पष्ट है लगभग 3 गुणा अधिक पुरुषों की संख्या में काम के अभाव का देश और उससे होने वाले प्रतिकूल प्रभाव

को झेलना पड़ता है। राज्यवार स्थितियों को देखा जाए तो जम्मू एवं कश्मीर, झारखंड, उड़ीसा, उत्तर प्रदेश, हरियाणा जैसे राज्यों में उच्च सीमांत श्रमिक दर है। इन राज्यों में सीमांत महिला श्रमिकों का प्रतिशत काफी उच्च है जबकि महाराष्ट्र, तमिलनाडु, आंध्र प्रदेश, केरल, पंजाब आदि राज्यों में सीमांत श्रमिक दर निम्न है।

भारतीय महिला श्रमिकों का एक बहुत बड़ा प्रतिशत (39%) **कृषि मजदूर (Agriculture labour)** के रूप में जीवन व्यतीत कर रहे हैं। इस श्रेणी की महिलाएं बोलें तो देश की सबसे बेबस महिला श्रमिक है न तो इनके पास कोई जमीन, न कोई करने के लिए बेहतर काम, न थोड़ी-बहुत पूंजी होती है। इस विकल्प एवं साधनहीन महिलाओं के साथ दूसरों के खेत एवं कृषि से संबंधित कार्य उनकी शर्तों पर करने के सिवाय और कुछ नहीं होता। देश के 31 प्रतिशत श्रमिकों का प्रतिनिधित्व करने वाली महिलाएं संगठित क्षेत्र में मात्र 4 प्रतिशत एवं असंगठित क्षेत्रों में 96 प्रतिशत संलग्न है। इनके दयनीय स्थिति का अंदाजा इसी बात से लगाया जा सकता है। यदि पिछले 20 वर्षों में संगठित क्षेत्र के श्रम शक्ति में महिला श्रमिकों के वृद्धि दर को देखें तो पाएंगे कि यह मात्र 5 प्रतिशत (12.2 से 17.2 प्रतिशत) तक ही बढ़ पाया है।

संगठित क्षेत्र में मैन्युफैक्चरिंग एवं सेवा क्षेत्र लगभग 80 प्रतिशत रोजगार महिलाओं को प्रदान करती है। राज्यवार स्थितियां भिन्न-भिन्न हैं। संगठित क्षेत्र में महिलाएं सार्वजनिक, निजी क्षेत्र के कारखानों, बागानों, खानों आदि में रोजगार पाती हैं। किस गति से कारखाना में महिला श्रमिकों की संख्या रही इसका अनुमान इसी बात से लगाया जा सकता है कि वर्ष **1892 में कारखाना** में इनकी संख्या 44 हजार थी जो 1998 (लगभग 100 सालों में) बढ़कर 6.77 लाख तक पहुंची।

देश में कारखानों की संख्या ही 1892 से 2000 के आस-पास थी जो बढ़कर लाखों में हो गई होगी (2001–2.44 लाख)। परन्तु इनकी रोजगार वृद्धि दर **'बहुत सुस्त'** है। पुनः राज्य के विकास स्तर के हिसाब से वहां महिला रोजगार भी भिन्न-भिन्न हैं। **तमिलनाडु, केरल, आंध्र-प्रदेश, कर्नाटक** जैसे राज्यों में महिला श्रमिकों का प्रतिशत उच्च है। ये ही स्थितियां कमोबेश अन्य संगठित क्षेत्रों की भी हैं। संगठित में कई प्रकार के मनोवृत्ति संबंधी कठिनाईयों का उनको सामना करना पड़ता है। **प्रो. गोपाल कृष्ण चड्ढा** जैसे सुलझे अर्थशास्त्री का मानना है कि महिलाओं जीवन साथी के रूप में सम्मान दिया जाता है लेकिन कार्य साथी के रूप में नहीं **(Women are treated as respectable life partners but not respectable work partners)**। बहुत सारी कठिनाईयां ऐसी हैं जो लिंग-पूर्वाग्रह पर आधारित होती है।

असंगठित क्षेत्र के विभिन्न आर्थिक गतिविधियों में इनको आर्थिक स्वास्थ्य एवं अन्य प्रकार की समस्याओं का सामना करना पड़ता है। असंगठित क्षेत्र के **बीड़ी कार्य**, **देह व्यापार** एवं आर्थिक दबाव का दंश झेलने वाले परिवार के **बालिका श्रमिकों** को नमूने के रूप में देखा जाए तो इस क्षेत्र की स्थितियां जो हमारे सामने आती हैं वे बहुत अच्छी और **संतोषजनक नहीं** हैं। दिन-दिन भर काम करने के बाद मजदूरी एक **सप्ताह–पन्द्रह** दिनों बाद, महीने में पन्द्रह दिन काम और पंद्रह दिन **बेकारी**। इन पंद्रह दिनों के काम के लिए बिचौलियों के आगे पीछे चक्कर लगाईयें। काम मिलने पर **बिचौलियों** की कमीशन। इन कामों के इनके स्वास्थ्य पर पड़ने वाले प्रतिकूल प्रभाव अपने आप में बहुत हानिकारक होते हैं।

महिला बीड़ी कारीगरों को श्रम मंत्रालय से प्रदान की जाने वाली सुविधाएं स्थानीय स्तर पर नियोजक एवं संघ के नेता द्वारा बनाए जाने वाले **'परिचय-पत्र'** बनने के बाद मिलता है। लेकिन यदि नियोजक एवं संघ नेता रुचि न ले तो इन महिला बीड़ी कारीगर को इस परिचय पत्र बनने के अभाव में सरकार द्वारा प्रदत्त **कल्याण**, **शिक्षा**, **मनोरंजन**, **सामाजिक सुरक्षा**, **स्वास्थ्य संबंधी** चिकित्सा सुविधा से वंचित होना पड़ता है।

सुविधाएं हैं, सरकारी तंत्र है, संघ है, नियोजक है, महिला बीड़ी कारीगर है लेकिन उनको मिलने वाली सुविधा केवल इसलिए नहीं मिल पाती क्योंकि उन्होने इस बाबत सरकारी पत्र नहीं बनाया है कि **वे महिला बीड़ी कारीगर है**। यद्यपि कमियां हर पक्ष से है लेकिन सच तो यही है कि इनको सुविधाओं के रहते उससे वंचित होना पड़ता है।

श्रमिकों की अज्ञानता, दुर्बलता, आर्थिक लाचारी, सरकारी सेवक संघ नेतृत्व एवं नियोजक की मिली-भगत इनके और इनको मिलने वाली सुविधाओं के बीच सबसे बड़ी बाधा है। इनके सामने **'जीवन का सच'** इतने कठोर रूप में होता है कि जिसकी कल्पना कर ही मन कांप उठता है। कई इन महिला कारीगरों एवं इनके परिवार को **'केवल पानी' पीकर भी सोना पड़ता है**। पहले के कर्ज चुकाए नहीं गए, पंद्रह दिनों से काम नहीं, पैसे मिले थे वे खर्च हो गए। छोटी पूंजी वाला दुकान भी बेचारा कब तक उधारी में खिलाता रहे। पड़ोसी की वही हालत हैं जो इसकी। असंगठित क्षेत्र की महिला श्रमिक चाहे वह बीड़ी, ईंट, कृषि, सिल्क या अन्य किसी कार्य में लगी उनके सामने भारत जैसे देश में एक बड़ी समस्या होती है सरकार द्वारा अधिसूचित न्यूनतम मजदूरी (**Notified minimum wages**) को प्राप्त करने की। **बिहार सरकार** ने अधिसूचना संख्या **3264/2004** के अनुसार बीड़ी रौलिंग करने वाली महिला श्रमिकों की न्यूनतम

मजदूरी प्रति हजार **52 रुपया** अधिसूचित किया। लेखक ने अपने अध्ययन में पाया कि शहरी क्षेत्र मे 35 एवं ग्रामीण क्षेत्रों में 33 रुपया इन महिलाओं प्रति 1000 बीड़ी रौल करने को दिया जा रहा था।

औसतन महिलाएं 600 के आस-पास बीड़ी बना लेती थी। अब इन महिलाओं के स्थितियों का अंदाजा इन बातों से लगाया जा सकता है। एक तो सरकार द्वारा लागू अधिकतम नहीं न्यूनतम मजदूरी का भुगतान इनको किया जाता था। असंगठित क्षेत्र के श्रमिकों की यह **बहुत बड़ी त्रासदी** है। असंगठित क्षेत्र के कई कार्यों के संदर्भ में यह पाया गया कि अपनी आर्थिक दबावों एवं अन्य कारणों से अपने बाल्यावस्था में इन कार्यों को स्वीकार लेती हैं, **और जारी हो जाता है न खत्म होने वाला शोषण की दास्तान।**

इनके सामाजिक एवं शैक्षिक स्थिति संबंधी जो अध्ययन हुए हैं उसके आधार पर यह कहने की स्थिति में है कि इनके जीवन स्तर की गुणवत्ता (**Quality of life**) बहुत **निम्न स्तर** की होती है। एक निम्न जीवन स्तर में जीवन-यापन के कारण समाज में इनकी स्थिति बहुत सम्मानजनक व अच्छी नहीं होती। इनकी जिंदगी को नजदीक से देखने पर यह लगता है कि मानो **ये कल भी भूखे थे, आज भी भूखे हैं और यही स्थिति यथावत बनी रही तो भविष्य में भी ये भूखे ही रहने को** ये **अभिशप्त रहेंगे**। न कायदे का **घर** है, न **शौचालय**, न पीने के **पानी** का कोई अच्छी व्यवस्था है, न पोषाहार युक्त **भोजन** का ठिकाना। लेकिन इन स्थितियों में ये बेचारी किसी तरह से जीवन जी रही हैं यही अपने में आश्चर्य है। जहां खाना, शौचालय, पीने के पानी की समुचित व्यवस्था नहीं वहां उनके और उनके बच्चों की **शैक्षिक स्तर** एवं स्थिति का आसानी से पता लगाया जा सकता है। कम मजदूरी और इतने अधिक शोषण होने के बाद भी ये महिलाएं जिंदा रहने के लिए और अपने परिवार को चलाने के लिए इन कार्यों को करती हैं। असंगठित क्षेत्र के कार्यों की प्रकृति एवं स्थितियों का प्रभाव इनके स्वास्थ्य पर भी पड़ता है। इसकी बड़ी कीमत भी इन्हें चुकानी पड़ती है, इन्हें **टी.बी.**, **अस्थमा**, **साइटिका**, **एनीमिया**, **नेत्रदोष**, **कमर संबंधी समस्या**, अन्य खतरनाक बीमारियों का सामना करता पड़ता है। यद्यपि सरकार ने सामाजिक सुरक्षा योजना के तहत आश्रित हितलाभ, अशक्तता हितलाभ, गृह निर्माण, विवाह के लिए ऋण, दुर्घटना पर क्षतिपूर्ति की व्यवस्था की है। लेकिन कई कारणों से इनका लाभ ये महिलाएं नहीं उठा पातीं।

द्वितीय राष्ट्रीय श्रम आयोग, 2002 ने भी असंगठित क्षेत्र में बीड़ी बनाना महिलाओं के लिए प्रमुख रोजगार प्रदान करने वाला क्षेत्र पाया। लेकिन आयोग का भी मानना है कि यहां महिलाओं को कम भुगतान किया जाता है। साथ ही साथ इन कार्यों में महिलाएं असुरक्षित हैं और उनके स्वास्थ्य को बहुत खतरा

बना रहता है। आयोग का मानना है कि स्वास्थ्य का खतरा केवल कार्य करने वाली महिला श्रमिक तक ही सीमित नहीं रहता अपितु इसका खतरा उन बच्चों को भी रहता है जो बच्चे इनके गर्भ से पल रहा है, इनके अगल-बगल बैठते एवं खेलते रहते हैं। इसके अतिरिक्त इसका खतरा परिवार के सभी सदस्यों पर भी पड़ता है क्योंकि इनका घर बिना हवादार और बंद होता है।

रोजगार, मजदूरी, श्रम सहभागिता जैसे बिंदुओं पर लिंग असमानता (**Gender discrimination**) के मामले पाए गए हैं। **द्वितीय श्रम आयोग**, 2002 ने अपनी रिपोर्ट में महिला श्रमिकों के संदर्भ में मार्मिक टिप्पणी करते हुए कहा है–"विशेष रूप से महिलाओं द्वारा किए गए कार्य प्रायः सर्वाधिक **कमर तोड़ मेहनत** वाले होते हैं और उनके लिए उन्हें बहुत कम भुगतान किया जाता है। फिर भी, अधिकांश राज्यों में महिलाओं का काफी कम भुगतान किए जाने से पुरुषों की मजदूरी और महिलाओं की मजदूरी में काफी अंतर है। जैसे **जापान के विनिर्माण उद्योग** में महिलाओं को 1.96 लाख येन जबकि पुरुषों को 3.28 लाख येन प्रतिमाह प्रदान किया जाता है। यह अंतर लगभग 1.32 लाख येन का है। जर्मनी में इसी क्षेत्र में पुरुषों का 3696 यूरो डालर जबकि महिलाओं में 2736 यूरो डालर (960 यूरो डालर का अंतर) प्रदान किया जा रहा था। राष्ट्रीय एवं अंतर्राष्ट्रीय दोनों स्तर यह भेदभाव देखने को मिलता है। **भारतीय संदर्भ** में भी आकस्मिक श्रमिक, अनियमित श्रमिक, नियमित श्रमिक आदि के मजदूरी में इस अंतर को देखा गया है। यही स्थिति रोजगार में हिस्सेदारी के संदर्भ में भी देखा गया। रोजगार में महिलाओं की भागीदारी दर निम्न है। इसके अतिरिक्त जो सबसे ज्यादा शर्मनाक है वे हैं इनका **शारीरिक, मानसिक एवं यौन उत्पीड़न**। महिला श्रमिकों को हमेशा यह महसूस होता रहता है कि वे **'अपने कार्य स्थल पर सुरक्षित नहीं हैं।'**

राष्ट्रीय महिला आयोग द्वारा देश पांच राज्यों–आंध्र प्रदेश, महाराष्ट्र, मध्य-प्रदेश, उत्तर प्रदेश एवं पश्चिमी बंगाल के 10 शहरों में कामकाजी महिलाओं पर यौन उत्पीड़न पर कराए गए सर्वेक्षण भी कार्यस्थल पर पुरुषकर्मी द्वारा **यौन-उत्पीड़न के मामले पुष्ट हुए**। इसमें मानसिक यातना, शारीरिक शोषण, वेतन-प्रोन्नति-कार्य विभाजन में भेदभाव, कार्य की शर्त एवं नियम तय करने के मामले पुष्ट हुए। इससे तो हम यही निष्कर्ष निकाल सकते हैं कि कार्यस्थल एवं अन्य स्थलों पर कामकाजी महिलाओं के समक्ष **यौन उत्पीड़न की तलवार हमेशा लटकती रहती है।** कब कौन महिला कर्मी यौन उत्पीड़न की शिकार होगी कहना मुश्किल है। यह पुरुष के मानसिक विकृति से असंतुलन से जुड़ा मामला है जिसका शिकार जमैका एवं न्यूजर्सी अमेरिका दोनों स्थानों पर महिला कर्मी को होना पड़ता है। इस संदर्भ में न्यायपालिका का **विशाखा**

एवं अन्य बनाम सरकार एवं अन्य मामले का निर्णय मील का पत्थर साबित होगा।

इस कामकाजी महिलाओं को दोहरी जिम्मेदारी निम्न मजदूरी, उत्पीड़न जैसी समस्याओं का सामना करना पड़ता है। यह **लैंगिय भेदभाव** रोजगार, मजदूरी, शिक्षा आदि में सर्वप्रथम तो विद्यमान है। यह भेदभाव किसी एक कारण से नहीं बल्कि अनेक कारणों से एक जटिल रूप लेता जा रहा है। आर्थिक, सामाजिक, सांस्कृतिक, धार्मिक, पारिवारिक, शिक्षा, शहरीकरण, प्रौद्योगिकी विकास, देश की राजनीतिक स्थिरता, नेतृत्व जैसे कारण इन सभी बातों को प्रभावित करते हैं। इसके अतिरिक्त नियोजक की मानसिक एवं आर्थिक स्थिति की भी इस संदर्भ में अपनी भूमिका होती है।

महिला श्रमिकों के भारतीय अर्थव्यवस्था एवं जी.डी.पी. में योगदान और उसके बाद भी उसकी उपेक्षा, भेदभाव, शोषण जिसकी चर्चा हमने की है। उसे **द्वितीय राष्ट्रीय श्रम आयोग**, 2002 ने भी अपने रिपोर्ट में स्वीकारा है–"औद्योगिक उप-ठेकेदारी ने महिलाओं के लिए रोजगार के अवसरों मे वृद्धि की है, किन्तु यह दुर्भाग्य की बात है कि उनमें उनकी **कमाई अत्यधिक कम है**, कभी-कभी तो यह न्यूनतम मजदूरी से काफी कम होती है।" स्पष्ट है महिला श्रमिकों को एक कठिन दौर से गुजरना पड़ता है। स्टैटिसटिकल प्रोफाइल ऑन वीमेंन लेबर, लेबर ब्यूरो के विभिन्न रिपोर्टों को देखें तो पता चलेगा कि **बागान** (चाय, काफी, रबड़), **खान** (कोयला खान, लौह अयस्क खान, तेल खान, अभ्रक खान), **वस्त्र** बुनाई उद्योग में महिला एवं पुरुषों की औसत मजदूरी, औसत दैनिक कमाई में भिन्नताएं है। **द्वितीय श्रम आयोग** के दृष्टिकोण से–"कामकारों की श्रेणी के रूप में महिलाओं के योगदान को कम करके आंका गया है। इस अल्प मूल्यांकन से मजदूरी में असमानता दिखती है, संसाधनों की पहुंच और नियंत्रण नहीं हो पाता, बुनियादी सुविधाओं की कमी दिखती है और कुल मिलाकर 'कार्यभार' में व्यापक असमानता है।"

श्रमिक नेता **सत्य नारायण ठाकुर** के अनुसार देश के पूर्ण निवेश का 40 प्रतिशत निवेश 'निर्माण उद्योग (**Manufacturing industry**) है। देश की श्रमशक्ति का 16 प्रतिशत निर्माण मजदूर है। निर्माण उद्योग का सकल घरेलू उत्पादन में 5 प्रतिशत योगदान है। इसमें **3 करोड़** से ज्यादा मजदूर काम करते हैं, जिसमें महिलाओं की संख्या लगभग 50 प्रतिशत है। श्रमिक नेता के अनुसार इस क्षेत्र में बड़ी तादाद में **ग्रामीण, दलित, आदिवासी, पिछड़े तबके से महिलाएं** आती हैं जहां उनका जबरदस्त शोषण होता है। चूंकि इसमें महिलाएं अच्छी खासी संख्या में **बिचौलियों** के माध्यम से नियोजित होती हैं। प्रायः नियोजक प्रत्यक्ष सामने नहीं आते फलतः उन्हें पकड़ना कठिन हो जाता है। यहां

कानून का नियमन (Regulation) नहीं हो पाता क्योंकि नियोजकों एवं इन महिला कामगारों का निबंधन नहीं होता। इस क्षेत्र में लगी **महिला श्रमिकों की त्रासदी** यह है कि–**"यहां उन्हें काम आसानी से मिल जाता, किन्तु उनका पारिश्रमिक भुगतान अनिश्चित होता है"**। इन महिलाओं की स्थिति कितनी कमजोर होती होगी इसका अनुमान हम इस बात से लगा सकते हैं कि **काम की प्रकृति** अत्यंत खतरनाक होने और रसायनों के प्रयोग के कारण कार्य निष्पादन में मौजूद खतरों के बाद भी भूखों मरने से बेहतर इन काम को स्वीकारना पड़ता है। **पेट के सच** ने सामने सड़क किनारे झुग्गी-झोंपडियों में रहकर भी, ये इन कार्यों को अंजाम तक पहुँचाती हैं। इनके जीवन में नागरिक सुविधा की कोई चर्चा ही नहीं होती।

इन चर्चाओं से स्पष्ट है कि समाज के **विकास की गाड़ी में एक महत्वपूर्ण चक्का महिलाएं** हैं। किसी समाज की आर्थिक एवं सामाजिक विकास हेतु महिलाओं की उपेक्षा एवं दुरुपयोग का अर्थ सिवाए अपने **'पैर पर कुल्हाड़ी मारने'** के और कुछ नहीं है। **द्वितीय श्रम आयोग** ने भी इस बात को स्वीकारते हुए कहा है कि–"हमारे देश के कुल श्रम बल का लगभग आधा महिलाएं हैं। कोई सामाजिक, आर्थिक अथवा औद्योगिक प्रणाली जो इस आधे भाग की क्षमताओं, योग्यताओं और विशेष गुणों की अनदेखी करती हैं वह अनेक मोर्चों पर असफल रहेगी।" समाज देख रहा है कि महिलाओं ने प्रत्येक क्षेत्र में अपने को सिद्ध किया है। जहाँ-जहाँ मौका उन्हें मिला है उन्होंने साबित किया है कि **वे किसी से कम नहीं**। आयोग ने भी इसे अपने रिपोर्ट में लिखा है–"यह सिद्ध हो चुका है कि महिलाएं वह सभी कार्य कर सकती हैं जो पुरुष करते हैं, कुछ ऐसे भी सामाजिक उत्तरदायित्व है जिसे पुरुष नहीं कर सकते हैं। हाल के वर्षों में महिलाएं **पीतल के बर्तन** बनाने जैसे पुरुषों के एकाधिकार वाले शिल्पों में प्रवेश कर रही हैं। महिला श्रमिकों की स्थितियों में सुधार लाने के लिए निम्नलिखित **सुझाव** द्वितीय **राष्ट्रीय श्रम आयोग 2002** (पृ. 932-1005) द्वारा दिए गए हैं–

1. महिला कारीगरों हेतु, उत्पादन के लिए और अधिक **'बाजार उन्मुख दृष्टिकोण'** के साथ **कौशल उन्नयन** की आवश्यकता है;
2. यदि **वानिकी क्षेत्र** में महत्वपूर्ण नीतिगण, परिवर्तन किए जाने की आवश्यकता है। साथ ही साथ राज्य **नर्सरी**, चारे की खेती, वृक्षारोपण और परिरक्षण संबंधी क्षेत्रों को खोलने का इच्छुक हो तो इस क्षेत्र में महिलाओं के लिए नए रोजगार अवसर सृजित किए जा सकते हैं;
3. **खाद्य प्रसंस्करण** (Food processing) ऐसा क्षेत्र है जिसमें कौशल उन्नयन (Skill development) परिरक्षण तथा पैकिंग की आधुनिक

प्रौद्योगीकियों को अपनाकर विशेष रूप से महिलाओं के लिए अनेक रोजगार अवसर सृजित किए जा सकते हैं;

4. **गारमेंट कारखानों** में महिला श्रमिक गृह आधारित कामगारों (Home-based workers) से अधिक कमाती है, लेकिन सामाजिक सुरक्षा हेतु श्रम कानूनों का संरक्षण अपेक्षित है। इन महिलाओं की उत्पादकता एवं आय की वृद्धि के लिए निरंतर कौशल विकास की भी आवश्यकता है;
5. **हथकरघा बुनकरों** को बाजार की अपेक्षाओं से जोड़ने तथा बुनकरों के कौशल उन्नयन से उनके रोजगार की संभावनाएं बढ़ेंगी। इससे इस क्षेत्र में महिलाओं के लिए होने वाले नियोजन में कमी को दूर किया जा सकेगा;
6. जहां तक **निर्माण क्षेत्र** का सवाल है वहां भी बहुत चुनौतियां हैं। इसके लिए उनकी कामकाजी स्थितियों और सामाजिक सुरक्षा में सुधार लाने की दरकार है। इसके अतिरिक्त तेजी से कौशल उन्नयन, नीतिगत उपाय शुरू करना जरूरी है। प्रौद्योगिकी परिवर्तन के दौर में महिलाओं के लिए 'रोजगार अवसरों' की गति में तेजी लाने की जरूरत है;
7. किसी कामगार को प्रत्यक्ष या परोक्ष रूप से नियोजित करने की स्थिति में नियोजक को कम से कम **न्यूनतम मजदूरी** का भुगतान किया जाना या एक न्यूनतम आय सुनिश्चित किया जाना आवश्यक होना चाहिए। यदि ऐसा होता है तो इससे आय को अनुसूचित करने के लिए परिवार के **'अवयस्क सदस्यों के प्रयोग'** करने की लालसा में कमी आएगी;
8. जहां **नियोजक कर्मचारी संबंध** (Employer-employee relations) स्पष्ट न हो तथा जहां उजरती-दर की प्रथा अपनायी जा रही हो वाहं भी आवश्यक है सभी कार्य स्थितियों में न्यूनतम मजदूरी नियत (Fix) किया जाए;
9. सरकार की सभी **आर्थिक नीतियों** (Economic policy) का विशेष रूप में प्रभाव **असंगठित क्षेत्र** के महिला श्रमिकों पर पड़ता है। अतः वित्त, उद्योग एवं कृषि से संबंधित प्रत्येक नीति को अपनाने से पूर्व रोजगार पर इसके पड़ने वाले प्रभाव का मूल्यांकन किया जाना आवश्यक है;
10. इन जनसाधारण के लिए रोजगार को बचाने के लिए यदि कुछ सीमा तक **आयात** पर प्रतिबंध लगाने की बात हो या अधिक शुल्क लगाने जैसे भी कदम उठाए जाने चाहिएं;

11. मशीनीकरण एवं नवीन **प्रौद्योगिकी** के संयोग से होने वाले रोजगार में कमी को रोकने के लिए व्यापक एवं सतत स्तर पर महिलाओं के लिए कौशल प्रशिक्षण तथा कौशल उन्नयन की आवश्यकता है;
12. ऐसी प्रौद्योगिकी की पहचान एवं संवर्धन की आवश्यकता है जो कामगारों की उत्पादकता में वृद्धि करने के साथ-साथ रोजगार पर न्यूनतम प्रभाव डालती हों;
13. **न्यूनतम मजदूरी** अधिनियम का कड़ाई से क्रियान्वयन किया जाना आवश्यक है विद्यमान अनुसूची (**Present schedule**) को ध्यान में रखे बिना इस अधिनियम में सभी व्यवसायों को शामिल किया जाना चाहिए। उल्लंघन की स्थिति में कठोर स्थितियों की व्यवस्था होनी चाहिए;
14. सभी महिला कामगारों के लिए **आय एवं सुरक्षा का न्यूनतम** स्तर सुनिश्चित होना जरूरी है;
15. उजरती दर वाले कामगारों को शामिल करने के लिए इस अधिनियम का विस्तार किया जाना आवश्यक है भले ही इसके लिए उनके बीच नियोजक कर्मचारी का संबंध प्रमाणित हो सके अथवा नहीं;
16. सभी महिला कामगारों की पहचान कर उसके लिए **पहचान-पत्र** (**Identity card**) जारी करने की आवश्यकता है;
17. **गृह-आधारित कामगारों**, कृषि कामगारों, घर पर कार्य करने वाले कामगारों, मेहनतकश कामगारों तथा फेरी लगाने वाले जैसे कामगारों के लिए कानून एवं नीतियां होनी चाहिए;
18. **मातृत्व लाभ** हेतु पात्रता के कार्यान्वयन के लिए एक **सांविधिक योजना** में आय मापदंड के अंतर्गत सभी महिलाओं को कवर किया जाना चाहिए। योजना में बच्चे के जीवन के प्रथम कुछ माह में मातृत्व, शिशु देख-रेख तथा दुग्धपान हेतु वित्तीय सहायता का प्रावधान आवश्यक है। ऐसी योजना की सहायता हेतु अनेक संसाधनों से विधियां जुटायी जानी चाहिएं;
19. यह सर्वविदित है कि **मातृत्व हितलाभ अधिनियम एवं कर्मचारी राज्य बीमा अधिनियम** दोनों में ही कमियां है। ये कमियां राष्ट्रीय स्तर पर हैं इसलिए मातृत्व संबंधी उपायों को असंगठित क्षेत्र की महिला कामगारों पर लागू किए जाने की आवश्यकता है। आयोग का मानना है कि ये अधिनियम महिलाओं को कार्य संबंधी कोई संरक्षण (**Protection relating to women**) प्रदान नहीं करते हैं। गर्भावस्था

के दौरान अनेक महिला कर्मकारों को या तो **कार्य छोड़ने के लिए बाध्य** किया जाता है या काम पर इसलिए नहीं लगाया जाता क्योंकि उन्हें गर्भावस्था के दौरान तथा उसके पश्चात् **प्रसूति लाभ प्रदान** करने होंगे;

20. आयोग मजबूती से इस विचार को रखता है कि हमारे सामाजिक सुरक्षा पद्धति (**System of social security**) तथा विधान (Law) भेदभाव पूर्ण मनोवृत्ति एवं व्यवहार (**Discriminatory attitudes and practices**) को प्रतिबंधित करे एवं समाप्त (**Prevent and eliminate**) करे। जो कानून एवं व्यवस्था कार्य शक्ति (**Work force**) को सुरक्षा (**Safety/security**) से संबंधित है उसका इस उद्देश्य से परीक्षण (**Examination**) होना चाहिए कि जिससे भेदभावपूर्ण प्रभाव (**Discriminatory effects**) को समाप्त किया जाए। साथ ही साथ महिला श्रमिकों के संरक्षण एवं कल्याण की पूरी व्यवस्था सुनिश्चित हो सके;

21. आयोग ने निम्नलिखित **11 अधिनियम** का गहराई से परीक्षण उपरांत, इसमें आवश्यक सुधार के सुझाव प्रस्तावित किए–
    1. न्यूनतम मजदूरी अधिनियम, 1948;
    2. औद्योगिक विवाद अधिनियम, 1947;
    3. कर्मकार क्षतिपूर्ति अधिनियम, 1923;
    4. मातृत्व हितलाभ अधिनियम, 1961;
    5. अंतर-राज्य प्रवासी कामगार अधिनियम, 1979;
    6. बीड़ी एवं सिगार कर्मकार (रोजगार की शर्तें) अधिनियम, 1966;
    7. भवन तथा अन्य निर्माण कर्मकार (नियोजन एवं सेवा शर्तों का विनियमन) अधिनियम, 1996;
    8. ठेका श्रम (विनियमन एवं समाप्ति) अधिनियम, 1970;
    9. श्रम संघ अधिनियम, 1926;
    10. कारखाना अधिनियम, 1948; तथा
    11. असंरक्षित हस्त-कौशल (Manual) कामगारों (रोजगार तथा कल्याण विनियमन) अधिनियम, 1979।

22. अंतर्राष्ट्रीय श्रम संगठन के कन्वेंशन के अनुरूप जिसे त्रिपक्षीय सम्मेलन (**Tripartite conference**) द्वारा पूर्व में ही अनुमोदित किया जा चुका है, **गृह-आधारित-कामगारों** के लिए एक राष्ट्रीय नीति (**National**

policy for home based workers) बनाए जाने की आवश्यकता है;

23. संसद में रखे गए **कृषि मजदूर बिल (Agriculture workers bill)** को पास कर विधान का रूप देने की आवश्यकता है;
24. **घरेलू मजदूर (Domestic workers)** के संरक्षण के पर्याप्त उपाए किए जाने चाहिएं;
25. गुजरात एवं तमिलनाडु के विद्यमान कानून के तर्ज पर **मैनुअल वर्कर कानून (Manual workers act)** की व्यवस्था होनी चाहिए;
26. छोटी-मोटी चीजों को बेचने वाले **विक्रेता/बेचने वालों** के लिए एक राष्ट्रीय नीति **(A national policy for vendors)** बने;
27. वानिकी क्षेत्र **(Forestry sector)** एक ऐसा क्षेत्र है जहां महिलाओं के लिए रोजगार बढ़ाया जा सकता है। नर्सरी, चारे की खेती, वृक्षारोपण कार्यक्रमों में महिला समूहों को प्राथमिकता दिया जाना चाहिए। लघु वानिकी का उत्पादन एवं विक्रय एक अन्य बड़ा क्षेत्र है। इसमें हमें गुजरात के वन विभाग के द्वारा इस संदर्भ में महिला समूहों के उदाहरण का अनुसरण किया जा सकता है। जिसमें एक लाख महिलाओं के लिए 6 माह का अतिरिक्त रोजगार **(Additional employment)** संभव हो पाया;
28. मातृत्व हितलाभ असंगठित क्षेत्र के महिला श्रमिक तक विस्तारित करने की आवश्यकता है;
29. ऐसा देखा गया कि ज्यादा शिक्षित महिलाओं का छोटा परिवार होता है। आयोग के दो जीवित बच्चों के लिए पूर्ण मातृत्व पात्रता **(Full baskets of maternity entitlements)** की अनुशंसा की जो दो से अधिक बच्चों को हतोत्साहित करती है;
30. जहां 20 अथवा अधिक कामगार नियोजित हों वहां कामगार के जेंडर को ध्यान मे रखे बिना शिशु सदनों का प्रावधान होना चाहिए;
31. देश में **50 हजार पंजीकृत ट्रेड यूनियन (Registered Trade Union)** हैं। लेकिन महासंघ (Federation) के दर्जे के रूप में केन्द्रीय श्रम संघ **(Central Trade Unions)** के रूप में 8 को मान्यता है। ये हैं–(1) National Federation of Trade Unions (**NFTU**), (2) All India Trade Union Congress (**AITUC**), (3) Centre of Indian Trade Union (**CITU**), (4) Indian National Trade Union Congress (**INTUC**), (5) Bhartiya

Mazdoor Sangh (**BMS**), (6) Hind Mazdoor Sabha (**HMS**), (7) United Trade Union Congress (Lenin Sarani) (**UTUC (LS**), (8) United Trade Union Congress (UTUC)। इन आठ महासंघ के सदस्य लगभग 1.30 करोड़ श्रमिक हैं। इसमें महिला सदस्यों की संख्या बहुत ही कम है **असंगठित क्षेत्र** में लगी महिला श्रमिक इसके अंतर्गत नहीं आ पाती है। लेकिन बहुत ऐसे भी संघ हैं जिनका केन्द्रीय महासंघ से संबद्ध नहीं है लेकिन विशेष कर असंगठित क्षेत्र में बहुत अच्छा काम कर रही हैं। ये हैं–**SEWA,** The National Allience of Construction Workers, The National Fish-workers Federation, The National Allience of Street Vendors आदि। इन सारी बातों पर भी ध्यान देने की आवश्यकता है;

32. आयोग का मानना है कि महिला श्रमिकों को संगठित करने में कोऑपरेटिवस (Cooperatives) की अपनी महत्वपूर्ण भूमिका हो सकती है। यद्यपि देश के कुल कोऑपरेटिवस में **महिला कोऑपरेटिवस की संख्या मात्र दो प्रतिशत** के आस-पास है। इस क्षेत्र में भी कार्य करने की जरूरत है। महिला श्रमिकों के कोऑपरेटिवस पंजीकरण के लिए विशेष दिशा-निर्देश (**Guidelines**) निर्गत होने चाहिएं;
33. सूक्ष्म-वित्त संगठन (**Micro-Finance Organisation**) के लिए विशेष कानून बनाने एवं लागू करने की आवश्यकता है;
34. विशेष आर्थिक क्षेत्र में महिला श्रमिकों का संरक्षण आवश्यक है; तथा
35. महिला श्रमिकों के सदस्यता आधारित संगठन (**Membership based organisation–MBO**) के लिए आवाज प्रतिनिधित्व पद्धति (**Voice representation system**) के हेतु, गठन करना आवश्यक है।

इस प्रकार अंत में हम कह सकते हैं महिला श्रमिकों के समक्ष कई प्रकार की समस्याएं है यथा–लिंग असमानता, जॉब असमानता, मजदूरी असमानता, औद्योगिक एवं यांत्रिक विकास से रोजगार हाथ से निकलना, संविधान एवं विधान का प्रभावी ढंग से लागू न होना, श्रम संघ का कमजोर होना, पुरुष प्रधान समाज का परम्परागत सोच एवं पूर्वाग्रह, निम्न शिक्षा स्थिति, यौन उत्पीड़न, बच्चों से संबंधित विभिन्न प्रकार की समस्या, घरेलू दायित्व, नौकरी की सुरक्षा का अभाव, कौशल विकास एवं प्रशिक्षण की कमी आदि जिसने रोजगार संबंधी संवृद्धि को प्रभावित कर रखा है। स्पष्ट है महिला श्रमिकों के समक्ष समस्याओं के पहाड़ ने इनके लिए रोजगार के क्षेत्र को नकारात्मक ढंग से प्रभावित किया है लेकिन

साथ ही साथ अंतराष्ट्रीय एवं राष्ट्रीय स्तर पर सरकारी एवं गैर-सरकारी प्रयास से इनके मार्ग में आने वाली बाधाओं को दूर करने का प्रयास किया जा रहा है। विभिन्न माध्यमों से परम्परागत पूर्वाग्रह, भेदभाव, जॉब पृथक्करण (**Job segregation**), यौन उत्पीड़न को दूर करने के प्रयास चल रहे हैं। इसके साथ-साथ हुनर विकास, प्रशिक्षण, अवसरों में विस्तार, तकनीक कौशल, वैधानिक सुरक्षा, रोजगार सुरक्षा, स्वास्थ्य एवं शिशु सेवाएं, परामर्श, अनुसंधान, नेतृत्व विकास आदि के लिए प्रयास किए जा रहे हैं। इन प्रयासों का फल भविष्य में ही देखा जा सकता है। इन प्रयासों एवं जुनून का सकारात्मक परिणाम अवश्य निकलेगा।

"मेरे जुनून का नतीजा जरूर निकलेगा।
इस सियाह समंदर से नूर अवश्य निकलेगा।।"

परिशिष्ट
(Appendix)

(i) मातृत्व हितलाभ अधिनियम, 1961
(The Maternity Benefit Act, 1961)

धाराओं का क्रम

17. संदाय किए जाने का निदेश देते की निरीक्षक की शक्ति
18. मातृत्व हितलाभ का समपहरण
19. अधिनियम और तद्धीन नियमों की संक्षिप्ति का प्रदर्शित किया जाना
20. रजिस्टर, आदि
21. अधिनियम का उल्लंघन नियोजक द्वारा किए जाने के लिए शास्ति
22. निरीक्षक को बाधा पहुंचाने के लिए शास्ति
23. अपराधों का संज्ञान
24. सद्भावपूर्वक किए गए कार्य के लिए परित्राण
25. केन्द्रीय सरकार की निदेश देने की शक्ति
26. स्थापनों को छूट देने की शक्ति
27. इस अधिनियम से असंगत विधियों और करारों का प्रभाव
28. नियम बनाने की शक्ति
29. 1951 के अधिनियम 69 का संशोधन
30. निरसन।

1961 का अधिनियम संख्या 53

कतिपय स्थापनों में शिशु जन्म के पूर्व और पश्चात की कतिपय कालाबधियों में स्त्रियों के नियोजन को विनियमित करने तथा प्रसूति प्रसुविधा और कतिपय अन्य प्रसुविधाओं का उपबन्ध करने के लिए अधिनियम।

1. **संक्षिप्त नाम, विस्तार और प्रारम्भ**–(1) यह अधिनियम प्रसूति प्रसुविधा अधिनियम, 1961 कहा जा सकेगा।

(2) इसका विस्तार[1] (***) सम्पूर्ण भारत पर है।

(3) यह उस तारीख[2] को प्रवृत्त होगा, जो

[3](क) खानों के सम्बन्ध और किसी ऐसे अन्य स्थापन के संबंध में जिसमें लोगों को घुड़सवारी कलाबाजी और अन्य करतबों के प्रदर्शन के लिए नियोजित किया जाता है, केन्द्रीय सरकार द्वारा; तथा

---

1. 1970 अधिनियम संख्यांक 51 की धारा 2 तथा अनुसूची द्वारा (1-9-1971 से) "जम्मू-कश्मीर राज्य के सिवाय" शब्दों का लोप किया गया।
2. 1 नवम्बर 1963 देखिए संख्या का॰ आ॰ 2920, 5 अक्तूबर 1963, भारत का राजपत्र (अंग्रेजी) भाग-2 अनुभाग-3 (ii), पृष्ठ 3735।
3. 1973 के अधिनियम संख्या 52 की धारा 2 द्वारा (1-3-1975 से) प्रतिस्थापित।

(ख) किसी राज्य के अन्य स्थापनों के सम्बन्ध में उस राज्य सरकार द्वारा शासकीय राजपत्र में इस निर्मित अधिसूचित की जाए।

2. **अधिनियम का लागू होना**[1]–(1) यह प्रषमतः लागू होती है–

(क) हर ऐसे स्थापन को जो **कारखाना**, **खान** या **बागान** हैं और जिसके अन्तर्गत सरकार का ऐसा कोई स्थापन भी है तथा प्रत्येक ऐसे स्थापन जिसमें लोगों को घुड़सवारी, कलाबाजी और अन्य करतबों के प्रदर्शन के लिये नियोजित किया जाता है।

(ख) उस एक राज्य में दुकानों और स्थानों के सम्बन्ध में प्रवर्तनीय होने के कारण किसी भी विधि के अर्ध के अन्दर आने वाली हर एक **दुकान या स्थापन** के प्रति लागू होता है जिसमें दस या अधिक व्यक्तियों को नियोजित किया जाता है या पूर्ववर्ती **बारह महीने** के किसी भी दिन को नियुक्त किये गये।

(2) [2][5 [3](धारा 5-क और धारा 5-ख) में जैसा अन्यथा उपबंधित है उसके सिवाय इस अधिनियम में अंतर्विष्ट कोई भी बात] किसी ऐसे कारखाने या अन्य स्थापन को लागू न होगी जिसे कर्मचारी राज्य बीमा अधिनियम, 1948 (1948 का 34) के उपबन्ध तत्समय लागू होते हैं।

3. **परिभाषाएं**–इस अधिनियम में जब तक कि संदर्भ से अन्यथा अपेक्षित न हो–

(क) **समुचित सरकार** ये ऐसे स्थापन के संबंध में जो खान हो [4](या ऐसा स्थापन है जिसमें लोगों की घुड़सवारी, कलाबाजी और अन्य करतबों के प्रदर्शन के लिए नियोजित किया जाता है) केन्द्रीय सरकार और किसी अन्य स्थापन के सम्बन्ध में राज्य सरकार अभिप्रेत है...

(ख) **शिशु** के अन्तर्गत मृतजात शिशु भी है।

(ग) **प्रसव** से शिशु का जन्म अभिप्रेत है।

(घ) **नियोजक** से–

(i) किसी ऐसे स्थापन के सम्बन्ध में जो सरकार के नियंत्रण के अधीन है कर्मचारियों के **पर्यवेक्षण और नियंत्रण** के लिए

---

1. 1988 के अधिनियम संख्या 61 की धारा 2 द्वारा प्रतिस्थापित।
2. 1972 के अधिनियम संख्या 21 की धारा 2 द्वारा "इस अधिनियम में अंतर्विष्ट कोई भी बात" के स्थान पर प्रतिस्थापित।
3. 1976 के अधिनियम संख्या 53 की धारा 2 द्वारा (1-5-1976 से) प्रतिस्थापित।
4. 1973 के अधिनियम संख्या 52 की धारा 4 द्वारा (1-3-1975 से) अंतः स्थापित।

सरकार द्वारा **नियुक्त व्यक्ति या प्राधिकारी** या जहां कोई भी व्यक्ति या प्राधिकारी ऐसे नियुक्त नहीं है वहां **विभागाध्यक्ष** अभिप्रेत है।

(ii) किसी स्थानीय प्राधिकारी के अधीन के स्थापन के संबंध में कर्मचारियों के पर्यवेक्षण और नियंत्रण के लिए ऐसे प्राधिकारी द्वारा नियुक्त व्यक्ति या जहां कोई भी व्यक्ति ऐसे नियुक्त नहीं है, वहां उस स्थानीय प्राधिकारी का **मुख्य कार्यपालक ऑफिसर** अभिप्रेत है।

(iii) किसी अन्य दशा में वह व्यक्ति या वह प्राधिकारी जो स्थापन के कार्यकलाप पर **अंतिम नियंत्रण** रखता है और जहां उक्त कार्यकलाप किसी अन्य व्यक्ति को सौंपा गया है। चाहे वह प्रबंधक **प्रबंध-अभिकर्त्ता** कहलाता है या किसी अन्य नाम से पुकारा जाता है, वहां ऐसा व्यक्ति अभिप्रेत है।

(ङ) **स्थापन** से निम्नलिखित अभिप्रेत है–

(i) कोई **कारखाना**,

(ii) कोई **खान**,

(iii) कोई **बागान**,

(iv) कोई ऐसा स्थापन जिसमें लोगों के **घुड़सवारी**, **कलाबाजी** और अन्य करतबों के प्रदर्शन के लिए नियोजित किया जाता है।

[1](क) एक **दुकान** का स्थापन

(i) कोई ऐसा स्थापन जिसे इस अधिनियम के उपबंध की धारा 2 की उपधारा (1) के अधीन लागू घोषित किये गए हैं,

(च) कारखाना से कारखाना अधिनियम 1948 (1948 का 63) की धारा 2 के खण्ड (ङ 1) से यथा परिभाषित कारखाना अभिप्रेत है,

(छ) **निरीक्षक** से धारा 14 के अधीन नियुक्त निरीक्षक अभिप्रेत है,

(ज) **प्रसूति** सुविधा से धारा 5 की उपधारा (1) में निर्दिष्ट संक्षम अभिप्रेत है,

[2](ज-क) 'गर्भ का चिकित्सकीय समापन' गर्भ व चिकित्सकीय समापन अधिनियम, 1971 (1971 का 34) के उपबंधों के अधीन अनुज्ञेय गर्भ के समापन से अभिप्रेत है।

---

1. 1985 के अधिनियम संख्या 61 की धारा 3 द्वारा अन्तःस्थापित।
2. 1995 के अधिनियम संख्या 21 की धारा 3 द्वारा अनुस्थापित 40-92।

(झ) **खान** से खान अधिनियम 1952 (1952 का 35) की धारा 2 के खण्ड (ञ) में यथा परिभाषित खान अभिप्रेत है।

(ञ) **गर्भपात** से गर्भावस्था के **26वें सप्ताह** के पूर्व या दौरान की किसी कलावधि में सगर्भ गर्भाशय की अंतर्वस्तुओं का निष्कासन अभिप्रेत है, किन्तु इसके अन्तर्गत ऐसा गर्भपात नहीं आता है जिसका कातिल किया जाना भारतीय दण्ड संहिता (1860 का 45) के अधीन दण्डनीय है।

(ट) **बागान** से बागान श्रम अधिनियम 1951 (1951 का 69) की धारा 2 के खण्ड (च) में यथापरिभाषित बगान अभिप्रेत है।

(ठ) **विहित** से इस अधिनियम के अधीन बनाये गए नियमों द्वारा विहित अभिप्रेत है।

(ड) **राज्य सरकार** से किसी संघ राज्य क्षेत्र के संबंध में उसका प्रशासक अभिप्रेत है।

(ढ) **मजदूरी** से वह सब पारिश्रमिक अभिप्रेत है जो किसी स्त्री को नगदी से संदत्त किया गया था यदि नियोजन की संविदा के अभिव्यक्त या विवक्षित निबंधनों की पूर्ति हो गई होती तो संदेय होता और इसके अन्तर्गत निम्नलिखित भी आते हैं–

(1) ऐसे नकद भत्ते जिनके अन्तर्गत **मंहगाई भत्ता** और **गृह भाटक भत्ता** भी है। जिनकी कोई भी तटसमय हकदार हो;

(2) प्रोत्साहन बोनस; तथा

(3) खाद्यानों का अन्य वस्तुओं के रियायती प्रदाय का धन मूल किन्तु इसके अन्तर्गत निम्नलिखित नहीं है–

(i) **प्रोत्साहन बोनस** से भिन्न कोई बोनस;

(ii) **अतिकालिक उपार्जन** और जुर्मानों के लिए की गई कटौती या संदाय;

(iii) किसी **पेंशन निधि** या **भविष्य निधि** में या उस स्त्री की प्रसुविधा के लिए तत्समय प्रवृत्त किसी विधि के अधीन नियोजक द्वारा संदत्त/संदेय कोई अभिदाय; तथा

(iv) स्त्री से कभी स्थापन में मजदूरी पर नियोजित स्त्री अभिप्रेत है चाहे वह सीधे नियोजित हो या किसी अभिकरण के माध्यम से।

4. **कतिपय कलाविधियों के दौरान स्त्रियों का नियोजन** या उनके द्वारा काम का किया जाना प्रतिबद्ध–

(i) कोई भी नियोजक किसी स्त्री को उसके प्रसव या [1](गर्भपात या गर्भ के चिकित्सकीय समापन) के दिन के अव्यवछित पश्चात्वर्ती **छह सप्ताह** के दौरान किसी स्थापन में जानते हुए नियोजित करेगा।

(2) कोई भी स्त्री अपने प्रसव या गर्भपात या गर्भ के चिकित्सकीय स्थापन के दिन अव्यावहिक पश्चात्वर्ती छह सप्ताह के दौरान किसी स्थापन में काम नहीं करेगी।

(3) धारा 6 के उपबन्धों पर प्रतिकूल प्रभाव डाले बिना यह हैं कि किसी भी गर्भवती स्त्री में इस निमित्त उसके द्वारा प्रार्थना की जाने पर उपधारा (4) में विनिर्दिष्ट कालावधि के दौरान उसके नियोजक द्वारा कोई ऐसा काम करने की अपेक्षा की जाएगी जो कठिन प्रकृति का हो या जिसमें दीर्घकाल तक खड़ा रहना अपेक्षित हो या जिससे उसके गर्भवतित्व में या भ्रूण के प्रसामाल विकास में किसी भी प्रकार विघ्न होना संभव हो या जिससे उनका गर्भपात होना या अन्यथा उसके स्वास्थ्य पर प्रतिकूल प्रभाव पड़ना होगा।

(4) उपधारा (3) के निर्दिष्ट कालावधि निम्नलिखित होगी–

(क) उसके प्रत्याशित प्रसव की तारीख के पूर्व के छह सप्ताह की कालावधि के अव्यवहित पूर्ववर्ती एक मास की कालावधि;

(ख) उक्त छह सप्ताह की कालावधि के दौरान की कोई कालावधि जिसके लिए वह गर्भवती स्त्री अनुपस्थित की छुट्टी का उपभोग धारा-6 के अधीन नहीं करती।

5. **मातृत्व हितलाभ के संदाय के लिए अधिकार**[2]–[(1) इस अधिनियम के उपबन्धों के अध्याधीन रहते हुए हर स्त्री अपने प्रसव के दिन सहित उस दिन के अव्यवहित [3]पश्चात्वर्ती उसके प्रसव के पूर्ववर्ती दिन की तत्काल अवधि उसके प्रसव का वास्तविक दिन और उस दिन के बाद तुरन्त आने वाली अवधि के लिए प्रसूति प्रसुविधा के संदाय की हकदार होगी और उसका नियोजक उसके लिए उत्तरदायी होगा।]

---

1. 1995 के अधिनियम संख्या 29 की धारा 3 द्वारा प्रतिस्थापित।
2. 1988 के अधिनियम संख्या 61 की धारा 4 द्वारा प्रतिस्थापित।
3. 1988 के अधिनियम संख्या 6 की धारा 4 द्वारा प्रतिस्थापित।

स्पष्टीकरण–इस उपधारा के प्रयोजन के लिए औसत दैनिक मजदूरी से उस तारीख के जिससे वह स्त्री प्रसूति के कारण अनुपस्थित होती है अव्यवहित पूर्ववर्ती तीन कैलेण्डर मासों की कालावधि के दौरान के उन दिनों के लिए जिन दिनों उसने काम किया है उसको संदेय उसकी मजदूरी का औसत का [1][न्यूनतम मजदूरी अधिनियम 1948 के अधीन नियत किये गये या संशोधित किये गये मजदूरी की न्यूनतम दर या 10 रुपये जो कुछ अधिकतम] है, अभिप्रेत है।

(2) कोई भी स्त्री प्रसूति प्रसुविधा की तब तक हकदार न होगी जब तक उसने अपने प्रत्यावत प्रसव की तारीख के अव्यवहित **पूर्ववर्ती बारह मासों में** [2][**अस्सी दिन**] में अन्यून दिन की कालावधि पर्यन्त उस नियोजक के जिससे प्रसुविधा का वह दावा करती है किसी स्थापन में वस्तुतः काम न किया है।

परन्तु पूर्वोक्त [3][अस्सी दिन] दिन की अर्हक कालावधि उस स्त्री को लागू न होगी जिसने **असम** राज्य में अप्रवास किया या अप्रवास के समय गर्भवती रही हो।

स्पष्टीकरण–इस उपधारा के अधीन उन दिनों की जिन दिनों स्त्री ने स्थापन में वस्तुतः काम किया संगणना करने के प्रयोजनार्थ उन दिनों के गणना में लिया जाएगा जिन दिनों उसके प्रत्याशित प्रसव की तारीख के अव्यवहित पूर्ववर्ती बारह मास की कालावधि के दौरान [4][वे दिन जब से उसने **काम बन्द** कर दिया या मजदूरी के साथ अवकाश होने में प्रवर्तनीय होने के कारण किसी विधि के अधीन घोषित किये गये अवकाश पर थी की गई हो।

[5][(3) वह अधिकतम कालावधि, जिसके लिए कोई स्त्री प्रसूति लाभ के लिए हकदारिणी होगी, **बारह सप्ताह होगा** जो कि छः सप्ताह से अधिक उसकी अपेक्षित प्रसव की तिथि से अग्रसरित होगा।]

परन्तु जहाँ कि कोई स्त्री इस कालावधि के दौरान मर जाए, वहां प्रसूति प्रसविधा की मृत्यु के दिन तक के लिए ही, जिसके अन्तर्गत वह दिन भी सम्मिलित होगा, संदेय होगी।

---

1. 1972 के अधिनियम संख्या 21 की धारा 3 द्वारा अन्तःस्थापित।
2. 1976 के अधिनियम संख्या 53 की धारा 3 द्वारा (1–5–1976 से) अन्तःस्थापित।
3. 1988 के अधिनियम संख्या 61 की धारा 5 द्वारा प्रतिस्थापित।
4. 1995 के अधिनियम संख्या 29 की धारा 4 (1–2–1976 से) प्रतिस्थापित।
5. 1995 के अधिनियम संख्या 59 की धारा 5 (1–3–1976 से) अन्तःस्थापित।

[परन्तु वह और कि और जहां एक स्त्री की एक शिशु को जन्म देकर प्रसव के दौरान या उसके प्रसव के तिथि के बाद तत्काल आने वाली अवधि के दौरान मृत्यु होती है जिसके लिए वह प्रसूति लाभ के लिए हकदारिणी होती है, वहां शिशु के मामले में दो में से एक को पीछे छोड़कर नियोजक उस सम्पूर्ण अवधि के लिए प्रसूति लाभ के लिए उत्तरदायी होगा लेकिन यदि शिशु की मृत्यु भी कथित अवधि के दौरान हो जाती है तो उन दिनों तक के लिए तथा शिशु के मृत्यु की तिथि को सम्मिलित करते हुए।]

[5-क. **कुछ दशाओं में मातृत्व हितलाभ का बना रहना**—इस अधिनियम के अधीन प्रसूति प्रसुविधा पाने की हकदार हर स्त्री उस कारखाने या अन्य स्थापन को जिसमें वह नियोजित है, कर्मचारी राज्य बीमा अधिनियम 1948 (1948 का 34) के लागू होते हुए भी तब तक पूर्ववत् हकदार बनी रहेगी जब तक वह इस अधिनियम की धारा 50 के अधीन प्रसूति प्रसुविधा का दावा करने के लिए अंहिर्त न हो जाए।]

[5-ख. **कतिपय दशाओं में मातृत्व हितलाभ का संदाय**—प्रत्येक स्त्री—

(क) जो किसी ऐसे कारखाने अथवा अन्य स्थापन में नियोजित है जिसे कर्मचारी राज्य बीमा अधिनियम 1948 (1948 का 34) के उपबन्ध लागू होते हैं;

(ख) जिसकी मजदूरी (अतिकाल काम के लिए पारिश्रमिक को छोड़कर एक मास के लिए उस अधिनियम की धारा 2 के खण्ड (9) के उपखण्ड (ख) में विनिर्दिष्ट रकम से अधिक है; और

(ग) जो धारा 5 की उपधारा (2) में विनिर्दिष्ट शर्तों की पूर्ति करती है इस अधिनियम के अधीन प्रसूति प्रसुविधा के संदाय भी हकदार होगी।]

6. **मातृत्व हितलाभ के दावे की सूचना और उसका संदाय—**

(1) किसी स्थापन में नियोजित और इस अधिनियम के उपबन्धों के अधीन प्रसूति प्रसुविधा की हकदार स्त्री अपने नियोजक को ऐसे प्रारूप में जो विहित किया जाए, यह कथन करते हुए **लिखित सूचना** दे सकेगी कि उसकी प्रसूति प्रसुविधा और कोई अन्य रकम जिसकी वह इस अधिनियम के अधीन हकदार हो, उसे या उस व्यक्ति को, जिसे वह सूचना में नाम निर्देशित करें संदत्त की जाय और यह कि उस कालावधि के दौरान जिसके लिए वह प्रसूति प्रसुविधा प्राप्त करती है किसी स्थापन में काम नहीं करेगी।

(2) ऐसी स्त्री की दशा में जो गर्भवती है ऐसी सूचना में वह तारीख कथित होगी जिससे वह काम से अनुपस्थित रहेगी और वह तारीख उसके प्रकाशित प्रसव की तारीख से छह सप्ताह के पूर्वत्तर की नहीं होगी।

(3) कोई स्त्री जिसने तब सूचना न दी हो जब वह गर्भवती थी प्रसव के पश्चात यथासंभव शीघ्र ऐसी सूचना दे सकेगी।

(4) उस सूचना की प्राप्ति पर नियोजक उस स्त्री के उस अवधि के दौरान स्थापन से स्वमेव को अनुपस्थित करने की अनुज्ञा प्रदान करेगा जिसके लिए वह प्रसूति लाभ प्राप्त करती है।

(5) **किसी स्त्री के प्रकाशित प्रसव** की तारीख की पूर्ववती कालावधि के लिए प्रसूति प्रसुविधा की रकम इस बात के लिए वह गर्भवती है ऐसे **सबूत** कि जैसा विहित किया जाये पेश किये जाने पर उस स्त्री के नियोजक द्वारा **अग्रिम** दी जायेगी और पश्चातवर्ती कालावधि के लिए देय रकम इस बात के लिए कि उस स्त्री ने शिशु का प्रसव किया है जैसे सबूत कि जैसा विहित किया जाये पेश किये जाने के अड़तालीस घण्टों के अन्दर उस स्त्री को निगोजक द्वारा संदत्त की जायेगी।

(6) **इस धारा के अधीन सूचना दे पाना** किसी स्त्री को इस अधिनियम के अधीन प्रसूति प्रसुविधा या किसी अन्य रकम के हम से वंचित न करेगा यदि वह ऐसी किसी मामले में निरीक्षक या तो स्वप्रेरणा से या उसको उस स्त्री द्वारा आवेदन किये जाने पर ऐसी प्रसुविधा या रकम का संदाय ऐसी कलावधि के अन्दर करने का आदेश दे सकता जो उस आदेश में विनिर्दिष्ट हो।

7. **किसी स्त्री की मृत्यु की दशा में मातृत्व हितलाभ का संदाय**—यदि इस अधिनियम के अधीन प्रसूति प्रसुविधा या किसी अन्य रकम की हकदार, कोई स्त्री ऐसी प्रसूति प्रसुविधा या रकम को प्राप्त करने से पूर्व मर जाए, या जहां नियोजक धारा 5 की उपधारा (3) के द्वितीयक परन्तुक के अधीन प्रसूति प्रसुविधा या दायी हो वहां नियोजक ऐसी प्रसुविधा या रकम धारा 6 के अधीन दी गयी सूचना में स्त्री द्वारा नामनिर्देशित व्यक्ति को और उस दशा में जब कि कोई नाम निर्देशित न हो उसके विधिक प्रतिनिधि को संदत्त करेगा।

8. **चिकित्सकीय बोनस का संदाय**—यदि नियोजक द्वारा प्रसवार्थ व्यवस्था और प्रसवोत्तर देख-रेख का कोई भी उपबन्ध निःशुल्क न किया गया

हो तो इस अधिनियम के अधीन प्रसूति प्रसुविधा को हकदार हर स्त्री अपने नियोजक से (**दो सौ पचास रुपये**) का चिकित्सकीय बोनस भी पाने का हकदार होगी।

9. **गर्भपात आदि की दशा में छुट्टी**–गर्भपात या गर्भ चिकित्सकीय समापन की दशा में कोई स्त्री ऐसा सबूत पेश करने पर जैसा विहित किया जाये अपने गर्भपात या गर्भ के चिकित्सकीय समापन के दिन के अव्यवहित पश्चातवर्ती छह सप्ताह की कालावधि के लिए प्रसूति प्रसुविधा की दर पर मजदूरी सहित **छुट्टी** की हकदार होगी।

9-क. **ट्यूबक्टोमी आपरेशन के लिए मजदूरी के साथ छुट्टी**–ट्यूबक्टोमी के आपरेशन के मामले में एक महिला अपने ट्यूबक्टोमी आपरेशन के आने वाले दिन से तुरन्त दो सप्ताह की अवधि के लिए प्रसूति लाभ की दर से मजदूरी के साथ अनुज्ञा की इस प्रकार के सबूत के पेश किये जाने पर जैसा कि विहित किया जाये हकदारिणी होगी।

10. **गर्भावस्था, प्रसव, समयपूर्ण शिशु जन्म या गर्भपात से पैदा होने वाली रुग्णता के लिए छुट्टी**–गर्भावस्था, प्रसव, समयपूर्व शिशु जन्म (गर्भपात, गर्भ चिकित्सकीय समापन या ट्यूबक्टोमी) से पैदा होने वाली रुग्णता से पीड़ित स्त्री ऐसा सबूत पेश करने पर जैसा विहित किया जाये यथास्थापित धारा 6 या धारा 9 के अधीन उसे अनुज्ञात अनुपस्थिति कालावधि के अतिरिक्त प्रसूति प्रसुविधा की दर पर मजदूरी सहित अधिकतम एक मास की कालावधि की छुट्टी की हकदार होगी।

11. **घोषणार्थ विराम**–हर प्रसूता स्त्री को जो प्रसव के पश्चात् काम पर वापस आती है उस विश्रामार्थ अंतराल के अतिरिक्त जो उसे अनुज्ञात है अपने दैनिक काम की दिनचर्या में विहित कालावधि के दो विराम शिशु के पोषण के लिए तब तक अनुज्ञात होंगे जब तक वह शिशु पन्द्रह मास की आयु पूरी न कर ले।

12. **गर्भावस्था के कारण अनुपस्थिति के दौरान पदच्युति**–

(1) जब कोई स्त्री काम पर से इस अधिनियम के उपबन्धों के अनुसार अनुपस्थित रहती है तब उसके नियोजक के लिए यह विधि विरुद्ध होगा कि उसे ऐसी अनुपस्थिति के दौरान या कारण उन्मोचित या पदच्युत करे या उसे उन्मोचन या पदच्युति की सूचना ऐसे दिन दे कि वह सूचना ऐसी अनुपस्थिति के दौरान अवसित हो या उसकी सेवा की शर्तों में से किसी में इसके लिए अहितकर फेरफार करे।

(2क) किसी स्त्री की उसकी गर्भावस्था के दौरान किसी समय उन्मोचन या पदच्युति का प्रभाव उसे प्रसुविधा या चिकित्सकीय बोनस से वंचित करना न होगा, यदि वह स्त्री ऐसे उन्मोचन या पदच्युति के अभाव में धारा 8 में निर्दिष्ट प्रसूति प्रसुविधा या चिकित्सकीय बोनस का हकदार होती।

परन्तु जहाँ कि पदच्युति किसी विहित घोर अवचार के कारण हो वहां नियोजक स्त्री को संसूचित लिखित आदेश द्वारा उसे प्रसूति प्रसुविधा या चिकित्सकीय बोनस या दोनों से वंचित कर सकेगा।

[1](ख) कोई भी स्त्री इस अधिनियम के उपबन्धों के अनुसार प्रसूति लाभ या चिकित्सकीय बोनस या दोनों से वंचित की हुई या उन्मोचित की गयी या पदच्युति की गयी उसी दौरान या उसकी अनुपस्थिति के कारण उस तिथि से 60 दिनों के अन्दर हो सकता है जिस पर ऐसे वंचित किये जाने या निःसारण या खारिजी का आदेश उसको संसूचित किया जाता है ऐसे प्राधिकार को अपील जैसा कि विहित किया जाय और इस प्रकार की अपील पर उस प्राधिकरण का निर्णय चाहे महिला प्रसूति लाभ या चिकित्सकीय अतिरिक्त मुद्रा या दोनों से वंचित किया जाना चाहिए या नहीं किया जाना चाहिए या निःसारित किया जाना चाहिए अन्तिम होगा।

(ग) इस उपधारा में अन्तर्विष्ट कोई भी बात उपधारा (1) में अन्तर्विष्ट उपबन्धों पर प्रभाव न डालेगी।

13. **कतिपय मामलों में मजदूरी में से कटौती का न किया जाना**–इस अधिनियम के उपबन्धों के अधीन प्रसूति प्रसुविधा की हकदार स्त्री की प्रासामान्य और प्रायिक दैनिक मजदूरी में से केवल–

(क) धारा 4 की उपधारा (3) के अन्तर्विष्ट उपबन्धों के आधार पर उसे समुनिष्ट काम की प्रकृति;

(ख) धारा 11 के उपबन्धों के अधीन उसे शिशु के पोषण के लिए अनुज्ञात विरामों के ही कारण कोई भी कटौती नहीं की जायेगी।

14. **निरीक्षकों की नियुक्ति**–समुचित सरकार, शासकीय राजपत्र में अधिसूचना द्वारा ऐसे आफिसरों को जिन्हें वह ठीक समझे, इस अधिनियम के प्रयोजनों के लिए निरीक्षक नियुक्त कर सकेगी और

---

1. 1988 के अधिनियम संख्या 61 की धारा 7 द्वारा प्रतिस्थापित।

अधिकारिता की वे स्थानीय सीमाएं परिनिश्चित कर सकेगी जिसके अन्दर वे इस अधिनियम के अधीन के अपने हकों का प्रयोग करेंगे।

15. **निरीक्षकों की शक्ति और कर्तव्य**–निरीक्षक ऐसे निर्बन्धनों या शर्तों के अधीन रहते हुए जो विहित की जाए निम्नलिखित सब शक्तियों का या उसमें से किसी का भी प्रयोग कर सकेगा, अर्थात्

(क) ऐसे **सहायकों** के साथ यदि कोई हों जो सरकार की या किसी स्थानीय या अन्य लोक प्राधिकारी की सेवा में के व्यक्ति हों और जिन्हें वह ठीक समझे किसी भी ऐसे परिसर या स्थानों में जहां स्थापन में स्थितियों को नियोजित किया जाता है या काम दिया जाता है किन्हीं ऐसे रजिस्टरों, अभिलेखों और सूचनाओं को जो इस अधिनियम के द्वारा या अधीन रखे या प्रदर्शित किये जाने के लिए अपेक्षित है, परीक्षा करने के प्रयोजन के लिए सभी युक्तियुक्त समयों पर प्रवेश करना और उन्हें निरीक्षण के लिए पेश करने की अपेक्षा करना।

(ख) किसी ऐसे व्यक्ति की परीक्षा करना जिसे वह किसी परिसर या स्थान में पाए और जिसके बारे में उसके पास यह विश्वास करने का युक्तियुक्त हेतु हो कि वह उस स्थापन में नियोजित हो;

परन्तु किसी भी व्यक्ति को इस धारा के अधीन ऐसे प्रश्न का उत्तर देने के लिए या ऐसा साक्ष्य देने के लिए विवश नहीं किया जायेगा किसी प्रवृति स्वयं उसे अपराध में फंसाने की हो;

(ग) नियोजक से यह अपेक्षा करना कि वह नियोजित स्त्रियों के नामों और पतों, उन्हें किए गए संदायों और इस अधिनियम के अधीन उनसे प्राप्त आवेदनों या सूचनाओं के बारे में जानकारी दें; तथा

(घ) किन्हीं रजिस्टरों और अभिलेखों या सूचनाओं या उनके किन्हीं प्रभागों की प्रतिलिपियां लेना।

16. **संदाय किए जाने का निदेश देने की निरीक्षक की शक्ति**–

[1](1) इस बात का दावा करने वाली कोई स्त्री थी–

(क) प्रसूति लाभ या कोई दूसरी रकम जिसकी वह इस अधिनियम के अधीन हकदारिणी है और यह दावा करने वाला कोई भी व्यक्ति की धारा 7 के अधीन देय संदाय को अनुचित तौर पर रोका गया है;

---

1. 1988 के अधिनियम संख्या 61 की धारा 8 द्वारा प्रतिस्थापित।

(ख) नियोजक ने उसे इस अधिनियम के उपबन्धों के अनुसार कार्य से उसकी अनुपस्थिति के कारण या उस दौरान उन्मोचित या पदच्युत कर दिया है;

निरीक्षक की एक शिकायत कर सकेगा।

(2) निरीक्षक उपधारा (1) में निर्देशित तथा शिकायत की रसीद पर या स्वप्रेरणा से एक जांच कर सकेगा या जांच करा सकेगा और इसने यह समाधान किया कि–

(क) संदाय को दोषपूर्ण ढंग से रोका गया है और उसके आदेशों के अनुसार संदाय को निर्देश दे सकेगा।

(ख) इस अधिनियम के अधीन उसे कार्य से उसकी अनुपस्थिति के कारण या उस दौरान उन्मोचित या पदच्युत किया जा चुका है, इस प्रकार के आदेश पारित कर सकेगा जोकि मामले की परिस्थितियों के अनुसार न्यायपूर्ण एवं उचित होता है।

(3) निरीक्षक के उपधारा (2) के अधीन के विनिश्चय से कथित कोई भी व्यक्ति उस तारीख से जिसको ऐसा विनिश्चय ऐसे व्यक्ति को संसुचित किया जाये, तीस दिन के भीतर अपील विहित प्राधिकारी को कर सकेगा।

(4) जहां उपधारा (3) के अधीन कोई अपील विहित प्राधिकारी को की गई वहां उसका और जहां ऐसी अपील न की गई हो वहां निरीक्षक का विनिश्चय अन्तिम होगा।

[1](5) इस धारा के अधीन संदेय कोई भी रकम भू-राजस्व की एक बकाया होने के रूप में निरीक्षक द्वारा उस रकम के लिए जारी किए गए प्रमाण-पक्ष पर कलेक्टर द्वारा वसूल की जायेगी।

17. **निरीक्षकों का लोक सेवक होना**–इस अधिनियम के अधीन नियुक्त किया गया हर निरीक्षक भारतीय दण्ड संहिता (1860 का 45) की धारा 21 के अर्थ के अन्दर लोक सेवक समझा जायेगा।

18. **मातृत्व हितलाभ का समपहरण**–यदि कोई स्त्री अपने नियोजक द्वारा धारा 6 के उपबन्धों के अधीन अनुपस्थित रहने के लिए अनुज्ञात किए जाने के पश्चात् ऐसी प्राधिकृत अनुपस्थिति के दौरान किसी कालावधि में किसी स्थापन में काम करेगी तो ऐसी कालावधि के लिए प्रसूति प्रसुविधा का उसका दावा सम्पहत हो जायेगा।

---

1. 1988 के अधिनियम संख्या 61 की धारा 8 द्वारा प्रतिस्थापित।

19. **अधिनियम और तद्धीन नियमों की संक्षिप्त का प्रदर्शित किया जाना**–इस अधिनियम और तद्धीन बनाये गए नियमों के उपबन्धों को उस परिक्षेत्र की भाषा या भाषाओं में संक्षिप्त स्थापन के हर ऐसे भाग में जिसमें स्त्रियां नियोजित हो किसी सहज दृश्य स्थान में नियोजक द्वारा प्रदर्शित की जायेगी।

20. **रजिस्टर आदि**–हर नियोजक ऐसे रजिस्टर, अभिलेख और मास्टर रोल जैसे और ऐसी रीति में जैसी विहित की जाये तैयार करेगा और रखेगा।

[1]21. **अधिनियम का उल्लंघन नियोजक द्वारा किए जाने के लिए शास्ति**–

(1) यदि कोई भी नियोजक इस अधिनियम के अधीन हकदारिणी एक स्त्री को प्रसूति का लाभ की किसी भी रकम का संदाय करने में सफल होता है या इस अधिनियम के उपबन्धों के अनुसार कार्य से उसकी अनुपस्थिति के कारण या उस दौरान इस प्रकार की स्त्री को उन्मोचित या पदच्युत करता है तो वह **कारावास** से दण्डित करने योग्य होगा जो तीन महीने से कम नहीं होगा लेकिन एक वर्ष तक विस्तारित हो सकेगा और जुर्माना **दो हजार** रुपये से कम नहीं होगा लेकिन जो **पांच हजार** रुपये तक विस्तारित हो सकेगा।

परन्तु न्यायालय लिखित तौर पर अभिलिखित किए जाने के पर्याप्त कारणों हेतु अपेक्षाकृत कम अवधि के लिए कारावास का दण्डादेश या कारावास के बदले में मात्र जुर्माना अधिरोपित कर सकेगा।

(2) यदि कोई नियोजक उस अधिनियम के प्रावधानों या उपबन्धों या उसके अधीन निर्मित किए गए नियमों का उल्लंघन करता है तो वह यदि ऐसे उल्लंघन के लिए कोई अन्य शास्ति का इस अधिनियम क अधीन या कहीं अन्य प्रावधान किया गया है, तो कारावास से दण्डनीय होता है जो **एक वर्ष** तक विस्तारित हो सकेगा या जुर्माने से **पांच हजार** रुपये तक विस्तारित हो सकेगा या दोनों से।

परन्तु जहां उल्लंघन प्रसूति लाभ से संबंधित या किसी दूसरी रकम के संदाय संबंधित किसी उपबन्ध का होता है और ऐसे प्रसूति लाभ या रकम को पहले से नहीं वसूल किया गया है,

1. 1988 के अधिनियम संख्या 61 की धारा 8 द्वारा प्रतिस्थापित।

वहां न्यायालय इसके साथ राज्य ऐसे प्रसूति लाभ या रकम की वसूली करेगा यदि कि वह एक जुर्माना होता और उसके हकदार व्यक्ति को इसी का संदाय करेगा।

22. **निरीक्षक को बाधा पहुंचाने के लिए शास्ति**–जो कोई इस अधिनियम या तद्धीन बनाये गये नियमों के अनुसरण में रखे गये अपनी अभिरक्षा में किसी रजिस्टर या दस्तावेज को निरीक्षक द्वारा मांगे जाने पर पेश करने में असफल रहेगा या किसी व्यक्ति को निरीक्षक के समक्ष उपसंजात होने से या उसके द्वारा परीक्षित किए जाने से निवारित करेगा या उसे छिपायेगा वह कारावास से, जो एक वर्ष तक का हो सकेगा, या जुर्माना से [जो पांच हजार रुपये तक] का हो सकेगा, या दोनों से दण्डनीय होगा।

[1]23. **अपराधों का संज्ञान**–

(1) व्यवसाय संघ अधिनियम, 1926 के अधीन रजिस्ट्रीकृत व्यापार की कोई कथित महिला एक अधिकारी धारक जिसकी ऐसी स्त्री का एक सदस्य है या सोसायटी रजिस्ट्रीकरण अधिनियम 1860 के अधीन स्वैच्छिक रजिस्ट्रीकृत संगठन या एक निरीक्षक सक्षम अधिकारिता की किसी न्यायालय में इस अधिनियम के अधीन एक अपराध के कारित किए जाने के संबंध में एक परिवाद संस्थित तिथि से **एक वर्ष** की समाप्ति के बाद संस्थिगत किया जायेगा जिसे अपराध के कारित किये जा चुकने का अभिकथन किया जाता है।

कोई भी एक **महानगर मजिस्ट्रेट** के न्यायालय से निम्नतर न्यायालय या प्रथम श्रेणी का एक मजिस्ट्रेट इस अधिनियम के अधीन किसी भी अपराध पर विचार करेगा; परन्तु प्रलेख एक वर्ष की कालावधि की संगणना करने में, ऐसी पूर्व मंजूरी अभिप्राप्त करने के प्रयोजनार्थ लगा समय, यदि कोई हो अपवर्जित कर दिया जायेगा।

(2) **प्रेसीडेन्सी मजिस्ट्रेट** या प्रथम वर्ग मजिस्ट्रेट के न्यायालय से अबर कोई भी न्यायालय ऐसे किसी अपराध पर विचार नहीं करेगा।

24. **सदभावपूर्वक किए गए कार्य के लिए परीक्षण**–किसी भी व्यक्ति के विरुद्ध कोई भी वाद अभियोजक या अन्य अधिक कार्यवाही किसी ऐसी बात के लिए नहीं होगी जो इस अधिनियम या तद्धीन बनाये गये

1. 1988 के अधिनियम संख्या 61 की धारा 11 द्वारा प्रतिस्थापित।

किसी नियम या किये गये आदेश के अनुसरण में सद्भावपूर्वक की गई या की जाने के लिए आशयित हो।

25. **केन्द्रीय सरकार के निर्देश देने की शक्ति**–केन्द्रीय सरकार राज्य सरकार को इस अधिनियम के उपबन्धों का निष्पादक करने के संबंध में ऐसे निर्देश दे सकेगी जो वह आवश्यक समझे और राज्य सरकार ऐसे निर्देशों का पालन करेगी।

26. **स्थापनों को छूट देने की शक्ति**–यदि समुचित सरकार का समाधान हो जाये कि ऐसी प्रसुविधाओं के जो इस अधिनियम में उपबन्धित प्रसुविधाओं से कम अनुकूल न हो अनुदान का उपबन्ध करने वाले किसी स्थापन को स्थापनों के वर्गों को ध्यान में रखते हुए ऐसा करना आवश्यक है तो वह **शासकीय राजपत्र में अधिसूचना** द्वारा उस स्थापन को या स्थापनों के वर्ग को इस अधिनियम के या तद्धीन बनाये किसी नियम के सभी या किन्हीं उपबन्धों के प्रर्वतन से ऐसी शर्तों और निबन्धों के यदि कोई हो, अध्याधीन जो अधिसूचना में विनिर्दिष्ट किए जायें छूट दे सकेगी।

27. **इस अधिनियम से असंगत विधियों और करारों का प्रभाव**–

(1) इस अधिनियम के उपबन्ध उनसे असंगत किसी बात के किसी अन्य विधि में या किसी अधिनिर्णय, करार या सेवा संविदा के उपबन्धों में चाहे वह इस अधिनियम के प्रवर्तन में आने के पूर्व चाहे पश्चात् बनायी गयी, किया गया या की गयी हो, अन्तर्विष्ट होते हुए भी प्रभावी; परन्तु जहां किसी ऐसे अधिनियम, करार सेवा, संविदा के अधीन या अन्यथा कोई स्त्री किसी बात के बारे में किसी प्रसुविधाओं की हकदार हो जो उसके लिए उन प्रसुविधाओं से अधिक अनुकूल हो जिनकी वह इस अधिनियम के अधीन हकदार होती, वहां वह स्त्री उस बात के बारे में अधिक अनुकूल प्रसुविधाओं की हकदार बातों के बारे में इस अधिनियम के अधीन प्रसुविधाएं प्राप्त करने की हकदार है।

(2) इस अधिनियम के अन्तर्विष्ट किसी बात का ऐसा अर्थ नहीं लगाया जायेगा जो किसी स्त्री को इस बात से प्रचारित करे कि वह अपने नियोजक से ऐसे अधिकारों और विशेषाधिकारों के अनुदान के लिए करार करे जो उसे उनसे अधिक अनुकूल हो, जिनकी वह इस अधिनियम के अधीन हकदार होती।

28. **नियम बनाने की शक्ति–**

(1) समुचित सरकार पूर्व प्रकाशन की शर्त के अध्याधीन रहते हुए और इस अधिनियम के प्रयोजनों को कार्यान्वित करने के लिए नियम शासकीय राजपत्र में अधिसूचना द्वारा बना सकेगी–

(2) विशिष्टतः और पूर्वगामी शक्ति की व्यापकता पर प्रतिकूल प्रभाव डाले बिना ऐसे नियम निम्नलिखित के लिए **उपबन्ध** कर सकेंगे–

(क) **रजिस्टरों**, अभिलेखों और मास्टर रोलों को तैयार करना और बनाये रखना;

(ख) इस अधिनियम के प्रयोजनों के लिए **निरीक्षकों** द्वारा शक्तियों का (जिनके अन्तर्गत स्थापनों का निरीक्षण आता है) प्रयोगों और कर्तव्यों का पालन;

(ग) प्रसूति प्रसुविधा और इस अधिनियम के अधीन की अन्य **प्रसुविधाओं** के संदाय का ढंग वहां, तक जहां तक उसके लिए इस अधिनियम में उपबन्ध किया गया है;

(घ) धारा 6 के अधीन सूचनाओं का प्रारूप;

(ङ) इस अधिनियम के उपबन्धों के अधीन अपेक्षित सबूत की प्रकृति;

(च) धारा 11 में विनिर्दिष्ट पोषणार्थ विरामों की कालावधि;

(छ) वे कार्य जो धारा 12 के प्रयोजनों के लिए घोर अवचार गठित करे;

(ज) वह प्राधिकारी जिसको धारा 12 की उपधारा (2) के खण्ड (29) के अधीन अपील होगी, वह प्रारूप और रीति जिसमें ऐसी अपील की जा सकेगी और यह प्रक्रिया जिसका अनुसरण उसे निपटाने में किया जाना है;

(झ) वह प्राधिकारी जिसको धारा 17 के अधीन निरीक्षक के विनिश्चय के विरुद्ध अपील होगी, वह प्रारूप और रीति जिसमें ऐसी अपील की जा सकेगी और वह प्रक्रिया जिसका अनुसरण उसे निपटाने में किया जाना है;

(ञ) वह प्रारूप और रीति जिसमें धारा 17 की उपधारा (1) के अधीन निरीक्षक से परिवाद किये जा सकेंगे और वह प्रक्रिया जिसका अनुसरण उस धारा को उपधारा (2) के अधीन जांच करने या कराने में उनके द्वारा किया जाना है;

(ट) कोई अन्य बात जो विहित की जानी है या की जाये।

(3) इस धारा के अधीन केन्द्रीय सरकार द्वारा बनाया गया प्रत्येक नियम बनाये जाने के पश्चात् यथाशीघ्र संसद के प्रत्येक सदन के समक्ष जब वह सत्र में हो, तीस दिन की अवधि के लिए रखा जायेगा। यह अवधि एक सूत्र में अथवा दो या अधिक आनुक्रमिक सत्रों में पूरी हो सकेगी। यदि उस सत्र के पूर्वोक्त आनुक्रमिक सत्रों के ठीक बाद के सत्र के अवसान के पूर्व दोनों सदन उस नियम कोई परिवर्तन करने के लिए सहमत हो जायें तो तत्पश्चात् वह ऐसे परिवर्तित रूप में हो प्रभावी होगा। यदि उक्त अवसान के पूर्व दोनों सदन सहमत हो जायें कि वह नियम बनाया जाना चाहिए तो तत्पश्चात् वह निस्प्रभावी हो जायेगा किन्तु नियम के ऐसे परिवर्तन या निस्प्रभावी होने से उसके अधीन पहले की गयी किसी बात की विधि मान्यता पर प्रतिकूल प्रभाव नहीं पड़ेगा।

29. **1951 के अधिनियम 69 का संशोधन**–बगान श्रम अधिनियम 1951 की धारा 32 में–

(क) उपधारा (1) में शब्द "अहित चिकित्सा-व्यवसायी" के पूर्व कोष्ठक और आहार "(क)" शब्द "रूग्णता भत्ता" के पश्चात् शब्द "तथा" और खण्ड (ख) लुप्त कर दिए जायेंगे;

(ख) उपधारा (2) में शब्द या 'प्रसूति' या लुप्त कर दिये जायेंगे।

30. **निरसन–इस अधिनियम के–**

(1) खानों को लागू होने पर, ही माइन्स मेटरनिटी बेनीफिट एक्ट, 1941 (1941 का 19); तथा

(2) दिल्ली संघ राज्य क्षेत्र में स्थित कारखानों को लागू होने पर बाम्बे मेटरनिटी बेनीफिट एक्ट, 1929 (1929 का बम्बई अधिनियम 7) जैसा वह उस राज्य क्षेत्र में प्रवृत है। निरसित हो जायेगा।

(ii) समान पारिश्रमिक अधिनियम, 1976
(The Equal Remuneration Act, 1976)

[1976 का अधिनियम संख्यांक 23]

धाराओं का क्रम

अध्याय-1: प्रारंभिक

1. संक्षिप्त नाम, विस्तार और प्रारंभ;

2. परिभाषाएं;

3. अधिनियम का अध्यारोही प्रभाव;

अध्याय–2

पुरुष और स्त्री कर्मकारों की समान दरों पर पारिश्रमिक का संदाय और अन्य विषय

4. पुरुष और स्त्री कर्मकारों को एक ही काम या समाज प्रवृति के काम के लिए समान वेतन का संदाय करने के लिए नियोजक का कर्तव्य;

5. पुरुष और स्त्री कर्मकारों को भर्ती करते समय कोई विभेद न किया जाना;

6. सलाहकार समिति;

7. दावों और परिवादों की सुनवाई और विनिश्चय करने के लिए प्राधिकारियों को नियुक्त करने की समुचित सरकार की शक्ति;

अध्याय–3: प्रकीर्ण

8. रजिस्टरों को बनाये रखने के लिए नियोजकों के कर्तव्य;

9. निरीक्षक;

10. शास्तियां;

11. कम्पनियों द्वारा अपराध;

12. अपराधों का संज्ञान एवं निवारण;

13. नियम बनाने की शक्ति;
14. निर्देश देने की केन्द्रीय सरकार की शक्ति;
15. कतिपय विशेष दशाओं में अधिनियम का लागू न होना;
16. घोषणा करने की शक्ति;
17. कठिनाइयां दूर करने की शक्ति;
18. निरसन और व्यावृति।

यह अधिनियम पुरुष और स्त्री कर्मकारों को समान पारिश्रमिक का संदाय करने और नियोजन में लिंग के माध्यम पर स्त्रियों के विरुद्ध विभेद किए जाने का निवारण करने और उससे संबद्ध या आनुषंगिक विषयों का उपबन्ध करने के लिए अधिनियमित किया गया है।

भारत गणराज्य के सत्ताइसवें वर्ष में संसद द्वारा निम्नलिखित रूप में यह अधिनियमित हो–

अध्याय–1: प्रारंभिक

(1) **संक्षिप्त नाम, विस्तार और प्रारंभ**

(1) इस अधिनियम का संक्षिप्त नाम समान पारिश्रमिक अधिनियम, 1976 है।

(2) इसका विस्तार सम्पूर्ण भारत पर है।

(3) यह उस तारीख को प्रवृत होगा जो केन्द्रीय सरकार अधिसूचना द्वारा नियम करे किन्तु यह तारीख अधिनियम के पारित किए जाने से तीन वर्ष के बाद की नहीं होगी और विभिन्न स्थापनों या नियोजनों के लिए विभिन्न तारीखें नियत की जा सकती हैं।

(2) **परिभाषाएं**–इस अधिनियम में जब तक कि संदर्भ से अन्यथा अपेक्षित न हो–

(क) **समुचित सरकार से–**

(i) केन्द्रीय सरकार या किसी रेल प्रशासन द्वारा या उनके प्राधिकार के अधीन चलाए जाने वाले किसी नियोजन के संबंद्ध में या बैंककारी कम्पनी, खान तेल क्षेत्र या महापतन या केन्द्रीय अधिनियम द्वारा या के अधीन स्थापित किसी निगम के संबंद्ध में केन्द्रीय सरकार और

(ii) किसी अन्य नियोजन के संबंद्ध में राज्य सरकार अभिप्रेत है।

(ख) इस अधिनियम के प्रारम्भ से किसी स्थापन या नियोजक के संबंद्ध में वह तारीख अभिप्रेत है जिसको यह अधिनियम उस स्थापन या नियोजन के बारे में प्रवृत्त होता है।

(ग) **'नियोजक'** का वही अर्थ है जो उसका उपदान संदाय अधिनियम, 1972 की धारा 2 के खण्ड (च) में है।

(घ) **'पुरुष और स्त्री'** से किसी आयु का क्रमशः मानव नर और नारी अभिप्रेत है।

(ङ) **'अधिसूचना'** से राजपत्र में प्रकाशित अधिसूचना अभिप्रेत है।

(च) **'विहित'** से इस अधिनियम के अधीन बनाए गए नियमों द्वारा विहित अभिप्रेत है।

(छ) **'पारिश्रमिक'** से वह अधिकारिक मजदूरी या वेतन और अतिरिक्त उपलब्धियां चाहे वे नकद या वस्तु रूप में संदेय हो अभिप्रेत है जो नियोजित व्यक्ति को नियोजन के संबंद्ध में या ऐसे नियोजन में किए गए काम के संबंद्ध में नियोजन संविदा के अभिव्यक्त या विवक्षित निबन्ध पूरे भर दिए जाने पर संदेय हैं।

(ज) **"एक ही काम या समान प्रकृति का काम"** से ऐसा काम अभिप्रेत है जिसके बारे में अपेक्षित कौशल प्रयत्न तथा उत्तरदायित्व उस समय एक जैसे हैं जब काम करने की एक जैसी दशाओं में वह काम पुरुष या स्त्री द्वारा किया जाता है और यदि पुरुष से अपेक्षित कौशल प्रयत्न तथा उत्तरदायित्व में कोई अन्तर है तो नियोजक के काम और शर्तों के संबंद्ध में उसका कोई व्यावहारिक महत्व नहीं है।

(झ) **'कर्मकार'** से किसी स्थापन या नियोजन में कोई कर्मकार अभिप्रेत है जिसके संबद्ध में यह अधिनियम प्रवृत्त हो गया है।

(ञ) उन शब्दों और पदों के जो इसा अधिनियम में प्रयुक्त है और परिभाषित नहीं है किन्तु औद्योगिक विवाद अधिनियम 1947 (1947 का 14) में परिभाषित है वही अर्थ होंगे जो उनके उस अधिनियम में हों।

(3) **अधिनियम का अध्यारोही प्रभाव**–इस अधिनियम के उपबद्ध इस बात के होते हुए भी प्रभावी होंगे कि किसी अन्य विधि में या इस अधिनियम के प्रारंभ के पूर्व या पश्चात् के किसी अधिनियम करार या सेवा संविदा के निबन्धनों में अथवा तत्समय प्रवृत्त किसी विधि के अधीन प्रभावी किसी लिखित में उनसे असंगत कोई बात है।

अध्याय–2

पुरुष और स्त्री कर्मकारों को समान दरों पर पारिश्रमिक का संदाय और अन्य विषय।

(4) **पुरुष और स्त्री कर्मकारों** को एक ही काम या **समान प्रकृति** के काम के लिए समान वेतन का संदाय करने के लिए नियोजक का कर्तव्य–

(1) कोई नियोजक किसी स्थापन या नियोजन में अपने द्वारा नियोजित किसी कर्मकार को पारिश्रमिक चाहे वह नकद या वस्तु रूप में संदेय हो, उस दर से कम दर पर नहीं देगा जिस पर उसके द्वारा उस कर्मकार से भिन्न लिंग के कर्मकार को इस स्थापन या नियोजन में एक हो काम या समान प्रकृति के काम के लिए जाने के लिए संदाय किया जाता है।

(2) कोई नियोजक उपधारा (1) के उपबन्धों का पालन करने के प्रयोजन के लिए किसी कर्मकार के पारिश्रमिक की दर नहीं घटाएगा।

(3) जहां किसी स्थापन या नियोजन में इस अधिनियम के प्रारंभ से पूर्व पुरुष और स्त्री कर्मकारों को एक ही काम या समान प्रकृति के काम के लिए संदेय पारिश्रमिक की दरें केवल लिंग के आधारे पर भिन्न-भिन्न है वहां यथास्थिति ऐसी दरों में से उच्चतर दर (जहां केवल दो दरें हैं) या उच्चतम दर (जहां दो से अधिक दरें हैं) वह दर होगी जिस दर पर पारिश्रमिक इस अधिनियम के प्रारंभ से ही ऐसे पुरुष और स्त्री कर्मकारों को संदेय होगा।

परन्तु इस उपधारा की किसी बात के बारे में यह नहीं समझा जाएगा कि वह किसी पुरुष या स्त्री कर्मकार को इस अधिनियम को प्रारम्भ के पूर्व उसके द्वारा की गई किसी सेवा के संबंध में उसे संदेय पारिश्रमिक की दर का पुनर्निरक्षण करा सकने का हक प्रदान करती है।

(5) **पुरुष और स्त्री कर्मकारों की भर्ती करते समय कोई विभेद न किया जाना**–इस अधिनियम के प्रारंभ से ही कोई नियोजक एक ही काम या समान प्रकृति (या किसी भी सेवा शर्तों परवर्ती नियोजन जैसे प्रोन्नति प्रशिक्षण या स्थानान्तरण) के काम के लिए भर्ती करते समय स्त्रियों के विरुद्ध कोई विभेद नहीं करेगा, सिवा उस दशा के जिसमें ऐसे काम में स्त्रियों का नियोजन तत्समय प्रवृत किसी विधि द्वारा या के अधीन प्रतिबद्ध या निर्बन्धित है।

परन्तु इस धारा के उपबन्ध किसी स्थापन या नियोजन में पदों की भर्ती के मामले में अनुसूचित जातियों या अनुसूचित जनजातियों, भूतपूर्व सैनिकों,

छटनी किए गए कर्मचारियों या किसी अन्य वर्ग या प्रवर्ग के व्यक्तियों के लिए किसी प्राथमिकता या आरक्षण को प्रभावित नहीं करेंगे।

(6) **सलाहकार समिति–**

(1) समुचित सरकार नियोजन में स्त्रियों को अधिक अवसर प्रदान करने के प्रयोजन के लिए एक या एक से अधिक सलाहकार समितियां उसको इस बारे में सलाह देने के लिए गठित करेगी कि किस विस्तार तक स्त्रियों को ऐसे स्थापनों या नियोजनों में जिन्हें केन्द्रीय सरकार अधिसूचना द्वारा इस निमित्त विनिष्ट करे नियोजित किया जाए।

(2) प्रत्येक सलाहकार समिति में कम से कम दस व्यक्ति होंगे जो समुचित सरकार द्वारा नाम निर्दिष्ट किए जाऐंगे जिनमें से आधी स्त्रियां होंगी।

(3) सलाहकार समिति अपनी सलाह देने में सम्बद्ध स्थापक या नियोजन में नियोजित स्त्रियों की उपयुक्तता स्त्रियों को नियोजन जिसके अन्तर्गत अंशकालिक नियोजन भी है अधिक अवसर प्रदान करने की आवश्यकता और ऐसी अन्य सुसंगत बातों का जिन्हें सलाहकार समिति ठीक समझे ध्यान रखेगी।

(4) सलाहकार समिति अपनी प्रक्रिया स्वयं विनियमित करेगी।

(5) समुचित सरकार बस सलाह पर विचार करने के पश्चात् जो उसे सलाहकार समिति द्वारा दी जाय और स्थापन या नियोजन में सम्बद्ध व्यक्तियों को आधा वेतन करने का अवसर देने के पश्चात स्त्री कर्मकारों के नियोजन के बारे में ऐसे निर्देश जारी कर सकती है जो समुचित सरकार ठीक समझे।

(7) **दावों और परिवादों की सुनवाई और विनिश्चय करने के लिए प्राधिकारियों को नियुक्त करने की समुचित सरकार की शक्ति–**

(1) समुचित सरकार अधिसूचना द्वारा श्रम अधिकारी से अनिम्न पंक्ति के ऐसे अधिकारियों को जिन्हें वह ठीक समझें–

(क) इस अधिनियम के किसी उपबन्ध के उल्लंघन के सम्बन्ध में परिवाद तथा

(ख) पुरुष और स्त्री कर्मकारों को एक ही लाभ या समान प्रकृति के काम के लाभ के लिए समान दरों पर मजदूरी का संदाय न किए जाने से उद्भुत होने वाले दावे की सुनवाई और उनके

विनिश्चय के प्रयोजन के लिए प्राधिकारी नियुक्त कर सकती है और उसी या पश्चात्वर्ती अधिसूचना द्वारा उन स्थानीय सीमाओं को परिनिश्चित कर सकती है जिनमें ऐसा प्रलेख प्राधिकारी अपनी अधिकारिता का प्रयोग करेगा।

(2) उपधारा (1) में विनिर्दिष्ट प्रलेख परिवाद या दावा ऐसी रीति से किया जाएगा जैसी विहित की जाय।

(3) यदि इस बारे में कोई प्रश्न उठता है कि क्या दो या दो से अधिक काम एक हों प्रकृति के हैं या समान प्रकृति के हैं तो इसका विनिश्चय उपधारा (1) के अधीन नियुक्त प्राधिकरण द्वारा किया जाएगा।

(4) जहां कोई परिवाद या दावा उपधारा (1) के अधीन नियुक्त प्राधिकारी को किया जाता है वहां वह प्राधिकारी आवेदक और नियोजक को सुनवाई का अवसर देने के पश्चात् और ऐसी जांच के पश्चात् जो वह आवश्यक समझे यह निर्देश दे सकता है कि–

(i) ऐसे दावे की दशा में जो पुरुष और स्त्री कर्मकारों को एक काम या समान प्रकृति के काम के लिए समान दरों पर मजदूरी का संदाय न किए जाने से उद्भूत हो अधिकार को उतनी रकम का संदाय किया जितनी उसे संदाय मजदूरी उसे वास्तव में संदत्त रकम से अधिक हो।

(ii) परिवार की दशा में नियोजक द्वारा ऐसे कदम उठाएं जाए जिनसे यह सुनिश्चित हो जाय कि इस अधिनियम के किसी उपबन्ध का उल्लंघन नहीं होता है।

(5) उपधारा (1) के अधीन नियुक्त प्रत्येक प्राधिकारी को साक्ष्य लेने के लिए साक्षियों को हाजिर कराने के लिए और दस्तावेजों को पेश कराने के लिए विवश करने के प्रयोजन के लिए सिविल प्रक्रिया संहिता, 1908 (1908 का 5) के अधीन सिविल न्यायालय की सभी शक्तियां होगीं और ऐसा प्रत्येक प्राधिकारी दण्ड प्रक्रिया संहिता 1973 (1973 का 2) की धारा 195 और अध्याय 26 के सभी प्रयोजनों के लिए सिविल न्यायालय समझा जाएगा।

(6) उपधारा (1) के अधीन नियुक्त प्राधिकारी द्वारा किसी परिवाद या दावे पर किए गए किसी आदेश से व्यक्ति कोई नियोजक या कर्मकार ऐसे आदेश की तारीख से तीस दिन के अन्दर ऐसे प्राधिकारी को जिसे समुचित सरकार अधिसूचना द्वारा इस निमित्त

विनिर्दिष्ट को अपील कर सकता है और वह प्राधिकारी अपील की सुनवाई करने के पश्चात् उस आदेश को जिसके विरुद्ध अपील की गई है पुष्ट कर सकता है, उपान्तरित कर सकता है या उल्ट सकता है और ऐसे प्राधिकारी द्वारा किए गए आदेश के विरुद्ध कोई और अपील नहीं होगी।

(7) यदि उपधारा (6) में निर्दिष्ट प्राधिकारी का समाधान हो जाता है कि अपीलार्थी उपधारा (6) में विनिर्दिष्ट अवधि के अन्दर अपील करने में पर्याप्त हेतुक से निवारित कर दिया गया था तो वह तीस दिन की अतिरिक्त अवधि के अन्दर अपील करने की अनुज्ञा दे सकता है किन्तु उसके पश्चात नहीं।

(8) औद्योगिक विवाद अधिनियम 1947 (1947 का 14) की धारा 33 की उपधारा (1) के उपबन्ध किसी नियोजक से ऐसे देय धन की वसूली के लिए लागू होंगे जो इस धारा के अधीन नियुक्त प्राधिकारी के विनिश्चय से अद्‌भुत हों।

अध्याय–3: प्रकीर्ण

(8) **रजिस्टरों** को बनाए रखने के लिए नियोजकों के कर्त्तव्य इस अधिनियम के प्रारंभ में ही प्रलेख नियोजक अपने द्वारा नियोजित कर्मकारों के संबंध में ऐसे रजिस्टरों और अन्य दस्तावेजों को बनाए रखेगा जिन्हें विहित किया जाय।

(9) **निरीक्षक**

(1) समुचित सरकार यह अन्वेषण करने के प्रयोजन के लिए कि क्या इस अधिनियम या उसके अधीन बनाए गए नियमों के उपबन्धों का नियोजकों द्वारा पालन किया जा रहा है। अधिसूचना द्वारा ऐसे व्यक्तियों को निरीक्षक नियुक्त कर सकती है जिन्हें वह ठीक समझे और उन स्थानीय सीमाओं को परिनिश्चित कर सकती है जिनमें निरीक्षक ऐसा अन्वेषण कर सकता है।

(2) प्रत्येक निरीक्षक भारतीय दण्ड संहिता 1860 (1860 का 45) की धारा 21 के अर्थ में लोक सेवक समझा जाएगा।

(3) कोई निरीक्षक अपनी अधिकारिता की स्थानीय सीमाओं के अन्दर किसी भी स्थान में–

(क) किसी युक्तियुक्त समय पर और ऐसी सहायता के साथ जो वह ठीक समझे किसी भवन, कारखाने परिसर या जलयान में प्रवेश कर सकता है।

(ख) किसी नियोजक से कर्मकारों के नियोजन के संबंध में किसी रजिस्टर-मस्टर रोल या अन्य दस्तावेजों के पेश किए जाने की अपेक्षा कर सकता है और ऐसे दस्तावेजों की जांच कर सकता है।

(ग) उसी स्थल पर या अन्यत्र किसी ऐसे व्यक्ति का साक्ष्य यह अभिनिश्चित करने के प्रयोजन के लिए ले सकता है कि क्या इस अधिनियम के उपबन्धों का पालन हो रहा है या पालन किया गया है।

(घ) किसी नियोजक की उसके अभिकर्ता या सेवक की या किसी अन्य व्यक्ति की जो स्थापना या उससे संबंधित किसी परिसर का भार साधक पाया जाता है या किसी ऐसे व्यक्ति की जिसके बारे में निरीक्षक के पास यह विश्वास करने का युक्तियुक्त हेतु है कि वह स्थापन में कर्मकार है या रहा है परीक्षा कर सकता है।

(ङ) इस अधिनियम के अधीन किसी स्थापन के संबंध में बनाए रखे गए किसी रजिस्टर या अन्य दस्तावेज की प्रतियां बना सकता है या उससे उद्धरण ले सकता है।

(4) ऐसे व्यक्ति जिससे निरीक्षक ने कोई रजिस्टर या अन्य दस्तावेज पेश करने या कोई जानकारी देने की अपेक्षा की है ऐसी अध्यपेक्षा का पालन करेगा।

(10) **शास्तियां–**

(1) यदि इस अधिनियम के प्रारंभ के पश्चात कोई नियोजक जिससे अधिनियम के अधीन ऐसा करने की अपेक्षा की गई है–

(क) अपने द्वारा नियोजित कर्मकारों के संबंध में कोई रजिस्टर या अन्य दस्तावेज बनाए रखने में लोप करेगा या असफल रहेगा अथवा

(ख) कर्मकारों के नियोजन से संबंधित कोई रजिस्टर, मस्टर रोल या अन्य दस्तावेज पेश करने में लोप करेगा या असफल रहेगा अथवा

(ग) कोई साक्ष्य देने में लोप करेगा या देने से इन्कार करेगा या अपने अभिकर्त्ता सेवक या किसी अन्य व्यक्ति को जो स्थापन का भार साधक है, या किसी कर्मकार को साक्ष्य देने से रोकेगा अथवा

(घ) कोई जानकारी देने में लोप करेगा या देने से इन्कार करेगा तो वह [एक ऐसी कालावधि के लिए साधारण कारावास जो एक महीने तक विस्तारित हो सकेगी या उसे जुर्माने से जो दस हजार रुपये तक विस्तारित हो सकेगा या दोनों से] दण्डनीय होगा।

(2) यदि इस अधिनियम के प्रारंभ के प्रश्चात कोई नियोजक–

(क) इस अधिनियम के उपबन्धों के उल्लंघन में भर्ती करेगा अथवा

(ख) पुरुष और स्त्री कर्मकारों को एक ही काम या समान प्रकृति के काम के लिए असमान दरों पर पारिश्रमिक का संदाय करेगा अथवा

(ग) पुरुष और स्त्री कर्मकारों के बीच कोई विभेद इस अधिनियम के उपबन्धों के उल्लंघन में करेगा अथवा

(घ) समुचित सरकार द्वारा धारा 6 की उपधारा (5) के अधीन दिए गए किसी निर्देश का पालन करने में लोप करेगा या असफल रहेगा तो वह [उस जुर्माने से जो दस हजार रुपये से कम नहीं होगा लेकिन जो एक वर्ष तक विस्तारित हो सकेगी या पहले अपराध के लिए दोनों से और उस कारावास से जो दूसरे और पश्चातवर्ती अपराधों के लिए दो वर्षों तक विस्तारित हो सकेगी] दण्डनीय होगा।

(3) यदि कोई ऐसा व्यक्ति जिससे ऐसा करने की अपेक्षा की गई है, निरीक्षक को कोई रजिस्टर या अन्य दस्तावेज पेश करने में या कोई जानकारी देने में लोप करेगा या इन्कार करेगा तो वह जुर्माने से, जो पांच सौ रुपये तक का हो सकेगा, दण्डनीय होगा।

(11) **कम्पनियों द्वारा अपराध–**(1) जहां इस अधिनियम के अधीन कोई अपराध किसी कम्पनी द्वारा किया गया है वहां प्रत्येक व्यक्ति जो इस अपराध के किए जाने के समय उस कम्पनी का कारोबार के संचालन के लिए उस कम्पनी का मनसाधक और उसके प्रति उत्तरदायी था और साथ ही वह कम्पनी भी ऐसे अपराध के दोषी समझे जाएंगे और तदनुसार अपने विरुद्ध कार्यवाही किए जाने और दण्डित किए जाने के भागी होंगे।

परन्तु इस उपधारा की कोई बात किसी ऐसे व्यक्ति को दण्ड का भागी नहीं बनाएगी यदि वह यह साबित कर देता है कि अपराध उसकी

जानकारी के बिना किया गया था या उसने ऐसे अपराध के किए जाने का निवारण करने के लिए सब सम्यक तत्परता बरती थी।

(2) उपधारा (1) में किसी बात के होते हुए भी जहां इस अधिनियम के अधीन कोई अपराध किसी कम्पनी द्वारा किया गया है तथा यह साबित हो जाता है कि वह अपराध कम्पनी के किसी निर्देशक, प्रबन्धक, सचिव या अन्य अधिकारी की सहमति या मौनानुकूलता से किया गया है या अपराध का किया जाना उसकी किसी उपेक्षा के कारण हुआ माना जा सकता है, वहां ऐसा निदेशक प्रबन्धक, सचिव या अन्य अधिकारी भी उस अपराध का दोषी समझा जाएगा तथा तदनुसार अपने विरुद्ध कार्यवाही किए जाने और दण्डित किए जाने का भागी होगा।

स्पष्टीकरण–इस धारा के प्रयोजन के लिए–

(क) कम्पनी से कोई निगमित निकाय अभिप्रेत है और इसके अन्तर्गत फर्म या व्यष्टियों का अन्य संगम भी है, तथा

(ख) फर्म के संबंध मे निदेशक से उस फर्म का भागीदार अभिप्रेत है।

[1][12. **अपराध का संज्ञान एवं निवारण**–(1) एक महानगर मजिस्ट्रेट या प्रथम श्रेणी के न्यायिक मजिस्ट्रेट से निरन्तर कोई भी न्यायालय इस अधिनियम के अधीन दण्डनीय अपराध का निवारण नहीं करेगा।

(2) कोई भी न्यायालय इस अधिनियम के अधीन दण्डनीय एक अपराध का संज्ञान नहीं लेगा–

(क) समुचित सरकार द्वारा की गयी एक शिकायत के आधार पर या स्वयमेव की जानकारी के आधार पर या इसकी ओर से प्राधिकृत किए गए एक अधिकारी द्वारा।

(ख) या अपराध द्वारा कथित व्यक्ति द्वारा या मान्यता प्राप्त किसी कल्याण संस्था या किसी भी संगठन द्वारा दायर किए गए एक परिवाद।]

स्पष्टीकरण–इस उपधारा के प्रयोजन के लिए मान्यता प्राप्त कल्याण संस्था या संगठन केन्द्रीय या राज्य सरकार द्वारा इसकी ओर से मान्यता प्राप्त एक सामाजिक कल्याण संस्था या संगठन से अभिप्रेत है।

(13) **नियम बनाने की शक्ति**–(1) केन्द्रीय सरकार इस अधिनियम के उपबन्धों को कार्यान्वित करने के लिए नियम, अधिसूचना द्वारा बना सकेगी।

(2) विशिष्टतया और पूर्वगामी शक्ति की व्यापकता पर प्रतिकूल प्रभाव डाले बिना ऐसे नियम निम्नलिखित सभी विषयों या उनमें से किसी के लिए उपबंध कर सकेंगे अर्थात–

(क) वह रीति जिससे धारा 7 की उपधारा (1) में विनिर्दिष्ट परिवाद या दावा किया जाएगा;

(ख) वे रजिस्टर और अन्य दस्तावेज जिन्हें नियोजक से ऐसे कर्मकारों के संबंध में जो उसके द्वारा नियोजित है बनाए रखने को अपेक्षा धारा 8 के अधीन की गई है;

(ग) कोई अन्य विषय जो विहित किया जाना है या विहित किया जा सकता है।

(3) इस अधिनियम के अधीन केन्द्रीय सरकार द्वारा बनाया गया प्रत्येक नियम बनाये जाने के पश्चात् यथाशीघ्र संसद के प्रत्येक सदन के समक्ष जब वह सत्र में हो तीस दिन की अवधि के लिए रखा जाएगा। वह अवधि एक साथ अथवा दो या अधिक आनुक्रमिक सत्रों में पूरी हो सकेगी। यदि उस सत्र के या पूर्वोक्त आनुक्रमिक सत्रों के ठीक बाद के सत्र के अवसान के पूर्व दोनों सदन उस नियम में कोई परिवर्तन करने के लिए सहमत हो जाएं तो तत्पश्चात् वह ऐसे परिवर्तित रूप में ही प्रभावी होगा। यदि उक्त अवसान के पूर्व दोनों सदन सहमत हो जाएं कि वह नियम नहीं बनाया जाना चाहिए तो तत्पश्चात् वह निष्प्रभावी हो जाएगा किन्तु नियम के ऐसे परिवर्तित या निष्स्प्रभावी होने से उसके अधीन पहले की गई किसी बात की विधि मान्यता पर प्रतिकूल प्रभाव नहीं पड़ेगा।

(14) **निर्देश देने की केन्द्रीय सरकार की शक्ति केन्द्रीय**–सरकार किसी राज्य सरकार को उस राज्य में इस अधिनियम को कार्यान्वित करने के संबंध में निर्देश दे सकती है।

[1][(15) **कतिपय विशेष दशाओं में अधिनियम का लागू न होना**–इस अधिनियम में कोई भी बात लागू नहीं होगी–

(क) स्त्री को विशेष उपचार देने वाली किसी भी विधि की अपेक्षाओं का अनुपालन करने में एक स्त्री के निर्बन्धों एवं शर्तों को प्रभावित करने वाले मामलों के प्रति या संगत में स्त्री को अनुदत्त की गयी किसी विशेष उपचार के प्रति–

(i) एक बालक का जन्म या आशयित जन्म; या

(ii) सेवा निवृत्ति, विवाह या मृत्यु के संगत किए गए किसी भी उपबन्ध]

(16) **घोषणा करने की शक्ति**–जहां मामले की सभी परिस्थितियों पर विचार करने के पश्चात् समुचित सरकार का समाधान हो जाता है कि किसी स्थापन में पुरुष या स्त्री कर्मकारों के पारिश्रमिक में या पारिश्रमिक के विशिष्ट स्वरूप में अन्तर या नियोजन लिंग से भिन्न बात पर आधारित है वहां वह अधिसूचना द्वारा इस आशय की घोषणा कर सकती है और नियोजक के किसी ऐसे कार्य को जो उस अन्तर के कारण हो इस अधिनियम के किसी उपबन्ध को उल्लंघन नहीं समझा जाएगा।

(17) **कठिनाइयां दूर करने की शक्ति**–यदि इस अधिनियम के उपबन्धों को प्रभावी करने में कोई कठिनाई उत्पन्न होती है तो केन्द्रीय सरकार अधिसूचना द्वारा ऐसा कोई आदेश कर सकेगी जो इस अधिनियम के उपबन्धों से असंगत न हो और जो उस कठिनाई को दूर करने के लिए उसे आवश्यक प्रतीत हो।

परन्तु ऐसा प्रत्येक आदेश किए जाने के पश्चात यथाशक्ति संसद के प्रत्येक सदन के समक्ष रखा जाएगा।

(18) **निरसन और व्यावृति**–(1) समान पारिश्रमिक अध्यादेश, 1975 (1975 का 12) इसके द्वारा निरसित किया जाता है।

(2) ऐसे निरसन के होते हुए भी इस प्रकार निरसित अध्यादेश के अधीन की गई कोई बात या कार्यवाही (जिसके अन्तर्गत उसके अधीन की गई कोई अधिसूचना नाम निर्देशन, नियुक्ति, आदेश या निर्देश भी है) इस अधिनियम के तत्समान उपबन्धों के अधीन की गई समझी जाएगी मानो यह अधिनियम उस समय प्रवृत या जब ऐसी बात या कार्यवाही की गई थी।

संदर्भ-ग्रंथ सूची

आल्वेकर, ए.एस. (1962): *दी पोजीशन ऑफ वूमन इन हिंदु सिविलाइजेशन*, मोतीलाल बनारसीदास, देल्ही।

आनन्दराम, एस. (1981): *एक्सेपेरियन्स ऑफ चीफ एक्सक्लूसिव*, इण्डियन मेनेजमेंट।

अंदीयापन्न, पी. (1980): *वूमन एण्ड वर्क*, सोमाया पब्लिकेशन, मोम्बेय।

ऑस्टीन, एच.एस. (1972): *इम्पलोयमेंट एण्ड कैरियर स्टेटस ऑफ वूमन साइकॉलॉजिस्ट*, अमेरीकन साइकोलॉजी।

आनंद लक्ष्मी, एस. एण्ड केलकर, जी. (1980): *रॉल ऑफ वूमन इन पोस्ट हार्वेस्ट फूड कन्जर्वेशन*, यूनाइटेड नेशंस यूनिवर्सिटी, टोक्यो।

आप्टे, एम (1979): "रुरल वूमन एण्ड डेवलपमेंट इन इण्डिया", *इण्डियन जनरल ऑफ सोशल वर्क*।

अवस्थी, आई. (1982): *रुरल वूमन ऑफ इण्डिया: ए सोसियो इकोनोमिक प्रोफाइल ऑफ जम्मू वूमन*, बी.आर. पब्लिशिंग कारपोरेशन, देल्ही।

आल्तेकर, ए.एस. (1956): *दी पोजीशन ऑफ वूमन इन हिंदु सिविलाइजेशन*, बनारस, मोतीलाल बनारसीदास।

अंदीपन, पी. (1980): *वूमन एण्ड वर्क*, सोमाया पब्लिकेशंस प्राइवेट लिमिटेड, न्यू देल्ही।

आर. पुशमूर्ती सावित्री (1990): *वूमन वर्क एण्ड डिसक्रिमीनेशन*, आशीष पब्लिशिंग हाउस, न्यू देल्ही।

अग्नीहोत्री, वी. (1953): "वूमन इन इन्डस्ट्री", *इण्डियन लेबर जरनल*, वोल्यूम 4।

अख्तर, एस.एस. (1969): "एटीच्युड टूवारड्स वर्किंग वूमन", *इण्डियन जनरल ऑफ सोशलवर्क*।

अब्बास मेमूना (1980): "वूमन इन साइन्स: ए सर्वे", *साइन्स सर्किल बूलेटिन*।

अक्कर जोन (1990): *हेरारीकलस, जॉब्स, बॉडीज: ए थ्योरी ऑफ जेनड्रड ऑरगेनाइजेशन*, जेनड्र एण्ड सोसायटी।

अहमद, कुराना (1984): "दी त्रिशंकुज: दी वूमन इन द प्रोफेशन इन इण्डिया", *सोसियोलॉजिकल बुलेटीन*।

ऑल्मक्वीटस्ट, इ.एम. (1974): "सेक्स सेटेरियो टाइप इन ऑकुपेशनल चोइस: द केस फोर कॉलेज वूमन", *जरनल ऑफ वोकेशनल बिहेवियर*।

बनर्जी, जयन्ती (1985): *इम्पलीकेशंस ऑफ टेक्नोलॉजी फॉर वूमन इन द रुरल सेक्टर, इन वूमन एण्ड टेक्नोलॉजी*, जैन, एस.सी. (इड्), रावत पब्लिकेशन, जयपुर।

बनर्जी, एन. (1984): *वूमन वर्कर इन द अन ओरगेनाइज्ड सेक्टर–दी कलकत्ता एक्सपेरिएन्स*, ऑरिएन्ट लोंगमैन, देल्ही।

बासिन, के. (इड्) (1972): *दी पोजीशन ऑफ वूमन इन इण्डिया*, शकुन्तला पब्लिशिंग हाउस, बोम्बेय।

बोयरे, अनुराधा (1987): *वूमन इम्प्लोइजेंड रुरल डेवलपमेंट प्रोबलम्स ऑफ इम्प्लोयड वूमन इन रुरल एरियाज*, ज्ञान पब्लिशिंग हाउस, देल्ही।

ब्लेकबर्न, आर.एम. एण्ड स्टेवर्ट, ए. (1977): *वूमन वर्क एण्ड दी क्लास स्ट्रक्चर*, न्यू सोसाइटी।

बखरु, एच.के. (1987): "वूमन एक्सक्यूटिव कॉपिंग वीथ स्ट्रेस", *दी इकोनोमिक टाइम्स*।

बारडवीक, जे.एम. (1971): *साइकॉलॉजी ऑफ वूमन: ए स्टडी ऑफ बायो-कलचरल कॉनफ्लीकट्स*, हार्पर एण्ड राव, न्यूयार्क।

भटनागर, दीप्ती एण्ड नायर, विद्या (1988): *वूमन मैनेजर स्पीक अप: ए स्टडी ऑफ द कनसर्न एण्ड एक्सपेरियन्स ऑफ वूमन मैनेजरस*, इण्डियन मैंनेजमेन्ट।

भट्ट, बी. एण्ड लेयनगार, पी.के. (1986): "वूमन एट भाभा एटोमिक रिसर्च सेंटर", *बुलेटीन ऑफ द एसोसिएशन ऑफ साइन्टिफिक वर्कर्स इन इण्डिया*।

बाइलवी, विलियम टी. एण्ड जेम्स एन. बारोन (1986): "मेन एण्ड वूमन एट वर्क: सेक्स सेगरेगेशन एण्ड स्टेस्टीकल डिसक्रिमीनेशन", *अमेरीकन जरनल ऑफ सोशियोलॉजी*।

ब्लेक स्टोन, टी. एण्ड वीनीच, एच.एच. (1980): *व्हाइ आर देयर सो फ्यू वूमन साइनटीस्ट एण्ड इंजीनियर?*, न्यू सोसायटी।

ब्लम, एम.एल. (1956): *इंण्डस्ट्रीयल साइकोलॉजी एण्ड इट्स सोशल फाउनडेसन*, हार्पर न्यूयार्क।

बाउमेन, जी. डब्ल्यू. वर्थी, एन.बी. एण्ड ग्रेसन, एस.ए. (1965): *प्रोबलम्स इन रिव्यू: आर वूमन एक्सक्यूटिव पीपल?* हारवर्ड बिजनेस रिव्यू।

बुकानन, बी.इटी.एल. (1974): "बिल्डिंग ऑरगेनाइजेशनल कमीटमेंट: दी सोशिलाइजेशन ऑफ मेनेजर्स इन वर्क ऑरगेनाइजेशन", *एडमिनिस्ट्रेटीव सर्विस क्वाटरली*।

बुओनो, ए. एण्ड काम्म, जे.बी. (1983): "मारजीनालीटी एण्ड ऑरगेनाइजेशनल सोसियोलाइजेशन ऑफ फीमेल मेनेजर्स", ह्यूमन रिलेशन्स।

भट्ट, के.पी.ए. (1975): *लीडींग रोल इन एग्रीक्लचर एण्ड एनीमल हसबेन्डरी इण्डिया फार्मिंग।*

चटर्जी, ए. (1975): *ए एसटैटिस्टीकल प्रोफाइल–लेन्डलेस एग्रीकल्चरल वूमन वर्कर,* इण्डियन फार्मिंग।

चौधरी, टी.पी.एस. एण्ड शर्मा, बी.एम. (1961): *फिमेल लेबर ऑफ द फार्म फैमिली इन एग्रीकल्चर,* एग्रीकल्चर्स सिचुएशन इन इण्डिया।

चक्रवर्ती, एस. (1975): *फार्म वूमन लेबर, वेस्ट एण्ड एक्सप्लोइटेशन सोशल चेंज।*

चटर्जी, के. (1965): *वूमन इन इण्डस्ट्री इन आवर काउज,* किताबिस्तान, इलाहाबाद।

क्लेरमंट, गोल्डसचमीड्ट, ल्यूसेल अनपेड वर्क इन द हाउस होल्ड–ए रिव्यू ऑफ इकोनोमिकइमेलुएशन मेथड, आइ.एल.ओ., जेनेवा।

करजेल, उजमार, एफ. (1985): *वूमन्स लेबर इन बंगाल इन्डस्ट्रीज,* गोम्ट ऑफ इण्डिया, कलकत्ता।

कश्मीर, एल.एच. (1985): "मोटीभेशन ऑफमैनेजर्स इज जेन्डर ए फेक्टर", साइक्रोलॉजी ऑफ वूमन क्वाटरली।

कोन्टे, एम. (1976): "लेबर मार्केट डिसक्रिमीनेशन एगेंस्ट वूमन" 5000 अमेरीकन फेमीलीज।

कुबुक गील, ए. एण्ड मीलर, इ.जे. (1982): "ऑक्कुपेशनल स्ट्टेस एण्ड जर्नी–टू–वर्क", ट्रॉसपोर्टेशन।

डक, टी.एम. (1948): *वूमन एण्ड वर्क इन इण्डियन सोसायटी,* डिस्कवरी पब्लिशिंग हाउस, देल्ही।

दास, बीना (1976): *इण्डियन वूमन वर्क पावर एण्ड स्टेटस,* बी.आर. नंदा (इड्), विकास पब्लिकेशन, न्यू देल्ही।

देसाई, नीरा (1957): *वूमन इन मोडर्न इण्डिया,* वोरा एण्ड को., बोम्बेय।

देशपांडे, एस.आर. (1953): *इकोनोमिक एण्ड सोशल स्टेटस ऑफ वूमन वर्क्स,* मिनिस्ट्री ऑफ लेबर, गवर्नमेंट ऑफ इण्डिया, देल्ही।

देवी, ललीया यू. (1982): *स्टेटस एण्ड इम्प्लोयमेंट ऑफ वूमन इन इण्डिया,* बी.आर. पब्लिशिंग हाउस, देल्ही।

दुर्खीम, इमाइल (1969): डिवीजन ऑफ लेबर इन सोसाइटी (ट्रांसलेटेड बाइ जॉर्ज सिंपसन) फ्रीप्रेस न्यूयार्क।

फ्रेकाइन, डी. बालू एण्ड मेरी, एन.ए. (1986): *फरबर: दी इकोनोमिक्स ऑफ वूमन,* मेन एण्ड वर्क, प्रेंटीस हॉल इंगल बूड क्लीफ्स, न्यू जर्सी।

गाडगील, डी.आर. (1965): *वूमन इन दी वर्किंग फोर्स इन इण्डिया,* एशिया पब्लिशिंग हाउस, बोम्बेय।

गेनग्रेड एण्ड गाथिया (इड्) (1972): *वूमन एण्ड चाइल्ड वर्कर इन द अनओरगनाइज्ड सेक्टर*, कनसेप्ट पब्लिशिंग कंपनी, न्यू देल्ही।

गर्ल, बी.बी. (1989): *लेबर परोबलेम्स इन इण्डियन इन्डस्ट्री*, एशिया पब्लिशर्स, बोम्बेय।

गाल्डर्ग, पी. (1968): "आर एम वूमन प्रजुडीसाइड एगेंस्ट वूमन?", ट्रांजेक्सन अपील।

गोरभीक, भी. एण्ड मोरान, बी. (1975): *वूमन इन सेक्सीस्ट सोसाइटी बेसिक बुक्स*, न्यूयार्क।

गुलाटी, लीला (1975): "फीमेल वर्क पार्टिसिपेशन ए स्टडी ऑफ इण्टर-स्टेट डिफरेन्सेस", *इकोनोमिक एण्ड पॉलीटिकल वीकली*।

गवर्नमेंट ऑफ इण्डिया (1980): इम्पलोयमेंट पेटर्न ऑफ वूमन इन आर एण्ड डी ऑरगेनाइजेशन्सः ए स्टेस्टीकल एनालाइसिस डिपार्टमेंट ऑफ साइन्स एण्ड टेकनोलॉजी, न्यू देल्ही।

गवर्नमेंट ऑफ इण्डिया (1981): रिपोर्ट ऑफ द वर्किंग ग्रुप ऑन पर्सनल पॉलीसीज फोर ब्रीडिंग ग्रेटर इनमोलमेंट ऑफ तूमन इन साइंस एण्ड टेक्नॉलोजी मिनिस्ट्री आफ सोशल वेलफेयर, न्यू देल्ही।

इन्टरनेशनल इनसाइक्लोपीडिया ऑफ सोशल साइन्सेस (1968): दी मेक्मिलन एण्ड को. एण्ड दी फ्री प्रेस इनस., न्यूयार्क।

कालारानी (1976): *रोल कन्फलिक्ट इन वर्किंग* वूमन, चेतना पब्लिकेशन, न्यू देल्ही।

केलमान, जे.एच.एल. (1923): *लेबर इन इण्डिया*, एलेन एण्ड आवीन प्रेस, लंदन।

कपूर, आर. (1975): "रोल कन्फलिक्ट एमंग इम्पलोयड हाउस वाइफ्स", *इण्डियन जरनल ऑफ इंडस्ट्रीयल रिलेशन*।

कालिया, एन.वी. (1979): *सेक्सीम इन इण्डियन एजुकेशन दी लाइज वी टेल आवर चिल्ड्रेन विकास*, न्यू देल्ही।

कपूर, प्रोमिला (1970): *मेरेज एण्ड दी वर्किंग वूमन इन इण्डिया विकास*, न्यू देल्ही।

कृष्णराज, मैत्रेयी (1980): "दी स्ट्ेटस ऑफ वूमन इन साइन्स इन इण्डिया", *जरनल ऑफ हायर एजुकेशन*।

रानाडे, एस.एन. एण्ड रामचंद्रन, पी. (1961): *वूमन एण्ड इम्पलोयमेंट*, टाटा इन इंस्टीच्यूट ऑफ सोशल सोशलसाइन्स, बोम्बेय।

रानादीवे, विमल (1976): *वूमन वर्कस ऑफ इण्डिया*, नेचुरल बुक एजेन्सी, बोम्बेय।

रविकर, एम. (1976): "वूमन इन ट्रेड यूनियनस", *इण्डियन जरनल ऑफ सोशल वर्क्स*।

रेड्डी, एन.डी. (1979): "फिमेल वर्क पार्टिसिपेशन इन इण्डियाः फेक्ट्स प्रोबलम्स एण्ड पोलीसीज", *इण्डियन जर्नल ऑफ इंडस्ट्रियल रिलेशन*।

राने, प्रेरणा (1985): "वूमन इंजीनियर्सः ए स्ट्रेंज न्यू स्पेसीज", साइन्स ऐज, मार्च।

रानी, काले (1976): *रोल कनफलीक्टर इन वर्किंग वूमन*, चेतना, न्यू देल्ही।

रॉबीन, स्टेनले एस. (1969): "दी फीमेल इन इंजीनियरिंग" इन आर. पेरुक्की एण्ड जे.इ. रोट्स (इड्स) *दी इंजीनियरिंग एण्ड दी सोशल सिस्टम*, जॉन विली, न्यूयार्क।

रोजेनफेल्ड, सी. एण्ड पेरेला, एफ.सी. (1965): "व्हाइ वूमन स्टार्ट एण्ड स्टॉपवर्किंग ए स्टडीइन मोबिलीटी", *मन्थली लेबर रिव्यू*।

सेनगुप्ता, पी. (1960): *वूमन वर्क्स ऑफ इण्डिया*, एशिया पब्लिशिंग हाउस, बोम्बेय।

सेथी, आर.एम. (1976): *मॉर्डनाइजेशन ऑफ इण्डिया वर्किंग वूमन*, विकास पब्लिशिंग हाउस, न्यू देल्ही।

श्रीनीवास, एम.एन. (1978): दी *चेंजींग पोजीसन ऑफ इण्डियन वूमन*, ऑक्सफोर्ड यूनिवर्सिटी प्रेस, देल्ही।

सेठी, राज मोहिनी (1976): *मॉर्डनाइजेशन ऑफ वर्किंग वूमन इन डेवेलपिंग सोसाइटीज*, नेशनल, न्यू देल्ही।

श्रीनिवास, एम.एन. (1978): द *चेंजींग पोजीसन ऑफ इण्डियन वूमन*, ऑक्सफोर्ड यूनिवर्सिटी प्रेस, बोम्बेय।

श्रीनिवास, एस.के. (1983): "जॉब सेटीसफेक्शन एण्ड ऑरगेनाइजेशनल क्लाइमेट एमंग यूनिवर्सिटी टीचर्स", *जरनल ऑफ हायर एजुकेशन*।

श्रीनिवास, विनीता (1978): *इम्पलोयमेंट ऑफ एजुकेटेड मेरेड वूमन इन इण्डिया*, नेशनल, न्यू देल्ही।

सुब्रमनयम, एम.के. (1977): *वेगेज इन इण्डिया*, मेकग्राउ हिल, बोम्बेय।